James Bond und der „Zeitgeist"

Julia Kulbarsch-Wilke

James Bond und der „Zeitgeist"

Eine Filmreihe zwischen Politik und Popkultur

Waxmann 2016
Münster • New York

Diese Arbeit wurde von der Carl von Ossietzky Universität Oldenburg
als Dissertation angenommen.

Bibliografische Informationen der Deutschen Nationalbibliothek
Die Deutsche Nationalbibliothek verzeichnet diese Publikation in
der Deutschen Nationalbibliografie; detaillierte bibliografische
Daten sind im Internet über http://dnb.dnb.de abrufbar.

Print-ISBN 978-3-8309-3473-8
E-Book-ISBN 978-3-8309-8473-3

© Waxmann Verlag GmbH, Münster 2016
Steinfurter Straße 555, 48159 Münster

www.waxmann.com
info@waxmann.com

Umschlaggestaltung: Inna Ponomareva, Jena
Titelbild: © Lucky 1984 – fotolia.com
Satz: Sven Solterbeck, Münster

Gedruckt auf alterungsbeständigem Papier,
säurefrei gemäß ISO 9706

Vorbemerkung

Das vorliegende Buch ist die leicht überarbeitete Version meiner Dissertation „James Bond und der ‚Zeitgeist‘“, die im April 2015 an der Carl von Ossietzky-Universität Oldenburg eingereicht und im Februar 2016 verteidigt wurde. Da der derzeit aktuellste Bond-Film „Spectre“ zum Zeitpunkt der Abgabe noch nicht in den Kinos zu sehen war, konnte er im Rahmen der schriftlichen Prüfung nicht behandelt werden. Im Rahmen der Überarbeitung wurden daher einige Textstellen, die ursprünglich nur Spekulationen enthielten, abgeändert und angepasst. Es finden sich im vorliegenden Band aus diesem Grund nur einige wenige Hinweise auf „Spectre“. Eingehendere Deutungen bietet das Werk hingegen für die Bond-Abenteuer von 1962 bis 2012.

Schon im Rahmen meiner Diplomarbeit befasste ich mich mit den Bond-Filmen und erstellte zu diesem Zweck Sequenzprotokolle zu von 1962 bis 2006 erschienenen Bond-Streifen. Diese Arbeit samt der Sequenzprotokolle erschien 2009 unter dem Titel „Frauen, Politik und Action. Das Phänomen der James Bond Spielfilmreihe im Spiegel der Zeit. Eine Analyse der Filme im Zeitraum von 1962 bis 2006“. Aus den sich daraus ergebenden urheberrechtlichen Konsequenzen konnten die Protokolle in dieser Veröffentlichung nicht erneut abgedruckt werden. Bei Filmzitaten wird daher mehrfach auf den Anhang der 2009 erschienenen Diplomarbeit verwiesen. Für die Filme „Ein Quantum Trost“ und „Skyfall“ liegen keine Sequenzprotokolle vor – diese werden dementsprechend nach dem Muster Stunde:Minute:Sekunde zitiert. „Ein Quantum Trost“ lag dabei als 2-Disc-Special-Steelbook-DVD-Edition vor, Skyfall als Einzel-DVD-Ausgabe. Diese Unterscheidung ist wichtig, da unterschiedliche Veröffentlichungsformen gelegentlich Abweichungen in der Minutenzählung (z. B. durch nachträglich eingefügte Filmszenen) aufweisen. Dies gilt in besonderem Maße für Blu-ray-Veröffentlichungen im Vergleich zu den DVDs.

Inhalt

1. Einleitung

„Bond came on the scene after the War, at a time when people were fed up with rationing and drab times and utility clothes and a predominately grey color in life. Along comes this character who cuts right through all that like a very hot knife through butter, with his clothing and his cars and his wine and his women. Bond, you see, is a kind of present-day survival kit. Men would like to imitate him – or at least his success – and women are excited by him."[1] – Sean Connery, 1965

„Bond-Filme schwammen von Anfang an auf den Wellen des Zeitgefühls wie Champagnerkorken. Leicht, leichtsinnig und nie von der Zeitstimmung ernsthaft gefährdet."[2] – Hellmuth Karasek, 1995

Trotz der zwischen ihnen liegenden Zeitspanne bezeichnen obige Zitate treffend den Charakter der Bond-Filme und ihre gesellschaftliche Relevanz, wobei Karaseks Einschätzung als Ergänzung zu Connerys Analyse zu verstehen ist. Im Fokus der Aussagen steht die erfolgreiche Integration zeitgeistlicher Strömungen in die Inhalte der Spielfilmreihe. Nur dadurch wurde es dem Franchise ermöglicht, seinen Erfolg in permanent im Umbruch begriffenen Zeiten zu sichern.

Erstmals waren die James-Bond-Abenteuer 1962 auf der Kinoleinwand zu sehen. Über fünf Dekaden später jagt der Geheimagent mit der Codenummer 007 immer noch den Schurken dieser Welt hinterher, trinkt Wodka-Martini („Geschüttelt, nicht gerührt."), bändelt mit den ihn umgebenden Damen an („Oh, James!") und ist jederzeit im Besitz der neuesten technischen Errungenschaften. Ein geschätztes Gesamteinspielergebnis von über 12 Milliarden Dollar (inflationsbereinigt) macht die James-Bond-Filme zu einer der erfolgreichsten Kinoserien überhaupt.[3] Darüber hinaus existieren weltweit mannigfache Merchandise-Artikel wie Parfüms, Anzüge, Spielzeuge, Alkoholika, Dessous und dergleichen mehr. In den 60er Jahren ging der Bond-Boom international so weit, dass manche Autoren von der „Bondomanie"[4] oder „Bonditis"[5] sprechen. Aber auch 2015 war das Interesse an den Bond-Filmen ungebrochen, wie beispielsweise die Vorberichterstattung zum im November des Jahres 2015 erschienenen Bond-Film „Spectre" zeigte (vgl. Kapitel 5.1). Eine Beschäftigung mit der Filmreihe außerhalb des Kinosessels wird im Rahmen der vorliegenden Arbeit nicht nur die Erfolgsgeschichte der Bond-Serie nachzeichnen, sondern

---

1   N.N.: Playboy Interview: Sean Connery. A candid conversation with James Bond's acerbic alter ego, in: Playboy Vol. 12, Nr. 11 vom November 1965, S. 75–84, S. 76.

2   Karasek, Hellmuth: Kino: 007 im freien Flug, in: Der Spiegel Nr. 51/1995, S. 174–179, S. 174.

3   Greve, Werner: James Bond 007. Agent des Zeitgeistes, Göttingen 2012, S. 26–29.

4   Z.B.: Tesche, Siegfried (A): James Bond – top secrets. Die Welt des 007, Leipzig 2006, S. 387.

5   Z.B.: Buono, Oreste del/Eco, Umberto (Hrsg.): Der Fall James Bond. 007 – ein Phänomen unserer Zeit, München 1966 (It. 1965), S. 16.

auch die Einordnung der Filme in ihren zeithistorischen Kontext vornehmen und die Rezeption der Kino-Reihe seit ihrem Entstehen untersuchen. Berührungspunkte wird es dabei immer wieder mit dem „Zeitgefühl" geben, auf dessen „Wellen" die „Bond-Filme [...] von Anfang an [...] wie Champagnerkorken"[6] schwammen. Das „Zeitgefühl" – oder griffiger: der „Zeitgeist" – ist ein wiederkehrendes Moment innerhalb der Analyse der Filme und kann auf unterschiedliche Bereiche – Politik, Gesellschaft/Frauenrolle, Rezeption – bezogen werden.

1.1   „Zeitgeist" – Ein unklares Konstrukt

Die Idee von der Existenz eines Zeitgeistes ist keine ganz neue Erscheinung, erstmals erschien der Begriff im 18. Jahrhundert in den Schriften Montesquieus („Geist der Völker")[7] und Voltaires („Geist der Zeit")[8]. Auch Goethe befasste sich mit dieser Idee und formulierte den „Zeitgeist" als Herrschaftskritik:

> „Wenn eine Seite besonders hervortritt, sich der Menge bemächtigt und in dem Grade triumphiert, dass[9] die entgegengesetzte sich in die Ecke zurückziehen und für den Augenblick im Stillen verbergen muss, so nennt man jenes Übergewicht den Zeitgeist, der dann auch eine Zeit lang sein Wesen treibt."[10]

Goethes Aussage ist darüber hinaus als Kritik am Zeitgeist-Begriff selbst zu verstehen und an den Versuchen seiner Zeitgenossen, das damals neue Modewort in eine Definition zu fassen. Goethe bringt sein Misstrauen gegen diesen Begriff hervor und sieht im „Zeitgeist" keinen Nutzen zur Interpretation gesellschaftlicher Ströme, sondern lediglich die Spiegelung der Herrschaft der Mächtigen. Goethes Zeitgeist bezieht sich demnach nur auf eine kleine Gruppe von Individuen; andere Begriffsdefinitionen fassen ihn schon weiter.[11] So steckte Hegel zumindest den Rahmen ab, in dem die Weitläufigkeit des Begriffs zum Ausdruck kommt, und sprach in diesem Zusammenhang von einem „Geist, ein Prinzip, welches sich im politischen Zustand ebenso ausprägt, wie es sich in Religion, Kunst, Sittlichkeit, Geselligkeit, Handel

---

6   Karasek, Hellmuth: Kino: 007 im freien Flug, in: Der Spiegel Nr. 51/1995, S. 174–179. S. 174.

7   Baur, Karl: Zeitgeist und Geschichte. Versuch einer Deutung, München 1978, S. 14.

8   Ebd., S. 14.

9   Im Sinne der besseren Lesbarkeit wurde bei allen Zitaten älteren Datums die Schreibweise der Konjunktion „dass" der neuen Rechtschreibung angepasst und das „ß" durch „ss" ersetzt. Gleiches gilt für „muss", „Kuss", oder ähnliche Fälle.

10   Baur 1978, S. 14.

11   Baur 1978, S. 14 f. Siehe auch: Stadler, Ulrich: Zeitgeisterbeschwörung um 1800. Geschichtskritik und Gegenwartsklage bei Herder, Hendrich, Hölderlin und Brandes, in: Gamper, Michael/Schnyder, Peter (Hrsg.): Kollektive Gespenster. Die Masse, der Zeitgeist und andere unfaßbare Körper (Rombach Wissenschaften – Reihe Litterae Band 148), Berlin 2006, S. 265–284. S 285 f.

und Industrie manifestiert."[12] Seit dem 18. Jahrhundert befassten sich Historiker, Philosophen und Soziologen immer wieder mit der Thematik, zu einer einheitlichen Definition ist man aber bis heute nicht gelangt. Das mag mit dem Wesen dieses weitgefassten Begriffs zusammenhängen, das aufgrund seiner Weitläufigkeit möglicherweise auch nie eine eindeutige Umschreibung zulassen wird. Daher ist es falsch, von *dem* Zeitgeist als solchem zu sprechen. Seine unterschiedlichen Ausprägungen und die damit verbundenen Definitionsansätze lassen ihn laut Stadler ein wenig an die „Seinsweise der Gespenster, die den Status des Wirklichen besitzen und mächtig werden, indem man an sie glaubt"[13], erinnern: Der Zeitgeist wird zum Phantom.

So schwer definierbar der Begriff scheint, so spürbar sind seine Auswirkungen in verschiedenen Bereichen gesellschaftlichen Lebens, wobei die Grenzen unweigerlich verschwimmen. Kein Zeitabschnitt ist wirklich klar von anderen getrennt, auch wenn man natürlich (in dieser Arbeit wird das auch geschehen) von „den 70ern" oder „den 80ern" spricht. Konkret messbar ist der Zeitgeist demnach auch nicht, aber seine Tendenzen lassen sich durch die Betrachtung auch und gerade von Spielfilmen aus der jeweiligen Zeitspanne erkennen.[14] Vor allem rückblickend lassen sich Aussagen über den möglichen „Geist" einer „Zeit" einfacher treffen, als auf die eigene Zeit bezogen, denn, wie Greve es ausdrückt: „Man schreibt ja nicht mit, wenn man lebt. Zu vieles erscheint unwichtig, und selbst wenn man gewissenhafter Zeitzeuge sein wollte: Es gäbe zu vieles zu notieren."[15]

Als „Zeitzeuge" sind nun die Bond-Filme besonders gut geeignet, vor allem wenn es um die Geschichte der letzten 50 Jahre geht. Die Serie zeichnet sich nicht nur durch ihre Langlebigkeit und ihre Konstanz (Kapitel 2.2) aus, sondern auch durch ihren großen Erfolg, der als Indiz dafür gelten kann, dass sie beim Publikum stets auf Anklang gestoßen sein muss. Was zunächst trivial klingt, ist eines der Hauptargumente für die Frage, was gerade die Bond-Filme qualifiziert, sie im Zusammenhang mit dem Zeitgeist zu untersuchen: „[…] Unterhaltungsfilme, wenn sie Erfolg haben wollen, [müssen] eben wirklich den Nerv der Zeit treffen und entsprechend sich permanent ändern […]."[16] Hieran angelehnt wurde nun für die vorliegende Studie folgende Definition[17] des Begriffs entworfen:

> Zeitgeist beschreibt sich stets wandelnde Strömungen gesellschaftlichen Lebens. Er ist Ausdruck sozialer, politischer oder religiöser Entwicklungen einer Gesellschaft, die sich im permanenten Umbruch befindet. Er kann für die Gegenwart nie eindeutig definiert werden, zeigt sich doch erst mit dem Abstand mehrerer Jahre, was den „Geist" vergangener Zeiten ausmachte. „Zeitgeist" ist nicht nur in historischen Begebenheiten erkennbar,

---

12 Zitiert nach: Baur 1978, S. 19.

13 Stadler, in: Gamper, Michael/Schnyder, Peter (Hrsg.) 2006, S. 265.

14 Greve 2012, S. 18.

15 Ebd., S. 19.

16 Ebd., S. 17.

17 Diese Definition erhebt nicht den Anspruch auf Vollständigkeit, sie dient in erster Linie dazu, den Rahmen des Begriffs abzustecken.

er lässt sich ebenso besonders gut in beliebten Kunstwerken, Musikstücken oder Filmen einer Epoche ausmachen.

1.2 Fragestellung und Aufbau

Vor diesem Hintergrund ergibt sich die maßgebliche Zielsetzung der vorliegenden Dissertation: In einer qualitativen Analyse der Filminhalte soll nach Formen der Widerspiegelung von Zeitgeist geforscht werden. In den Fokus rückt dabei die zeitgeschichtliche Seite der Filme (Inwieweit spiegeln sie den politischen Zeitgeist ihrer Epoche?) ebenso wie die Untersuchung der Rolle des Bond-Girls (Ist in der Darstellung der Bond-Girls ein Wandel zu erkennen und wie lassen sich diese Frauen in die Emanzipationsgeschichte einordnen?). Aus dem großen Erfolg der Bond-Reihe ergibt sich die Frage nach der Rückwirkung der Filme. Dieser soll anhand eines genaueren Blicks auf Product-Placement und Merchandise und vor allem in einer vergleichenden Analyse der über die Bond-Filme berichtenden Medien nachgegangen werden.

Hierzu werden zunächst das Phänomen James Bond eingehender betrachtet und seine literarischen Ursprünge beleuchtet. Der britische Autor Ian Fleming schuf 1953 den Geheimagenten 007, der es 1962 erstmals auf die Leinwand schaffen sollte. Die Erfolgsgeschichte der Figur umfasst neben der positiven Resonanz auf die Romane natürlich – und vor allem – die Filme. Deren „Formel" ist ein elementarer Bestandteil des Erfolgskonzeptes und wird in Kapitel 2.2.5 eingehender untersucht. Maßgeblich ist darüber hinaus auch der Protagonist, der mittlerweile von sechs verschiedenen Schauspielern verkörpert wurde. Jeder der Darsteller brachte eigene Charakteristika in die Rolle mit ein, was für einen steten Wandel in der Interpretation des Agenten sorgte, ohne sich dabei jedoch zu weit von dem in den 6oer Jahren etablierten Erfolgskonzept zu entfernen (Kapitel 2.3).

Ob und wie sich die Filme dem politischen Zeitgeist anpassten, soll im Anschluss untersucht werden. Ohne vorweg zu greifen, kann festgestellt werden, dass die Filme die erklärte Absicht der Produzenten, unpolitisch zu bleiben (Produzent Albert „Cubby" Broccoli bezeichnete die Filme einmal als „not political" und „good old-fashioned entertainment")[18], nicht immer erfüll(t)en. Unterteilt wird das Kapitel in eine Analyse der Filme, die während des Kalten Krieges (3.1) produziert wurden, sowie der Filme, die in die Zeit nach der Auflösung der Sowjetunion (3.2) fallen. Die Themen, die im ersten Teil zur Sprache kommen, betreffen in der Regel die supranationale Politik (wie Entspannung oder Konfrontation zwischen den Blöcken oder die chinesische Außenpolitik); in einigen Fällen gehen die Bond-Filme aber auch auf nationale Geschehnisse ein (US-Drogenproblematik, schwindender politischer Einfluss Großbritanniens). Wie sich die Bond-Filme, die im Kalten Krieg ihren Ursprung haben, an die geänderte Weltordnung nach dem Zerfall der Sowjetunion

---

18 Zitiert nach: Bennett, Tony/Woollacott, Janet: Bond and Beyond. The Political Career of a Popular Hero, Houndsmills u. a. 1987, S. 191.

anpassten, wird der zweite Teil des Kapitels klären. In einem dritten Abschnitt wird die Frage nach der in den Filmen präsentierten britischen Nationalidentität aufgeworfen und anhand filmischer Beispiele und des Forschungsdisputs zu dem Thema versucht, zur Klärung dieser Frage beizutragen (Kapitel 3.3).

Ohne die Bond-Girls wären die Filme in ihrer vorliegenden Form nicht möglich. Ein Bond-Film ohne das obligatorische „Girl" (mindestens eines an der Zahl) wäre kein Bond-Film. Wie sich nun eine Art „sozialer Zeitgeist"[19] in den Bond-Filmen spiegelt, zeigt Kapitel 4, das die Rolle aller Bond-Frauen in den Hauptrollen und auch die Funktionen der Frauen in den Nebenrollen beschreibt. Eine solche nahezu umfassende[20] Untersuchung der Bond-Girls liegt bislang nicht vor (siehe Kapitel 1.5) und bietet die Möglichkeit, die Entwicklung der Bond-Girls detailliert nachzuzeichnen. Die einzelnen Charaktere werden im Kontext ihrer Zeit betrachtet und in Beziehung zueinander und zu den Entwicklungen der Frauenbewegungen in Europa und den USA gesetzt. Vereinzelt in die Untersuchung einfließen werden Aspekte der Mode und des Körperbildes, wobei aufgezeigt wird, inwieweit Modetrends das optische Auftreten der Bond-Girls beeinflussten. Ob auch die in den Filmen gezeigte Damenmode maßgeblichen Einfluss auf die Konzepte von Designern nahm, ist schwer überprüfbar – möglicherweise könnte ein erweiterter Blickwinkel aus dem Fachbereich des Mode- und Textildesigns hierüber mehr Aufschluss geben.

Der letzte Abschnitt der Arbeit wird sich mit der Rückwirkung der Filme beschäftigen und dazu im ersten Teil einen Blick auf die verschiedenen Merchandise-Artikel und das Product-Placement werfen (Kapitel 5.1). Anhand dieser Punkte kann die Relevanz der Bond-Filme sichtbar gemacht werden (großes Interesse an Merchandise bedeutet einen großen Erfolg der Reihe), aber auch ein Blick auf den konsumbezogenen Zeitgeist geworfen werden (welche Automarken waren wann „in", welche Uhren wurden in den Filmen beworben). Der zweite Teil dieses letzten Kapitels befasst sich mit der Rezeption der Bond-Filme (Kapitel 5.2) und nimmt sich damit eines Desiderats innerhalb der Bond-Forschung an (siehe Kapitel 1.5). Untersucht werden zu diesem Zweck US-amerikanische, britische und deutsche Printmedien (siehe Kapitel 1.4) über den Zeitraum von 50 Jahren (1962–2012). Ziel ist es zum einen, die Rezeption der Bond-Filme in den analysierten Printmedien für den untersuchten Zeitraum akkurat nachzuzeichnen und gegebenenfalls Unterschiede im Tonfall oder der Gewichtung einiger Themen (z. B. „Britishness") festzustellen. Aber auch über eine mögliche „Macht" der Bond-Filme als Politikum können die Zeitungen und Zeitschriften Aufschluss geben. Riefen die Filme gar politische Reaktionen hervor und, wenn ja, welcher Art?

Wie sich zeigt, lassen sich viele Fragen und Forschungsziele an die Bond-Serie richten. Umso überraschender ist es, dass sie bislang noch nicht als Untersuchungsgegenstand in die Geschichtswissenschaft vorgedrungen ist.

---

19 Greve 2012, S. 18.

20 Hiermit ist gemeint, dass alle Haupt-Bond-Girls und alle Gegenspielerinnen sowie ein großer Teil der kleinen und mittleren Nebenrollen in die Untersuchung einfließen.

1.3 Filme als historische Quelle

Generell sind Filme und insbesondere Spielfilme für die Arbeit von Historikern bislang eher als Randnotiz in Erscheinung getreten. Einen der neueren Vorstöße in diese Richtung unternahm Nora Hilgert in ihrer 2013 erschienenen Dissertation zur westdeutschen TV-Serie „Stahlnetz" und ihrem in der DDR produzierten Pendant „Blaulicht". Hilgert verbindet hierbei gängige historische Analysemethoden mit filmwissenschaftlichen Ansätzen. Neben der Betrachtung narrativer Elemente widmet sie sich in ihrer Studie der Bedeutung von Bildmontage und autitiven Einflüssen.[21]

Der Schwerpunkt der vorliegenden Arbeit liegt auf rein inhaltlichen Vergleichen der Bond-Filme in Bezug zu ihrer Produktionszeit. Eine vertiefte Medienalyse durch Hinzuziehen von filmstilistischen Mitteln wie Einstellungsgrößen oder Schnitttechniken kommt aufgrund der hohen Quantität an Filmen nicht zum Einsatz. Wenngleich eine die im Rahmen der Studie untersuchten Ergebnisse unterstützende Funktion dieser Methode nicht zu negieren ist, zeigte sich doch, dass der alleinige Blick auf Dialoge und Inhalte der Bond-Filme mehr als ausreichend ist, um diese in ihrem Kontext zu verankern.

Prominente Vertreter, die sich in besonderem Maße für die Arbeit mit Filmen im Fachbereich Geschichte einsetzen, sind Knut Hickethier (Medienwissenschaftler), Rainer Rother (Historiker) und Axel Schildt (Historiker).[22] So befasst sich Hickethier vornehmlich mit der Theorie von „Film- und Fernsehanalyse"[23], Rother veröffentlichte schon 1991 den Sammelband „Bilder schreiben Geschichte: Der Historiker im Kino"[24] und Schildt lässt in seiner (zusammen mit Detlef Siegfried verfassten) „Deutsche[n] Kulturgeschichte"[25] auch Kapitel über die Film- und Kinogeschichte in Deutschland einfließen. In neuerer Zeit ist laut Riederer ein leichter Zuwachs an Arbeiten, die sich explizit mit dem Film in den Geschichtswissenschaften beschäftigen, zu verzeichnen, von einem neuen Trend könne dabei jedoch nicht die Rede sein.[26] Dabei postulierte schon Siegfried Kracauer 1947 in seiner „psychologische[n]

---

21 Hilgert, Nora: Unterhaltung, aber sicher! Populäre Repräsentationen von Recht und Ordnung in den Fernsehkrimis „Stahlnetz" und „Blaulicht", 1958/59–1968. Bielefeld 2013, S. 43.

22 Berg, Olaf: Film als historische Forschung: Geschichte in dialektischen Zeit-Bildern. Perspektiven für eine kritische Geschichtswissenschaft in Anschluss an Gilles Deleuze, Walter Benjamin und Alexander Kluge (mpz-materialien Nr. 9), Hamburg 2004, S. 16 f.

23 Hickethier, Knut: Film- und Fernsehanalyse, Stuttgart^5 2012.

24 Rother, Rainer (Hrsg.): Bilder schreiben Geschichte. Der Historiker im Kino, Berlin 1991.

25 Schildt, Axel/Siegfried, Detlef: Deutsche Kulturgeschichte. Die Bundesrepublik von 1945 bis zur Gegenwart, München 2009. Siehe auch: Berg 2004, S. 16 f.

26 Riederer, Günter: Film und Geschichtswissenschaft. Zum aktuellen Verhältnis einer schwierigen Beziehung, in: Paul, Gerhard: Visual History. Ein Studienbuch. Göttingen 2006, S. 96–113. S. 97 f.

Geschichte des deutschen Films"[27], dass sich anhand der filmischen Analyse Rückschlüsse auf eine Gesellschaft ziehen ließen, da der Erfolg von populären Filmen sich dadurch erkläre, dass sie „herrschende Massenbedürfnisse befriedigen."[28] Möchte ein Spielfilm also erfolgreich sein, muss er zum Zeitgeist passen.

Die Bond-Filme mit ihrer über 50-jährigen Geschichte sind es daher besonders wert, als zeithistorische Quelle ernst genommen zu werden. Da sich hierzu jedoch hauptsächlich Studien aus dem kulturwissenschaftlichen Bereich finden lassen (siehe Kapitel 1.5), wird die vorliegende Untersuchung auch viele kultur- und sozialwissenschaftliche Elemente enthalten. Eine strikte Trennung der einzelnen Disziplinen ist gerade bei einem so weiten Feld wie der Filmanalyse sehr schwierig. Vielleicht kann diese Dissertation dazu beitragen, die Tür einen Spalt breit für die Beschäftigung mit den Bond-Filmen im Rahmen interdisziplinärer Forschung auch für Historiker zu öffnen.

1.4   Quellenlage und -auswahl

Zur Untersuchung der Rezeption der Bond-Filme (Kapitel 5.2) wird nicht nur der innerdeutsche Vergleich zwischen verschiedenen Printmedien gesucht, sondern auch der europäische und US-amerikanische Blickwinkel herangezogen. Großbritannien als das „Mutterland" von James Bond drängt sich hierbei als erster Vergleichspartner nahezu auf. Zu vermuten ist, dass in Großbritannien ein anderes Verhältnis zu 007 herrscht als in anderen Nationen. Bond kam in einer Zeit in die Kinos, in der das Land im Begriff war, seine Weltmachtstellung zu verlieren, auf kultureller Ebene aber an Ansehen zu gewinnen. Mit James Bond wurde nun ein Held geschaffen, der zumindest auf der Leinwand die Dominanz des britischen Empire bewahren konnte.[29]

Ein weiterer Blick soll dann auf die USA gerichtet werden. In einer Art Umkehrung der „Special Relationship"[30] zwischen Großbritannien und den USA in der realen Weltpolitik mit den Vereinigten Staaten in der Führungsrolle stehen die USA in den James-Bond-Filmen permanent im Hintergrund. US-amerikanische Agenten dienen lediglich als Assistenten Bonds und arbeiten ihm bei Problemen zu (Kapitel 3.3). Trotzdem konnten die Bond-Filme in den Vereinigten Staaten Rekorderfolge einspielen – James Bond avancierte auch hier zum Helden. Es stellt sich die Frage,

---

27   Kracauer, Siegfried: Von Caligari zu Hitler. Eine psychologische Studie des deutschen Films, Frankfurt a.M.[4] 1999 (Engl. 1947).

28   Ebd., S. 11.

29   Lindner, Christoph (Hrsg.): The James Bond phenomenon. A critical reader, Manchester und New York 2003, S. 1.

30   Dobson, Alan: Die „Special Relationship": Zur Entwicklung der britisch-amerikanischen Sonderbeziehung seit 1945, in: Kastendiek, Hans/Rohe, Karl/Volle, Angelika (Hrsg.): Großbritannien. Geschichte – Politik – Wirtschaft – Gesellschaft. Bonn[2] 1999, S. 420–436, S. 420.

ob sich der Tonfall in der US-amerikanischen Berichterstattung möglicherweise diesem Umstand anpasst, ihn ignoriert oder sich dagegen zur Wehr setzt.

Für die Analyse herangezogen werden in erster Linie Zeitungen und Magazine mit einer großen Auflagenstärke, einem „seriösen" Renommee (Boulevardblätter wie die „Bild" oder die „Sun" kommen daher nicht in Betracht – mit einer Ausnahme, siehe Kap. 5.2.4) oder einer besonderen Beziehung zu Bond (in diesem Falle der US-„Playboy")[31]. Um ein möglichst breites Spektrum an Medientypen abzudecken, werden sowohl Tages- als auch eine Wochenzeitung sowie zwei Nachrichtenmagazine, ein Männermagazin und ein Frauenmagazin (das sich leider als wenig ergiebige Quelle herausstellte) im Zeitraum von 1962 bis 2012 betrachtet. Der Anspruch an die zu untersuchenden Medien lag darin, dass sie bereits 1962 erschienen sein mussten und auch noch 2012 existieren sollten (mit einer Ausnahme: Der deutsche „Playboy" erschien z. B. erstmals 1972)[32].

Damit ergibt sich folgendes Bild: Für Deutschland werden die „Zeit", der „Spiegel" und die „Brigitte" herangezogen. Als US-amerikanische Medien fließen maßgeblich der „Playboy" und das „Time Magazine" in die Untersuchungen ein. Der „Guardian" sowie die Londoner „Times" vervollständigen das Bild als Vertreter der britischen Medienlandschaft. Unvollständig liegt darüber hinaus die deutsche Ausgabe des „Playboy" vor sowie zwei Ausgaben der „Bravo" und ein „Life Magazin", die jedoch in einem anderen Kapitel (4.2) Anwendung finden.

Es zeigt sich in dieser Aufstellung der untersuchten Medien ein leichtes Ungleichgewicht – für Großbritannien liegen lediglich zwei Tageszeitungen vor, was in erster Linie mit der schlechten archivarischen Erschließung von mit dem „Time Magazine" oder dem „Spiegel" vergleichbaren britischen Magazinen zusammenhängt. Lediglich der „Economist" ist gut archiviert, eine Suche im Online-Archiv ergab jedoch keine Bond-relevanten Treffer. Ein ähnliches Problem ergab sich für die „Brigitte". Allgemein sind offenbar die Frauenzeitschriften (nicht nur in Deutschland) für die Archivforschung schlecht zugänglich. Die „Brigitte" liegt in Hamburg weitestgehend vollständig vor, jedoch wurden im fraglichen Untersuchungszeitraum (recherchiert wurde einen Monat vor Erscheinen eines Films, im Erscheinungsmonat und einen Monat nach der Premiere) nahezu keine auf Bond bezogenen Inhalte gefunden. Lediglich zwei brauchbare Artikel konnten bei der Recherche herausgefiltert werden[33],

---

31 „Playboy" veröffentlichte beispielsweise 1960 als erstes Magazin eine von Flemings James-Bond-Kurzgeschichten und führte somit noch vor den ersten Filmen eine innigere Beziehung zu Bond als andere Medien, die lediglich Rezensionen zu Flemings Büchern abdruckten. In unregelregelmäßigen Abständen wies „Playboy" auf diese Sonderbeziehung hin. Siehe hierzu: N.N.: The spy they love to love, in: Playboy Vol. 30, Nr. 07 vom Juli 1983, S. 86–95, S. 86. Oder: N.N.: Bunnies of 1972, in: Playboy Vol. 19, Nr. 10 vom Oktober 1972, S. 136–146 und S. 200–202, S. 137.

32 Gunkel, Christoph: Deutschlands erstes Mal. 40 Jahre Playboy, in: Spiegel Online vom 01.08.2012. http://www.spiegel.de/einestages/playboy-in-deutschland-hilde-kulbach-a-947667.html, Zugriff: 22.04.2015.

33 Siehe hierzu Kapitel 5.2.2 und 5.2.4

was vermuten lässt, dass zumindest die „Brigitte" in James Bond keinen Mehrwert für ihre Zeitschrift sah.

Ein weiteres Problem, oder eher ein Hinweis, betrifft die seit den frühen 2000ern zunehmende Online-Berichterstattung der Medien. Die hier untersuchten Zeitungen und Magazine pflegen ausführliche Online-Archive (bzw. beim US-„Playboy" wurde das Archiv in digitalisierter Form auf externer Festplatte angeschafft), die leider zum Teil ab etwa 2002 nicht mehr zwischen den in der Print- und den in der Onlineausgabe erschienenen Artikel trennen. Das betrifft die „Times" und den „Guardian" und bedeutet, dass Artikel jüngeren Datums vermutlich überwiegend online erschienen sind. Die Online-Archive vom „Spiegel" ebenso wie vom „Time Magazine" bieten einen entsprechenden Suchfilter an, neuere Artikel aus der „Zeit" sind nicht immer klar einzuordnen. Für die Fragestellung der Arbeit ist dieser Fakt weitestgehend uninteressant, da nicht zielgruppenbezogen geforscht wurde (in einem solchen Falle wäre es in der Tat von Belang, welche Inhalte in der Print- und welche in der Online-Version auftauchten).

1.5   Literatur und Forschungsstand

Wie weiter oben bereits erwähnt, stammen die meisten wissenschaftlichen Ausführungen zu den James-Bond-Filmen aus dem kulturwissenschaftlichen Bereich. Die Literaturlage ist allgemein als äußerst gut zu bezeichnen. Frühe wissenschaftliche Artikel wurden 1965 in Italien durch Umberto Eco und Oreste del Buono mit ihrem Werk: „Il Caso Bond. Le origini, la natura, gli effeti del fenomeno 007"[34] veröffentlicht. Hier werden durch acht Autoren die verschiedensten Bereiche des James-Bond-Franchise behandelt. Es handelt sich um ein beachtenswertes Werk, das bereits früh den Wert der Figur Bonds für die wissenschaftliche Analyse erkennt und beleuchtet. Erstmals werden durch wissenschaftliche Herangehensweisen die Fragen nach dem Charakter Bonds, seinem Erfolgsrezept und den Gründen für seine überragende Popularität geklärt. Eco und seine Mitstreiter befassen sich überwiegend mit den Romanen Flemings – das von ihnen verfasste Werk hat aufgrund des lange zurückliegenden Datums der Erstpublikation mittlerweile zum Teil selbst Quellencharakter. Ähnlich einzustufen ist auch das Werk des britischen Literaturprofessors Kingsley Amis, der 1965 die Bond-Romane einer eingehenderen Studie[35] unterzog.

Die Untersuchung des Phänomens der Filme ist vor allem im englischsprachigen Raum gut vorangeschritten (zur Forschungslage die Bond-Girls betreffend siehe Kapitel 4.1). In der ersten Riege spielt hierbei der britische Kulturwissenschaftler James

---

34 Deutscher Titel, mit dem auch im Rahmen dieser Studie gearbeitet wurde: „Der Fall James Bond. 007 – ein Phänomen unserer Zeit". Siehe Fußnote 5.
35 Amis, Kingsley: Geheimakte 007 James Bond, Frankfurt a. M./Berlin 1966 (Engl. 1965).

Chapman, der sich mit der „Cultural History of the James Bond Films"[36] befasst. Chapman verortet die Filme in ihren zeithistorischen Kontext und geht ähnlich wie die vorliegende Studie auch auf die Frauenrolle, wenngleich weniger umfassend, ein. Auch die Aufsatzbände über „James Bond in World and Popular Culture"[37] oder die „Cultural Politics of 007"[38] sind eindeutig in den Kulturwissenschaften zu verorten. Als ergiebige Datenquelle (populärwissenschaftlicher Natur) erwies sich das von Paul Duncan u. a. zusammengetragene „Archiv"[39] der James-Bond-Filme. Hintergrundgeschichten zur Entstehung der Filme bis 2012, Interviews mit den an ihnen beteiligten Personen sowie Daten zu Drehzeiten und Drehbucherstellung wurden hierfür aus den Archiven der Produktionsfirmen MGM und EON zusammengestellt.

Für den deutschsprachigen Bereich wie auch den englischsprachigen Raum sind wissenschaftliche Monografien zur James-Bond-Thematik relativ selten. Als Vorreiter kann hier sicherlich Georg Mannsperger gesehen werden, der sich 2003 im Rahmen seiner Dissertation zum „serielle[n] Charakter"[40] der Bond-Reihe mit dem Phänomen beschäftigte. Auch Torsten Reitz befasst sich umfassend mit der „Genese [der] Kultfigur"[41] Bond und vergleicht darüber hinaus die Romanversionen ausgewählter Werke Flemings mit der filmischen Umsetzung. Darüber hinaus sind einige qualifizierende Abschlussarbeiten (vermutlich Master-/Magister- oder Diplomarbeiten) in den letzten Jahren veröffentlicht worden, darunter auch die Vorgängerstudie[42] zu der hier vorliegenden Dissertation. Die Beschäftigung mit den Bond-Girls findet in viele Untersuchungen Eingang, beschränkt sich in der Regel jedoch auf einzelne Frauen[43], exemplarische Analysen[44] oder Überblicksdarstellungen[45].

---

36 Chapman, James: Licence to Thrill. A Cultural history of the James Bond films, London u. a.² 2007. Chapmans Studie erschien erstmals 1999 und wurde in unregelmäßigen Abständen aktualisiert und neu aufgelegt.

37 Becker, Jack/Weiner, Robert G./Whitfield, Lynn (Hrsg.): James Bond in World and Popular Culture: The Films are Not Enough, Cambridge 2010.

38 Comentale, Edward P./Watt, Stephen/Willman, Skip (Hrsg.): Ian Fleming & James Bond. The Cultural Politics of 007. Bloomington 2005.

39 Duncan, Paul (Hrsg.) (A): The James Bond 007 Archives. Köln 2012.

40 Mannsperger, Georg: „James Bond will return": Der serielle Charakter der James-Bond-Filme. Wiederkehrende Elemente in 40 Jahren Action-Kino, Diss. Mainz 2003. http:// ubm.opus.hbz-nrw.de/volltexte/2003/431/pdf/diss.pdf, Zugriff: 27.04.2015.

41 Reitz, Torsten: James Bond. Genese einer Kultfigur, Marburg 2009.

42 Kulbarsch-Wilke, Julia: Frauen, Politik und Aktion. Das Phänomen der James-Bond-Spielfilmreihe im Spiegel der Zeit. Eine Analyse der Filme im Zeitraum von 1962 bis 2006, Hamburg 2009.

43 Z. B.: Brabazon, Tara: Britain's last line of defence: Miss Moneypenny and the desperations of filmic feminism, in: Lindner, Christoph (Hrsg.) 2003, S. 202–214.

44 Z. B.: Mannsperger 2003.

45 Z. B.: Böger, Astrid: Zum Sterben schön: Das Bond-Girl als modische Projektionsfläche, in: Föcking, Marc/Böger, Astrid: James Bond – Anatomie eines Mythos (Beiträge zur neueren Literaturgeschichte Band 289), S. 169–184.

Im Zuge des 50-jährigen Bond-Jubiläums erschienen weitere Studien, namentlich Aufsätze in Sammelbänden, die auch die letzten Winkel der Bond-Forschung betraten.[46] Der Hildesheimer Psychologie-Professor Werner Greve veröffentlichte ebenfalls 2012 sein Buch zu James Bond als „Agent[en] des Zeitgeistes"[47], das sich weder klar in den populärwissenschaftlichen Bereich einordnen lässt noch eindeutig als wissenschaftliche Forschungsliteratur zu identifizieren ist. Greve befasst sich hier ähnlich wie die vorliegende Arbeit mit der Einordnung der Filme in den Zeitgeist, die hier intensiv behandelten Themen wie Politik und Frauenrolle untersucht er in kleinerem Rahmen. Die Rezeptionsgeschichte spart Greve aus, regt aber eine eingehendere Beschäftigung mit der massenmedialen Filmkritik an.[48]

Im Bereich der Forschung zu den James-Bond-Filmen betritt diese Dissertation Neuland. Zwar untersuchten auch Bennett und Woollacott 1987 neben den Bond-Filmen auch deren Außenwirkung, sie bezogen sich dabei jedoch eher auf die Analyse der bis dahin erschienenen wissenschaftlichen Literatur zum Thema und ließen Zeitungsartikel und/oder Rezensionen nur sporadisch einfließen. Auch der deutsche Journalist und Bond-Experte Siegfried Tesche beschreibt in seinen populärwissenschaftlich ausgelegten Werken die Reaktionen verschiedener Medien auf die Bond-Filme, Vergleiche oder Reflektionen finden dabei jedoch nicht statt. Für die Frage nach „Konstruktion von Männlichkeit in den Medien"[49] analysierte Kristine Bilkau amerikanische Zeitschriften der 1960er Jahre und Claire Hines befasste sich in einem kurzen Aufsatz mit der Rolle des Bond-Girls in Männermagazinen (überwiegend der 60er Jahre).[50]

Indem die vorliegende Arbeit in Kapitel 5 erstmals Rezensionen aus drei verschiedenen Ländern über einen Zeitraum von 50 Jahren vergleicht, beginnt sie eine Lücke zu füllen, die Raum genug für weitere Nachforschungen bietet.

---

46 Zu nennen wären hier die z. B.: Brunsberg-Kiermeier, Stefanie/Greve, Werner (Hrsg.): Die Evolution des James Bond. Stabilität und Wandel, Göttingen 2014. Oder: Barmeyer, Christoph/Scheffer, Jörg: The Spy Who Impressed Me. Zur kollektiven Wirkung und kulturellen Bedeutung von James-Bond-Filmen, Passau 2013.

47 Greve 2012.

48 Ebd., S. 117.

49 Bilkau, Kristine: Geschmeidig, brutal und sexy. James Bond als Beispiel für die Konstruktion von Männlichkeit in den Medien, Saarbrücken 2007.

50 Hines, Claire: For His Eyes Only? Men's Magazines and the Curse of the Bond Girl, in: Becker, Jack/Weiner, Robert G./Whitfield, Lynn (Hrsg.) 2010, S. 167–175, S. 169 f.

2.   Fünfzig Jahre James Bond –
Aspekte einer Erfolgsgeschichte

2.1   Die Romane

Der erste James-Bond-Roman (Casino Royale) erschien 1953 – also etwa zehn Jahre vor dem ersten Film – und leitete eine beispiellose Erfolgsserie ein. Die Entstehungsgeschichte der Figur des Geheimdienstagenten 007 scheint hingegen, zumindest den Erzählungen des Autors Ian Fleming nach, eine Geschichte der Zufälle zu sein. Denn Fleming war ursprünglich nicht von schriftstellerischen Ambitionen geleitet. Eher aus Sorge vor seiner bevorstehenden Eheschließung als aus dem Wunsch heraus Romane zu verfassen, beschloss er, sich dem Schreiben zu widmen.[1] Auch die Namensgebung des Romanhelden war dem Zufall geschuldet. Möglichst gewöhnlich sollte der Name für seinen Geheimagenten sein und so fiel Flemings Blick auf das Buch „Birds of the West Indies", dessen Autor ein gewisser James Bond war. Der leidenschaftliche Hobbyornithologe Fleming taufte also kurzentschlossen seinen Protagonisten nach dem Vogelkundler.[2]

So entstanden bis zu Flemings Tod 1964 insgesamt 12 Bond-Romane und neun Kurzgeschichtenbände sowie zahlreiche weitere Romane aus der Feder verschiedener Autoren wie John Gardner oder Kingsley Amis.[3] Bis heute erscheinen in unregelmäßigen Abständen neue Romane über den Geheimagenten 007. Fleming beschrieb die Intentionen seiner Werke als rein unterhaltender Natur. Die James-Bond-Romane sollten weder die Welt verbessern, noch Menschen zu einem solchen Versuch animieren: „My books are not ‚engaged'. [...] My opscula [sic] do not aim at changing people or making them go out and do something [...]".[4] Er schrieb sie eigenen Angaben zufolge für „warm-blooded heterosexuals in railway trains, airplanes or beds",[5] ohne tiefergehende Botschaft an seine Adressaten.

2.1.1   Biografischer Abriss: Ian Fleming

Ein wichtiger Aspekt der die James-Bond-Romane sind die Parallelen zwischen Titelheld und Autor. Ian Fleming wusste in den meisten Fällen, wovon er schrieb, denn ebenso wie Bond war auch er einige Jahre während des Zweiten Weltkriegs beim Geheimdienst der britischen Marine beschäftigt. Aber auch in anderen Be-

---

1   Tesche (A) 2006, S. 17.

2   Helbig, Jörg: Geschichte des britischen Films, Stuttgart und Weimar 1999, S. 167.

3   Kulbarsch-Wilke 2009, S. 6. Siehe auch: Hobsch, Manfred/Morgenstern, Dany: James Bond XXL. Das weltweit umfangreichste 007-Nachschlagewerk. Band 2: L-Z, Berlin 2006, S. 380 f.

4   Zitiert nach: Chapman 2007, S. 1.

5   Ebd.

reichen beider Lebensläufe finden sich Gemeinsamkeiten. Ein biografischer Abriss Flemings wird hierzu näher Aufschluss geben.

Geboren wurde Ian Lancaster Fleming als einer von vier Brüdern am 28. Mai 1908 in London. Er stammte aus der britischen Oberschicht, der Vater (ein guter Freund Winston Churchills) starb 1917 im Krieg. Die Mutter galt sowohl als schöne wie auch als verschwenderische Dame.[6] Nach seiner Ausbildung in Eton besuchte Fleming die Militärakademie, die er im Rang eines Offiziers vorzeitig verließ. Grund waren diverse Affären, die von der Obrigkeit nicht geduldet wurden. Auch eine mögliche Karriere in Eton wurde frühzeitig beendet – ebenfalls wegen einer Affäre. Diesen Hang zum weiblichen Geschlecht übertrug Fleming später auch auf seine Romanfigur.[7]

Nach einem abgebrochenen Psychologiestudium versuchte er, sich als Diplomat im Auswärtigen Dienst zu bewerben, bestand aber die Aufnahmeprüfung nicht. Mit 21 Jahren begann er als Journalist für die Nachrichtenagentur Reuters zu arbeiten. Nachdem er diesen Job einige Jahre sehr erfolgreich innehatte, versuchte er sich als Bankier, wurde jedoch schon bald darauf von der „Times" abgeworben. Im Rahmen seiner Tätigkeit als Journalist reiste Fleming viel herum, lernte Deutsch, Russisch und Französisch – Sprachen, die auch James Bond in den späteren Romanen beherrscht.[8]

Mit Beginn des Zweiten Weltkriegs wechselte Fleming zum Geheimdienst der britischen Marine, wo er John A. Godfrey als persönlicher Assistent zugeteilt war. Gemeinsam bauten sie eine Untersektion des Nachrichtendienstes auf, was Fleming die Beförderung zum Commander einbrachte – denselben Rang, den später auch Bond innehaben sollte. Fleming organisierte hier zahlreiche Aktionen mit dem Ziel, geheimdienstliche Informationen zu erhalten, etwa Codenummern oder Waffen. Die Erfahrungen, die er in diesem Umfeld sammeln konnte, verarbeitete Fleming Jahre später auch in den Bond-Romanen.[9]

Die Geheimdiensttätigkeit ist auch indirekt für das Entstehen seiner Werke mitverantwortlich. Während des Krieges war Fleming kurz auf Jamaika stationiert. Unmittelbar nach dem Krieg kaufte er ein Grundstück, baute ein Haus und nannte es „Goldeneye". Hierher zog er sich dann später für zwei Monate im Jahr zurück, um seine Romane zu schreiben – eigenen Angaben zufolge hätte es Bond vermutlich nie gegeben, hätte er nicht diese Möglichkeit des Schreibens auf Jamaika gehabt:

> „I wrote every one of the Bond thrillers here with the jalousies closed around me so that I would not be distracted by the birds and the flowers and the sunshine outside … Would

---

6 Schwarz, Hans-Peter: Phantastische Wirklichkeit. Das 20. Jahrhundert im Spiegel des Polit-Thrillers. München 2006, S. 139.

7 Hobsch, Manfred/Morgenstern, Dany: James Bond XXL. Das weltweit umfangreichste 007-Nachschlagewerk. Band 1: A–K, Berlin 2006. S. 501 f.

8 Ebd.

9 Offizielle Webseite der Ian Fleming Publications Ltd.: http://www.ianfleming.com/ian-fleming/ian-fleming-inside/world-war-ii-1939–1945/, Zugriff: 26.06.2014.

these books have been born if I had not been living in the gorgeous vacuum of a Jamaican holiday? I doubt it."[10]

Flemings geplante Hochzeit war dann auch der Auslöser für seine beginnende Autorentätigkeit. Er heiratete Anne Rothermere 1952 und wurde noch im selben Jahr Vater eines Sohnes (Caspar).[11] Neun Jahre nach seiner Hochzeit erlitt Fleming seinen ersten Herzanfall, von dem er sich nie ganz erholte. Drei Jahre darauf erlitt er zwei erneute Herzanfälle, von denen der zweite tödlich war. Fleming starb am 12. August 1964.

Aus der Biografie Flemings erklären sich eine Reihe von Charaktereigenschaften seines Protagonisten. Beide lieb(t)en die Frauen, gutes Essen, das Glücksspiel und verdien(t)en ihren Lebensunterhalt im Geheimdienstgeschäft. Auch die zahlreichen Reisen verbinden beide, ebenso wie ihre Liebe zu teuren Autos, das Golfspiel oder Skifahren.[12] Ebenso wie Bond war Fleming starker Raucher und auch dem Alkohol sprach Fleming mehr zu als es gesund gewesen wäre. Es wird bei der Lektüre der Bücher und auch beim Anschauen der Filme offensichtlich, dass Fleming zahlreiche seiner Interessen und Fähigkeiten auf Bond übertragen hat. Dennoch wäre es falsch zu behaupten, sie wären ein und dieselbe Person. John Pearson, Fleming-Biograf und ein guter Freund Flemings, sagte dazu in einem Interview 2013:

> „[…] Ian's life, in its funny way, was so much the life of Bond himself, except that Bond was the person he wanted to be – and he wasn't! He didn't treat his women badly – shockingly – and all the rest of it in the way that Bond did – or perhaps he did, I don't know – but he wasn't the great seducer in the way that Bond was, he wasn't the man of action that Bond was, he wasn't very brave I think. […]"[13]

2.1.2 Biografischer Abriss: James Bond

Obwohl lediglich ein fiktionaler Charakter, soll an dieser Stelle kurz auf die Romanfigur eingegangen werden. Fleming sah in ihr offenbar sich selbst – oder den Mann, der er gerne gewesen wäre. So ausführlich der Autor seinen Helden in den Büchern auch beschreibt, seine Ess- und Trinkgewohnheiten ausweitet, seinen Frauengeschmack erörtert oder seine Hobbies und Reisen beschreibt, so wenig ist von der fiktiven Figur Bond vor seinem Leben als Agent der britischen Krone bekannt.

---

10   Offizielle Webseite der Ian Fleming Publications Ltd.: http://www.ianfleming.com/ian-fleming/ian-fleming-inside/jamaica-1946–1964/, Zugriff: 24.06.2014

11   Offizielle Webseite der Ian Fleming Publications Ltd.: http://www.ianfleming.com/ian-fleming/ian-fleming-inside/family/, Zugriff: 24.06.2014.

12   Offizielle Webseite der Ian Fleming Publications Ltd.: http://www.ianfleming.com/ian-fleming/ian-fleming-inside/interests/, Zugriff: 26.06.2014.

13   MI6 – The Home of James Bond 007, inoffizielle James-Bond-Fan-Webseite, http://www.mi6-hq.com/sections/articles/interview_john_pearson.php3, Zugriff: 28.12.2014.

Fleming selber lässt in „Man lebt nur zweimal" Bonds Vorgesetzten in einem Nachruf auf ihn einige Details aus seiner Vergangenheit preisgeben, weitere Lücken (etwa Bonds Geburtsort) füllt dann die erstmals 1973 erschienene und nicht ganz ernst gemeinte „offizielle" Bond-Biografie vom Fleming-Biografen John Pearson. Ausgehend von diesen beiden Datenquellen lassen sich folgende Rückschlüsse auf Bonds Leben bis zu seiner Verpflichtung für den britischen Geheimdienst schließen: Bond wurde als Sohn eines Schotten (Andrew Bond) und einer Schweizer Mutter (Monique Delacroix) im Ruhrgebiet (Wattenscheid) geboren, was ihn fließend Deutsch und Französisch sprechen lässt. Mit elf Jahren wurde er zum Waisenkind, besuchte eine englische Eliteschule und begann mit 17 die Arbeit für das britische Verteidigungsministerium. Bond war einmal verheiratet, der Ehe entsprangen jedoch keine Kinder. Er schwimmt gerne, mag Golf, neigt dazu, sich Vorgesetzten zu widersetzen und mag keine Deutschen.[14] Im folgenden Abschnitt aus einem fiktiven Interview mit Pearson kommt der Agent selbst zu Wort:

> „The truth is, I'm a native of the Ruhr. I was born in a town called Wattenscheid – that's near Essen – on Armistice Day, 11 November 1920. I have not, I hasten to add, a drop of German blood in my veins – as far as one can ever be certain of such things. [...] [M]y father was a highland Scot, my mother Swiss'. [...] My father [...] was [...] an engineer who worked for Metro-Vickers. In 1920, though, he was attached to the Allied Military Government with the rank of brigadier. He was responsible for helping to dismantle the empire of our old friends Alfred Krupp and Sons [...]. He had this house in Wattenscheid [...]. My mother always said she hated it. [...]"[15]

Bond wuchs mit seinem älteren Bruder[16] in Deutschland auf. Durch den Beruf des Vaters bedingt, reiste die Familie im frühen Lebensabschnitt des Agenten viel. Von Deutschland brachte es die Familie Bond für drei Jahre nach Ägypten und von dort nach Frankreich, wo sie sich ein Jahr aufhielt.[17] 1931 wurde der Vater nach Russland und dann schließlich nach England versetzt, wo sich Bond zunächst nicht wohl fühlte – sprach er doch besser Deutsch oder Französisch.[18] Mit elf Jahren erfuhr er das erste einschneidende Trauma seines Lebens – den Tod seiner Eltern. Ab diesem Zeitpunkt ist auch der von Fleming verfasste Nachruf Ms auf Bond wieder aussagekräftig:

> „Als er [Bond] elf Jahre alt war, starben beide Eltern bei einem Kletterunfall auf dem Aiguilles Rogues bei Charmonix, und der Junge wurde unter die Vormundschaft einer inzwischen verstorbenen Tante gestellt, Miss Charmian Bond. Er lebte mit ihr in dem malerischen kleinen Dorf Pett Bottom nahe Canterbury in Kent. Dort vervollständigte seine Tante, die eine höchst gebildete und kultivierte Dame gewesen sein muss, seine

---

14 Pearson, John: James Bond. The authorised biography, London 2008, S. 21 und Fleming, Ian (C): Man lebt nur zweimal, Ludwigsburg 2013 (Engl. 1964), S. 268–271.

15 Pearson 2008, S. 21.

16 Ebd., S. 24.

17 Ebd., S 26 f.

18 Ebd., S. 31.

Erziehung für eine englische Eliteschule, und ungefähr im Alter von zwölf wurde er in Eton aufgenommen, wo ihn sein Vater bei seiner Geburt angemeldet hatte. Seine Karriere in Eton war zugegebenermaßen nur kurz und mäßig. [...] [N]ach nur zwei Semestern wurde seine Tante gebeten, ihn von der Schule zu nehmen, nach einem mutmaßlichen Skandal, der mit dem Dienstmädchen eines anderen Schülers zu tun hatte. Es gelang ihr, ihn in Fettes unterzubringen, der alten Schule seines Vaters. [...] Als er im jungen Alter von siebzehn die Schule verließ, hatte er zwei Mal als Leichtgewicht für sie gekämpft und zudem den ersten Judokurs eines britischen Internats gegründet. Inzwischen war es 1941 und indem er sich als Neunzehnjähriger ausgab [...] begann er, für das Verteidigungsministerium zu arbeiten. [...]"[19]

Es ist aufschlussreich, wie sich einige biografische Aspekte (insbesondere die den Charakter Bonds betreffenden) mit der Vita seines Schöpfers überschneiden. Im Film „Skyfall" wird übrigens die Biografie Bonds ein wenig anders erzählt. Hiernach wuchs er nach dem Tod seiner Eltern in Schottland auf und wurde von dem Wildhüter Kincade (statt von seiner Tante) aufgezogen.

2.1.3   Struktur der Bond-Romane

Ein typischer Kriminalroman lebt von der Spannung, wer letzten Endes der Mörder ist und der Ungewissheit, wie sich die Konstellation der Charaktere untereinander entwickelt. Die Bond-Romane weichen von diesem Muster ab. Der Gegenspieler ist in der Regel zu Beginn bekannt, auch dass Bond als Sieger der Auseinandersetzung hervorgehen wird, ist höchstwahrscheinlich und auch die Abläufe in den Beziehungen zu den Bond-Girls bleiben in der Regel konstant. Es finden sich in den flemingschen Bond-Romanen klare Muster, die sich immer wiederholen und nur gelegentlich von der ursprünglichen Form abweichen. Bezeichnenderweise wurde – und wird – diese Struktur auch in den Filmen übernommen.

Umberto Eco beschäftigte sich bereits Mitte der 1960er Jahre mit der Struktur der Romane. Er erarbeitete das klassische Muster auf drei unterschiedlichen Ebenen (Charakter- und Wertgegensätze, Schlüsselsituationen, literarische Technik)[20] und verglich die Erzählstruktur der Bond-Romane mit einem Basketballspiel zwischen einer Top-Mannschaft und einem unbekannten Provinzligaverein: Man wisse mit ziemlicher Sicherheit, dass die Top-Mannschaft siegen und auch nach welchen Regeln das Spiel verlaufen werde. Was das Spiel dennoch spannend machen würde, wären die Ideen und Versuche der gegnerischen Mannschaft, den starken Gegner aus der Reserve zu locken, die Tricks, die angewendet würden und wie das Unerwartete doch noch zu erreichen versucht würde.[21]

---

19 Fleming 2013 (C), S. 269 f.

20 Eco, Umberto: Die erzählerischen Strukturen in Flemings Werk, in: Buono, Oreste del/ Eco, Umberto (Hrsg.) 1966, S. 68–119, S. 71.

21 Ebd., S. 97.

Jeder Bond-Roman aus Flemings Feder ist nach demselben Prinzip (in leichten Variationen im Ablauf) aufgebaut: Bonds Vorgesetzter (M) gibt Bond den Auftrag für eine neue Mission (in der Regel in einer Angelegenheit der nationalen Sicherheit); der Bösewicht taucht erstmals auf (oft bei dem vergeblichen Versuch, Bond zu töten); Bond begegnet dieser Attacke mit einem Spiel (z. B. Baccara), während dessen sich die Kontrahenten gegenseitig ausloten – wenn sie es bis dahin noch nicht getan hatten; anschließend taucht nun eine Frau auf und macht sich gegenüber Bond bemerkbar; Bond verführt sie (oder versucht es); der Gegenspieler nimmt Bond gefangen und foltert ihn (oder die Frau oder beide); Bond flieht, überwältigt den Gegner und gönnt sich eine Erholungszeit mit der Frau, die er später jedoch wieder verliert.[22] Auch die Beziehungen der handelnden Charaktere lassen sich gut in ein Schema einsortieren. Insgesamt 14 verschiedene Konstellationen (Eco nennt sie „Kontrastpaare")[23] arbeitete Eco heraus, die sich in unterschiedlichen Varianten in den Romanen wiederfinden.[24]

Eine reale Person hätte vermutlich nach einem Abenteuer dieser Art mit schweren psychischen Traumata, Neurosen aller Art und Panikattacken zu kämpfen. Nicht jedoch James Bond. Lediglich im ersten Roman wird er von Selbstzweifeln gequält[25], überlegt sogar, in Rente zu gehen. In den Folgeromanen finden sich Überlegungen zu den Themen ‚Gerechtigkeit', ‚Leben und Tod' oder ‚Reue' nur noch am Rande – ohne den Romanhelden psychisch zu belasten. Diese Gefahr der psychischen Erkrankung hat Fleming bereits am Ende von Casino Royale zu beenden gewusst und damit ihren Erfolg gesichert:

> „[I]ndem [Fleming] nämlich die Neurose aus der Welt der erzählerischen Möglichkeiten ausschloss. Eine Entscheidung, die die Struktur der künftigen elf Romane Flemings beeinflusst und die vermutlich den Grund für ihren Erfolg gelegt hat."[26]

Eine weitere Besonderheit, die die Bond-Romane Flemings kennzeichnet, ist sein ungewöhnlicher Schreibstil. Fleming beschreibt in aller Ausführlichkeit die Zubereitung einer bestimmten Mahlzeit, während hingegen ein fehlgeschlagener Angriff auf Fort Knox in wenigen Sätzen geschildert wird. Das Verweilen in scheinbar „sinnlosen" Erzählungen, die die Handlung augenscheinlich nicht vorantreiben, war aber gerade ein Erfolgsgarant für die Bücher. Fleming beschrieb das, was für die Menschen greifbar war oder zumindest im Bereich der möglichen Erfahrungswelt lag:

---

22 Chapman 2007, S. 25 f. Siehe auch: Eco, in: Buono, Oreste del/Eco, Umberto (Hrsg.) 1966, S. 89 f.

23 Eco, in: Buono, Oreste del/Eco, Umberto (Hrsg.) 1966, S. 72.

24 Beispiele hierfür sind: Kontrastpaar a): Bond – M; Kontrastpaar b) Bond – Bösewicht; Kontrastpaar c) Bösewicht – Frau; Kontrastpaar d) Frau – Bond; Kontrastpaar e) freie Welt – Sowjetunion; etc. Für mehr Informationen dazu: Siehe: Ebd.

25 Fleming, Ian: Casino Royale, Stuttgart 2012 (Engl. 1953), S. 175 f.

26 Eco, in: Buono, Oreste del/Eco, Umberto (Hrsg.) 1966, S. 69.

„[Fleming] beschreibt eine Partie Canasta, ein Serienauto, das Armaturenbrett eines Flugzeugs, einen Eisenbahnwagen, das Menü eines Restaurants, die Schachtel einer in allen Tabakläden erhältlichen Zigarettenmarke. Fleming tut mit wenigen Worten einen Angriff auf Fort Knox ab, weil er weiß, dass keiner seiner Leser je Gelegenheit haben wird, Fort Knox auszurauben; und er ergeht sich in Erklärungen über das Lustgefühl, das einen beim Umspannen eines Steuers oder einer Cloche ergreifen kann, weil das Gesten sind, die jeder von uns vollzogen hat, vollziehen könnte, oder zu vollziehen wünschen könnte. Fleming verweilt dabei, uns das *déjà vu* mit einer fotografischen Technik wiederzugeben, weil er dafür unsere Identifizierungsfähigkeiten mobilisieren kann. Wir identifizieren uns nicht mit dem, der eine Autobombe stiehlt, sondern mit dem, der eine Luxusjacht fährt; nicht mit dem, der eine Rakete explodieren lässt, sondern mit dem, der eine lange Skiabfahrt unternimmt; [...]. Unsere Aufmerksamkeit wird auf der Ebene der möglichen und wünschenswerten Dinge angesprochen und geweckt. [...] [D]as Vergnügen an der Lektüre wird nicht durch das Unglaubwürdige und Neue geweckt, sondern durch das Naheliegende und Gewöhnliche. [...][27]

Zusammenfassend lässt sich feststellen, dass der Erfolg der Romane in ihrer Dynamik und der besonderen Erzählweise Flemings begründet ist, der sich auch nicht scheute, dem Helden jegliche Fähigkeit psychischen Leidens abzusprechen. Durch die bildhaften Beschreibungen der unscheinbarsten Dinge wird eine „Kette elementarer Assoziationen in Gang"[28] gesetzt, die besonders die Leser der späten 1950er und frühen 1960er Jahre beeindruckt haben muss, für die Flugreisen in ferne Gefilde noch Luxus waren. Flemings Romane trafen offenbar den Zeitgeist und den Wunsch der Leser, den Nachkriegsalltag durch die Lektüre zumindest für kurze Zeit zu verdrängen. Selbst heute, über 60 Jahre nach Erscheinen des ersten Romans, zeigen Neuveröffentlichungen der Romane ihren Kultstatus und beweisen: „Bond ist ein moderner Klassiker"[29].

2.1.4   Erfolg und Rezeption

Die erste Auflage von Casino Royale verkaufte sich 1953 etwa 5.000 Mal und damit mit eher mäßigem Erfolg. In den folgenden Jahren wuchs die Leserschaft Flemings aber stetig an. Der Durchbruch kam 1957, als „Liebesgrüße aus Moskau" im „Daily Express" als Serial erschien. Die Romanverkäufe stiegen auf 72.000 in 1957, 105.000 in 1958 und ein Jahr später auf 237.000. Anfang der 1960er Jahre bekannte sich der damalige US-Präsident John F. Kennedy als Fan des Bond-Buches „Liebesgrüße aus Moskau". Dies verhalf den Romanen nochmals zu wachsendem Ruhm – die Verkaufszahlen der Bücher erreichten 1961 erstmals Millionenhöhe.[30] Nicht nur der amerikanische Präsident, auch der frühere CIA-Geheimdienstchef Allan Dulles wa-

---

27 Ebd., S. 109.
28 Ebd., S. 102.
29 Fleming 2012, Klappentext.
30 Bennet, Tony: The Bond Phenomenon: Theorizing a Popular Hero, in: Southern Review vol. 16, Nr. 2, Juli 1983, S. 195–225. S. 199.

ren Fans des britischen Geheimagenten und seines Verfassers. In einem Nachruf auf Fleming in der amerikanischen Zeitschrift „Life", der später auch im Spiegel abgedruckt wurde, schrieb Dulles 1964:

> „Durch Mrs. Jaqueline Kennedy machte ich vor ungefähr sieben Jahren Bekanntschaft mit Flemings Büchern. Sie gab mir ein Exemplar von „From Russia with love". „Hier ist ein Buch, das Sie kennen sollten, Herr Direktor", sagte sie. Für mich ist „From Russia" einer der besten Fleming-Thriller [...]."[31]

Während Fleming selbst seine Werke (besonders seinen Erstling) eher kritisch sah, wurden sie in zahlreichen Magazinen und Zeitungen besprochen und durchaus positiv rezensiert. So auch im renommierten „Times Literary Supplement" (zunächst Beilage zur London Times, später eigenständiges Magazin, im Folgenden TLS abgekürzt). Darin schrieb Elizabeth Sturch 1954 über den zweiten Roman Flemings („Live and Let Die"):

> „The second adventure of his [Flemings] secret service agent, James Bond, fully maintains the promise of his first book, Casino Royale. [...] The last quarter of the book [...] contains passages which for sheer excitement have not been surpassed by any modern writer in this kind."[32]

Zwar führt Sturch auch eine Kritik an, die ob der Tatsache, dass sie gleichzeitig als Kompliment formuliert ist, eher nebensächlich wird:

> „The slightly too loquacious Mr. Big [...], the beautiful Solitaire [...], even Bond himself [...] are not taken quite seriously by their creator. Mr. Fleming writes so very well, that it would be a pity if he spoiled his effects through a feeling of superiority to his chosen medium."[33]

Auch im „Playboy" und dem „Time-Magazine" wurden Flemings Romane überwiegend positiv besprochen, ebenso in den britischen Medien. Der US-Playboy schwärmte 1959 über „Goldfinger", der Roman sei „sophisticated, tongue-in-cheek entertainment par excellence"[34]. Die „Times" befand ebenfalls 1959, dass „[a] new novel by Mr. Ian Fleming is becoming something of an event [...]"[35]. Im Main-Stream fanden Flemings Romane also weitestgehend Anklang – unter einigen Intellektuellen oder Moralisten war Fleming jedoch verpönt. So entstand 1958 in Großbritannien als Reaktion auf den Roman „Dr. No" eine interessante Auseinandersetzung zwischen dem Kritiker Bernard Bergonzi, dem „Observer", dem „Guardian" und

---

31 Dulles, Allan: Von Mrs. Kennedy empfohlen, in: Der Spiegel, Nr. 39 vom 23.09.1964, S. 28.

32 Sturch, Elizabeth L.: Progress and Decay, in: Times Literary Supplement vom 30. April 1954, S. 277.

33 Ebd.

34 N.N.: Books, in: Playboy Vol. 06, Nr. 10 vom Oktober 1959. S. 31–36, S. 32.

35 N.N.: New Fiction, in: The Times vom 26.03.1959, S. 15.

schließlich Fleming persönlich, der sich in Form eines Leserbriefes ebenfalls im „Guardian" bezüglich der Kritik an seinem Schaffen zu Wort meldete.

Dieser Schlagabtausch, der es sogar bis in die Berichterstattung des amerikanischen „Time Magazine" schaffte[36], begann im März 1958, als der britische Kritiker und Literaturwissenschaftler Bernard Bergonzi über die Veröffentlichung des Romans „Dr. No" schrieb, dass „die Tatsache, dass [Flemings] Bücher von einem seriösen Verlag publiziert werden, [...] bezeichnender für den Stand unserer Kultur als ein ganzer Band denunzierender Kritik [sei]."[37] Ähnlich sah es auch der „Observer", der kurz darauf Bergonzis „magnificant taking-apart of Ian Fleming's ‚bond' novels" hervorhob und betonte, „that not everyone enjoys a diet of unrestricted sadism and satyriasis".[38] Der „Guardian" reagierte auf die allgemeine Kritik an den Bond-Romanen mit leichtem Unverständnis aufgrund der Aufregung um die Bücher. „Dr. No" weiche nicht wirklich von den Vorgängern ab und würde vermutlich ebenso erfolgreich sein: „In fact, the formula of this book is much the same as those which preceded it and will probably win it as much success [...]"[39]. Weiter verteidigte der „Guardian" Flemings Hang zu, später auch vom „Observer" kritisierten, „uneingeschränktem Sadismus und krankhaftem Sexualtrieb" (s. O.). Es gäbe keine wissenschaftlichen Belege dafür, dass das Lesen gewalttätiger Literatur zu einem ebensolchen Verhalten führe, vielmehr sei das Gegenteil der Fall – die Leser solcher Romane könnten dadurch abgehalten werden, mögliche Gewaltphantasien in der Gesellschaft auszuleben. Man müsse Fleming also eher dankbar sein:

> „In spite of what is commonly said by magistrates and others, there is little or no evidence, to support the idea that reading about violence in books [...] leads anyone to behave like a gangster in real life. On the contrary, there is evidence that fiction of this kind provides a various satisfaction of innately violent instincts which tends to prevent their expression in the everyday world. Taking this point of view, we should be grateful to Mr. Fleming [...]."[40]

Dennoch findet sich auch im sonst so pro-Bond eingestellten „Guardian" leichte Kritik, die letztendlich Fleming bewogen hat, in Briefform zu antworten. So sieht der „Guardian" nicht das Problem in gewalttätigen Folterszenen, sondern vielmehr in der Verherrlichung von Luxus um des Luxus' selbst Willen: „What is more sinister

---

36 N.N.: Books: The upper-Crust Low Life, in: Time Magazine vom 05.05.1958. http://content.time.com/time/subscriber/article/0,33009,863374,00.html, Zugriff: 26.08.2014.

37 Zitiert nach: Tornabuoni, Lietta: James Bond – Eine Modeerscheinung, in: Buono, Oreste del/Eco, Umberto (Hrsg.) 1966, S. 7–36, S. 10.

38 Wain, John: Offerings From All Over, in: The Observer vom 04.05.1958, S. 18. Siehe auch: http://www.theguardian.com/theguardian/from-the-archive-blog/2012/oct/01/ian-fleming-james-bond-1958-archive, Zugriff 26.08.2014.

39 N.N.: The exclusive Bond, in: Manchester Guardian vom 31.03.1958, S. 6. Siehe auch: http://www.theguardian.com/theguardian/from-the-archive-blog/2012/oct/01/ian-fleming-james-bond-1958-archive, Zugriff 26.08.2014.

40 Ebd.

is the cult of Luxury for its own sake [...]“ und weiter: „The idea, that anyone should smoke a brand of cigarettes not because they enjoy them, but because they are ‚exclusive‘ [...] is pernicious [...]“[41]. Flemings Antwort auf diese Kritik folgte wenige Tage später. Er erklärte zunächst den Sinn der Luxusausstattung Bonds (um ihm mehr Tiefe zu verleihen), begründete sie weiterhin mit der positiven Resonanz seiner Leser (die immer noch an den Rationalisierungen nach dem Zweiten Weltkrieg litten) auf die gediegenen Mahlzeiten Bonds und ging dann mit einem Augenzwinkern auf andere, ähnlich geartete Romanhelden und deren Luxusgüter ein:

> „However, now that Bond is irretrievably saddled with these vulgar foibles, I can only plead that his Morland cigarettes are less expensive than the Balkan Sobranje of countless other heroes, that he eats far less and far less well than Nero Wolfe [ein stark übergewichtiger Privatdedektiv], and that his battered Bentley is no Hirondelle. [...]“[42]

Schon dieser Ausschnitt aus dem Jahr 1958 zeigt, wie kontrovers eine Figur wie James Bond von den Medien aufgenommen wurde. Zwar überwogen die positiven Reaktionen auf die Romane beim Leserpublikum, in der Riege der Literaturkritiker sorgten sie jedoch für Unbehagen. Bond sei zu brutal, snobistisch und sexorientiert. Genau diese Kritikpunkte einiger Moralisten machten für den Großteil der Leserschaft aber den Reiz der Romane aus. Der wachsende Erfolg der Bücher zeigte deutlich, dass Literaturkritiker und Klientel nicht immer übereinstimmten. Er zeigte aber auch, dass die Menschen bereit für eine Figur wie James Bond waren. Was lag also näher, als die Bücher früher oder später auf die große Leinwand zu bringen?

2.2   Die Filme

Mit dem Erfolg der Romane wurden die Filmrechte an den Büchern immer begehrter. Zu Beginn der 1960er Jahre kaufte der kanadische Filmproduzent Harry Saltzman die Verfilmungsrechte (außer „Casino Royale“ und „Feuerball“) und schloss sich mit dem US-Amerikaner Albert R. Broccoli zusammen. Gemeinsam gründeten sie die Firma Eon-Productions, unter deren Label alle offiziellen[43] 007-Filme produziert wurden, bzw. werden. Sie brachten 1962 mit „Dr. No“ den ersten James-Bond-Kinofilm auf den Markt. Was dann folgte, war eine bis heute anhaltende Erfolgsserie, mit einem regelrechten Hype um die Filme in den 1960er Jahren. Mehr zu dieser „Bondomanie“ und ihrem Höhepunkt in den 6oer Jahren folgt in Kapitel 5.1.

---

41   Ebd.

42   Brooke, David: „The exclusive Bond. Mr. Fleming on his hero“, in: Manchester Guardian vom 05.04.1958, S. 4. Siehe auch: http://www.theguardian.com/theguardian/from-the-archive-blog/2012/oct/01/ian-fleming-james-bond-1958-archive, Zugriff 26.08.2014.

43   Zwei frühe Casino-Royale-Verfilmungen (1954 und 1967) und „Sag niemals nie“ aus dem Jahre 1983 zählen nicht hierzu. Diese wurden von anderen Produktionsfirmen herausgegeben.

Zahlreiche wiederkehrende Elemente und ein meist ähnlicher Aufbau sorgen für einen hohen Wiedererkennungswert und unterstreichen den Markencharakter der Bond-Serie. Angefangen beim ersten Auftauchen des „Gunbarrel-Logos" über die charakteristische Vortitelsequenz und den typischen Vorspann mit dem ebenso typischen Bond-Musikstil bis hin zu einem stringenten Handlungsablauf beinhalten die Filme charakteristische Wiedererkennungsmomente.[44]

2.2.1 Gunbarrel-Sequenz

In der Regel machen schon die ersten 30 Sekunden eines Bond-Films ihn für den Zuschauer als solchen erkennbar. Zwei Lichtpunkte, die über die Leinwand wandern, der Blick des Zuschauers durch einen stilisierten Pistolenlauf auf einen Mann, der Schuss des Unbekannten auf den Betrachter und schließlich Blut, das von oben nach unten über die Leinwand läuft, das Ganze untermalt von einer eingängigen Melodie – diese Elemente kennzeichnen die sogenannte „Gunbarrel-Sequenz", die als eines der wichtigsten Markenzeichen 20 der bislang 23 offiziellen Bond-Filme einleitet. Insgesamt sieben Darsteller verkörperten bislang den James Bond in dieser Sequenz. In den ersten drei Filmen spielte der Stuntman Bob Simmons den Part des Geheimagenten, ab „Feuerball" (1965) wurde diese Sequenz mit Sean Connery neu gedreht. Mit jedem Darstellerwechsel wurde auch die Gunbarrel-Sequenz geändert, sodass immer der aktuelle 007-Darsteller zu sehen war.[45]

Verantwortlich für das Design der Sequenz zeichnet Maurice Binder, der auch den Vorspann für 14 Bond-Filme entwarf. Im Laufe der Jahre wandelte sie sich immer wieder leicht ab, blieb im Großen und Ganzen jedoch gleich.[46] Einige größere Ausnahmen finden sich vor allem im Film „Stirb an einem anderen Tag" (2002) – hier rast nach dem Schuss Bonds eine Kugel auf den Zuschauer zu – und in den ersten drei Filmen mit Daniel Craig als Bond, in denen die Sequenz entweder unmittelbar den Vorspann einleitet („Casino Royale" 2006) oder aber sogar erst am Ende vor dem Abspann eingespielt wird („Ein Quantum Trost" 2008, „Skyfall" 2012). Der Film „Spectre" aus dem Jahr 2015 startete hingegen wieder mit dem bekannten Logo noch vor der Vortitelsequenz. Ob sich diese Praktik halten wird, bleibt abzuwarten.

2.2.2 Vortitelsequenz

Die Vortitelsequenz folgt in der Regel auf das Gunbarrel-Logo (Ausnahmen siehe oben und „James Bond jagt Dr. No" – hier gibt es keine Vortitelsequenz) und ist dem Vorspann vorgeschaltet. Sie leitet entweder den folgenden Film ein oder aber zeigt das Ende eines Bond-Abenteuers, welches der Held vor seinem neuen Auf-

---

44 Zur Bond-„Formel", siehe auch: Tesche (A) 2006, S. 326–329.
45 Hobsch/Morgenstern (Band 1) 2006, S. 603 f.
46 Ebd.

trag erfolgreich abgeschlossen hat. Die spannungsgeladenen Vortitelsequenzen sind charakteristisch für die Bond-Filme und sorgen ebenso wie das Gunbarrel-Logo für einen hohen Wiedererkennungswert. Eine Norm im Handlungsablauf ist hierbei ebenso wenig zu erkennen wie eine Regelmäßigkeit in der Länge dieser Sequenzen.[47]

Einen ersten Höhepunkt im Bereich Action erreichten die Vortitelsequenzen mit dem Film „Der Spion, der mich liebte" Ende der 1970er Jahre. Bond rast hier auf Skiern einen Abhang hinunter, während er von russischen Agenten verfolgt wird und sich mit ihnen eine Schießerei liefert. Er stürzt in einen scheinbar tödlichen Abgrund, doch schließlich öffnet sich ein Fallschirm und Bond gleitet hinab.[48] Fortan wurden die Vortitelsequenzen schneller und actionreicher, was zum einen mit verbesserten Filmtechniken und zum anderen mit dem Wunsch der Zuschauer nach mehr Tempo und einer gesteigerten Erwartungshaltung zusammenhängt.[49] Gute Beispiele sind hierfür auch die Vortitelsequenzen aus „Stirb an einem anderen Tag"[50] und „Skyfall". Die Stunts sind hier riskanter, die Explosionen fulminanter und die Tricktechnik ausgereifter.

2.2.3 Vorspann

Die Bond-Filme sind voller wiederkehrender Elemente, die die Abenteuer um 007 mittlerweile zu einer eigenen Marke gemacht haben. In ihrer Aufzählung darf natürlich auch nicht der stets kunstvoll gestaltete Vorspann fehlen. Charakteristisch sind hier die Verwendung von phallischen Symbolen, erotisch in Szene gesetzten Frauenkörpern und ästhetisch eingearbeiteten Farb- und Lichteffekten, die vom unverkennbaren Klang des eigens für jeden neuen Film komponierten Titelsong untermalt werden (mehr zur Musik im folgenden Kapitel). Verantwortlich für den Vorspann in 16 der 23 Bond-Filme war der 1925 geborene und 1991 verstorbene Maurice Binder. Lediglich für „Liebesgrüße aus Moskau" und „Goldfinger" entwickelte der Grafikdesigner Robert Brownjohn die Titelsequenz. Nach dem Tod von Maurice Binder übernahm Danny Kleinman die Gestaltung der Eröffnungssequenzen.[51]

Der Vorspann für „James Bond jagt Dr. No" unterscheidet sich deutlich von seinen Nachfolgern. Zunächst ist er eher einfach gehalten und von einem Spiel unterschiedlicher Farbpunkte gekennzeichnet, musikalisch unterlegt vom typischen Bond-Thema. Nach etwa 1,5 Minuten nimmt dann abrupt ein neues Motiv die Leinwand ein: tanzende Silhouetten von Männern und Frauen, die sich sporadisch überlagern. Dazu ertönt ein rhythmisches Trommelsolo. Der dritte Part des Vorspanns beginnt etwa nach 2:10 Minuten – hier ist der Song „Three blind Mice" zu

---

47 Kulbarsch-Wilke 2009, S. 8 f.

48 Ebd., Anhang 10, Sq. 2.6.

49 Mannsberger 2003, S. 201 f.

50 Kulbarsch-Wilke 2009, Anhang 20, Sq. 2.

51 Kulbarsch-Wilke 2009, S. 10. Siehe auch: Tesche, Siegfried (B): „Mr. Kiss Kiss Bang Bang". Die Geschichte der James-Bond-Filmmusiken, Mainz 2006, S. 117 f.

hören – und geht schließlich in die realen Bilder des Films (drei blinde Männer überqueren eine Straße) über.[52]

Schon im zweiten Bond-Abenteuer „Liebesgrüße aus Moskau", unter dem neuen Gestalter Robert Brownjohn, stehen das erste Mal tanzende Frauenkörper, auf deren Gliedmaßen die Namen der Filmschaffenden abgebildet werden, im Fokus des Vorspanns. Zwar beinhaltet dieser Vorspann auch noch verschiedene Musikthemen, diese sind jedoch geschickter und somit flüssiger miteinander verknüpft, als es noch im ersten Teil der Filmreihe der Fall ist. Mit „Goldfinger" etablierten sich dann die oben genannten wiederkehrenden Motive des Vorspanns, wie man sie heute kennt, endgültig.[53] Auch Maurice Binder, der mit „Feuerball" 1965 wieder für die Titelsequenzen verantwortlich war, übernahm diese Motive und entwickelte sie weiter. Besonders auf die Hervorhebung femininer Formen sei in diesem Zusammenhang verwiesen – die Attraktivität weiblicher Figuren in Szene zu setzen ist stets zentraler Bestandteil der Titelsequenzen.[54] Nicht minder wichtig ist natürlich der Titelsong, der ebenso zum festen Bestandteil wurde.

2.2.4 Titelsongs und Filmmusik

Der erste Name, der genannt werden muss, wenn es um die Filmmusik bei James Bond geht, ist der britische Komponist und Musiker Monty Norman, der von den Produzenten Broccoli und Saltzman für die Filmmusik zu „James Bond jagt Dr. No" engagiert wurde. Norman schrieb den Soundtrack zu diesem Film, fand jedoch kein passendes Titellied – das von ihm vorgeschlagene sagte den Verantwortlichen nicht zu. Ein weiterer Vorschlag Normans, ein von ihm früher komponiertes Stück („Bad Sign Good Sign") zu verwenden, bildete schließlich die Basis des bekannten Bond-Themas.[55] Die ursprüngliche Version dieses Themas war den Produzenten jedoch nicht ausreichend und es wurde ein zweiter Komponist engagiert, der das Thema Normans überarbeiten sollte. Die Wahl fiel auf John Barry. Er überarbeitete den Song „Bad Signs Good Signs" von Norman und schuf so den bekannten „Dum da da da dum, dum dum dum dum, da da da dum"- Rhythmus.[56] Beide Komponisten – Barry und Norman – beanspruchten fortan die Urheberschaft an diesem Thema für sich. Mehrere Auseinandersetzungen vor Gericht waren die Folge. Monty Norman wurde 2001 schließlich die Urheberschaft an dem Lied vom High Court in London zugesprochen.[57]

Für John Barry begann mit der Arbeit am James-Bond-Thema eine lange Phase der Zusammenarbeit mit den Bond-Produzenten. Auch für den zweiten Bond-Film

---

52　Kulbarsch-Wilke 2009, Anhang 1, Sq. 1.
53　Ebd., Anhang 2, Sq. 3 und ebd., Anhang 3, Sq. 3.
54　Mannsberger 2003, S. 216 f.
55　Tesche (B) 2006, S. 14 f.
56　Ebd., S. 16 f.
57　Ebd., S. 19 f.

„Liebesgrüße aus Moskau" wurde er engagiert um die Filmmusik zu komponieren. Lediglich der Titelsong wurde vom britischen Musiker Matt Monro verfasst.[58] Auch für die folgenden Filme bis einschließlich „Der Hauch des Todes" aus dem Jahre 1987 war Barry mit drei Unterbrechungen sowohl für die Arrangements der Filmmusik[59] wie auch in den meisten Fällen für die Komposition des Titelliedes verantwortlich. Interpretiert wurden die Titelsongs häufig von weltweit bekannten Künstlern wie Madonna, Paul McCartney, Adele, Duran Duran, Tom Jones, a-ha, Shirley Bassey oder Tina Turner.

2.2.5 „Bond-Formel"

Wie in Kapitel 2.1.3 erwähnt, unterliegen schon die James-Bond-Romane einem sehr strukturierten Handlungsstrang, der sich auch in den Filmen wiederfindet. Die Struktur ist in jedem Film nahezu identisch – ähnlich wie bei den Büchern in mehr oder weniger abgewandelter Form – und so angeordnet, dass eindeutige Regelmäßigkeiten zu erkennen sind:

Dem Gunbarrel-Logo folgt (bis auf wenige Ausnahmen seit „Casino Royle") in der Regel die Vortitelsequenz (Kap. 2.2.2), die in den kunstvoll gestalteten Vorspann (Kap. 2.2.3) mit seiner Titelmusik zum Film (Kap. 2.2.4) mündet. Wurde der Zuschauer durch die Vortitelsequenz noch nicht in das Abenteuer eingeführt, geschieht dies nun mit der ersten Szene nach dem Vorspann. Das Problem, mit dem Bond es im Laufe des Films zu tun bekommt, wird geschildert, gefolgt von einer Lagebesprechung bei Bonds Vorgesetztem/r, M. Der zeitnah hieran anschließende (oder vorausgegangene) Flirt mit der Vorzimmerdame Moneypenny kann, muss aber nicht stattfinden. Besonders die neuesten Filme (ab 2006) enthalten ihn nicht, da der Charakter der Moneypenny hier nicht vorkommt (bzw. erst 2012 wieder eingeführt wurde). Bond erhält in der Regel nach dem Briefing sein Equipment; praktische Gadgets aus der „Abteilung Q", die das Agentenleben erleichtern sollen.[60] Handelte es sich hierbei in „Liebesgrüße aus Moskau" noch recht bescheiden um einen mit Messer, Gewehr, Goldstücken und Tränengas bestückten Waffenkoffer in Form einer Aktentasche, wurden die Spielereien, mit denen Bond in den folgenden Filmen ausgestattet wurde, stets imposanter. Kaum ein Bond-Fan wird den faltbaren Helikopter „Nelli" aus „Man lebt nur zweimal"[61], den amphibischen Lotus aus „Der Spion, der mich liebte"[62] oder den Aston Martin DB5 aus „Goldfinger"[63] vergessen haben. Auch diverse Uhren, ausgestattet u. a. mit Würgedraht und Laser oder auch

---

58   Ebd., S. 23 f.
59   Ebd., S. 168–171.
60   Greve 2012, S. 46 f.
61   Kulbarsch-Wilke 2009, Anhang 5, Sq. 11.2.
62   Ebd., Anhang 10, Sq. 13.3.
63   Ebd., Anhang 3, Sq. 6.

Zigaretten als Raketenwerfer sowie praktische Miniaturpeilsender bleiben in Erinnerung.

So ausgestattet, begibt sich Bond auf Reisen, um der Lösung des zuvor benannten Problems näher zu kommen. Er trifft hierbei (in abgewandelter Reihenfolge) auf schöne Frauen, ihm nach dem Leben trachtende Auftragsmörder und den Gegenspieler. Mit diesem liefert sich Bond in der Regel einen spitzzüngigen Schlagabtausch, ohne dass es zu einer direkten Konfrontation kommt. Obwohl eigentlich beiden klar ist, wer der andere ist und dass sie Feinde sind, tasten sich die Kontrahenten erst einmal ab (wo bliebe auch sonst die Spannung?). Im weiteren Verlauf folgen Actionszenen, Bond entkommt Mordanschlägen und erhält Hilfe von Verbündeten. Oft sind diese im Umfeld der US-amerikanischen Geheimdienste CIA und NSA angesiedelt, nur ein Indiz für die profilierende Selbstdarstellung der britischen Filmproduktion im Vergleich zur Großmacht USA – die Seiten werden hier ins Gegenteil des realpolitischen Lebens verkehrt (Kap. 3.3).

Häufig stirbt kurz darauf einer der hinzugewonnenen Verbündeten Bonds, was die Motivation des Agenten, seinen Gegner zu besiegen, oft noch steigert. Die Ermittlungen Bonds sind parallel meist gut vorangeschritten, sodass er sich beim finalen Versuch ungesehen dem Gegenspieler (bzw. dessen Hauptquartier) nähern kann, um sich dann in eine direkte Konfrontation mit ihm zu begeben. Bonds Glück ist es in der Regel, dass der Gegenspieler ihn auf besonders grausame und gleichzeitig kreative Weise umbringen möchte – ein Schuss auf den Agenten reicht für viele Gegner nicht aus. Während 007 also als Gefangener zunächst den genauen Plan seines Opponenten erfährt (meistens von diesem in einem Monolog vorgetragen) bleibt ihm genügend Zeit, sich von seinen Fesseln oder ähnlichem zu befreien und seinen Gegner zu überwältigen. Natürlich gibt es auch hier Abweichungen. Nicht immer befinden sich Bond und der Bösewicht in einem Raum, oft befreit sich Bond erst und begibt sich dann auf die Suche nach seinem Kontrahenten. Die Hauptbotschaft innerhalb der Formel ist jedoch eindeutig: Bond soll ermordet werden, die Selbstüberschätzung des Gegners, der das Töten möglichst kreativ gestalten will, lässt Bond jedoch genügend Zeit zur Flucht und zum Gegenschlag. Nach dem Showdown findet in aller Regel die abschließende Liebesszene mit dem Bond-Girl statt. In den meisten Fällen enden die Filme mit einem letzten humoristischen Element, gefolgt vom Abspann.[64]

Für viele Fans ist gerade diese Konstanz innerhalb des Franchise der Grund, weswegen sie immer wieder ins Kino gehen. Bestimmte Elemente möchte man in einem Bond-Abenteuer sehen und dieser Zuschauerwunsch wird schließlich auch bedient. Interessant ist in diesem Zusammenhang auch, dass die beiden Bond-Filme, die Brüche in der Formel erfuhren („Im Geheimdienst ihrer Majestät" und „Lizenz zum Töten"), vom Publikum abgestraft wurden – sie floppten (für Bond-Verhältnisse) an den Kinokassen. Im ersteren Film stirbt Bonds Ehefrau auf dem Weg in die Flitterwochen, im zweiten begibt sich Bond auf einen persönlichen Rachefeldzug, um

---

64 Tesche (A) 2006, S. 326 f. Siehe auch Greve 2012, S. 46 f.

die Ermordung seines Freundes zu sühnen und handelt dabei ohne die Lizenz zum Töten (Bond wurde zuvor beurlaubt).[65]

Es ist auffällig, dass sämtliche Filme von 2006 bis 2012 ebenfalls mehr oder weniger Brüche in der Bond-Formel aufweisen. Sei es das fehlende Gunbarrel-Logo am Anfang jedes Films oder, gravierender, das fehlende Happy-End mit Bond-Girl. In „Casino Royale" stirbt Bonds Geliebte, in „Ein Quantum Trost" gibt es zwischen Bond und dem Hauptgirl lediglich einen zarten Kuss am Ende und in „Skyfall" wird sie schon in der Mitte des Films erschossen. Immerhin tauchen hier wieder Q und Moneypenny auf, die man bis dato in den neuen Filmen vergeblich gesucht hatte. Erst in „Spectre" fand Bond zu seinem gewohnten Stil zurück (das Gunbarrel leitet den Film ein und es gibt ein Happy End mit Bond-Girl Madeleine Swann) – inwieweit sich dieser Trend hält, bleibt anzuwarten. Trotz der erwähnten Brüche in der Formel scheiterten die Filme mit Daniel Craig nicht an den Kinokassen – vermutlich ist jetzt die Zeit reif für einen ernsteren Helden.

2.2.6   Set-Design

Ebenso wie die immer wiederkehrende Bond-Formel ist auch das Set-Design der Filme stets extraordinär und besitzt einen hohen Wiedererkennungswert. Verantwortlich für den prägenden Stil zeichnet der 1921 in Berlin als Klaus Hugo Adam geborene Ken Adam. Adam wuchs als Sohn jüdischer Eltern in Deutschland auf. Aufgrund der Judenverfolgungen in den 1930er Jahren floh die Familie nach England. Hier studierte er zunächst Architektur und war während des Zweiten Weltkriegs als Jagdflieger im Einsatz. Adam begann die Arbeit an kleineren Filmproduktionen nach dem Krieg und wurde schließlich zu Beginn der 1960er Jahre von den Bond-Produzenten für „James Bond jagt Dr. No" engagiert.[66] Mit einem äußerst geringen Budget von 20.000 Pfund musste er auskommen – ein Unterfangen, das kaum möglich war: „[Das Geld] reichte hinten und vorne nicht. Das Apartment von Dr. No habe ich teilweise mit meinen eigenen Möbeln dekoriert."[67], erinnerte sich der Set-Designer 2012 in einem Spiegel-Interview. Trotz der widrigen Umstände erfüllte Adams seine Aufgabe und prägte gleichzeitig einen ganz eigenen Stil des Set-Designs, das typisch für kommende Bond-Filme werden sollte.

So zeigen sich im Set-Design der Filme vorwiegend futuristische Elemente, die gleichzeitig nicht unnatürlich wirken. Adam arbeitet mit klaren Formen und vielerlei chromglänzenden Bauten. Dabei bleiben die Dekors immer dem Zeitgeist

---

65   Greve 2012, S. 48.

66   Harms, Karin: Der Bond Macher. Star Designer Ken Adam, in: Focus Online vom 05.10.2012, http://www.focus.de/kultur/kino_tv/tid-27211/star-designer-ken-adam-der-bond-macher_aid_814631.html , Zugriff: 20.11.2014.

67   Beier, Lars Olav: Legendärer Szenenbildner Ken Adam: „James Bond war unser Junge", in: Spiegel Online vom 05.11.2012, http://www.spiegel.de/kultur/kino/interview-mit-pro duction-designer-sir-ken-adam-ueber-james-bond-a-864485.html, Zugriff: 20.11.2014.

verhaftet, sodass der Zuschauer tatsächlich das Gefühl eines realitätsgetreuen Sets bekommt. Adams beschreibt die Intention hinter seinem Schaffen folgendermaßen:

> „Ich wollte eine Wirklichkeit erfinden, die für das Publikum realer sei als die Wirklichkeit. Die Bond-Filme waren dafür ideal. Es gab keinen Zwang durch das Drehbuch. Man konnte erfinden. Nur der Himmel war die Grenze.“[68]

Als praktisches Beispiel hierfür führt er die Kulisse von Fort Knox an, die im Film „Goldfinger“ eine tragende Rolle spielt. Adams Entwurf wirkte so realistisch, dass zahlreiche Fans in Zuschriften ihr Erstaunen über die erhaltene Drehgenehmigung in diesem Hochsicherheitstrakt bekundeten:

> „Unsere Dekors und Requisiten sollten möglichst real wirken. Niemand sollte mitbekommen, dass wir die Wirklichkeit neu erfanden. Mein Fort Knox in ‚Goldfinger‘ hatte wenig mit der Realität zu tun. Ich wusste, dass man Goldbarren wegen des Gewichts nicht allzu hoch stapeln kann, doch ich baute eine Kathedrale, in der sich das Gold meterhoch türmt. Als der Film herauskam, erhielten wir mehr als 200 Briefe von Leuten, die wissen wollten, wie es denn möglich sei, dass ein britischer Regisseur in Fort Knox drehen konnte. Nicht mal der amerikanische Präsident durfte da rein.“[69]

Ein weiteres Set, das jedem Bond-Fan in Erinnerung bleiben wird, ist sicher die imposante Vulkankrater-Kulisse aus „Man lebt nur zweimal“. Beinahe ein halbes Jahr wurde an diesem Set gearbeitet. Das Innere des Vulkans, dessen Krater von einer überdimensionalen Schiebetür auf- und zugedeckt werden kann, beherbergt das Hauptquartier Blofelds. Von hier aus entführt er sowjetische und amerikanische Raumkapseln und lagert sie. Gleichzeitig befindet sich hier auch eine Raketenabschussrampe (nach dem Vorbild echter NASA Raketen) und ein Hubschrauberlandeplatz. Da die Deckenhöhe die eines jeden Studios übertraf, musste die Kulisse komplett neu gebaut werden. Insgesamt 40 Meter war das Set hoch, bei 135 Metern im Durchmesser und einer 23 Meter breiten Schiebetür. Für seinen Bau wurde mehr Stahl als für das Londoner Hilton Hotel verwendet (700 Tonnen).[70] Mittlerweile spielte auch das Budget keine große Rolle mehr – der vorangegangene James-Bond-Film „Feuerball“ war sehr erfolgreich, sodass man Ken Adam kaum Einschränkungen machte, wie dieser sich später erinnert:

> „Es fing damit an, dass wir keine Schauplätze fanden, die Flemings Beschreibungen in der Romanvorlage entsprachen. Drei Wochen lang flogen wir mit zwei Hubschraubern Japan rauf und runter […]. Als wir schon völlig verzweifelt waren, flogen wir zufällig über einen Vulkan. Ich sagte sofort: „Das ist es!“ Wir landeten, und einer von uns sagte:

---

68 Smoltczyk, Alexander: James Bond, Berlin, Hollywood. Die Welten des Ken Adam, Berlin 2002, S. 129.

69 Beier, Lars Olav: Legendärer Szenenbildner Ken Adam: „James Bond war unser Junge“, in: Spiegel Online vom 05.11.2012, http://www.spiegel.de/kultur/kino/interview-mit-production-designer-sir-ken-adam-ueber-james-bond-a-864485.html, Zugriff: 20.11.2014.

70 Smoltczyk 2002, S. 135–138.

„Wäre es nicht nett, wenn der Bösewicht sein Hauptquartier in dem erloschenen Vulkan hätte?" Ich fertigte sofort für „Cubby" eine Skizze an. „Interessant", sagte er. „Was kostet das?" Ich erwiderte: „Cubby, keine Ahnung." – „Wenn ich dir eine Million gebe, kommst du damit aus?' Ich war sprachlos, das war ungeheuer viel Geld."[71]

Insgesamt verantwortete Adam für sieben Bond-Filme das Set-Design. Unterstützt wurde er dabei von Syd Cain und Peter Lamont, die später auch seine Nachfolger wurden. Cain hatte seinen ersten „Einsatz" schon beim zweiten Bond, da Adams anderweitig ausgebucht war. Er orientierte sich sehr am Design seines Lehrers, setzte dabei jedoch gleichzeitig auf den Dreh an Originalschauplätzen, was seinen Sets mehr Natürlichkeit verlieh. Ähnlich wie Cain arbeitete auch Peter Lamont zunächst unter Ken Adam, bis er 1981 mit „In tödlicher Mission" erstmals eigenverantwortlich das Produktionsdesign eines Bond-Films übernahm. Er setzte mehr auf die „akkurate Rekonstruktion existierender Architekturformen" als auf die bei Adams vorherrschenden „phantastisch-futuristischen Elemente"[72] und sorgte so dafür, dass die „asymmetrische Bauweise von Adams Konstruktionen [...] einer regelmäßigen Ästhetik [wich]".[73] Seit 2008 ist Dennis Gassner für das Set-Design verantwortlich.

Trotz der überzogenen Wirklichkeit wirken die Bond-Sets stets realitätsgetreu und echt. Die Sessel und Stühle in „Dr. No" spiegeln die Mode der 1960er Jahre wider, stehen jedoch im Kontrast zu chromglänzenden Bauten und dem futuristisch überzogenen Bauhaus-Stil. Diese Kombination, die sich auch nach Ken Adam in vielen Bond-Filmen zeigt, lässt das Set-Design sowohl zeitlos als auch genau dem Zeitgeist angepasst wirken.

2.3   Eine Nummer – sechs Inkarnationen

Über die Jahre wurde James Bond in den Filmen von sechs verschiedenen Darstellern verkörpert, die, abgesehen von der Rolle, die ihnen das Drehbuch zuschrieb, ihren eigenen Charakter in die Interpretation des Geheimagenten einbrachten. Von Sean Connery bis hin zu Daniel Craig findet Mannsperger treffende Charakterisierungen der Schauspieler:

„Sean Connery, der große, kräftige Bodybuilder mit dem Auftreten eines Mannes, der weiß, dass er den vornehmen Zirkeln, in die er sich hochgearbeitet hat, nichts beweisen muss; George Lazenby, ein langer, schlanker, junger Mann, der durch seine spontan-ungezwungene Ausstrahlung wie ein Student wirkt; Roger Moore, der körperlich eher

---

71 Beier, Lars Olav: Legendärer Szenenbildner Ken Adam: „James Bond war unser Junge", in: Spiegel Online vom 05.11.2012, http://www.spiegel.de/kultur/kino/interview-mit-pro duction-designer-sir-ken-adam-ueber-james-bond-a-864485.html, Zugriff: 20.11.2014.

72 Mannsperger, Georg (B): „Die Wirklichkeit finde ich ziemlich langweilig". Ken Adam und das Set Design der Bond-Filme, in: Krüger, Cord u. a. (Hrsg.): Mythos 007. Die James-Bond-Filme im Fokus der Popkultur, Mainz 2007, S. 150–159. S. 158.

73 Ebd.

schwächlich gebaute, aber stets bestens gepflegte Gentleman der alten Schule; Timothy Dalton, ein grobschlächtiger, gedrungener Mann, der sich im bürgerlichen Umfeld am wohlsten zu fühlen scheint; Pierce Brosnan, dessen gepflegtes äußeres Erscheinungsbild und die Wertschätzung seines gehobenen Lebensstils sich mit energischem Körpereinsatz verbinden, und Daniel Craig, der James Bond als finsteren Auftragskiller gibt."[74]

Auch wenn für den einen oder anderen Darstellerwechsel amerikanische Schauspieler im Gespräch waren (zum Beispiel Burt Reynolds statt Roger Moore), letztendlich entschied man sich immer für einen britischen Mimen, bzw. in den Fällen George Lazenbys und Pierce Brosnans einen Angehörigen des erweiterten britischen Commonwealth of Nations. Ein Schotte (Sean Connery), ein Australier (George Lazenby), ein Waliser (Timothy Dalton), ein Ire (Pierce Brosnans) und zwei Engländer (Roger Moore und Daniel Craig) verkörperten bislang den bekanntesten aller Geheimagenten.

Um eine Filmreihe über ein halbes Jahrhundert erfolgreich zu halten und dafür zu sorgen, dass sie auch die häufigen Darstellerwechsel von so unterschiedlichen Typen gut übersteht, sind zum einen die bereits in Kapitel 2.2 erwähnten Markenzeichen von elementarer Wichtigkeit, zum anderen die Anpassung der Hauptrolle an den Schauspieler, ohne diese dabei zu sehr zu ändern. Was bei George Lazenby (Kapitel 2.3.2) misslang (und auch keine Chance auf einen zweiten Versuch hatte), passte bei den anderen Inkarnationen des 007 umso besser.

2.3.1 Sean Connery

Der erste Schauspieler, der 007 in einem offiziellen Film verkörperte war der 1930 im schottischen Edinburgh geborene Thomas Connery. Er legte 1962 den Grundstein für die Darstellung des James Bond und wird heute noch von vielen Fans als bester James Bond bzw. als „der" James Bond schlechthin angesehen. Kaum ein Darsteller nach ihm spielte den Agenten mit einer solch einprägsamen Kombination aus schottischem Unterschicht-Jungen einerseits, der weit abseits von Oxford-Englisch seine Sätze vorbringt, und kultiviertem Gentlemen andererseits, der in einer Szene im Film „Diamantenfieber" gar den Jahrgang des Weines erkennt, aus dem der Sherry destilliert wurde, den er gerade trinkt. Connery verpasst seinem Geheimagenten den „Stallgeruch der Arbeiterklasse"[75], wie Mannsperger es treffend nennt, aus der er selber auch stammt.

Connery arbeitete als junger Mann in zahlreichen Nebenjobs (Pferdekutscher, Möbel-/Sargpolierer, Zementmischer, Maurer, Rausschmeißer, Bademeister und sogar Fußballprofi), bevor er schließlich das Theater für sich entdeckte. Die Faszination für die Schauspielerei hatte ihn erfasst und so begann er, zahlreiche Theaterstücke eingehend zu studieren. In diesem Lebensabschnitt änderte er auch seinen

---

74 Mannsperger, Georg (A): Eine Nummer – sechs Darsteller. Die unterschiedlichen Typologien des 007, in: Krüger, Cord u. a. (Hrsg.) 2007, S. 36–59, S. 36.
75 Ebd., S. 37.

Vornamen: aus Thomas wurde Sean, vermutlich angeregt durch den Titel eines bekannten Western aus den 1950er Jahren („Shane" – 1954). Vieles, was Connery in seiner Anfangszeit als Schauspieler lernte, brachte er sich selber bei.[76] Er, der selbst die Schule vorzeitig abbrach, sagte über diese erste Zeit am Theater:

> „Ich war von der Arbeit der Schauspieler sehr beeindruckt. Sie konnten sich so gut arti-kulieren und schienen von Allem Ahnung zu haben. Die meisten, die ich traf, faszinier-ten mich. Ich wusste nichts über Geist und Intellekt, denn ich hatte mich niemals damit auseinander gesetzt."[77]

Charakteristisch für Connerys Bond ist eine unterschwellige Provokation, die er sei-nem Umfeld entgegenbringt: „Connerys Bond ist ein Genussmensch, der den Luxus der feinen Gesellschaft zu schätzen weiß, gleichzeitig aber gegen deren Riten und Regeln protestiert, indem er sie bewusst ironisiert."[78] Gut zum Ausdruck kommt dieses Verhalten in Connerys Gestik, Mimik und Körpersprache und wurde von Mannsperger ausgiebig untersucht. So führt Mannsperger als Paradebeispiel die erste Szene mit Connery als Bond in „James Bond jagt Dr. No" an. Noch während der berühmten Vorstellungsphrase („Mein Name ist Bond. James Bond.") zündet der einer attraktiven Frau am Spieltisch eines Casinos gegenübersitzende Bond sich eine Zigarette an, die er lose im Mundwinkel hängen lässt.[79] Der Zuschauer erkennt: Hier sitzt jemand, dem die gegebenen Werte und Normen der gehobenen Gesellschaft nicht in die Wiege gelegt wurden – der sich zwar in ihr bewegt, sie aber gleichzeitig mit Verachtung belegt. Diese exemplarische Szene steht für das gesamte Spiel Connerys und zeigt, dass der Schauspieler seine Herkunft für die Rolle des Geheimagenten nicht leugnen wollte. Auch seine raue Körpersprache, die großen Hände und seine Art sich zu bewegen („Wie ein Panther vor dem Sprung […]")[80] lassen die Darstellung seines Bonds hart und kompromisslos wirken.

Ähnlich kompromisslos ist auch Connery-Bonds Umgang mit Frauen. Sind sie für ihn uninteressant geworden oder entpuppen sie sich als Agentinnen der Gegen-seite, scheut er sich nicht davor, sie zu opfern (nicht zwingend im Sinne von „töten"). Als Beispiel ist eine Szene in „Goldfinger" zu nennen, in der er im Begriff steht, mit einer Bartänzerin intim zu werden. Während eines leidenschaftlichen Kusses spiegelt sich in ihren Augen ein Gegner, der hinterrücks auf Bond zu schleicht, einen Knüppel zum Schlag erhoben. Bond reagiert schnell: Die Dame wird herumgewir-belt und fängt den für den Agenten gedachten Schlag ungewollt mit ihrem Kopf ab.[81] Sie überlebt diese Funktion als menschlicher Schutzschild, was man von einer ihrer Nachfolgerinnen im Film „Feuerball" nicht sagen kann. Auch hier erkennt

---

76 Tesche, Siegfried: Sean Connery. Die Biografie, Berlin 1999, S. 146 f.
77 Zitiert nach: Ebd., S. 148.
78 Mannsperger (A), in: Krüger, Cord u. a. (Hrsg.) 2007. S. 37.
79 Mannsperger 2003, S. 46 f. Siehe hierzu auch: Kulbarsch-Wilke 2009, Anhang 1, Sq. 4.1.
80 Zitiert nach: Tesche 1999, S. 148.
81 Kulbarsch-Wilke 2009, Anhang 3, Sq. 2.3. Vgl. auch: Mannsperger (A), in: Krüger, Cord u. a. (Hrsg.) 2007. S. 40.

Bond in der gerade mit ihm tanzenden Fiona Volpe eine Verräterin und dreht sie kurzerhand in die Schusslinie einer für ihn gedachten Kugel.[82] Aber auch direkt von Bond ausgehender Gewalt sind einige Frauen ausgesetzt, ein Fakt, der besonders in den Connery-Filmen auffällig ist. Zwar gibt es immer einen Grund für diese gewaltsame Vorgehensweisen bei Bond – in der Regel Informationsbeschaffung, „Strafe" oder auch Selbstverteidigung Bonds (Diamantenfieber, Kampf mit „Bambi" und „Klopfer") – nach heutigen Maßstäben gerechtfertigt sind sie jedoch meistens nicht. Anderer Meinung war Connery jedoch selber zu diesem Thema. Vom Playboy 1965 nach seinen Ansichten zum Schlagen einer Frau gefragt, wie Bond es in seinen Filmen oftmals täte, antwortete Connery mit Verständnis für Bond:

> „I don't think there is anything particularly wrong about hitting a woman – although I don't recommend doing it in the same way that you'd hit a man. An openhanded slap is justified – if all other alternatives fail and there has been plenty of warning. If a woman is a bitch, or histerical, or bloody-minded continually, then I'd do it. I think a man has to be slightly advanced, ahead of the woman. [...]"[83]

Die Argumentation könnte nun lauten, dass Mitte der 1960er Jahre ein grundlegend anderes Verständnis in der Beziehung zwischen Männern und Frauen geherrscht hat und auch häusliche Gewalt von beiden Seiten anders wahrgenommen wurde. Auch knapp 20 Jahre nach dem Playboy-Interview bestätigte Connery 1983 in der „Times", dass er diese Aussage immer noch vertrete. Direkt nach seinen früheren Äußerungen gefragt, antwortete er: „Oh yes, I still go along with that."[84] Das Interview scheint zwar ernst gemeint, ob Connery sich 1983 vielleicht nur eine ironische Spitze erlaubt hat oder heute noch so denkt, ist aus der Ferne nicht zu bewerten. Kein Bond nach ihm pflegte einen so rauen Umgang mit dem weiblichen Geschlecht wie der „Ur-Bond" Connery.

Seine Beziehung zu Moneypenny hingegen ist stets harmonisch. Eingebunden in einen kleinen Flirt überträgt sie ihm wichtige Details seines neuen Auftrags. Ein Küsschen auf die Wange, ein Flirt auf dem Bürostuhl – in allen Szenen wirkt Connerys Bond respektvoll ihr gegenüber. Diese innige Beziehung zu Moneypenny, die auch ein erotisches Knistern nicht vermissen lässt, ist, soviel darf vorweggenommen werden, am deutlichsten in den Connery-Filmen zu spüren. Roger Moore z. B. interpretiert dieses Verhältnis eher humoristisch.

Nicht nur im Verhältnis zu Moneypenny ist eine sanfte Seite von Connerys Bond zu spüren. Mannsperger findet sie auch in Szenen wie der ersten Begegnung zwischen Bond und M in „James Bond jagt Dr. No" oder dem Tod von Kerim Bey in „Liebesgrüße aus Moskau". In ersterer wirkt Bond regelrecht schüchtern, wie ein

---

82   Kulbarsch-Wilke 2009, Anhang 4, Sq. 18.3.

83   N.N.: Sean Connery. A candid conversation with James Bond's acerbic alter ego. in: Playboy Vol. 12, Nr. 11 vom November 1965, S. 75–84, S. 76.

84   Fallowell, Duncan: Sex, Sadism and … shrewdness, in: The Times Nr. 61714 vom 16.12.1983, S. 12.

Sohn, der seinem Vater imponieren will,[85] in letzterer zeigt er sich deutlich betrübt über die Ermordung seines Kontaktmannes:

> „Er wendet sich vom Schaffner ab und beugt sich zu Kerim herunter. Dabei fasst er ihn geradezu zärtlich an der Schulter. Ein trauriger Augenaufschlag, ein langsames Ausatmen und ein Blick zurück beim Verlassen des Abteils sind der Abschied Bonds von seinem verstorbenen Freund und Kollegen."[86]

Ein weiteres Zeichen für Verletzlichkeit des Connery-Bonds benennt Torsten Reitz in „Man lebt nur zweimal". In der Reaktion auf die Vergiftung seiner japanischen Assistentin Aki zur Mitte des Films zeige Bond „zum ersten Mal in der Serie so etwas wie Gefühle [...]."[87] Man kann die Szene aber auch gegenteilig interpretieren: Denn beinahe ungerührt nimmt er das Ableben seiner momentanen Geliebten hin, scheint eher verärgert als betrübt über ihren Tod zu sein. Auch geht er in dieser Szene zuerst zum von ihm erschossenen Mörder, bevor er sich um die im Sterben liegende Aki kümmert.

Anstatt diese Sequenz als Hinweis auf eine verletzliche Seite des Protagonisten zu sehen, steht sie vielmehr (neben zahlreichen weiteren Momenten) für die „Pflicht-steht-über-allem"-Einstellung des Agenten, die besonders unter Connery deutlich wird. Zuerst kommt die Arbeit (Ist der Angreifer wirklich tot?), dann die Liebe (Was ist eigentlich mit Aki passiert? Warum erstickt sie?). Ob Connerys Bond in „Liebes-grüße aus Moskau" das Liebesspiel mit Sylvia Trench abbricht, um ein dienstliches Telefonat zu führen oder beim Kuss mit Miss Taro auf die Uhr sieht – stets behält er den Job im Blick. Oder, wie Mannsperger es zusammenfasst: „Für Connerys Bond steht immer der Auftrag an oberster Stelle, erst dann kommt das süße Leben mit Luxus und Liebe, das er so schätzt."[88]

2.3.2 George Lazenby

Schon während der Dreharbeiten zu „Man lebt nur zweimal" verkündete Connery, dass er die Rolle des James Bond zukünftig nicht mehr spielen würde. In Interviews kam immer wieder zum Vorschein, dass er sich von den Produzenten übervorteilt und unfair behandelt fühlte. Die Differenzen gingen schließlich soweit, dass Connery sich weigerte, mit ihnen zu reden. Er zog vorerst die Konsequenzen und verließ das Bond-Ensemble.[89] Sein Nachfolger war der Australier George Lazenby, der den Geheimagenten in nur einem Film („Im Geheimdienst ihrer Majestät") verkörperte.

Lazenby wurde am 5. September 1939 in Queanbeyan geboren. Nach seiner Schulzeit ging er für einige Monate zum australischen Militär und arbeitete nach

---

85 Mannsperger (A), in: Krüger, Cord u.a. (Hrsg.) 2007, S. 38.

86 Ebd., S. 39. Vgl. auch Kulbarsch-Wilke 2009, Anhang 2, Sq. 12.5.

87 Reitz 2009, S. 289. Vgl. auch: Kulbarsch-Wilke 2009, Anhang 5, Sq. 13.3.

88 Mannsperger (A), in: Krüger, Cord u.a. (Hrsg.) 2007, S. 38.

89 Parker, John: Sean Connery. Die Biographie, München 2005, S. 169.

Ende seiner Dienstzeit unter anderem zunächst als Automechaniker und später als Autohändler. Mit Mitte 20 verließ er Australien um sich in England als Model zu betätigen. Mit 28 Jahren wurde er zu einem der bestbezahltesten Models Europas. Lazenby war neben seinem Einsatz für eine beliebte Schokoladenmarke auch das Gesicht der Europäischen Marlboro-Plakatwerbung. Bis auf einige TV-Werbespots besaß er keinerlei schauspielerische Erfahrung, ging dennoch auf Anraten seiner Agentin zum Vorsprechen für den neuen James-Bond-Film, für den die Produzenten noch dringend einen Hauptdarsteller suchten.[90] Um seine Chancen zu erhöhen, wollte Lazenby sich Connery so ähnlich wie möglich geben. Er ging daher zunächst zu Anthony Sinclair, dem damaligen Schneider der Anzüge für Connerys Bond und anschließend zu dessen Friseur:

> „I said ‚I want a suit like Sean Connery‘. They said ‚It'll take about six weeks. But I've got one here that he doesn't want. If you like that, I'll sell it to you.‘ […] Then I went to his barber, Kurt at The Dorchester Hotel, and I said ‚Give me a haircut like Sean Connery.‘ […]“[91]

Dass Lazenbys fehlende schauspielerische Ausbildung später noch zu Differenzen führen sollte, zeigt ein Interview, das er im Februar 1970 gab. Hier bedauert er vor allem die fehlende Sensibilität mit der auf ihn hätte eingegangen werden sollen und die Tatsache, dass ihm der Regisseur stets seine fehlende Erfahrung im Filmbusiness vor Augen hielt:

> „[…] I didn't understand exactly what was going on. And the only person you can ask, the only person who knew what was going on was the director. And the director was very busy with his technical things and he had control of two units and a whole lot of things. And he didn't really feel that an actor was important in the role. He felt that you could get any guy – I think he mentioned in BBC radio – that you could get any guy for that part and make him James Bond, providing he looked similar to what the public feel James Bond looks like. And this came – that vibration came off the director, onto me all the time.“[92]

Unzufrieden wirkt Lazenby 1970 auch mit den häufigen Sean-Connery-Vergleichen:

> Frage: „Did they hold Sean Connery above your head all the time?“
> Lazenby: „A lot of the time. It was mentioned when […] [the director] said, ‚When you're there in front of this window, remember how […] Sean flicked his eyes up like that‘ and he did this and that. [This] is all dramatic stuff which Sean does as an actor,

---

90   MI6 – The Home of James Bond 007, inoffizielle James-Bond-Fan-Webseite, http://www.mi6-hq.com/sections/bonds/lazenby.php3, Zugriff: 10.12.2015.

91   Zitiert nach: Duncan (Hrsg.) (A) 2012, S. 172.

92   Bonusmaterial zur DVD Ultimate Edition von „Im Geheimdienst Ihrer Majestät“: George Lazenby: In his own words (Dt.: George Lazenby in eigenen Worten), Interview vom 4.2.1970, 00:04:02–00:04:41, eigenes Transkript.

which he knows what he's doing when he does it and it works for *him*. But that doesn't necessarily say it'll work for *me*."[93]

Die Produzenten verlangten ihm offenbar eine schauspielerische Leistung ab, die der Connerys ähnelte – eine schwer zu erfüllende Aufgabe. Denn es fällt bereits in den ersten 20 Minuten des Films auf, dass es beim Lazenby-Bond auf eine versuchte Kopie des Connery-Bonds hinausläuft. In seinem Habitus wirkt er wie Connery: Mit roher Gewalt kämpft er seine Gegner nieder, das Bond-Girl (seine spätere Frau) bekommt eine Ohrfeige, als sie sich weigert, auf eine Frage zu antworten und sogar die Zigarette hält Lazenby (beinahe) ebenso lässig wie Connery im Mundwinkel.[94] Das Problem in dieser Darstellung ist nun, dass sie nicht zu Lazenbys Typ zu passen scheint. Er besitzt zwar die äußeren Attribute eines Sean Connery (groß, breite Schultern, dunkle Haare), aber nicht dessen (gewollten oder ungewollten) rauen Ton. Lazenby sei laut Mannsperger der „nette junge Mann von nebenan, den man gern zum Auswechseln einer Glühbirne rüber holen würde, um mit ihm plaudern zu können"[95], nicht hingegen ein Vertreter der schottischen Unterschicht. Daraus ergibt sich, dass Drehbuch und Darsteller nicht harmonieren. Das Drehbuch ist eindeutig ein Connery-Buch – es hätte jedoch mehr auf die Charakteristika von George Lazenby eingehen müssen.

Die bereits beschriebenen Widersprüche gipfeln im gesamten Tracy-James-Subplot. Hier zeigt sich, dass sehr wohl die Absicht bestand, aus „Im Geheimdienst Ihrer Majestät" „eine Liebesgeschichte [zu machen], die James Bond wieder menschlicher macht"[96]. In weiten Teilen des Films wirkt diese Absicht (durch das gleichzeitige Connery-ähnliche Spiel) jedoch eher unpassend. In gewisser Weise zeigt „Im Geheimdienst Ihrer Majestät" gleich zwei Bond-Charaktere:

1. den harten Geheimagenten, der wie in den Filmen zuvor aufs Ganze geht, indem er seine Gegner kaltblütig bekämpft und die Frauen reihenweise verführt (obwohl er schon mit Tracy liiert ist) sowie
2. den beinahe jungenhaften Bond, der sich zum ersten Mal in seinem Leben richtig verliebt, verträumt mit seiner Angebeteten am Strand entlangschlendert und seine romantische Ader in einer blumenreichen Hochzeit gipfeln lässt. Tatsächlich wirkt es so, als würde dieser „zweite" Bond das erste Mal innerhalb der Serie überhaupt echte Gefühle erkennen lassen. Namentlich zu erkennen vor allem in der schön geschnittenen Liebeszenensequenz zwischen Tracy und James im ersten Drittel des Films[97] und der Ermordung Tracys, als Bond seine tote Gattin im Arm hält[98].

---

93 Ebd., 00:06:13–00:06:38.
94 Mannsperger 2003, S. 53–55.
95 Ebd., S. 53.
96 Zitiert nach: Hobsch/Morgenstern (Band 1) 2006, S. 677.
97 Kulbarsch-Wilke 2009, Anhang 6, Sq. 8
98 Ebd., Anhang 6, Sq. 21.2.

Diese letzte Szene ist es schließlich, die einen klaren Bruch in der Bond-Formel darstellt. Es gibt kein Happy End, Bond landet nicht wie üblich mit dem Bond-Girl an einem romantischen Ort, sondern seine große Liebe wird kaltblütig erschossen. Diese Inkonsistenz innerhalb des Films wirkt unstimmig, wurde doch sonst darauf geachtet, die Marke „Bond" innerhalb des Films hervorzuheben. Dies beginnt mit einer selbstironischen Einführung des neuen Darstellers in der Vortitelsequenz, als Lazenby mit verschmitztem Lächeln die Flucht Tracys mit den Worten kommentiert: „Das wäre dem Anderen nie passiert."[99] Fortgeführt wird es im Vorspann, der ganz im Stile von „James Bond jagt Dr. No" von einem reinen Instrumentalstück untermalt wird und zahlreiche Einblendungen von Szenen aus vorangegangenen Bond-Filmen enthält[100]. Später folgen dann Sequenzen, in denen eine Reinigungskraft die Titelmelodie von „Goldfinger" pfeift[101] und kurz darauf James Bond in seinem Büro sitzt und sich alte Gadgets aus früheren Abenteuern anschaut[102]. Es ist zu erkennen, dass mit diesen Szenen dem Zuschauer verdeutlicht werden sollte, dass es sich (trotz neuem Gesicht) um einen echten Bond-Film handelt. Die Widersprüche zur Bond-Formel wollen sich in dieses Bild nicht recht einfügen. Vielleicht war dies mit einer der Gründe dafür, dass dieser Film an den Kinokassen rund 15 Prozent weniger[103] einspielte als seine Vorgänger. Dies war für Bond-Verhältnisse ein Flop, auch wenn der Film im Vergleich zu anderen Filmen des Jahres 1969 einer der erfolgreichsten war. Mittlerweile gilt unter vielen Fans dieser einzige Lazenby-Bond als einer der besten der Serie und gewann im Laufe der Jahre einiges an Ansehen hinzu.[104]

Bereits vor der Premiere des Films verkündete Lazenby seinen Ausstieg aus der Serie, obwohl ihm bereits ein Vertrag über weitere Bond-Filme angeboten worden war.[105] Die Produzenten standen nun wieder vor dem Problem, wer den nächsten Bond spielen sollte. Ein letztes Mal innerhalb des offiziellen Franchises konnte Connery überzeugt werden – für eine immens hohe Gage[106] – erneut den Agenten zu spielen. Danach verpflichteten die Produzenten Roger Moore für die Rolle.

2.3.3 Roger Moore

Roger Moore war der erste Engländer, der James Bond verkörperte und kam damit in dieser Hinsicht dem Bond der Romane schon sehr nahe. Er war zuvor bereits zwei Mal für die Rolle angefragt worden. Das erste Mal 1962 (Sean Connery war dem-

---

99 Ebd., Anhang 6, Sq. 2.2. Siehe hierzu auch: Reitz 2009, S. 292.
100 Kulbarsch-Wilke 2009, Anhang 6, Sq. 3.
101 Ebd., Anhang 6, Sq. 5.3
102 Ebd., Anhang 6, Sq. 6.2.
103 Kocian, Erich: Die James Bond Filme (Heyne Filmbibliothek Nr. 32/44), München⁶ 1991, S. 196 f.
104 Chapman 2007, S. 121 f.
105 Duncan (Hrsg.) (A) 2012, S. 191.
106 Laut Kocian bekam er 1,4 Millionen Dollar und eine Beteiligung am Einspielergebnis. Kocian 1991, S. 202.

nach lediglich die „zweite Wahl") und dann erneut nach Connerys erstem Ausstieg 1967. Beide Male musste er aus zeitlichen Gründen ablehnen.[107] Moore wurde am 14. Oktober 1927 in London geboren. Er entstammte nicht wie Connery der Unterschicht, war jedoch auch weit davon entfernt, der Upper-Class anzugehören. Der Vater war Polizeihauptwachtmeister und Moore verbrachte nach eigenen Angaben eine unbeschwerte Kindheit.[108] Mit 15 verließ er die Schule, um für kurze Zeit bei der Herstellung von Animationsfilmen zu Kriegspropagandazwecken zu helfen. Später studierte er Schauspiel an der Royal Academy of Dramatic Arts und schloss sich später einer Theatergruppe an. Seit Anfang der 1950er Jahre spielte er in einigen kleineren Hollywoodproduktionen mit, die ihm ein relativ gutes Leben ermöglichten.[109] Als er den Part des Bond annahm, war Moore im Gegensatz zu Connery und Lazenby also schon ein bekanntes Gesicht innerhalb der Filmbranche. Interessanterweise verkörperte er sogar lange vor seiner Karriere als Bond den Geheimagenten in einem sehenswerten Sketch von 1964 gemeinsam mit der englischen Schauspielerin Millicent Martin im Rahmen der TV-Serie „Mainly Millicent".[110] Moore spielte vor Bond in vielen eher humoristisch angesiedelten Produktionen mit, was sich auch in seinen Bond-Filmen widerspiegelt.

Schon seine Einführung als neuer 007 ließ erahnen, dass es nun mehr humoristische Elemente in den Filmen mit dem Geheimagenten geben würde, als noch in den vorangegangenen Filmen: James Bond und eine attraktive Frau liegen gemeinsam im Bett, als am frühen Morgen die Hausklingel energisch betätigt wird. Bond sieht ungehalten auf die Uhr, öffnet dann aber widerwillig die Tür. Vor ihm steht sein Chef M – eine Kombination aus Erstaunen und Unbehagen steht Bond ins Gesicht geschrieben. Natürlich lässt er M hinein, wirkt dabei aber sehr nervös und schaut immer wieder in das Schlafzimmer hinüber. Die Anwesenheit der jungen Dame gedenkt er tunlichst vor seinem Boss zu verheimlichen. Daher geleitet er diesen auch erst einmal in die Küche und bereitet ihm sehr aufwendig einen Kaffee zu. M informiert Bond über drei mysteriöse Todesfälle britischer Agenten, deren Aufklärung keinen Aufschub erfahren dürfe. Derweil betritt nun auch Moneypenny das Haus und sieht noch, wie sich die junge Dame im Schrank versteckt. Natürlich schweigt Moneypenny hierzu und lenkt schließlich ihren Chef ab, als dieser aus selbigem Schrank seine Jacke holen möchte.[111] In dieser Szene spiegelt sich auch das veränderte Verhältnis zur Vorzimmerdame. Moores Bond und Moneypenny wirken mehr

---

107 Reitz 2009, S. 298.
108 Moore, Roger: Mein Name ist Bond … James Bond. Die Autobiografie, o. O. 2009, S. 7.
109 MI6 – The Home of James Bond 007, inoffizielle James-Bond-Fan-Webseite, http://www.mi6-hq.com/sections/bonds/moore.php3, Zugriff: 12.12.2014. Vgl. hierzu ebenfalls Kocian 1991, S. 219 f.
110 Zu sehen im Bonusmaterial zur DVD Ultimate Edition von „Leben und sterben lassen". (Dt.: „Roger Moore als James Bond"), ca. 1964, ca. 8 min.
111 Kulbarsch-Wilke 2009, Anhang 8, Sq. 4.

wie Geschwister. Die hintergründige Erotik, die zu Zeiten Connerys ihre Beziehung definierte, reduziert sich hier auf belanglose Plaudereien.[112]

Auch die Einführungssequenz des neuen Darstellers lässt durchblicken, dass Roger Moore seinen Bond auf eine wesentlich humorvollere Art und Weise interpretiert als seine Vorgänger. Sein Minenspiel ist ausdrucksvoller als das Lazenbys und die Komik dieser Szene wird durch seine Gestik und Mimik noch einmal unterstrichen. Während Connery immer (auch in humoristischen Szenen) ein gewisser Ernst umspielte, wirkt Moores Darstellung in der Regel leicht und sorgenfrei. Roger Moore beschreibt seine Interpretation des Charakters vor allem auch im Vergleich zu Connery in einem Interview dann auch folgendermaßen:

„Sean's personality comes through very strongly in all the Bonds he made and my personality's entirely different. So I read a couple of books and in one of them it said that Bond had returned from a mission somewhere. He had killed, but he didn't like killing. [...] So that was the way I played it – someone who really didn't like doing it."[113] Und einige Jahre später ergänzte er: „The changes that were made when I took over, I think were ... Because I am an entirely different type of actor to Sean – I mean, physically – these are not performances, playing Bond. It's a projection of one's own personality, or a personality you've made up. He's a personality. It's not an acting performance in the same sense as Lear. Äh, so Sean, physically, is a much tougher individual than I am. It was easier to accept him as a killer than me. And my sort of sense of humor, I suppose, sort of has to overcome that. I cannot say, ‚I am going to kill you' and mean it. You know I don't mean it at all. You know we'll go and have a drink afterwards. And so I suppose that has sneaked into James ‚Roger Moore' Bond."[114]

Auch seine physische Präsenz ist im Vergleich zu Connerys Bond eine andere. Moore wirkt deutlich schmächtiger als Connery, dessen Anziehungskraft auf das weibliche Geschlecht hauptsächlich durch seine Männlichkeit begründet ist. Moore lässt hingegen seinen Charme spielen und überdeckt so das Fehlen bestimmter maskuliner Attribute (stark behaarte Brust, breite Schultern, raubtierhafter Gang) die Connerys Bond kennzeichnen:

„Bei Sean Connery beruhte [die Anziehungskraft auf Frauen] auf dessen dem Idealbild der damaligen Zeit entsprechender körperlicher Attraktivität und seinem machohaften Auftreten. Moore hingegen ist eher ein stilvoller Genießer, der die gehobenen britischen Gesellschaftsschichten repräsentiert [...]"[115]

---

112 Brabazon, in: Lindner, Christoph (Hrsg.) 2003, S. 208.

113 Bonusmaterial zur DVD Ultimate Edition von „Leben und sterben lassen": Inside Live And Let Die (Dt.: Hinter den Kulissen von „Leben und sterben lassen") 00:04.15–00:04.50, eigenes Transkript.

114 Bonusmaterial zur DVD Ultimate Edition von „Moonraker": Bond '79 (Dt.: Bond 79), 00:05:28–00:06:21, eigenes Transkript.

115 Reitz 2009, S. 301.

Connerys Zynismus und Härte ersetzt Moore durch Witz und Eleganz, was ihm auch (in den meisten Fällen) einen völlig anderen Umgang mit Frauen erlaubt. Ein schönes Beispiel hierfür ist auch die Verführungsszene von Solitaire in „Leben und sterben lassen". Vergleicht man diese mit der Beinahe-Vergewaltigung von Pussy Galore in Goldfinger (vgl. Kapitel 4.2), lassen sich die unterschiedlichen Interpretationen von Connerys und Moores Bond gut erkennen. Connerys Bond bringt Pussy Galore recht rüde dazu, mit ihm das Bett zu teilen, nachdem sie sich zuvor geweigert hatte. Auch Solitaire würde lieber ihre Jungfräulichkeit wahren (die sie für den Quell ihrer Wahrsagerei hält). Anstatt sie grob vom Gegenteil zu überzeugen, arbeitet Moores Bond mit einem Trick: Er vertauscht ihre Tarotkarten, sodass nur noch ein Motiv („Die Liebenden") gezeigt wird und lässt sie eine Karte ziehen. Im Glauben, die Karten würden ihr Schicksal bestimmen, gibt Solitaire sich schließlich dem Agenten hin.[116] Moores Bond trägt sich also mit ähnlich wenig hehren Absichten wie Connerys Bond, er geht beim Erreichen seines Ziels jedoch deutlich eleganter vor.

Dieses elegantere (wenngleich nicht unbedingt weniger verwerfliche) Vorgehen zeigt sich auch in anderen Bereichen seiner Interpretation des Agenten. So raucht Moores Bond Zigarren statt Zigaretten – sogar während eines Gleitschirmfluges Richtung Kanangas Insel pafft er sie lässig – sieht stets gepflegt aus und in Kampfszenen wirkt er häufig so, als ginge es um einen ruhigen Sonntagsspaziergang.[117] In „Leben uns sterben lassen" flieht Moores Bond sehr lässig vor einer Horde Krokodile, indem er locker über deren Rücken hinweg rennt[118]. In der englischsprachigen Originalversion fällt darüber hinaus der wesentlich weichere englische Akzent Moores auf der den Zuschauer seinen Bond eher in die Oberschicht einordnen lässt, während bei Connery durch den schottischen Akzent Assoziationen an die Arbeiterklasse geweckt werden.

Trotz dieses Auftretens als „Aristokrat unter den James Bonds"[119] tritt auch Moores Bond in gewalttätigen Szenen in Erscheinung. So geht auch er ganz im Sinne von Connerys Bond mit einer kräftigen Ohrfeige gegen Andrea Anders in „Der Mann mit dem goldenen Colt" vor, als diese nicht die begehrten Informationen zu Scaramangas Aufenthaltsort preisgibt.[120] Auch seine Gegner dürfen nicht auf Milde hoffen – schließlich besitzt Bond die „Lizenz zum Töten". So hat auch Roger Moores Bond einige sehr kaltblütige Tötungsszenen, die ähnlich wie die Ermordung Professor Dents in „James Bond jagt Dr. No"[121] ohne erkennbare Notwendigkeit erfolgen. Zwei Sequenzen stechen besonders hervor. Das erste besonders rüde Tötungsdelikt findet sich in „Der Spion, der mich liebte". Nachdem Bond einen auf ihn angesetzten

---

116 Kulbarsch-Wilke 2009, Anhang 8, Sq. 9.2 und 9.3. Zur Wirkung von Moores Bond siehe auch Reitz 2009, S. 301.

117 Reitz 2009, S. 301.

118 Kulbarsch-Wilke 2009, Anhang 8, Sq. 12.1.

119 Mannsperger 2003, S. 58.

120 Kulbarsch-Wilke 2009, Anhang 9, Sq. 6.4.

121 Ebd., Anhang 1, Sq. 13.3.

Auftragsmörder stellen konnte, versucht er, von diesem Informationen erpressen. Der Killer befindet sich in einer denkbar schlechten Lage: ohne jeden Rückhalt hängt er über dem Dach eines Hauses, nur noch von Bond an der Krawatte festgehalten. Der Mörder gibt Bond die gewünschte Information im Glauben, dieser würde ihn dafür am Leben lassen. Das Gegenteil ist der Fall. Nachdem Bond die Informationen bekommen hat, lässt er den Mann das Dach hinunterfallen.[122] Im übernächsten Bond-Abenteuer („In tödlicher Mission") geht der Agent noch rücksichtsloser vor: Nach abgeschlossener Verfolgungsjagd zwischen ihm und seinem Kontrahenten Emile Locque gibt er dessen am Rande einer Klippe hängendem Wagen einen Tritt, sodass dieser in die Tiefe stürzt.[123]

Im Gegensatz zu Connerys Bond wirken diese Szenen trotz ihrer Kaltblütigkeit weniger erschreckend, als noch der Mord an Professor Dent. Moores Bond merkt man an, dass hierbei kein Vergnügen empfunden wird.[124] Ähnlich drückte es auch der Schauspieler in einem Interview aus. Roger Moore empfand besonders die Klippen-Szene für seinen Bond unpassend: „In fact, although it's Bond, I thougt it was a bit un-Roger Moore Bond to be that vicious, to kick a car over with somebody in."[125]

Moores Bond ist auch ein weiteres, weniger schmeichelndes Merkmal zu eigen: bei keinem anderen Darsteller wird so deutlich, dass auch Geheimagenten altern müssen. Moore übernahm die Rolle in reiferen Jahren (46) als seine Vorgänger (Connery 32, Lazenby 30)[126] und füllte sie zwölf Jahre aus. Seinen letzten Bond drehte er demnach mit 56 Jahren, die man ihm deutlich anmerkt.[127] Der Klamauk, der in der Moore-Ära Einzug genommen hatte, wirkte nur so lange passend, wie der Schauspieler in dieser Rolle überzeugte. Nach „Im Angesicht des Todes" wurde daher der Part des Doppel-Null-Agenten neu besetzt. Mit Timothy Dalton kam der sprichwörtliche frische Wind in das Franchise.

2.3.4   Timothy Dalton

Ebenso wie Roger Moore war auch Timothy Dalton kein Unbekannter in der Film- und Theaterbranche, als er die Rolle des Geheimagenten erhielt. Wie Moore wurde auch er schon für „Im Geheimdienst Ihrer Majestät" angefragt, lehnte aber die Rolle damals ab. Als 25-Jähriger fühlte Dalton sich zu diesem Zeitpunkt noch zu jung für den Charakter.[128]

---

122 Ebd., Anhang 10, Sq. 6.2.

123 Ebd., Anhang 12, Sq. 15.4.

124 Greve 2012, S. 80.

125 Bonusmaterial zur DVD Ultimate Edition von „In tödlicher Mission": Inside For your Eyes Only (Dt.: Hinter den Kulissen von „In tödlicher Mission"), 00:11:29–00:11:37, eigenes Transkript.

126 Mannsperger 2003, S. 58.

127 Zum „Alterungsprozess" des Moore'schen Bond, siehe: Reitz 2009, S. 310 f.

128 Ebd., S. 313.

Geboren wurde der Schauspieler am 21. März 1946 in der walisischen Kleinstadt Colwyn Bay. Nach dem Schulabschluss wurde er an der renommierten Royal Academy of Dramatic Arts (an der auch schon Roger Moore lernte) aufgenommen. Dalton beendete seine Ausbildung dort jedoch nicht und studierte stattdessen am „National Youth Theatre" in London. Ende der 1960er Jahre bekam er erste Film- und Fernsehrollen. Dalton ist darüber hinaus Mitglied der „Royal Shakespeare Company" und dem „Royal Shakespeare Theatre". Nach seiner Zeit als 007 widmete er sich wieder dem Theater und diversen amerikanischen Filmproduktionen.[129]

Mit Timothy Dalton führte man Bond erstmals wieder zurück zu seinen Wurzeln – seine Interpretation des Agenten kam dem Bond der literarischen Vorlage am nächsten. Daltons Bond ist weniger humorvoll als seine Vorgänger, zeigt gelegentliche Selbstzweifel wie auch Flemings Bond und wirkt im gesamten Verhalten ernster.[130]

> „Der Daltonsche Bond ist zwar hart, aber er hat Herz. Er ist keinesfalls humorlos, aber er und die ganze Struktur des Films [„Der Hauch des Todes"] haben nicht mehr jene allzu vordergründige Komik, die, in steigendem Maß, in den letzten Roger-Moore-Bonds auffiel. [...]"[131]

Er ähnelt damit Connerys Bond ohne jedoch dessen Kaltblütigkeit zu besitzen. Während man Connerys Darstellung in Tötungsszenen oder (eigentlich) emotional besetzten Sequenzen eine gewisse Abgeklärtheit konstatieren kann, zeigt Daltons Bond deutlich mehr Gefühle. Ein Beispiel liefert die Szene in „Der Hauch des Todes" am Wiener Prater, als sein Kollege und Freund Saunders ermordet wird. Mit wutverzerrtem Gesicht stellt er den Tod des Agenten fest, man sieht ihm seine Rachegedanken an. Im anschließenden Dialog mit Kara ringt er um Fassung, nur mühsam gelingt es ihm, sich zu fangen.[132] Ungleich stärkere Gefühlsausbrüche vermischt mit ungeahnten Zügen von Brutalität zeigen sich im zweiten Dalton-Film „Lizenz zum Töten", in denen er aus reinen Rachegelüsten eine persönliche Vendetta gegen den Drogenbaron Sanchez startet, der zuvor einen Mordanschlag auf das Ehepaar Della und Felix Leiter verüben ließ. Sein Freund Leiter überlebt schwer verletzt, Della stirbt. Hier handelt Bond sogar ohne seine Lizenz zu Töten und widersetzt sich sämtlichen Befehlen.[133] Daltons Bond zeigt sich in seinen Reaktionen emotionaler, eben „natürlicher", als seine Vorgänger was von ihm auch so beabsichtig war:

> „First and foremost I wanted to make him human. He's not a superman. You can't identify with a superman. [...] You can always identify with the James Bond of the books. I mean,

---

129 MI6 – The Home of James Bond 007, inoffizielle James-Bond-Fan-Webseite, http://www.mi6-hq.com/sections/bonds/dalton.php3?s=bonds&id=01842, Zugriff: 28.12.2014.

130 Chapman 2007, S. 197 f.

131 Kocian 1991, S. 324.

132 Kulbarsch-Wilke 2009, Anhang 15, Sq. 13.2.

133 Ebd., Anhang 16. Siehe auch: Chapman 2007, S. 206 f. Siehe auch: Mannsperger 2003, S. 71.

he's very much a man, and a tarnished man really. He's not perfect. [...] I wanted to capture that occasional sense of vulnerability. And I wanted to capture the spirit of Ian Fleming."[134]

Diese Menschlichkeit zeigt sich besonders im ersten Dalton-Film. Schon gleich im ersten Drittel des Films handelt er gegen einen ausdrücklichen Tötungsbefehl, als er Kara eben nicht (wie angeordnet) erschießt, sondern lediglich ihren Arm streift. Gegenüber seinem erbosten Kollegen rechtfertigt er sich dafür: „Ich töte nur Profis. Die Kleine wusste noch nicht mal, wo bei dem Gewehr vorne und hinten ist."[135] An anderer Stelle fällt auf, dass Daltons Bond nicht mehr jeden Gegner tötet, sondern sich häufiger damit begnügt, einen Kontrahenten lediglich bewusstlos zu schlagen: „Er verkörpert einen zeitgemäßen Typ des Polizisten, der nicht zu blindem, gewissenlosem Gehorsam verpflichtet ist. Er hat eine moderne, humanitäre Weltanschauung zu vertreten."[136] Etwas anders verhält es sich in „Lizenz zum Töten". Hier geht er rigoros gegen die Drogenkartelle vor und tötet ohne Rücksicht auf Verluste. Der zweite Dalton-Film ist deutlich brutaler als der erste (siehe auch weiter oben in diesem Kapitel).

Im Umgang mit Frauen ist der Dalton-Bond ebenfalls gemäßigter als seine Vorgänger („nur" zwei Frauen pro Film, was mit dem damaligen Aufkommen von HIV und Aids in Verbindung gebracht wurde, Kap. 4.4 und 5.2.2), wenngleich Greve in seiner Studie feststellt, dass bei genauem Hinsehen generell bei allen Bonds die „Anzahl seiner Damenbegegnungen verblüffend konstant"[137] ist. Daltons Bond zeigt sich respektvoller den Damen gegenüber als noch Connerys Bond, ähnlich zärtlich wie Moores Bond und romantischer als seine drei Vorgänger. So sieht man ihn in „Der Hauch des Todes" gemeinsam mit Kara bei einer romantischen Kutschfahrt durch Wien, einem Besuch der Oper (der allerdings in erster Linie berufliche Gründe hat) und einer glücklichen Szene am Prater, in der sie gemeinsam die Fahrgeschäfte nutzen und sich im Riesenrad schließlich näher kommen.[138] Auch in „Lizenz zum Töten" ist sein Umgang mit beiden Frauen stets respektvoll. All dies zeigt zweierlei: Daltons Bond ist aufmerksamer den Mädchen gegenüber (er könnte Kara ja auch im Hotel lassen, nimmt sie aber zu angenehmen Orten mit), vergisst vor lauter Zuneigung aber auch seinen Job nicht. Hier ähnelt er wieder dem Bond der 1960er Jahre und der Connery-Bond eigenen erst-die-Arbeit-dann-das-Vergnügen-Mentalität.

Im Vergleich zu anderen Darstellern ist der Umgang mit Moneypenny distanzierter. Das erotische Knistern, das man noch bei Connerys Bond gespürt hatte und das bei Lazenby nachwirkte, entwickelte sich unter Moore eher zu einem Bruder-

---

134 Bonusmaterial zur DVD Ultimate Edition von „Der Hauch des Todes": Inside – The Living Daylights (Dt.: Hinter den Kulissen von „Der Hauch des Todes") min. 00:08:12–00:09:19, eigenes Transkript.
135 Kulbarsch-Wilke 2009, Anhang 15, Sq. 4.2.
136 Mannsperger 2003, S. 68.
137 Greve 2012, S. 88.
138 Kulbarsch-Wilke 2009, Anhang 15, Sq. 11 und 13.

Schwester-Verhältnis mit gegenseitigen Sticheleien statt Flirts. Mit Timothy Daltons Bond wechselte die Beziehung ins rein Berufliche. Einseitige Schwärmereien Moneypennys (die nun durch eine neue Darstellerin verkörpert wurde) prallten an Daltons Bond ab.[139]

Dalton war der letzte Schauspieler, der den Agenten zu Zeiten des Ost-West-Konfliktes spielte. Kurz nach Erscheinen von „Lizenz zum Töten" fiel die Mauer in Berlin, das Ende des Kalten Krieges war absehbar. Lange Zeit pausierten die Bond-Filme, was mit internen Streitigkeiten und Rechtsschwierigkeiten zusammenhing, die die Aufnahme weiterer Dreharbeiten verzögerten. Timothy Dalton hätte in einem dritten Film spielen sollen, die Wartezeit und das Hin und Her um die Filme waren dann für ihn der Grund, der Reihe den Rücken zu kehren.[140] Erst sechs Jahre nach dem letzten Film erschien erstmals nach dem Fall des Eisernen Vorhangs und mit Pierce Brosnan als neuem Darsteller ein weiteres Bond-Abenteuer auf der Leinwand.

2.3.5 Pierce Brosnan

Es ist bemerkenswert, dass die Hälfte der Bond-Darsteller irgendwann an einem früheren Punkt ihrer Karriere mit der Filmreihe in Berührung kam. Ob sie ihn in einem Sketch verkörperten wie Roger Moore oder bereits deutlich früher für die Rolle angefragt wurden – James Bond scheint einige Darsteller länger begleitet zu haben, als nur für die Zeit in der sie den Part tatsächlich spielten. Pierce Brosnan reiht sich als dritter im Bunde nahtlos ein. Seine erste Frau spielte bereits im Film „In tödlicher Mission" Gräfin Lisa, eine der Bond-Gespielinnen. Als er seine Frau zum Filmset begleitete, kam er erstmals in Kontakt mit den Produzenten. Fünf Jahre später fragten sie ihn als neuen Bond an, aber Brosnan konnte sich nicht aus seinem Vertrag für die US-Erfolgsserie „Remington Steele" lösen. Nach Daltons Absage für einen dritten Film und langer Bond-Pause kamen die Produzenten auf Brosnan zu, diesmal war er nicht anderweitig verpflichtet.[141]

Pierce Brosnan wurde am 16. Mai 1953 in der irischen Stadt Drohega geboren. Ähnlich wie Connery nahm auch er diverse Jobs an, um seine Ausbildung zu finanzieren. Drei Jahre später wurde er Mitglied des York Theatre Royal, wo er drei Jahre als Stage Assistant arbeitete, bis er seine erste Rolle spielen durfte. Weitere Theaterengagements folgten, bis er schließlich Ende der 1970er Jahre erste Fernsehrollen ergatterte. Der Durchbruch kam dann 1982 mit der schon erwähnten Serie „Remington Steele". Auch ohne die Rolle des James Bond wurde Brosnan in den 1990ern zu einem bekannten Gesicht in der Filmbranche, unter anderem durch Filme wie „Der Rasenmähermann" oder „Mrs. Doubtfire – das stachlige Kindermädchen".[142]

---

139 Ebd., S. 100 f.

140 Reitz 2009, S. 321.

141 MI6 – The Home of James Bond 007, inoffizielle James-Bond-Fan-Webseite, http://www.mi6-hq.com/sections/bonds/brosnan.php3?s=bonds&id=01900, Zugriff: 19.12.2014.

142 Ebd.

Im ersten Bond-Film mit Pierce Brosnan „GoldenEye" wird er ähnlich eingeführt wie Timothy Dalton und George Lazenby: Bei allen sieht man den Agenten zunächst zwar in Aktion, jedoch ohne sein Gesicht zu zeigen. Wird Moores Bond noch mit einer humoristischen Bettszene eingeführt, sind es bei Lazenby und Dalton eher actionreiche Szenen, die den neuen Darsteller ins Amt geleiten. Mit einem haarsträubenden Stunt stürzt sich der Agent einen Staudamm hinunter, um dann gemeinsam mit seinem Kollegen 006 (Alec Trevelyan) eine russische Chemiefabrik zu stürmen. Agent 006 wird (scheinbar) erschossen, die Fabrik von Bond in die Luft gesprengt und das Szenario schließt mit einer rasanten Szene, in der ein Flugzeug von einem Motorrad über den Abgrund gejagt wird.[143]

Was an Humor in den Filmen mit Timothy Dalton fehlte, sollte nun wieder wettgemacht werden. Das Drehbuch sprüht nur so von sogenannten „One-linern", wie sie schon Roger Moore so gut zu interpretieren wusste. Auch eine hohe Risikobereitschaft, die schon Connerys Bond zeigte, gepaart mit dem 007-eigenen Witz nimmt „GoldenEye" wieder auf. Schon zu Beginn des Films ist dieses zu spüren, wenn man Bond bei einem waghalsigen Autorennen mit einer attraktiven Frau beobachtet, während seine Beifahrerin (pikanterweise die „Betriebstherapeutin", die seine Tauglichkeit bewerten soll) wegen seines Fahrstils zitternd daneben sitzt. Mit einer Flasche Champagner und den passenden Worten am Ende des Rennens ist aber auch die besorgte Psychologin zu verführen.[144] Generell wirkt sein Umgang mit Frauen wieder ähnlich wie beim „Ur-Bond" Connery, jedoch ohne dessen Hang zur Ohrfeige. Im Jubiläumsbond („Stirb an einem anderen Tag") zum 40-jährigen Bestehen der Reihe wird ihm sogar eine zweite Inkarnation der Honey Ryder aus „James Bond jagt Dr. No" an die Seite gestellt. Natürlich nur auf den ersten Blick, wenn Halle Barry wie einst das erste Haupt-Bond-Girl im gleichen Bikini aus den Fluten steigt.

Das Verhältnis zu Moneypenny ähnelt bei Brosnan-Bond wiederum dem bei Roger Moore. Vor allem in „GoldenEye" wirken die gegenseitigen Sticheleien wie bei Bruder und Schwester, in „Der Morgen stirbt nie" hat sie für seine Affären kaum ein Schulterzucken übrig – erst in „Stirb an einem anderen Tag" treten ihre Schwärmereien für den Agenten wieder zu Tage.[145]

Brosnans Bond verliert bereits im ersten Abenteuer die stark gefühlsbetonte Seite, die für Dalton so charakteristisch war. Begab sich dieser noch auf einen brutalen Rachefeldzug, unterdrückt der neue Bond diese Gefühle. Nur in einigen kurzen Momenten sieht man den weichen Bond; etwa wenn er sinnierend in „Goldeneye" am Strand sitzt und über seinen zum Verräter gewordenen Freund nachdenkt oder in „Die Welt ist nicht genug" zärtlich über das geschundene Gesicht Elektras im TV-Bildschirm streicht. Abgesehen hiervon ist er wieder der harte Bond, der sich und seine Gefühle im Griff hat. Explizit von M auf mögliche Rachegelüste gegen General Orumov angesprochen, der seinen Freund Alec erschossen hat (zumindest

---

143 Kulbarsch-Wilke 2009, Anhang 17, Sq. 2.
144 Ebd., Anhang 17, Sq. 4.1. Siehe auch: Mannsperger 2003, S. 73.
145 Kulbarsch-Wilke 2009, Anhang 20, Sq. 20.1.

glaubt Bond das zu diesem Zeitpunkt noch) reagiert er gelassen: „Und falls Ihnen Ourumov über den Weg laufen sollte, schuldig oder nicht, verzetteln Sie sich nicht in eine Vendetta. Alec zu rächen, macht ihn nicht wieder lebendig." Bond erwidert ein kühles „Niemals", bevor er lässig einen Schluck Bourbon nimmt.[146]

In „Die Welt ist nicht genug" ist es dann der Agent selber, der M davor bewahren will, sich ihrerseits von ihren persönlichen Gefühlen für ihr Protegé und das vermeintliche Entführungsopfer Elektra King leiten zu lassen. Man nimmt diesem Bond ab, dass er tatsächlich nur seinen Auftrag erledigen wird, nicht jedoch auf persönlicher Ebene zu handeln gedenkt. Hier kommt wieder die „Job first"-Mentalität des ersten Bonds zum Vorschein. Ein Punkt, den ihm sein tot geglaubter Freund Alec – der sich nunmehr als eigentlicher Gegner entpuppt – in einer flammenden Rede vorhält: „Ich hatte schon daran gedacht, dich in mein Team aufzunehmen. Aber irgendwie war mir klar, 007s Loyalität gilt immer nur seiner Mission, nie einem Freund."[147] Diese Kritik Alecs hätte auf Daltons Bond noch nicht zugetroffen, der in „Lizenz zum Töten" eben aufgrund seiner Loyalität zu seinem Freund Leiter seinen Job riskiert.

Generell sind sich der Bond Daltons und der Brosnans am unähnlichsten. Mit den drei vorangegangenen Darstellungen verbindet die neue Interpretation Brosnans hingegen mehr. So vereint er die Kaltblütigkeit Connerys mit dem dressmanhaften Auftreten Lazenbys und der Eleganz Roger Moores. Dieses lag auch in der Absicht der Verantwortlichen. Sie wollten mit dem neuen Bond Charakterzüge der früheren Bond-Inkarnationen vereinen und Brosnan eigene hinzufügen lassen. Martin Campbell, der Regisseur von „GoldenEye" sagte hierzu in einem Interview:

> „The series hasn't been a success because of things that didn't work. They've been a success because of things that did work. And the point is that all of the characters – all of the three [sic! four] guys paying Bond – in their own way have made it a very successful series. Hopefully we'll bring, you know, through his [Brosnans] own personality, all of the successful elements that were previously in the characters, but maybe a few of his own. He's Irish after all, so the sense of humour for a start will be interesting."[148]

Schon länger wollte die Bond produzierende Firma EON Flemings ersten Roman Casino Royale verfilmen. Fleming hatte die Rechte hieran jedoch bereits in den 1950er Jahren verkauft, sodass für EON keine Möglichkeit bestand, den Stoff zu verfilmen. Erst 1999 gingen die Rechte an dem Buch von Sony auf MG/UA über und die Produzenten erhielten die Möglichkeit, sich der Verfilmung zu widmen.[149] Da „Casino Royale" das erste Bond-Abenteuer beschreibt, war es unumgänglich auch einen neuen Darsteller für die Rolle zu suchen, der den jungen, am Beginn seiner

---

146 Kulbarsch-Wilke 2009, Anhang 17, Sq. 9.

147 Ebd., Anhang 17, Sq. 14.1.

148 Bonusmaterial zur DVD Ultimate Edition von „GoldenEye": GoldenEye – Building A Better Bond (Dt.: Wie macht man einen besseren Bond: Vorproduktions-Featurette), 00:02:53–00:03:22, eigenes Transkript.

149 Duncan (Hrsg.) (A) 2012, S. 512.

Karriere stehenden Agenten spielte. So wurde der Part letztlich von Daniel Craig besetzt.

2.3.6 Daniel Craig

Craig wurde am 2. März 1968 in Chester geboren und wuchs ab seinem vierten Lebensjahr in Liverpool auf. Nach seiner Ausbildung am National Youth Theatre bewarb er sich an zahlreichen renommierten Schauspielschulen bis ihn die Guildhall School of Music and Drama 1988 als Studenten aufnahm. Erste kleinere Rollen im Fernsehen folgten – noch vor seinem Abschluss 1992. Ende der 1990er Jahre häuften sich für den Schauspieler Rollen in größeren Filmproduktionen, wie „Lara Croft: Tomb Raider" oder „Elizabeth". Der Durchbruch gelang ihm 2004 mit dem gefeierten Thriller „Layer Cake". Daniel Craig nahm jenseits der James-Bond-Reihe weitere Rollenangebote wahr und spielte in Filmen wie „Der Goldene Kompass", „Cowboys vs. Aliens" oder „Verblendung".[150]

Mit Daniel Craig fand zum zweiten Mal eine Rückbesinnung auf die literarischen Wurzeln der Agentenserie statt. Wie schon in den Filmen mit Timothy Dalton ist Craigs Bond sehr nah an Flemings Original. Diesmal gingen die Produzenten sogar noch einen Schritt weiter – man drehte die Zeit zurück und zeigte einen Bond ohne Erfahrung, der sich seinen Doppelnullstatus gerade erst (durch das Töten zweier Menschen) verdient hat. Dementsprechend ungewöhnlich beginnt „Casino Royale": Die Vortitelsequenz, gedreht in schwarz-weiß, erzählt, wie sich der junge Agent seine Lizenz zum Töten „erarbeitet". Craig zeigt bereits in diesen ersten Szenen, dass seine Interpretation des Geheimagenten eine härtere, körperlichere, aber auch fehlbarere sein wird als die seiner Vorgänger. Besonders der immer wieder in schnellen Schnitten in die Konversation mit seinem zweiten „Auftrag" eingeblendete erste Mord verdeutlicht dies. Der Tötung geht ein brutaler Kampf voraus, an dessen Ende Bond fälschlicherweise den Tod seines Kontrahenten annimmt und sich abwendet. Nur knapp kommt er seiner eigenen Ermordung durch den Gegner zuvor. Den zweiten Mord an einem abtrünnigen MI6-Sektionschef begeht Craigs Bond mit großer Lässigkeit. Zurückgelehnt im Bürostuhl erschießt er sein Gegenüber.[151]

Als frisch beförderter Doppel-Null-Agent erhält Bond den Auftrag, einen Terroristen in Madagaskar zu beschatten und interpretiert diesen Auftrag auf seine ganz eigene Weise. Bonds Kollege wird entdeckt, der Terrorist flieht und wird von Bond bis in die Botschaft des fiktiven Staates Nambutu verfolgt, wo der noch unvorsichtige Agent vor den Linsen zahlreicher Überwachungskameras den Unbewaffneten erschießt (nachdem er zuvor erheblichen Schaden am Botschaftsgebäude verursacht hat). M ist über diese Unachtsamkeit ihres Spions sehr erbost, bereut sogar seine

---

150 MI6 – The Home of James Bond 007, inoffizielle James-Bond-Fan-Webseite, http://www.mi6-hq.com/sections/bonds/craig, Zugriff: 21.12.2014.
151 Kulbarsch-Wilke 2009, Anhang 21, Sq. 1.

Ernennung zum Doppel-Null-Agenten.[152] Ein solcher Fehler wäre den vorangegangenen Bond-Inkarnationen nicht passiert. Diese Szene zeigt also gut den Anfänger-Status von Craigs Bond.

Craigs Bond ist ein fehlbarer Rebell, der sich keinen Konventionen beugt, die ihm nutzlos erscheinen. Er handelt oft am Rande der Legalität und gegen den offiziellen Auftrag, besitzt aber dennoch den Respekt (jedoch nicht unbedingt das Vertrauen) seiner Vorgesetzten. Besonders im dritten Abenteuer mit Daniel Craig kommt eine zusätzliche Komponente hinzu: Craig verkörpert hier den Agenten als geschundenen Mann, der vielleicht öfter den Tod gesehen hat, als gut für ihn war. Das Ausschließen der „Neurose aus der Welt der erzählerischen Möglichkeiten"[153], wie es Eco noch als Methode Flemings für den Erhalt des seelischen Gleichgewichts des literarischen Bonds beschreibt, wird in „Skyfall" fallen gelassen. Hier taucht Bond nach seinem vermeintlichen Tod unter und gibt sich ganz dem Alkohol und dem Spiel hin. Zutiefst enttäuscht über M, die während einer kritischen Situation seinen Tod billigend in Kauf nahm, lässt sich der Agent für Monate völlig gehen und sieht als einzigen Ausweg die Trunkenheit. Erst ein Anschlag auf das MI6-Hauptquartier befreit Bond aus seiner Lethargie und lässt ihn den Entschluss zur Rückkehr fassen. [154]

Die Gefühlsthematik ist bei der Analyse von Craigs Bond von zwei Faktoren abhängig. Zunächst gibt es die private, familiäre Ebene (namentlich Vesper Lynd) sowie die berufliche. Craigs Bond ist von Beginn an erstaunlich gewieft darin, auf beruflicher Ebene seine Gefühle nicht an die Oberfläche treten zu lassen. Macht er in vielen Bereichen noch Fehler, so scheint ihn das Töten, obwohl noch Anfänger, emotional nicht zu berühren. Sogar als er mit M vor dem durch Folter geschundenen Leichnam seiner Vorabendbekanntschaft steht (die erwiesenermaßen Bonds Fehler wegen sterben musste) blickt er stoisch ins Nichts. M bemerkt dazu: „Normalerweise würde ich Sie fragen, ob Sie sich emotional distanzieren können, aber das scheint nicht Ihr Problem zu sein, oder Bond?"[155]

Nein, ein Problem mit Situationen dieser Art hat der neue 007 nicht. Wird sein Gefühlsleben jedoch auf privater Ebene tangiert, sieht man einen neuen Agenten. Wirklich deutlich tritt dieses in seiner Beziehung zu Vesper Lynd hervor, die so kompliziert ist, dass sie sogar themenfüllend für zwei Bond-Filme ist. Vesper Lynd ist (gemäß der Annahme, mit Casino Royale wurde ein Re-Launch der Serie gestartet) Bonds erste große Liebe, für die er sogar seinen Job opfern will. Der Verrat Vespers (zwar mit guten Gründen – sie wurde erpresst) wirft ihn jedoch aus der Bahn. Was als Beziehung romantisch begonnen hatte, endet tragisch mit dem Tod Vespers[156]. Craigs Bond zeigt hier eine ganze Bandbreite von Gefühlen, die über wahre Liebe hin zu Verzweiflung über seine gescheiterten Wiederbelebungsversu-

---

152 Ebd., Anhang 21, Sq. 3, Sq. 4 und Sq. 6.
153 Eco, in: Buono, Oreste del/Eco, Umberto (Hrsg.) 1966, S. 69.
154 „Skyfall" (DVD) 00:20:46–00:23:31.
155 Kulbarsch-Wilke 2009, Anhang 21, Sq. 11.
156 Ebd., Anhang 21 Sq. 22.2–23.2 und Sq. 25.

che bis zur Gleichgültigkeit reichen (Bond zu M: „Die Schlampe ist tot!")[157]. „Ein Quantum Trost" knüpft direkt an den Tod Vespers an und lässt M besorgt über Bonds Gefühlswelt reagieren:

> M: „Vespers Freund – Yusef Kabira. Der in Marokko entführt wurde und den sie retten wollte. Seine Leiche wurde auf Ibiza angespült. Wir sollen glauben, dass das die Fische waren – er hatte Brieftasche und Ausweis bei sich.
> Bond: „Hm, wie praktisch!"
> M: „Genau. Und deshalb habe ich seine DNS mit einer Haarlocke aus Vespers Wohnung vergleichen lassen. Er ist es nicht."
> Bond: „Eine Haarlocke. Klingt für Vesper ziemlich sentimental."
> M: „Wir wissen nie alles über jemanden, nicht wahr? Aber ich muss es wissen, Bond. Ich muss wissen, ob ich Ihnen trauen kann."
> Bond: „Und das wissen sie nicht."
> M: „Nur ein eiskalter Hund würde den Tod eines geliebten Menschen nicht rächen wollen."
> Bond: „Machen Sie sich um mich keine Sorgen. Ich werde ihn nicht jagen, weil er nicht wichtig ist. Sie war's auch nicht."[158]

Sie traut seiner gespielten Gleichgültigkeit nicht, denn natürlich jagt Bond in „Ein Quantum Trost" auch den Geliebten Vespers. Er stellt Kabira am Schluss des Films, lässt ihn letztlich aber leben. Eine lange von ihm gehütete Kette Vespers wirft er fort und es wirkt, als wolle er sich endgültig emotional von ihr distanzieren. Es ist anzunehmen, dass die Macher der Filme diesen Moment als den erdachten, an dem Bond endgültig zu der Figur wurde, die man seit Connery (mit Bruch in der Kontinuität durch den Lazenby-Bond) kennt. Ein Vorhaben in diese Richtung deuten auch die Drehbuchautoren von „Casino Royale" (Deal Purvis und Robert Wade) an, als sie im Interview darüber sprechen, dass der neue Bond nun erstmals die Möglichkeit bot, eine Charakterwandlung des Agenten zu zeigen: „Generally [in] Bond-Films his Charakter remains the same from beginning to the end. And this was an opportunity to show how he develops and changes."[159]

Ein weiteres Indiz für die Rückführung (bzw. Hinführung) von Craigs Bonds zu den Wurzeln, deutet auch die Neueinführung der Miss Moneypenny in „Skyfall" an, die überraschend am Ende des Films vorgenommen wird. Dachte man bis kurz vor dem Schluss an die schöne unbekannte Kollegin Bonds nur an ein weiteres Bond-Girl, erfährt der Zuschauer nun, dass sie den aktiven Dienst verlässt um das Sekretariat Ms zu leiten. Erst hier erfährt Bond auch ihren Namen: Eve Moneypenny.

Bemerkenswert ist übrigens, dass auch „Skyfall", ähnlich wie der „erfolglose" Lazenby-Film, sogar mehrere Brüche in der Bond-Formel enthält und dennoch der bislang erfolgreichste der Serie ist. Es scheint also nicht die oben beschriebene

---

157 Ebd., Anhang 21, Sq. 26.
158 „Ein Quantum Trost" (DVD 2-Disc Special Edition, Steelbook): 00:07:50–00:08.37.
159 Bonusmaterial zur 2-Disc Collector's Edition von „Casino Royale": Becoming Bond (Dt.: Daniel Craig wird James Bond), 00:13:33–00:13:45, eigenes Transkript.

Formel alleine zu sein, die einen Bond erfolgreich macht. Vielmehr spielen auch Faktoren wie die Akzeptanz durch das Publikum eine Rolle, die in Bonds Fall auch sicher damit zusammenhängt, inwieweit die Filme den Nerv der Zuschauer treffen, sprich: den Zeitgeist aufgreifen.

3. Von Atomangst bis Terrorgefahr – Bond und die Politik

3.1 Zwischen Koexistenz und Konfrontation – der Kalte Krieg im Bond-Film

„James Bond sollte die Finger von der Politik lassen. Er sollte schlicht und einfach gegen das Böse kämpfen."[1] Noch vor Produktionsbeginn wurde diese Doktrin von den Drehbuchautoren des ersten Bond-Films ausgegeben und nur bedingt erfüllt.

Die anti-sowjetische Haltung der Romanvorlage zu entschärfen ist zwar weitestgehend gelungen, James Bond jedoch gänzlich in neutrale Gefilde zu lenken, eher nicht. Natürlich gibt es in den mittlerweile 24 Bond-Filmen unterschiedliche Grade an politischer Intensität und nicht jeder liefert ein Feuerwerk zeitpolitischer Aktualität; Strömungen sind jedoch gut erkennbar, besonders, wenn die Filme in chronologischer Reihenfolge ihres Erscheinens geschaut werden. Hier zeigt sich dann vor allem bei dem Erstling „James Bond jagt Dr. No", dass tatsächlich der neutrale Charakter zu halten versucht wurde. Aber schon der Nachfolgefilm „Liebesgrüße aus Moskau" deutet politische Tendenzen an.

Die etwas leichtsinnig geäußerte und nicht eingehaltene Absicht „unpolitisch" zu bleiben ist hinsichtlich dessen natürlich verzeihlich und bietet dem Historiker ein weites Feld der inhaltlichen Analyse der James-Bond-Filme.

3.1.1 Wirklich unpolitisch? – Bond in den 1960er Jahren

Die 1960er Jahre waren politisch gesehen eine sehr bewegte Zeit. Sie war besonders geprägt durch die stärkste Konfrontation im Kalten Krieg, die die Welt an den Rand eines Atomkriegs führte – der Kubakriese 1962. Doch schon ein Jahr zuvor startete das Jahrzehnt aus deutscher Sicht mit einem historischen Ereignis: im September 1961 errichtete das DDR-Regime quasi über Nacht eine Mauer mitten durch Berlin und markierte so die vorerst endgültige Teilung beider deutscher Staaten. Sie stand aber auch sinnbildlich für die Kluft zwischen den politischen Systemen des Kommunismus und dem des Kapitalismus, die sich seit dem Ende des Zweiten Weltkrieges konkurrierend um die Weltmachtstellung gegenüberstanden. Die massive Aufrüstungspolitik, die beide Blöcke seit Mitte der 1940er Jahre betrieben, trug nicht zu einem entspannten politischen Klima bei. Stets schwebte das Damoklesschwert eines Atomkrieges über der Welt und wurde im Oktober 1962 beinahe Realität. Nach der Stationierung sowjetischer Atomwaffen auf Kuba und dem Boykott russischer Schiffe durch die USA als Reaktion darauf, drohte der seit fast zwei Jahrzehnten schwelende Kalte Krieg zu eskalieren. Durch das besonnene Verhalten Kennedys als

---

1   Cork, John/Scivally, Bruce: James Bond. Die Legende von 007, Bern, München, Wien 2002, S. 30.

Präsident der USA und dem Einlenken Chruschtschows in Bezug auf den Abbau der Raketen auf sowjetischer Seite, konnte die Konfrontation am 28 Oktober 1962 beigelegt werden.[2]

In diese Szenerie betrat nun der britische Geheimagent 007 im Film „James Bond jagt Dr. No", der nur acht Tage vor Beginn der Kubakrise Premiere hatte, die Leinwände der Kinosäle. In seinem ersten (offiziellen) Filmabenteuer ermittelt Bond auf Jamaika, von wo aus die US-amerikanische Regierung den Ursprung eines Sabotageaktes auf ihr Raumfahrtprogramm vermutet. Bond soll diesem Fall gemeinsam mit dem CIA-Agenten Felix Leiter auf den Grund gehen. Schnell führt sie die Spur auf die geheimnisvolle Insel Crab Key, auf der der eurasisch-stämmige Schurke Dr. No sein Unwesen mit radioaktiven Experimenten treibt, die tatsächlich der Vernichtung des amerikanischen Raumfahrtprogramms dienen sollen. Die Motive von Nos Handeln sind privater Natur – ihm ist schlicht und ergreifend an der Weltherrschaft gelegen. Die ihm angebotene Mithilfe bei diesem Vorhaben lehnt Bond ab und tötet Dr. No am Ende des Films.[3]

„James Bond jagt Dr. No" demonstriert wenig von der brisanten Situation und den Spannungen zwischen den Blöcken seit dem Mauerbau und ist, wie oben schon erwähnt, eher unpolitisch. Sogar der Gegner Bonds ist multinationaler Abstammung (Mutter: Chinesin, Vater: Brite) und kann damit nicht klar einer Seite zugeordnet werden. Er gehört der Organisation SPECTRE[4] an (im deutschen GOFTA oder „Phantom") und handelt zu seinem eigenen Vorteil (Weltherrschaft). Die Großmächte sieht er nur als Randfiguren im Streben um die Macht: „Osten – Westen: nur Punkte auf dem Kompass. Einer so dumm wie der andere."[5] Dennoch spricht der Film einen entscheidenden Punkt in den Beziehungen zwischen den Nationen an: das US-Raumfahrtprogramm.

Zur Entstehungsphase des Films war dieses Programm die Achillesferse innerhalb der amerikanischen Bemühungen, das seit den 1950er Jahren laufende „Space Race", den Kampf um die Vorherrschaft im Weltraum mit der Sowjetunion, für sich zu entscheiden. Bis dato wollte den Amerikanern diesbezüglich kaum etwas gelingen. Starteten die Sowjets im Oktober 1957 mit „Sputnik" erfolgreich den ersten Satelliten ins All, arbeiteten die US-Amerikaner noch an der ersten Trägerrakete. Der russische Raketenstart war im Rahmen der gegenseitigen Aufrüstung von elementarer Bedeutung: Die Sowjetunion besaß nun auch Interkontinentalraketen. Dieser Schock über „Sputnik" fraß tiefe Kerben in das US-amerikanische Selbstbewusstsein, war man doch überzeugt, im Wettlauf ins All der haushohe Favorit zu sein. Nur einen Monat später entsandte die Sowjetunion zu allem Übel einen zweiten, noch größeren Sputnik mit einem Lebewesen an Bord: der Hündin Leika (diese überlebte die Reise nicht). Der Druck, den der erfolgreiche Start der sowjetischen Sputniks I und II verursachte,

---

2   Kulbarsch-Wilke 2009, S. 20.

3   Duncan, Paul (Hrsg.) (B): Das James Bond 007 Archiv (Beiheft zum englischsprachigen Original), Köln 2012, S. 11.

4   = Special Executive for Counter Intelligence, Terrorism, Revenge and Extortion.

5   Kulbarsch-Wilke 2009, Anhang 1, Sq. 18. Siehe auch: Chapman 2007, S. 60.

sorgte dafür, dass voreilig ein amerikanischer Satellit in die Erdumlaufbahn geschickt werden sollte. Am 6. Dezember 1957 war es dann soweit: die Weltpresse versammelt, die Miniaturausgabe eines Sputnik auf der Spitze einer Vanguard-Trägerrakete und eine alle Hoffnungen zerstörende Explosion. Zwei Sekunden dauerte Vanguards Flug bevor sie in Flammen aufging – der Satellit kullerte piepsend über das Startfeld. Als „Flopnik"[6] wurde er spottend von der Presse bezeichnet.[7]

Zwar gelang es den USA ein halbes Jahr später einen eigenen Satelliten zu starten, das in dieser Hinsicht angeschlagene Selbstvertrauen der Nation konnte dadurch jedoch kaum wieder aufgerichtet werden. Als im April 1961 die Sowjetunion mit Juri Gagarin den ersten Menschen in einen stabilen Orbit um die Erde brachte, befassten sich die amerikanischen NASA-Experten noch mit der Entsendung von Schimpansen in den Weltraum. Kurz darauf erreichte auch mit dem 38-jährigen Alan Sheppard ein US-Amerikaner das All, im Gegensatz zur fast zweistündigen Aufenthaltsdauer Gagarins war sein Flug mit 15 Minuten Länge aber nur kurz.[8] Dennoch beflügelte dieser Erfolg US-Präsident Kennedy am 25.05.1961 die Losung auszugeben, innerhalb des Jahrzehnts einen Menschen zum Mond und wieder zurück auf die Erde zu bringen:

> „I believe that this nation should commit itself to achieving the goal, before this decade is out, of landing a man on the Moon and returning him safely to Earth. No single space project in this period will be more impressive to mankind, or more important in the long-range exploration of space; and none will be so difficult or expensive to accomplish."[9]

Vielleicht stellte die Anspielung auf die sabotierten Raketen der USA im ersten Bond-Film eine ironische Erklärung für die tatsächlich passierten Missgeschicke im amerikanischen Raumfahrtprogramm dar. Hinweise, ob die Drehbuchautoren hierbei tatsächlich an eine Ironisierung dieser Fehlschläge dachten, sind in der Literatur jedoch nicht zu finden. Dass „James Bond jagt Dr. No" in Bezug auf andere Inhalte durchaus politischer hätte sein können, zeigt die Literatur hingegen schon auf. Ein Drehbuchentwurf, datiert auf den 7. September 1961 sah vor, die fehlgeschlagene Invasion der Schweinebucht in Kuba zu thematisieren:

> „The 43-page treatment […] uses only a few superficial elements from the novel: Honey Ryder […], Felix Leiter […] and the Jamaican Setting. The villain of the piece is Buckfield, an arms smuggler, who plans to stuff a ship full of explosives and blow it up in the Panama Canal under the Cuban flag, thus creating a profitable demand for his wares. Although the story line was rejected, the writers were trying to utilize the real-world tension between East and West after the disaster of the Bay of Pigs invasion early in 1961 […]."[10]

---

6   Sparrow, Giles: Abenteuer Raumfahrt, München 2011, S. 45.

7   Ebd., S. 44–46.

8   Ebd., S. 77 f. und S. 82.

9   Zitiert nach: Gilruth, Robert R.: „I Believe We Should Go to the Moon", Offizielle NASA-Website, http://history.nasa.gov/SP-350/ch-2-1.html, Zugriff: 10.01.15.

10   Duncan (Hrsg.) Paul (Hrsg.) (A) 2012, S. 31.

Dass der Plot letztendlich verworfen wurde, spiegelt die anfängliche Neigung zum Unpolitischen der Filme wider, zeigt aber auch, dass die Drehbuchautoren im Gegensatz zu den Produzenten durchaus bereit waren, politische Aspekte zu integrieren. Auch auf der Leinwand wurde dieser Aspekt dann im 1963 uraufgeführten (Arbeiten am Drehbuch zwischen August 1962 und März 1963)[11] „Liebesgrüße aus Moskau" deutlich.

In „Liebesgrüße aus Moskau" setzt es Blofeld samt seiner Organisation daran, die Geheimdienste der Sowjetunion und Großbritanniens gegeneinander auszuspielen, James Bond hierbei zu töten und an eine russische Dechiffriermaschine zu gelangen. Als Köder wird ohne ihr Wissen für Blofeld zu arbeiten, eine Mitarbeiterin des russischen Geheimdienstes (Tatjana Romanova) eingesetzt. Sie soll als vermeintliche Bewunderin von James Bond zum Überlaufen in den Westen bereit sein. Rekrutiert wird sie von Rosa Klebb, früher eine hochrangige Geheimdienstmitarbeiterin, jetzt „Nummer 3" in Blofelds Organisation. Bond überlebt mehrere Anschläge auf sein Leben, kann die Dechiffriermaschine an sich bringen und Tatjana Romanovas Liebe gewinnen. Diese schlägt sich früh endgültig auf seine Seite und erschießt im Showdown Rosa Klebb während diese Bond mit einer vergifteten Schuhspitze angreift.[12]

Im Unterschied zur Romanhandlung verlagert sich hier das Feindbild von der real existierenden russischen Geheimdienstorganisation „SMERSH" auf das von Blofeld angeführte übernationale Verbrechersyndikat „SPECTRE" („Phantom"), das beide Blöcke gegeneinander ausspielt. So vermeidet es der Film, eine direkte politische Aussage gegen die eine oder andere Seite zu treffen.[13] Dass die Handlanger Blofelds nicht im Auftrag der russischen Regierung handeln, ist für den Erhalt der Neutralität des Films wichtig, wird aber dadurch relativiert, dass diese dennoch mehrheitlich der russischen Nationalität angehören. Insofern kann „Liebesgrüße aus Moskau" durchaus als Indikator für die politische Situation gelten.

Mitten in die Phase der Drehbucherstellung fiel die Kubakrise, die die Menschen weltweit in einen Schockzustand versetzte. Die auf diese Konfrontation folgende Phase der Entspannung wurde erst im August 1963 durch die Einrichtung des „heißen Drahtes" und der Unterzeichnung des Atomteststopp-Abkommens spürbar. Zu diesem Zeitpunkt waren die Hauptdreharbeiten schon abgeschlossen. „Liebesgrüße aus Moskau" ist daher auch trotz seiner neutral wirkenden Handlung durchsetzt von Anspielungen auf die unsichere politische Lage und trifft so genau den Nerv der Zeit. In „Wenn-zwei-sich-streiten-freut-sich-der-Dritte"-Manier lässt Blofeld

---

11 Duncan (Hrsg.) Paul (Hrsg.) (B) 2012, S. 11 f. Die Angaben zur Drehbucherstellung sind nicht immer klar erkennbar. Daher wurde, wenn kein Datum zum Ende der Arbeiten am Drehbuch vorlag, davon ausgegangen, dass die hauptsächlichen Arbeiten am Buch mit Beginn der Dreharbeiten abgeschlossen waren. Mögliche Änderungen während der Dreharbeiten werden hier nur berücksichtigt, wenn sie für die Fragestellung relevant sein sollten.

12 Duncan (Hrsg.) (B) 2012, S. 21.

13 Pankratz, Anette: Casino Globale: Wie Bond mit der Welt spielt, in: Föcking, Marc/Böger, Astrid (Hrsg.) 2012, S. 145–169. S. 149.

vor seiner erstaunten Mitarbeiterin drei Kampffische gegeneinander antreten. Zwei kämpfen bis zum Tode, der dritte triumphiert durch sein Abwarten. Die Symbolik in diesem Bild dürfte hinreichend eindeutig sein – der überlebende Fisch steht für „SPECTRE", die bedauernswerten Opfer des Kampfes für die Großmächte.[14] Auch wenn sich Rosa Klebb nach einem gelungenen Anschlag gegen die globale Sicherheit erfreut zeigt („Ich bin überzeugt davon, dass der Kalte Krieg in Istanbul nicht mehr lange kalt bleibt")[15], wird mehr als deutlich die Assoziation zum Konflikt zwischen den Blöcken gezogen.

Weniger offensichtlich passiert dies in „Goldfinger" aus dem Jahre 1964. Dieser (u.a. den Bond-Boom der 1960er Jahre auslösende) Film lässt James Bond gegen Goldfinger ermitteln, der es auf die Goldreserven von Fort Knox abgesehen hat. Nicht jedoch, um sie zu stehlen, sondern um sie mit Hilfe einer Atombombe radioaktiv zu verseuchen, um seinen eigenen Goldvorräten zu einer massiven Wertsteigerung zu verhelfen.

Die Drehbucherstellung zu „Goldfinger" fiel in den Zeitraum von Mai 1963 bis Dezember 1963[16] und damit in eine ruhigere Zeit. Die Welt erholte sich von dem Schock der Beinahe-Katastrophe vom Oktober 1962 und auch die Politik schien wieder in geregeltere Bahnen zu lenken. Kennedy und Chruschtschow zeigten sich gesprächsbereit, was eine erste Phase der Entspannung einläutete. Der Mord an Kennedy im November 1963 erschütterte die Weltöffentlichkeit, führte jedoch nicht zu einer Änderung in der amerikanischen Außenpolitik. Der Mord steht hingegen in gewisser Weise im Zusammenhang mit James Bond. Ebenso wie sein späteres Opfer war auch Lee Harvey Oswald großer Fan der James-Bond-Bücher. Kurz vor dem Attentat entlieh der Attentäter aus der örtlichen Bibliothek vier Fleming-Romane, worin Willman gar eine fehlgeleitete Identifikation mit dem Opfer sieht:

> „With all the publicity regarding Kennedy's predilection for the Bond novels, Oswald's reading them as well could be seen as some form of preparation for the assassination, a type of misguided identification between killer and victim [...]"[17]

Kennedys Nachfolger Johnson behielt die politische Richtung seines Vorgängers bei, eine unmittelbare Bedrohung wie 1962 war zunächst in den Hintergrund gerückt. Eine andere Großmacht wurde jedoch seit den frühen 1960er Jahren im Ränkespiel um die Weltherrschaft immer auffälliger. Die Volksrepublik China sorgte vor allem mit ihrem Ausbau des Militärapparates für Unbehagen in den westlichen Staaten auf der einen Seite, aber auch bei der Sowjetunion auf der anderen Seite. Das einst während des Koreakrieges gegründete chinesisch-sowjetische Bündnis begann 1961

---

14 Kulbarsch-Wilke 2009, S. 25. Auch Chapman kostatiert dem Film hohes politisches Potential: „‚From Russia with Love' is the most political of the early Bond movies." Chapman 2007, S. 74.

15 Zitiert nach: Kulbarsch-Wilke 2009, S. 25. Siehe auch: Chapman 2007, S. 75.

16 Duncan (Hrsg.) (B) 2012, S. 27f.

17 Willman, Skip: The Kennedys, Fleming and Cuba. Bond's Foreign Policy, in: Comentale, Edward P./Watt, Stephen/Willman, Skip (Hrsg.) 2005, S. 178–201, S. 199.

zu bröckeln (nach dem es schon mehrfach differierende ideologische Ansichten zwischen den beiden Regimen gegeben hatte) und zerbrach im Juli 1963 endgültig. Auslöser war die Unterzeichnung des Atomteststopp-Abkommens im August 1963 durch die Sowjetunion. China, das kurz vor der Fertigstellung der ersten Atombombe stand und einen Test plante, sah hierin einen Affront gegen die kommunistische Ideologie. Man wähnte sich hintergangen und fürchtete ein gemeinsames Bündnis der Sowjetunion mit Großbritannien und den USA. Ein Abbruch der Beziehungen zur Sowjetunion durch China war die Folge.[18] Erst Ende der 1980er Jahre entspannte sich das Verhältnis der beiden kommunistischen Staaten.[19]

„Goldfinger" knüpft nun in diesem Punkt an die wachsende Furcht vor China an, indem es hier keine Russen sind, die Auric Goldfinger mit der für seine Pläne so wichtigen Atombombe beliefern, sondern Chinesen. Nachdem Bond in einem Gespräch mit Goldfinger diese Zusammenhänge erkannt hat, konstatiert er eine „Win-Win"-Situation sowohl für Goldfinger als auch für China: „It's an inspired deal. They get what they want – economic chaos in the west – and the value of your gold increases many times".[20]

Die Atombombe, bzw. die zerstörerische Kraft, die ihre Strahlung verursachen kann, ist also wie schon im ersten Film ein Motiv in „Goldfinger". Wurde in „James Bond jagt Dr. No" noch ein eher harmloser Umgang mit ihr praktiziert (wenige Duschgänge und Bond samt Begleiterin sind völlig dekontaminiert, nachdem sie durch radioaktivem Schlamm gewatet waren), werden in „Goldfinger" schon Langzeitschäden in Form von dauerhafter Verstrahlung des belasteten Materials prophezeit. Auch „Feuerball" von 1965 greift die Angst vor Nuklearwaffen auf, denn wieder ist es ein Handlanger der SPECTRE-Organisation (Emilio Largo), der im Hintergrund die Fäden zieht. Im Namen von SPECTRE lässt Largo zwei britische NATO-Kampfjets entführen, die mit Atomwaffen bestückt sind. Die Waffen dienen als Druckmittel gegen die westlichen Großmächte. Entweder es würden nach Ablauf eines Ultimatums 100 Millionen britische Pfund bezahlt, oder eine britische oder US-amerikanische Großstadt fiele einem atomaren Angriff zum Opfer, so die Drohung. Mit Hilfe von Largos Geliebten Domino kann Bond die beschriebenen Pläne vereiteln. Nach einer spektakulären Unterwasserschlacht tötet Domino ihren einstigen Liebhaber.[21] „Feuerball" bleibt also weitestgehend unpolitisch.

Erklären lässt sich dies vielleicht mit der etwas abenteuerlichen Geschichte der Drehbuchentstehung. Wie Duncan ausführt, befasste sich bereits im Juli 1959 Ian Fleming mit einem Drehbuchentwurf für einen Film, in ihren Grundzügen ähnlich der „Feuerball"-Handlung:

---

18 Meng, Lingqi: Der Wandel der chinesischen außenpolitischen Interessensstruktur seit 1949. Wiesbaden 2012, S. 72.
19 Ebd., S. 134.
20 Kulbarsch-Wilke 2009, Anhang 3, Sq 12.2. In der deutschen Synchronisation geht dieser Zusammenhang leider unter, weshalb hier das englische Original zitiert wurde.
21 Duncan (Hrsg.) (B) 2012, S. 35.

„It is the story of an attempt by the Mafia to blackmail the West for £ 100 million using as a lever an atomic warhead stolen from one of Britain's rocket sites. The target is a new Cape Canaveral built on Grand Bahama."[22]

Gemeinsam mit dem Filmproduzenten Kevin McClory und dem Drehbuchautoren Jack Whittingham wurde diese Idee ausgeweitet, konnte aufgrund fehlender Gelder jedoch nicht in einem Film realisiert werden. Stattdessen schrieb Fleming auf Basis der Drehbuchtreatments den Roman „Feuerball", ohne Wissen seiner ursprünglichen Co-Autoren, die parallel an einem Drehbuch arbeiteten. EON zeigte sich 1961 interessiert an der Verfilmung des Romans von Fleming und engagierte Richard Maibaum, hieraus ein Drehbuch zu entwerfen. Währenddessen stellte sich heraus, dass Kevin McClory gegen Flemings Roman Klage eingereicht hatte, was vorerst eine Pause für das Filmprojekt „Feuerball" bedeutete. Stattdessen wurde „Dr. No" gedreht. Erst 1963 konnten die Rechtsstreitigkeiten beigelegt verhandelt werden und EON bekam die Möglichkeit, gemeinsam mit McClory an „Feuerball" zu arbeiten. Dieser Arbeit zu Grunde lag das unfertige Script von Maibaum aus dem Jahre 1961, das nun in einer ersten überarbeiteten Version (datiert auf den 23.10.1964) vorlag und mehrere Male angepasst wurde.[23]

Der erste Drehbuchentwurf fällt also in seiner Hauptsache noch in eine Zeit, in der die Filme unpolitisch gedacht waren und überdauerte die Jahre zwischen Kuba-Krise und der darauffolgenden Entspannung in der Schublade. In die Zeit der erneuten Beschäftigung mit dem Material fiel sowohl die Unterzeichnung des Atomteststopp-Vertrags (deutliches Zeichen für Entspannung) als auch das verstärkte Engagement der USA Ende 1964 in Vietnam (erstes Zeichen für neue Unsicherheiten in den Ost-West-Beziehungen).[24] Beide Themen werden in Feuerball nicht direkt angesprochen, was vielleicht den oben beschriebenen Umständen geschuldet ist. Lediglich indirekt könnte das Fehlen von Ost-West-Anspielungen als Indikator für die vornehmlich entspannte politische Lage während der Fertigstellung des Drehbuchs gesehen werden. So ist diesmal die NATO das alleinige Ziel Blofelds. Die Sowjetunion wird weder bedroht, noch sollen beide Systeme gegeneinander ausgespielt werden. Generell ist in „Feuerball" die offensichtliche Einbindung Bonds in das System der NATO erstmals sehr offensichtlich. Chapman bemerkt hierzu:

„The narrative ideology of Thunderball exemplifies perfectly [the] notion of Bond as a hero of the NATO alliance. This is inscribed in the text itself, in so far as SPRECTRE's threat is explicitly directed against NATO: Blofeld describes it as ‚our NATO project‘, while Largo [...] states that ‚Our intention is to demand a ransom from the North Atlantic Treaty powers of two hundred and eighty million dollars, a hundred million pounds.‘

---

22   Zitiert nach: Duncan (Hrsg.) (A) 2012, S. 109.

23   Duncan (Hrsg.) (B) 2012, S. 35 f.

24   Lünnemann, Ole: Vom Kalten Krieg bis Perestroika. James Bond – Ein Filmagent zwischen Entspannung und Konfrontation. Eine inhaltsanalytische Studie zur Reflex- und Kontrollhypothese (Beiträge zur Kommunikationstheorie Band 2), Münster 1993. S. 63.

The nuclear bombs are stolen from a NATO training flight [...] and the search for them is conducted jointly by the chief NATO allies, Britain and America. [...]"[25]

Da aber wie bereits erwähnt auch große Teile des Buches 1961 in einer weniger entspannten Phase entstanden (Mauerbau), sind solche Deutungen, ob und inwiefern sich die Entspannungspolitik spiegelt, rein spekulativer Natur. Nicht in jedes Drehbuch müssen weltpolitische Wendungen Eingang finden – mehr als ein Bond-Film demonstriert dies.

Nicht so hingegen der 1967 uraufgeführte Film „Man lebt nur zweimal" (Drehbucherstellung November 1965–Mai 1966)[26]. Er spielt mit den erneut aufkeimenden Spannungen zwischen den USA und der Sowjetunion, indem es sich Blofeld erneut zur Aufgabe macht, diese Zwistigkeiten auszunutzen und beide Großmächte gegeneinander auszuspielen. Zu diesem Zweck entführt Blofeld im Auftrag chinesischer Hintermänner sowohl russische als auch amerikanische Raumkapseln nach ihrer Ankunft im All. Beide Mächte verdächtigen sich gegenseitig und sehen den Weltfrieden gefährdet. Nur die Briten vermuten, dass die Störungen von Japan ausgehen und schicken James Bond, um dort zu ermitteln. Mit Unterstützung des japanischen Geheimdienstes kann er Blofelds in einem Vulkankrater versteckte Basis enttarnen und dessen Machenschaften vereiteln.[27]

Die sich seit 1963 entspannende weltpolitische Lage erhielt durch den Eintritt der USA in den Vietnamkrieg einen Dämpfer. In diesem Stellvertreterkrieg standen sich die kommunistische auf nordvietnamesischer und die kapitalistische Ideologie auf südvietnamesischer Seite gegenüber. Seit Mitte der 1950er Jahre unterstützten die USA Südvietnam finanziell und mit militärischer Beratung, um einer Ausbreitung des Kommunismus entgegenzuwirken. Mitte der 1960er Jahre mehrten sich die Anschläge gegen in Vietnam stationierte US-Kasernen, was zum aktiven Eintritt der USA in den Krieg führte. Am 2. März 1965 starteten die ersten offiziellen Angriffe gegen Nordvietnam (nachdem es Ende 1964 schon kleinere Scharmützel gegeben hatte).[28] Nordvietnam wurde von China und der Sowjetunion gleichermaßen mit Waffen und Geld versorgt, sehr zum Missfallen Chinas. Aufgrund des sino-sowjetischen Zerwürfnisses lehnte China jede Zusammenarbeit mit der Sowjetunion ab und forderte Nordvietnam zum Ablehnen der russischen Hilfe auf, was dieses jedoch verweigerte.[29]

Am Beispiel des Vietnamkriegs zeigt sich also ein „Dreiecksverhältnis" angespannter weltpolitischer Beziehungen zwischen den USA, China und der Sowjetunion. China sah sich Mitte der 1960er Jahre gleichermaßen von den USA und der Sowjetunion bedroht. So schrieb die chinesische Volkszeitung 1965: „Die Seele

---

25 Chapman 2007, S. 102.

26 Duncan (Hrsg.) (B) 2012, S. 45.

27 Ebd.

28 Steininger, Rolf: Der Vietnamkrieg, veröffentlicht am 10.10.2008, in: Bundeszentrale für politische Bildung, http://www.bpb.de/internationales/amerika/usa/10620/vietnam krieg?p=all, Zugriff: 10.01.2015.

29 Meng 2012, S. 79f.

der chruschtschow'schen revisionistischen Generallinie [liegt darin], dass die Sowjetunion und die USA zusammenarbeiten, um die ganze Welt zu beherrschen.“[30]
Russland und die USA auf der anderen Seite befanden sich hingegen in einer Phase
der Entspannung, die durch die Spannungen während des Vietnamkrieges und die
dadurch verstärkten ideologischen Differenzen zwar auf unsicheren Füßen stand,
aber dennoch vom Wunsch nach friedlicher Koexistenz geprägt war.[31]

„Man lebt nur zweimal“ spiegelt nun ziemlich genau diese Situation wider. Da
ist als erster Punkt die Vortitelsequenz zu nennen. Während einer Sitzung zwischen
britischen, russischen und amerikanischen Diplomaten wird die brisante Lage nach
der Entführung einer US-amerikanischen Raumkapsel diskutiert, für die die USA
die Sowjetunion verantwortlich machen:

> Vertreter USA: „Es ist doch lächerlich, dass die Sowjetregierung jegliche Verantwortung
> für diesen Zwischenfall ablehnt!“
> Vertreter SU: „Die Sowjetregierung hat überhaupt keine Kenntnis von einem Zwischen-
> fall – die Welt weiß, dass wir ein friedliebendes Volk sind.“
> USA: „Ich gebe hiermit davon Kenntnis, dass die Vereinigten Staaten von Amerika in 20
> Tagen ihr nächstes Raumschiff starten werden. Meine Regierung hat mich beauftragt,
> ihnen mitzuteilen, dass jede Störung dieses Weltraumfluges von uns als kriegerischer
> Akt angesehen wird.“
> Vertreter GB: „Darf ich fragen, welche Motive unsere russischen Freunde bewegen könn-
> ten, den Wunsch zu haben, ein amerikanisches Raumschiff zu vernichten?“
> USA: „Die Regierung der Vereinigten Staaten sieht darin nicht mehr und nicht weniger,
> als den verbrecherischen Versuch, den Weltraum unter Kontrolle zu bringen – zu
> militärischen Zwecken!“
> GB: „Wir sind anderer Meinung. Die Regierung ihrer Majestät ist nicht davon überzeugt,
> dass dieser Störflugkörper sowjetischer Herkunft ist […].“[32]

In dieser Sitzung werden vornehmlich das gegenseitige Misstrauen zwischen den
USA und der Sowjetunion erkennbar, gleichzeitig aber auch (ironisch) die fried-
liebende Art des russischen Volkes betont. Dass in „Man lebt nur zweimal“ die
Sowjetunion überhaupt gesprächsbereit gezeigt wird und sich gleichzeitig der Unterstützung Großbritanniens sicher sein kann, spiegelt die Politik einer behutsamen
Annäherung wider, die zum Entstehungszeitpunkt des Filmes die sowjetische Di-
plomatie gegenüber den USA bestimmte.[33]

---

30   Zitiert nach: Meng 2012, S. 74. Chruschtschow wurde bereits 1964 seines Amtes enthoben
     und durch Breschnew ersetzt. Korrekterweise hätte im Zitat also von „Breschnew'scher
     Politik“ die Rede sein müssen. Ob der Fehler nun bei der zitierten Zeitung direkt liegt,
     oder in dem Werk, dem das Zitat entnommen wurde, konnte nicht geklärt werden.
31   Isaacs, Jeremy/Downing, Taylor: Der Kalte Krieg. Eine illustrierte Geschichte. 1945–1991,
     München 1999, S. 217.
32   Zitiert nach: Kulbarsch-Wilke 2009, S. 26.
33   Zettler, Jochen: „May I ask what motive our Russian friends would have for wishing to
     destroy American spacecraft?“ James Bond zwischen Fiktion und Realität – Wie viel

Doch welche Rolle spielt nun China in dem Film? Hier ist eine eher kleine Szene mit großer Wirkung zu erwähnen. Der Zuschauer wird etwa zur Mitte des Films Zeuge eines Gesprächs zwischen Blofeld und Vertretern der chinesischen Regierung: „Sind unsere Auftraggeber mit meinen Erfolgen soweit einverstanden?"[34] fragt Blofeld. „Meine Regierung ist vollauf zufrieden."[35] Blofelds Forderungen nach einer außerplanmäßigen Vorauszahlung lehnen die chinesischen Vermittler jedoch ab: Bezahlen werde ihre Regierung erst, wenn die Bemühungen Blofelds zu einem Krieg zwischen den USA und der Sowjetunion geführt hätten: „In unserem Vertrag ist festgelegt worden, dass wir erst zu dem Zeitpunkt bezahlen, wenn es zum Krieg zwischen Amerika und der Sowjetunion gekommen ist!"[36] Ganz deutlich wird hier „Man lebt nur zweimal" wieder sehr politisierend. China, das auch in der realen Welt zu einer wachsenden Bedrohung sowohl für den Westen als auch für den Osten wurde, ist der eigentliche Drahtzieher hinter Blofelds Machenschaften. Was in „Goldfinger" schon angedeutet wurde, findet in „Man lebt nur zweimal" zu klaren Formen.[37] Grafiken 1 und 2 (Nr. 1 ist vereinfacht dargestellt) veranschaulichen noch einmal, wie nah Fiktion und Realität, vor allem die Beziehungen unter den Großmächten betreffend, in „Man lebt nur zweimal" beieinander liegen (Abb. 1 und 2).

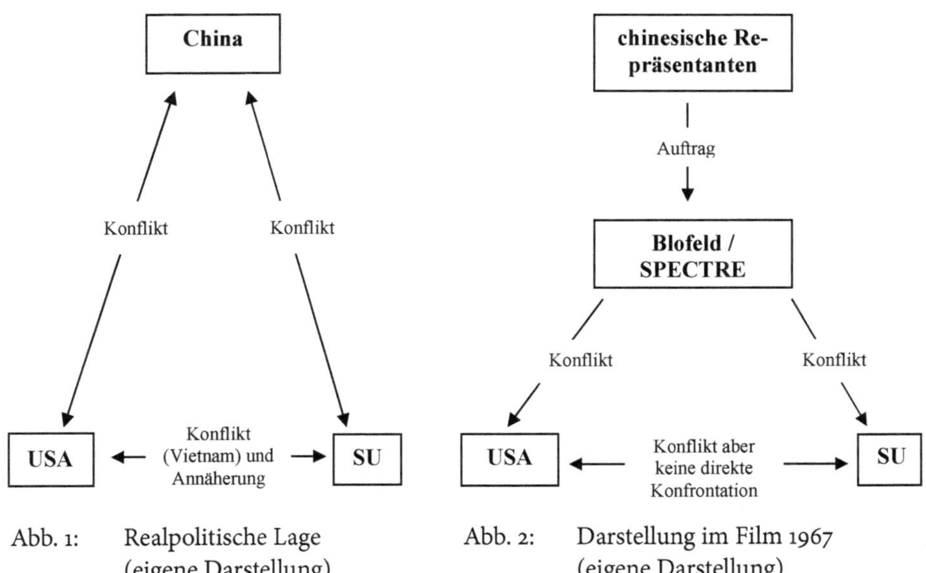

Abb. 1: Realpolitische Lage (eigene Darstellung)

Abb. 2: Darstellung im Film 1967 (eigene Darstellung)

Wahrheit steckt in den Filmen von 007?, in: Barmeyer, Christoph/Scheffer, Jörg (Hrsg.) 2013, S. 19–56. S. 33.
34 Kulbarsch-Wilke 2009, Anhang 5, Sq. 12.5
35 Ebd.
36 Ebd.
37 Ebd., S. 29. Siehe auch: Ebd., S. 27 f.

Auf den m. E. politischsten folgt der wohl unpolitischste Film des Jahrzehnts. „Im Geheimdienst ihrer Majestät" wartet zugleich mit einem neuen Darsteller auf, da Sean Connery sich nach fünf Filmen zurückzog. George Lazenby mimte nun den Agenten mit eher mäßigem Erfolg. Der Film „Im Geheimdienst Ihrer Majestät" entführt den Zuschauer in die schweizerischen Alpen, wo sich Bond erneut auf die Suche nach Blofeld macht. Hilfe erhält er hierbei vom Mafiaboss Draco, dem Vater von Bonds neuester Eroberung (er rettete sie vor dem Suizid) Teresa (kurz: Tracy) di Vicenco. Die Spur führt Bond in ein von Blofeld geleitetes Sanatorium, in dem via Hypnose zahlreiche junge Damen zu willenlosen Opfern Blofelds „erzogen" werden. Ziel Blofelds ist es diesmal, die UNO zu erpressen, um Amnestie für alle seine Verbrechen zu erhalten, andernfalls würden „seine" Damen weltweit ein gefährliches Unfruchtbarkeitsvirus freisetzen. Natürlich kann Bond den Plan vereiteln. Bond und Tracy, die sich zwischenzeitlich verlobt haben, heiraten am Ende des Films. Die Freude währt kurz, Tracy wird von Blofeld und seiner Gehilfin Irma Bunt kaltblütig erschossen.[38]

Ähnlich wie schon bei „Feuerball" verlief die Entstehung des Drehbuchs nicht geradlinig. Ursprünglich war „Im Geheimdienst Ihrer Majestät" als Nachfolger für „Goldfinger" gedacht (deswegen wirkt es vermutlich auch mehr wie ein Drehbuch für Connerys Bond) und lag daher schon ab Juni 1964 in einer ersten Rohfassung vor. Da das Drehbuch für „Feuerball" jedoch schon fertig war, zog man diesen Film vor. Ein weiterer Entwurf vom 29. März 1966 knüpfte an „Feuerball" an, aber auch hiernach konnte „Im Geheimdienst Ihrer Majestät" nicht verfilmt werden. Diesmal fehlten die passenden Drehorte. Es wurde also mit „Man lebt nur zweimal" erneut ein Film vorgezogen und das Drehbuch wieder überarbeitet, bis die vollständige Fassung am 5. September 1968 vorlag.[39] Diese ständigen Verschiebungen im Zeitplan könnten der Grund für einen gravierenden logischen Fehler in „Im Geheimdienst Ihrer Majestät" sein. Obwohl Bond und Blofeld sich im vorangegangenen Film „Man lebt nur zweimal" Angesicht zu Angesicht gegenüberstanden, erkennt Blofeld Bond in „Im Geheimdienst Ihrer Majestät" nicht wieder und lässt Bond ungestört in seiner Tarnung als Heraldiker für sich arbeiten.[40]

Keines der politischen Großereignisse zwischen 1964 und 1968 (Verstärkung der Truppen in Vietnam durch die USA ab 1964; Weltraumvertrag zur friedlichen Nutzung des Alls von 1967; Rückzug der USA aus Vietnam im März 1968; Kernwaffensperrvertrag vom Juli 1968)[41] wird in „Im Geheimdienst Ihrer Majestät" angesprochen. Stattdessen referiert der Film auf einen besorgniserregenden Ausbruch der „Maul-und-Klauen-Seuche" in Großbritannien zwischen 1967 und 1968. Damals kam die Krankheit durch den Import von Rindfleisch nach Großbritannien und verursachte den Tod von über 400.000 Tieren. Es entstand ein wirtschaftlicher

---

38 Duncan (Hrsg.) (B) 2012, S. 49.
39 Ebd., S. 49 f.
40 Kulbarsch-Wilke 2009, Anhang 6, Sq. 12.2.
41 N.N.: Der große Ploetz. Die Daten-Enzyklopädie der Weltgeschichte. Daten, Fakten, Zusammenhänge. Freiburg³² 1998. S. 1351. Siehe auch: Lünnemann 1993, S. 63.

Schaden von 27 Millionen Pfund.[42] Blofeld prahlt gegenüber Bond mit seinen Möglichkeiten, die Welt in ein ähnliches Chaos (nur in größeren Dimensionen) stürzen zu können, indem er seinen „Omega-Virus", der eine Welle der Unfruchtbarkeit auslösen würde, freisetzte. Um seine Drohung zu untermauern, würde er den Vereinten Nationen stichhaltige Beweise vorlegen, dass er es gewesen sei, der MKS 1967 wieder nach Großbritannien brachte:

> Blofeld: „Sie können sicher sein, dass niemand kommt, um Sie zu retten. Im Gegenteil. In wenigen Stunden werden die Vereinten Nationen meine Weihnachtsbotschaft erhalten. Die Information nämlich, dass ich wissenschaftlich und technisch in der Lage bin, die Wirtschaft der ganzen Welt zu beherrschen oder zu vernichten. Man wird Wichtigeres im Kopf haben, als sich mit Ihnen zu befassen."
> Bond: „Falls man Ihnen überhaupt glaubt."
> Blofeld: „Oh ja, das wird man. Denn ich kann ja einen schlagenden Beweis liefern. Erinnern Sie sich noch an den letzten Sommer, als diese widerwärtige Maul-und-Klauen-Seuche in England ausbrach? Ich werde absolut überzeugend nachweisen, dass ich es war, der diesen Virus damals verbreiten ließ. Und dass ich seit dem meine Mittel noch verbessert habe."
> Bond: „Allergieimpfstoffe … Bakterien? Bakteriologische Kriegsführung!"[43]

Der Film spielt gleichzeitig mit der Sorge vor der Gefahr biologischer Waffen, die angesichts existierender Bestände auf Seiten der USA und der Sowjetunion Ende der 1960er Jahre durchaus noch real war. Erst 1972 einigten sich die Großmächte auf die Vernichtung ihrer Biowaffen.[44]

Ritzer wie auch Cork und Scivally vermuten darüber hinaus hinter dem verstörenden Ende durch Tracys Ermordung den Versuch, James Bond an die Stimmung der britischen und amerikanischen Bevölkerung anzupassen, die zum Ende der 1960er Jahre in einem Wandel begriffen war. In Großbritannien stieg die Sorge vor der wachsenden Wirtschaftskrise und in den USA nahmen die Angst vor dem Vietnamkrieg sowie die wachsende Ghettoisierung amerikanischer Städte Raum im Denken vor allem der jungen Bevölkerung an.[45]

„Im Geheimdienst Ihrer Majestät" wurde am 18. Dezember 1969 uraufgeführt und beendete damit das wohl ereignisreichste Bond-Jahrzehnt. Auf der großen Bühne der Weltpolitik landeten kurz zuvor die Amerikaner auf dem Mond und konnten so doch den langersehnten Sieg im „Space Race" gegenüber der Sowjetunion erringen. Auch die Entspannungspolitik schien voranzuschreiten. Kurz nach der

---

42 N.N.: 1967: Foot-and-mouth slaughter rate soars, in: BBC-Archiv, http://news.bbc. co.ok /onthisday/hi/dates/stories/november/21/newsid_3194000/3194490.stm, Zugriff: 05.03.2015.

43 Kulbarsch-Wilke 2009, Anhang 6, Sq. 15.2

44 N.N.: Booklet zur DVD „Im Geheimdienst Ihrer Majestät" (Ultimate Edition), 2006, S. 1.

45 Ritzer, Ivo: All the Time in the World. Modernität, Wissenschaft und Pop in den James-Bond-Filmen der 1960er Jahre, in: Krüger, Cord u. a. (Hrsg.): 2007, S. 198–210., S. 209 f. Vgl. auch: Cork/Scivally 2002, S. 113 f.

Premiere des neuesten Bond-Abenteuers starteten in Helsinki die Verhandlungen zwischen den USA und der Sowjetunion zur Limitierung der nuklearen Rüstung (Strategic Arms Limitation Talks). Sie läuteten eine längere Phase der Entspannung ein, die sich auch in den folgenden Bond-Filmen zeigen sollte. Der Agent kehrte schon 1971 zurück – mit einem neuen alten Bekannten.

3.1.2   Von Energie- und Drogenproblemen – Bond in den 1970er Jahren

Auch der Beginn dieses Jahrzehnts begann überraschend – allerdings „nur" aus der Bond-Fan Perspektive. Sean Connery kehrte 1971 für ein weiteres Bond-Abenteuer („Diamantenfieber") und eine exorbitante Gage, die der Star komplett spendete, zurück.[46] Weltpolitisch standen die Zeichen auf Entspannung. Die USA zogen sich endgültig aus Vietnam zurück, was zu einem besseren Verhältnis mit der Sowjetunion und den daraus resultierenden Verhandlungen über eine Begrenzung strategischer Nuklearwaffen führte.

Auch aus deutscher Sicht besserte sich das Ost-West-Verhältnis. Willy Brandt führte im Rahmen seiner neuen Ostpolitik erfolgreiche Verhandlungen mit Moskau, was die Unterzeichnung des „Moskauer Vertrags" am 12.08.1970 zur Folge hatte. Die europäischen Grenzen galten nun als unantastbar, eine einseitige Änderung durch einen Staat durch gewaltsames Eingreifen war fortan rechtswidrig. Im „Warschauer Vertrag" vom 07.12.1970 wurde die Oder-Neiße-Linie endgültig als Grenze zu Polen anerkannt und ein Gewaltverzichtsabkommen (ähnlich dem im Moskauer Vertrag) zwischen beiden Staaten verhandelt. Beide Verträge legten den Grundstein für die Unterzeichnung des „Viermächte-Abkommens" über Berlin am 03.09.1971. Frankreich, Großbritannien, die Sowjetunion und die USA einigten sich hierbei unter anderem auf verbesserte Regelungen zum Transitverkehr zwischen West- und Ostberlin und vereinfachte Reisebestimmungen innerhalb der Stadt insbesondere für Westberliner in den Osten.[47]

Die Drehbucherstellung von „Diamantenfieber" fand im Zeitraum zwischen Juli 1970 und April 1971[48] statt und fällt damit in diese erste Hochphase der Entspannungspolitik. Der Film ist, wie schon sein Vorgänger, recht unpolitisch. Zum letzten Mal (in einem offiziellen Bond-Film) bekommt es der Agent mit Blofeld als Gegenspieler zu tun. Diesmal plant Blofeld getarnt als geheimnisvoller Geschäftsmann Willard Whyte die Erpressung der Weltbevölkerung. Mit Hilfe eines Super-Lasers, den er aus tausenden gestohlenen Diamanten zusammenbaut, will er militärische Ziele in China, der Sowjetunion und den USA vernichten. Nur wer die höchste Summe an Blofeld zahlt, ist vor weiterer Zerstörung gefeit.[49]

---

46 Das Geld ging an den „Scottish International Educational Trust", siehe: Cork/Scivally 2002, S. 131.

47 Kulbarsch-Wilke 2009, S. 31 f.

48 Duncan (Hrsg.) (B) 2012, S. 53.

49 Ebd.

Aus historisch/politischer Sicht erwähnenswert ist an diesem Bond-Film nun die Aufwertung Chinas. China hatte sich in vorherigen Bond-Filmen gleichsam als graue Eminenz im Hintergrund als der wahre Drahtzieher übler Machenschaften der Bösewichte erwiesen. Wie schon in „Goldfinger" und „Man lebt nur zweimal" wird Chinas Rolle in kurzen, wenig auffälligen Szenen dargestellt. Im zweiten Drittel des Films erfährt der Zuschauer von Blofelds Plan und ist Zeuge der ersten Angriffe seines Lasers auf Nuklearraketen. Neben Zielen in den USA und der Sowjetunion ist auch eine Militärbasis in China betroffen. Im Gegensatz zu den erstgenannten Filmen scheint hier China den USA und der Sowjetunion gleichgestellt. Zwar haftet China immer noch der Hauch einer unbekannten Variablen an, von der eine mögliche Gefährdung des Weltfriedens ausgeht, dennoch steckt das Land nicht mehr als Drahtzieher hinter Blofeld, sondern wird ebenso von diesem angegriffen.[50] Erklären lässt sich dies möglicherweise mit einem seit Ende der 1960er Jahre beginnenden Wandel in der chinesischen Außenpolitik.

Zu Beginn des Jahrzehnts befand sich China auf Entspannungskurs mit dem Westen. Ein erstes Umschwenken Chinas in seiner Haltung gegenüber den USA zeigte sich 1969. Der Konflikt mit der Sowjetunion erreichte in diesem Jahr durch die militärische Auseinandersetzung im Grenzkrieg auf der Insel Damanski seinen Höhepunkt. Peking erkannte, dass es Zeit war, unter der steigenden Bedrohung durch Russland, seine antiamerikanische Haltung aufzugeben und erste diplomatische Bande zu den USA zu knüpfen. Ziel Chinas war nun nicht mehr die „Weltrevolution", sondern die Suche nach einem neuen Partner im Konflikt mit der Sowjetunion. Die chinesische Führung war zu dem Schluss gekommen, dass ihr Verhältnis zur SU angespannter sei, als jenes zu den USA.[51] Ein geheimer Besuch des US-Sicherheitsberaters Kissinger 1971 in Peking und ein offizielles Treffen mit Nixon 1972 führten zur Einrichtung erster Verbindungsbüros und am Ende des Jahrzehnts nach zahlreichen kleinen Schritten der Annäherung 1979 zur Aufnahme diplomatischer Beziehungen zwischen China und den USA.[52]

Auch die Entspannungspolitik zwischen den USA und der Sowjetunion findet in einer Randnotiz Eingang in „Diamantenfieber". Hier ist es eine fiktive Radiomeldung die Anschläge Blofelds betreffend, in der seitens des Moderators von Gesprächen zwischen beiden Staaten ausgegangen wird. Moskau und Washington würden sich „über den heißen Draht gegenseitig versichert haben, dass keine Angriffshandlungen vorliegen"[53]. Eine Gefahr für den Weltfrieden ist also von den einstigen Rivalen erst einmal nicht zu befürchten. Wie schon einige Filme zuvor, zieht es auch „Diamantenfieber" wieder teilweise in den Weltraum. Diesmal ist nicht das „Space Race" direkt Thema, sondern zum einen die allgemeine Bedrohung, die Waffen (hier:

---

50   Kulbarsch-Wilke 2009, Anhang 7, Sq. 15.

51   Meng 2012, S. 76 f.

52   Görtemaker, Manfred: Entspannung und Neue Ostpolitik 1969–1975. Veröffentlicht am 09.07.2004, in: Bundeszentrale für politische Bildung, http://www.bpb.de/izpb/10344/ entspannung-und-neue-ostpolitik-1969–1975?p=all, Zugriff: 18.01.2015.

53   Zitiert nach Kulbarsch-Wilke 2009, S. 34.

Super-Laser) im All darstellten und zum anderen die Landung auf dem Mond durch die Amerikaner. Im Rahmen einer skurrilen Verfolgungsjagd entwendet Bond von einem Übungsgelände für Astronauten ein dem „Moonbuggy" nachempfundenes Vehikel und liefert sich mit seinen Häschern eine Verfolgungsjagd. Tatsächlich befand sich der „echte" NASA-Buggy noch nicht im Einsatz, erst drei Monate nach dem Dreh dieser Szene setzte Apollo 15 ihn auf dem Mond ein. Diese Episode ist nur ein Beispiel dafür, wie auch die neuesten technischen Entwicklungen Einzug in die Bond-Filme fanden.[54]

Nicht nur Blofeld hatte seinen letzten Auftritt als Drahtzieher[55] in einem Bond-Film, auch Sean Connery verabschiedete sich endgültig[56]. Ihm folgte Roger Moore im 1973 uraufgeführten „Leben und sterben lassen". Während sich die Entspannungsbemühungen der Großmächte weiter im Aufschwung befanden (Unterzeichnung der SALT-I-Verträge zur Begrenzung strategischer Rüstung im Mai 1972, Grundlagenvertrag DDR–BRD 1972, Waffenstillstandsvertrag zwischen USA, Süd- und Nordvietnam sowie NFB 1973, Abkommen zur Verhinderung eines Atomkrieges zwischen USA und SU 1973, Eröffnung der Konferenz für Sicherheit und Zusammenarbeit in Europa (KSZE) in Helsinki 1973)[57], befasste sich dieser Film mit dem weltweit wachsenden Drogenproblem.

Schon lange vor der Entstehung postmoderner Gesellschaften nahmen Menschen psychoaktive Substanzen zu sich – seien es psychoaktive Pilze, Kokablätter oder der zweifelhafte „Genuss" von Opium – Drogen spielten in der Menschheitsgeschichte stets eine Rolle. Die Rauschgiftsucht als weltweites politisch-soziales Problem entstand jedoch erst kurz vor dem Ersten Weltkrieg in den USA. Rauschgifte wurden zunehmend in großen Mengen konsumiert und breiteten sich schnell über den Globus aus.[58] Im letzten Jahrhundert beunruhigten regelmäßige Drogenwellen (LSD, Cannabis und Heroin während der 1960er und 1970er Jahre; Crack in den 1990ern)[59] die Politiker diesseits und jenseits des Atlantiks. In den USA wurde 1913 mit dem Harrison Narcotics Act erstmals eine verschärfte Drogenkontrolle eingeführt, der noch viele weitere folgen sollten. Auf globaler Ebene fanden in den 1920er Jahren die Genfer Opiumkonferenzen statt, Deutschland ratifizierte diese Beschlüsse 1929. Weitere internationale Abkommen den Drogenkonsum betreffend, folgten 1961 (Single Convention on Narcotic Drugs), 1971 (Convention on Psychotropic

---

54 Cork/Scivally 2002, S. 134.

55 1981 kam Blofeld noch einmal zurück, wurde aber – mit großer Wahrscheinlichkeit – von Bond direkt in der Vortitelsequenz von „In tödlicher Mission" getötet. Kulbarsch-Wilke 2009, Anhang 12, Sq. 2.

56 Bis auf den Film „Sag niemals nie" von 1983, aber dieser ist keiner der „offiziellen" Filme.

57 Der große Ploetz 1998, S. 1352 f.

58 Briesen, Detlef: Drogenkonsum und Drogenpolitik in Deutschland und den USA. Ein historischer Vergleich. Frankfurt/New York 2005, S. 23–25.

59 Bernard, Christine: Frauen in Drogenszenen. Drogenkonsum, Alltagswelt und Kontrollpolitik in Deutschland und den USA am Beispiel Frankfurt am Main und New York City (Perspektiven kritischer Sozialer Arbeit Band 17), Wiesbaden 2013, S. 15.

Substances) und 1988 (United Nations Convention against Illicit Traffic in Narcotic Drugs and Psychotropic Substances).[60] Das moderne Drogenproblem kristallisierte sich erstmals während der Hippiebewegung Ende der 1960er Jahre heraus. Vor allem in den USA stieg der Drogenkonsum bedenklich an, aber auch andere Staaten wie z. B. Deutschland verzeichneten eine steigende Rauschgiftnutzung.[61] Als besonders problematisch wurde Anfang der 1970er Jahre der Anstieg der Heroinabhängigen in den USA eingeschätzt, was zur Verschärfung der Drogenpolitik führte. In einer gesonderten Mitteilung an den Kongress stellte Nixon 1971 fest:

> „[…] In 1960, less than 200 narcotic deaths were recorded in New York City. In 1970, the figure had risen to over 1,000. These statistics do not reflect a problem indigenous to New York City. Although New York is the one major city in the Nation which has kept good statistics on drug addiction, the problem is national and international. We are moving to deal with it on both levels. […] Heroin addiction is the most difficult to control and the most socially destructive form of addiction in America today. Heroin is a fact of life and a cause of death among an increasing number of citizens in America, and it is heroin addiction that must command priority in the struggle against drugs."[62]

An diese Drogenproblematik der USA knüpft nun „Leben und sterben lassen" an. James Bond soll zunächst zum Tode dreier britischer Agenten ermitteln, wobei es ihn u. a. auf die fiktive Karibikinsel San Monique verschlägt. Er stößt bei seinen Ermittlungen auf einen korrupten Diplomaten (Mr. Big/Kananga), der als Boss eines Drogenringes agiert. Dessen Plan sieht vor, die Vereinigten Staaten mit tausenden Tonnen kostenlosen Heroins zu überschwemmen, um durch die daraus resultierende steigende Zahl von Süchtigen Profit schlagen zu können. Hilfe erhält Bond von der schönen Solitäre (persönliche Hellseherin Kanangas) und dem CIA-Agenten Felix Leiter.[63] Indem nun Bond auf San Monique gegen den Heroinbaron ermittelt und dabei zahlreiche Opiumfelder vernichtet, lässt man ihn aktiv den oben zitierten „struggle against drugs" aufnehmen.

Neben der Drogenproblematik setzt sich „Leben und sterben lassen" in stereotyper Art mit der schwarzamerikanischen Bevölkerung auseinander, was durchaus problematisch zu sehen ist. Besonders in den USA prägten die „Rassenunruhen" der 1950er und 1960er Jahre das interkulturelle Miteinander. Schwarze wurden diskriminiert und ausgegrenzt. Zu Beginn der 70er Jahre beruhigte sich die Situation jedoch. Eine afroamerikanische Mittelschicht begann sich zu etablieren, die Rechtsprechung nahm Kurs auf „Rassenintegration" und der gemeinsame Schulbesuch weißer und schwarzer Kinder nahm zu.[64] „Leben und sterben lassen" impliziert nun ein ande-

---

60 Sämtliche Daten zu den verschiedenen Drogenabkommen stammen aus: Ebd., S. 45–53.
61 Ebd., S. 53–56.
62 Nixon, Richard: „Special Message to the Congress on Drug Abuse Prevention and Control.", Rede vom 17.06.1971, in: The American Presidency Project, http://www.presidency. ucsb.edu/ws/?pid=3048, Zugriff: 20.01.2015.
63 Duncan (Hrsg.) (B) 2012, S. 57.
64 Heideking, Jürgen: Geschichte der USA, Tübingen und Basel³ 2003. S. 418 f.

res Bild. Indem hier nicht nur metaphorisch eine Schwarz-Weiß-Malerei betrieben wird, kamen (und kommen) beim Zuschauer automatisch negative Assoziationen die schwarze Bevölkerung betreffend auf. Die Heroinhändler und Voodoo-Priester sind allesamt dunkler Hautfarbe, während die Helden von Weißen verkörpert werden. Nur wenige Schwarze unterstützen Bond, gehen im Gesamtspektakel aber eher unter. Die Ansiedlung der Gegenspieler im Voodoo-Milieu verleiht dem rassistischen Bild des Films eine weitere Negativebene:

> „Der Film spielt mit der Furcht des ‚Weißen Westens‘ vor der vermeintlichen Gefahr, die von der schwarzen Bevölkerung und ihren afrikanischen Wurzeln in den ehemaligen Kolonien ausgeht. Schwarz zu sein ist in diesem Sinne gleichbedeutend mit wilden und lustvollen Heiden, die mit dem Teufel einen Bund geschlossen haben".[65]

„Leben und sterben lassen" führte durch den Drogenplot und die Beschäftigung mit einem neuen Filmgenre, den Blaxploitation-Filmen[66], die seit 1969 dauernde Phase der Abkehr von großen weltpolitischen Themen hin zu vielmehr „neutralen" (im Sinne von „nicht den Kalten Krieg betreffenden") Inhalten fort. Ähnlich verhält es sich auch mit dem 1974 erschienenen Film „Der Mann mit dem goldenen Colt" (Drehbucherstellung August 1973–April 1974; mit mehreren Änderungen während des Drehs)[67], der auch noch nicht die Entspannungspolitik der 1970er Jahre fokussiert, sondern andere politische Themen in den Vordergrund stellt.

Bonds eigentlicher Auftrag zu Beginn des Films (einen britischen Wissenschaftler und dessen Energiegewinnungsgerät, den „Solex Generator", zu suchen) wird überschattet von einer vermeintlichen Morddrohung gegen den Agenten. Er begibt sich daraufhin auf die Suche nach dem als „Mann mit dem goldenen Colt" bekannten Auftragskiller Scaramanga, den er hinter der Drohung vermutet. Hierbei stößt 007 wieder auf seinen ursprünglichen Auftrag – Scaramanga stellt sich als Mörder des verschwundenen Wissenschaftlers und Dieb von dessen Erfindung heraus. Dieses Gerät, welches mit Hilfe von Sonnenenergie die vorherrschenden Energieprobleme beseitigen soll, benötigt Scaramanga für die Fertigstellung einer Superwaffe. Bond kann Scaramanga letztendlich überwältigen und für seine Regierung den Solex Generator zurück gewinnen.[68]

Im Zentrum der Filmhandlung steht also diesmal der die Welt 1973/74 in Atem haltende „Ölpreisschock"[69]. Auslöser für die Krise war der am 6. Oktober 1973

---

65 Hampel, Susanne/Zillessen, Stefanie: „White face in Harlem, good thinking Bond!". Der „westliche Blick": eine kritische Analyse des Bond-Films Live and Let Die, in: Barmeyer, Christoph/Scheffer, Jörg (Hrsg.): 2013. S. 181–213, S. 196.

66 Wobei sie diesem Genre nicht eindeutig zuzuordnen sind, siehe Kapitel 3.3. Siehe auch: Ebd., S. 193 f.

67 Duncan (Hrsg.) (B) 2012, S. 61 f.

68 Ebd., S. 61.

69 Hohensee, Jens: Der erste Ölpreisschock 1973/74. Die politischen und gesellschaftlichen Auswirkungen der arabischen Erdölpolitik auf die Bundesrepublik Deutschland und Westeuropa (HMRG – Historische Mitteilungen Beiheft 17), Stuttgart 1996.

beginnende Jom-Kippur-Krieg. Syrische und ägyptische Truppen griffen damals mit Vorstößen auf die Golan-Höhen und die Sinai-Halbinsel Israel an. Der Krieg war nach wenigen Wochen beendet, die Folgen jedoch auch aus westlicher Sicht weitreichender. Die arabischen Staaten reduzierten ihre Ölfördermenge, um so die pro-Israel eingestellten USA und auch Europa unter Druck zu setzen.[70] Die Folge war eine Vervierfachung des Rohölpreises, ein zeitweiliger Lieferstopp von Rohöl in die USA und in die Niederlande sowie reduzierte Öllieferungen in andere westliche Staaten. Statt langer Staus auf den Autobahnen sah man nun häufig leere Straßen und geschlossene Tankstellen; darüber hinaus galten zeitweilig Sonntagsfahrverbote und Geschwindigkeitsbegrenzungen (in Deutschland: 80 km/h auf Landstraßen, 100 km/h auf Autobahnen). Ein erstes Umdenken in der Energiepolitik setzte ein, die Notwendigkeit von alternativen Energien wurde erkannt.[71]

Mit dem durch Sonnenenergie betriebenen „Solex Generator" liefert der Bond-Film einen Vorschlag für ein Gerät, mit dessen Hilfe mögliche zukünftige Krisen dieser Art gar nicht mehr entstehen würden. Bezeichnend ist auch, wie adäquat „Der Mann mit dem goldenen Colt" auf die drohende Rohstoffknappheit hinweist, die die Welt auch 40 Jahre später noch beschäftigt:

> Frazier: „Mit der Entwicklung einer so wirksamen Solarzelle wäre die Energiekrise überwunden."
> M: „Ja, ich kenne das Thema. Kohle und Ölvorräte sind bald verbraucht, Uran wäre zu gefährlich, Geothermische- und Gezeitenkraftwerke sind zu kostspielig, das weiß ich doch längst alles! Wo ist das Solex jetzt?"[72]

Geothermische Energiegewinnung ist seit Anfang des 21. Jahrhunderts vor dem Hintergrund des stetigen Schrumpfens der Rohstoffe ökonomisch interessanter geworden und auch Gezeitenkraftwerke könnten in Zukunft einen höheren Anteil als noch zu Entstehungszeiten des Films an der weltweiten Stromversorgung tragen. Die Solarenergie, auf die „Der Mann mit dem goldenen Colt" verweist, gehört mittlerweile zu den wichtigsten Stromlieferanten unter den erneuerbaren Energien[73], während sie in den 70ern noch in den Kinderschuhen steckte. Und es sollte über 35 Jahre dauern, bis nach dem Atomunglück in Fukushima bei großen Teilen der Weltbevölkerung ein kritisches Bewusstsein zur Atomenergie aufkam.[74] James Bond zeigt sich also auch von seiner technischen Seite seiner Zeit voraus.

---

70 Schäuble, Martin/Flug, Noah: Vom Jom-Kippur-Krieg bis zum Libanon-Krieg, veröffentlicht am 17.03.2008, in: Bundeszentrale für politische Bildung, http://www.bpb.de/internationales/asien/israel/45062/jom-kippur-bis-libanon-krieg, Zugriff: 20.01.2015.

71 Hohensee 1996, S. 249–253.

72 Zitiert nach: Kulbarsch-Wilke 2009, S. 38.

73 Statista.com, http://de.statista.com/statistik/faktenbuch/369/a/branche-industrie-markt/energiewirtschaft/erneuerbare-energien-in-deutschland/, Zugriff: 13.02.2015.

74 Rueter, Gero: Mehrheit weltweit gegen Atomkraft. Deutsche Welle Online vom 16.02.2012, http://www.dw.de/mehrheit-weltweit-gegen-atomkraft/a-15346351, Zugriff 13.2.2015.

Einmal mehr agieren in einem Bond-Streifen die Chinesen im Dunstkreis eines Bösewichts. Ähnlich wie schon in „Diamantenfieber" ist in diesem Film die chinesische Regierung nicht mehr Drahtzieher, allerdings auch kein Opfer. Ihre Rolle in „Der Mann mit dem goldenen Colt" ist eher doppeldeutig: auf der einen Seite erlebt der Zuschauer China als unbekannte Variable, von der eine latente Gefahr ausgeht (Scaramanga versteckt sich in chinesischen Gewässern, Briten sind besorgt, hier eindringen zu müssen), gilt andererseits aber nicht mehr als direkter Drahtzieher. Das trotz vorsichtiger Annäherung Chinas an den Westen angespannte Verhältnis ist auch bei Bond immer noch ein Thema.

Mit „Der Spion, der mich liebte", betrat Bond wieder die große weltpolitische Bühne. Die Arbeiten am Drehbuch (1974–1976) fielen ebenso wie die zu beiden Vorgängerfilmen in eine von politischer Entspannung gekennzeichnete Phase. Die wichtigsten hier zu nennenden Ereignisse sind die Unterzeichnung der KSZE-Schlussakte am 30. Juli 1975 in Helsinki und weitere Verhandlungen zwischen den USA und der SU über die nukleare Rüstungsbegrenzung (Beginn SALT II) ab Mitte 1976. Aus der Rede des US-Präsidenten Gerald Ford zum erfolgreichen Abschluss der ersten KSZE-Konferenz geht die deutliche Bereitschaft zu einer friedlicheren Politik hervor:

> „The era of confrontation that has divided Europe since the end of the Second World War may now be ending. There is a new perception and a shared perception of a change for the better, away from confrontation and toward new possibilities for secure and mutually beneficial cooperation. . [...] In recent years, there have been some substantial achievements. [...] Military stability in Europe has kept the peace. While maintaining that stability, it is now time to reduce substantially the high levels of military forces on both sides. [...] The United States also intends to pursue vigorously a further agreement on strategic arms limitations with the Soviet Union [...]."[75]

Kaum ein anderer Bond-Film (mit Ausnahme von „Octopussy") überträgt nun die aktuelle Stimmungslage im Kalten Krieg so deutlich wie „Der Spion, der mich liebte": James Bond wird beauftragt, das Verschwinden britischer Atom-U-Boote zu untersuchen. Auch auf sowjetischer Seite werden mit Atomsprengköpfen beladene U-Boote von Unbekannten entführt. Hier ist es die russische Agentin Anya Amasova (Triple X), die die Drahtzieher aufspüren soll. Bei ihren Ermittlungen in Kairo agieren die Agenten zunächst gegeneinander, bis die Regierungen beider Nationen eine Zusammenarbeit beschließen. Bond und Amasova gehen nun gemeinsam gegen den verdächtigen Reeder Stromberg vor, der, enttäuscht von der aus seiner Sicht bigotten und dekadenten Welt, eine neue Zivilisation unter dem Meer errichten möchte. Hierzu benötigt er die gestohlenen Atomwaffen, deren Explosion die bislang existierende Menschheit auslöschen soll. Mit gebündelten Kräften und

---

75 Ford, Gerald R.: President Gerald R. Ford's Address in Helsinki Before the Conference on Security and Cooperation in Europe, in: Gerald R. Ford Presidential Library & Museum, http://www.ford.utexas.edu/library/speeches/750459.asp, Zugriff: 25.10.2014.

tatkräftiger Unterstützung der USA können Bond und Amasova Stromberg schließlich aufhalten.[76]

In mehrfacher Hinsicht wird im Film auf die Entspannungspolitik der Großmächte hingewiesen und diese deutlich benannt. Nach etwa 50 Spielminuten begegnet der Zuschauer seinen Helden im gut getarnten Geheimdienstbüro der Briten, direkt in einer der Gizeh-Pyramiden gelegen. Bond, der nach misslungenem Auftrag seine Niederlage beichten will, wird schon von M und dessen russischem Konterpart General Gogol in friedlicher Eintracht erwartet. Auch Anya Amasova (der Grund für Bonds anfängliches Scheitern) ist nicht weit. Beide werden nun auf den gemeinsamen unbekannten Feind angesetzt, nicht ohne jedoch zuvor auf die neue „Epoche anglo-sowjetischer Kooperation"[77] (Gogol) hingewiesen worden zu sein. Sowohl M als auch Gogol scheinen mehr als begeistert über das offensichtlich gute Zusammenspiel ihrer beiden Topagenten, die sich im anschließenden Briefing gegenseitig mit ihrem Fachwissen überbieten. Und als schließlich Stromberg am Ende des Films süffisant bemerkt: „Ein britischer Agent liebt eine russische Agentin. Das nennt man Entspannung"[78], ist die Implikation einer „Ost-West-Kuscheldiplomatie" perfekt.

Während es in „Der Spion, der mich liebte" noch sehr harmonisch zwischen den Großmächten zuging, begann es kurz nach seiner Premiere im Juli 1977 in der realen Welt schon wieder zu kriseln. Der 1977 ins Amt gewählte neue US-Präsident Carter verfolgte im Hinblick auf die Abrüstungspolitik weitreichendere Ziele als noch sein Vorgänger. Der Vorschlag an Moskau, das Rüstungsniveau drastisch zu senken, wurde von der Sowjet-Regierung abgelehnt. Die Verhandlungen über SALT II im September 1977 gerieten so ins Stocken. Auch die Menschenrechtspolitik war ein besonderes Anliegen Carters. Die Sowjetunion, die sich nach einigen Verletzungen der Menschenrechte Ende des Jahres 1977 in einer diesbezüglichen, von der US-Regierung angestoßenen Debatte befand, drohte mit dem Abbruch der angesetzten KSZE-Folgetreffen. Zwar wurde das Treffen im März 1978 beendet, eine Einigung in wesentlichen Punkten konnte jedoch nicht erzielt werden.[79] Der Film „Moonraker – Streng geheim" (Drehbucherstellung: März–Mai 1978)[80], enthält hierzu keine Referenzen, sondern beinhaltet lediglich marginale Erinnerungsstücke an die noch in „Der Spion, der mich liebte" so blumig beschriebene Entspannungspolitik. Eine einzige, diesbezügliche Szene findet sich am Ende des Films, als eine plötzlich im All erscheinende Raumstation die Großmächte beunruhigt. Letztendlich versichert man sich aber telefonisch, dass eine dritte Macht am Werke sein müsse.[81]

Beim Gegenspieler handelt es sich um den Großindustriellen Hugo Drax, der, besessen von rassistischem Gedankengut, eine neue „Superrasse" im Weltall heran-

---

76 Duncan (Hrsg.) (B) 2012, S. 65.

77 Zitiert nach: Kulbarsch-Wilke 2009, S. 40.

78 Zitiert nach: Kulbarsch-Wilke 2009, S. 41. Siehe auch: Chapman 2007, S. 159.

79 Der große Ploetz 1998, S. 1345.

80 Duncan (Hrsg.) (B) 2012, S. 69.

81 Kulbarsch-Wilke 2009, Anhang 11, Sq. 19.1.

zuziehen plant. Nur Menschen ohne Makel dürfen dabei auf seiner eigens errichteten Raumstation zu Vermehrungszwecken zusammenkommen. Mit insgesamt sechs Spaceshuttles der Bauart Moonraker (die seine Firma entwickelt hat) werden die Paare ins All befördert. Der Rest der Weltbevölkerung soll mit einem ausschließlich für Menschen tödlichen Gas eliminiert werden. Gemeinsam mit der Astronautin und CIA-Agentin Dr. Holly Goodhead kann James Bond in einem actionreichen Weltraumspektakel den Bösewicht aufhalten und den Massenmord an damals fünf Milliarden Menschen verhindern.[82]

„Moonraker – Streng geheim" knüpfte mit seiner an Science-Fiction-Filme erinnernden Handlung einerseits an den Erfolg von „Star Wars" an, dessen erster Teil (bzw. Teil IV) im Mai 1977 Premiere feierte und für zahlreiche Kinobesucher ganz neue Welten eröffnete. Er griff andererseits aber auch wieder ein gerne in Bond-Filmen verwendetes Thema auf: die Raumfahrt. Nachdem die USA 1969 erfolgreich auf dem Mond gelandet waren und bis zum Dezember 1972 insgesamt sechs erfolgreiche bemannte Mondlandungen verzeichnen konnten, wurde das Apollo-Programm eingestellt. Stattdessen arbeitete die NASA an einem „wiederverwertbaren" Raumschiff, dem Spaceshuttle.[83] Der für das Jahr 1977 anvisierte Jungfernflug des Spaceshuttles musste deutlich verschoben werden, erst im April 1981 brach die „Columbia" zu ihrem Jungfernflug auf.[84] Deutlich ist auch hier wieder die technikaffine Seite der Bond-Macher zu erkennen, denen offensichtlich daran gelegen war, die neuesten technischen Errungenschaften möglichst realistisch in die Filme zu integrieren. Ein schönes Beispiel, wie sich Fiktion und Realität tatsächlich trafen, liefert der Bond-Produzent Michael G. Wilson in seinen Erinnerungen an die Produktion von „Moonraker – Streng geheim":

> „I organized Trips to India and to NASA in America, talking to the scientists, interpreting how the technical aspects of the script could be made rational. At the time, NASA was planning to get their space shuttle off the ground, and it was a running gag about whose would be first. In the end, we beat them.[85]

Mit der Premiere des Films im Juni 1979 endeten aus Bond-Sicht die 1970er Jahre. Aus weltpolitischer Sicht gab es im Dezember hingegen noch eine ungünstige Wendung. Zwar erfolgte im Juni 1979 die Unterzeichnung des SALT II-Abkommens, das eine weitere Begrenzung der Fern- und Raketenwaffen enthielt, es wurde jedoch nie ratifiziert und das politische Klima kühlte sich weiterhin ab. Mit dem NATO-Doppelbeschluss vom 12. Dezember 1979, der die Stationierung von atomaren Mittelstreckenraketen in Europa vorsah, sollten Abrüstungsgespräche mit der Sowjetunion innerhalb der nächsten vier Jahre scheitern, womit erneut Öl in das wiederaufflammende Feuer des Kalten Krieges gegossen wurde. Nur zwei Wochen nach

---

82 Duncan (Hrsg.) (B) 2012, S. 69.
83 Sparrow 2011, S. 164–169.
84 Ebd., S. 192 f. Siehe hierzu auch: Hobsch/Morgenstern (Band. 2) 2006, S. 173.
85 Zitiert nach: Duncan (Hrsg.) (A) 2012, S. 283.

dem Doppelbeschluss marschierten sowjetische Truppen in Afghanistan ein – die Spannungen zwischen Ost und West verschärften sich dramatisch.[86]

3.1.3　Von Silicon Valley nach Afghanistan – Bond in den 1980er Jahren

Ausgelöst durch die Krise in Afghanistan, befand sich die Stimmung zu Beginn des Jahrzehnts zwischen den Großmächten auf einem erneuten Tief. Schon seit Beginn der 70er Jahre wurde Afghanistan von politischen Unruhen geschüttelt. Nach der Absetzung des Königs Sahir Shah 1973 setzte sich der frühere Premier Mohammed Daoud an die Spitze Afghanistans, wurde jedoch 1978 von pro-sowjetischen Kampftruppen ermordet. Neuer Staatschef mit sowjetischer Unterstützung wurde Mohammed Taraki, dessen Herrschaft von islamistischen Widerstandskämpfern abgelehnt wurde. Innerhalb der kommunistischen Partei Afghanistans kam es zu Machtkämpfen, bei denen der Geheimdienstchef Hafizullah Amin Taraki töten ließ und sich selbst an die Spitze des Landes setzte. Amin schien mehr dem Westen zugewandt, was die um die Stabilität der kommunistischen Partei in Afghanistan besorgten Russen schließlich dazu bewegte, an Weihnachten 1979 in das Land einzumarschieren. Präsident Amin wurde von sowjetischen Soldaten getötet und eine neue pro-russische Regierung etabliert. Es formierte sich daraufhin ein breiter religiöser Widerstand gegen die Kommunisten. Diese „Mujaheddin" erhielten vor allem aus den USA, Saudi-Arabien und Pakistan Geld für ihre Rebellion. Bis 1989 sollten die Querelen in Afghanistan anhalten (worauf sich auch ein späterer Bond-Film bezieht). Die westliche Welt reagierte auf den russischen Einmarsch in Afghanistan mit massiver Kritik an Moskau. Die US-Regierung verhängte Sanktionen (wie den Stopp von Getreidelieferungen) und rief zum Boykott der olympischen Spiele in Moskau 1980 auf. Über 60 Nationen verweigerten ihre Teilnahme, darunter auch Westdeutschland.[87] Die 1980er Jahre hatten kaum begonnen, schon erkaltete das weltpolitische Klima deutlich.

Zu spüren ist dies auch im ersten Bond-Film des Jahrzehnts „In tödlicher Mission". Ein erster Drehbuchentwurf (der allerdings verworfen wurde) lag im September 1979 vor, im April 1980 folgte ein weiteres, schon der Endfassung ähnelndes Treatment. Im September 1980 begannen dann die Dreharbeiten.[88] Man merkt dem Film die Produktionsphase zwischen NATO-Doppelbeschluss und Einmarsch in Afghanistan an, die Politik des Kalten Krieges ist jedoch nicht so präsent wie noch in „Der Spion, der mich liebte". „In tödlicher Mission" handelt vom Ringen um das britische Kommunikations- und Zielerfassungsgerät ATAC, an dem auch die Sowjetregierung Interesse zeigt. Bond wird geschickt, ATAC aus einem gesunkenen britischen

---

86　Der große Ploetz 1998, S. 1345.

87　N.N.: 1989: Sowjetischer Abzug aus Afghanistan, veröffentlicht am 13.02.2013, in: Bundeszentrale für politische Bildung, http://www.bpb.de/politik/hintergrund-aktuell/178868/1989-sowjetischer-abzug-aus-afghanistan, Zugriff: 27.01.15.

88　Duncan (Hrsg.) (B) 2012, S. 73 f.

Schiff sicherzustellen und der russische Geheimdienst verfolgt die Geschehnisse mit Interesse. Über den griechischen Geschäftsmann Kristatos versucht die russische Regierung, an das Gerät zu gelangen. Bonds Unterstützer sind Melina Havelock, deren Eltern bei dem Versuch, ATAC zu bergen, ermordet wurden und Colombo, ein früherer Komplize Kristatos'. Gemeinsam können sie das Flottenüberwachungsgerät schließlich bergen und Kristatos zur Strecke bringen. ATAC wird von Bond hingegen vor den Augen des russischen Generals Gogol zerstört.[89]

Erstmals in einem Bond-Film handelt der Opponent direkt im Auftrag der russischen Regierung. Die Entspannungspolitik begann demnach nicht nur in der Realität zu zerfallen. Verkörpert wird diese Darstellung durch die Figur des General Gogol, der in „Der Spion, der mich liebte" einen sympathischen Geheimdienstkollegen mimte und nun von einer „anglo-sowjetischen Kooperation" (Kapitel 3.1.2) so weit entfernt war, wie Bond vom Zölibat:

> „For the first time in the Bond series the principal villain is working for the Soviet Union: Kristatos is a freelance operative who is sympathetic to the Russians – General Gogol reversed to him as ‚our usual friend in Greece' – while one of his associates, an East German biathlon champion called Kriegler, is a KGB assassin. The détente theme of ‚The Spy Who Loved Me' is reversed in so far as Gogol, an uneasy ally in ‚The Spy', now assumes the role of Cold War enemy."[90]

Am Ende des Films ist das Streitobjekt für keine der beiden Parteien mehr zu haben und auch Gogol scheint nicht an einer Eskalation interessiert, als er seinen Begleiter an der Erschießung Bonds hindert. Die Botschaft am Ende des Showdowns kann jedoch zweideutig verstanden werden. So sehen Cork und Scivally hierin ein Zeichen für die Neutralität Bonds:

> „Am Ende des Drehbuchs bezwingt Bond den Bösewicht, aber er erringt keinen umfassenden Sieg. Stattdessen zerstört er das ATAC. Durch seine Handlungsweise wird Bonds Ziel eindeutig festgelegt. Er ist nicht darauf aus, die UdSSR zu zerstören. Seine Aufgabe ist es, das Gleichgewicht der Kräfte zu erhalten."[91]

Chapman deutet diese Abschlussszene etwas pessimistischer, indem er in ihr die Darstellung der instabilen weltpolitischen Lage erkennt. Der Streit um ATAC sei nur ein Vorfall von möglicherweise vielen – und die eigentliche Auseinandersetzung sei noch lange nicht beendet:

> „The fragility of détente is underlined at the end when Bond, facing Gogol and a Russian Gunman, throws the ATAC off a cliff where it is smashed to pieces. ‚That's détente, comrade,' Bond remarks. ‚You don't have it – I don't have it.' Gogol departs with a wry chuckle

---

89 Ebd., S. 73.
90 Chapman 2007, S. 175.
91 Cork/Scivalli 2002, S. 188.

and a gesture which suggests that, while this may be the end of one incident, the larger war goes on."[92]

Beide Sichtweisen haben ihre Berechtigung, wenngleich Chapman die Tatsache, dass Gogol seinen bewaffneten Begleiter zurückhält, nicht beachtet. Auch Gogols Lachen am Ende der Szene, das Bond mit seiner Bemerkung zur Entspannung provoziert, wird von Chapman nur am Rande wahrgenommen. Dabei schwingt hier ein eher versöhnlicher Unterton mit, der die Möglichkeit einer baldigen Besserung des Verhältnisses zwischen den Blöcken impliziert. Ähnlich stellt es sich auch in „Octopussy" dar, in dem es wieder Gogol ist, der, wenn nicht für komplette Entspannung, so doch für Mäßigung steht.

In der realen Politik stand Mäßigung jedoch nicht auf der Tagesordnung. In Deutschland, Großbritannien und den USA wechselten zu Beginn der 1980er Jahre (bzw. im Falle Großbritanniens 1979) die Machthaber. In den USA verfolgte Ronald Reagan (seit 1981 im Amt) den schon unter Carter eingeschlagenen Kurs einer erneuten Aufrüstung rigoros weiter; in Deutschland setzte Helmut Kohl (seit 1982 im Amt) die von Helmut Schmidt vertretene Linie des NATO-Doppelbeschlusses fort und in Großbritannien war seit 1979 mit Margret Thatcher, der „Eisernen Lady", eine Frau im Amt, die Ronald Reagans Seelenverwandte hätte sein können.[93] Insbesondere ihre kompromisslose Politik hin zum Kapitalismus und weg von der Sozialpolitik sorgte in Großbritannien für Unmut in der Bevölkerung. Steuersenkungen zu Gunsten von Spitzenverdienern, die Einschränkung von Gewerkschaften sowie Einsparungen im Wohnungs- Gesundheits- und Sozialwesen waren die drastischsten Maßnahmen in Thatchers Innenpolitik.[94]

Dass sich ihrer Person nun auch ein Bond-Film in der Abschlusssequenz parodistisch widmet, zeigt, wie polarisierend Margret Thatcher wirkte, die damit einer satirischen Einlage würdig war. Die letzten Minuten von „In tödlicher Mission" zeigen Thatcher in der Küche mit ihrem leicht debil wirkenden Ehemann, wie sie ein Telefonat mit einem Papagei führt, den sie irrtümlicherweise für James Bond hält. Die „Gib' mir einen Kuss!"-Rufe des Vogels missinterpretiert sie geschmeichelt als Flirt seitens des Geheimagenten („Oh, ich bitte Sie, Mr. Bond …")[95] und wird so dem Zuschauer der Lächerlichkeit preisgegeben. Dargestellt wurde das Ehepaar von den für ihre Thatcher-Imitationen in Großbritannien bekannten Comedians Janet Brown und John Wells.[96]

Von Politikerparodien sah man im zweiten Bond-Film der 80er Jahre ab, dafür zeigt er sich in seiner Gesamtheit wieder sehr politisch. Die Ermordung des Agentenkollegen 009 führt Bond in „Octopussy" in die Reihen von Juwelendieben, wo er auf die Spur zur Besitzerin eines Zirkus (Octopussy) gerät. Gemeinsam mit dem

---

92 Chapman 2007, S. 175.
93 Downing/Isaacs 1999, S. 340.
94 Maurer, Michael: Kleine Geschichte Englands, Stuttgart 1997, S. 465 f.
95 Kulbarsch-Wilke 2009, Anhang 12, Sq 21. Siehe auch: Chapman 2007, S. 176 f.
96 Chapman 2007, S. 177.

abtrünnigen russischen General Orlov und ihrem Helfer Kamal Kahn schmuggelt Octopussy die Juwelen des Kreml nach Westdeutschland. Der wahre Plan Orlovs sieht es jedoch vor, ohne Octopussys Wissen im US-amerikanischen Luftwaffenstützpunkt Feldstatt einen atomaren Sprengkopf zur Explosion zu bringen. Dieses Unglück soll für die Öffentlichkeit wie ein Unfall wirken. Orlov hofft, die stets zunehmenden Friedensproteste in Europa durch seinen inszenierten „Unfall" anzuheizen und damit eine einseitige Abrüstung durch die Westmächte zu erwirken. Der Sowjetunion wäre es in diesem Fall möglich, den Westen militärisch zu überrennen. Natürlich kann Bond auch diesen radikalen (und recht impraktikablen Plan) vereiteln und gemeinsam mit Octopussy die Täter Kahn und Orlov stellen.[97]

„Octopussy" feierte im Juni 1983 Premiere und knüpft in seiner Handlung an die gespannte Situation zwischen West und Ost an, die auch schon in „In tödlicher Mission" zwei Jahre zuvor thematisiert wird. Wenige Monate nach Reagans Amtsantritt fanden noch einmal Verhandlungen über die Abrüstung von in Europa stationierten Mittelstreckenraketen statt, wobei der Vorschlag der USA auf die Stationierung neuer Raketen zu verzichten, falls die UdSSR die Ihrigen zerstörte, von Moskau abgelehnt wurde. Dies war aus sowjetischer Sicht nachvollziehbar, hätte die Annahme des Vorschlags doch eine einseitige Abrüstung durch die UdSSR bedeutet. Weitere Verhandlungen diesbezüglich verliefen 1982 im Sande, da sich beide Seiten auf keinen Kompromiss einigen konnten. Indessen kristallisierte sich immer weiter heraus, dass Reagans Ziel nicht nur ein besserer Ausbau der Verteidigungsstrategien gegen den Kommunismus, sondern eine massive Zurückdrängung der Sowjetunion war. Jegliche „sowjetische Kontrolle und Militärpräsenz in der Welt [sei] einzudämmen und zurückzudrängen [...]".[98]

Während der Drehbucherstellung für „Octopussy" zwischen September 1981 und Juni 1982 (weitere Änderungen erfolgten auch während der Dreharbeiten) stiegen unter Reagan die Ausgaben für den Verteidigungshaushalt um zusätzliche 32 Milliarden Dollar. Die Gesamtausgaben für das Jahr 1983 lagen bei 223 Milliarden Dollar. Die russische Regierung sah in den steigenden Ausgaben der USA für militärische Ausrüstung eine Gefahr für sich und den Weltfrieden. Verteidigungsminister Ustinow erklärte im Dezember 1982: „Alles zusammen genommen muss man wohl von einem Programm zur Vorbereitung eines Atomkrieges ausgehen."[99] Ein solcher trat bekanntermaßen nicht ein, dennoch war die weltpolitische Lage 1983 zur Premiere des Films äußerst angespannt. Die Menschen befürchteten die Entstehung eines heißen Krieges aus der sich darstellenden Entwicklung. Friedensbewegungen, vor allem in Deutschland, begannen sich schon mit dem NATO-Doppelbeschluss zu

---

97 Kulbarsch-Wilke: Zwischen Konfrontation und Entspannung – James Bond im Kalten Krieg, in: Metzler Aktuell. Arbeitsblätter für Geographie und Zeitgeschichte, Wirtschaft und Politik (Nr. 2/2015), Braunschweig 2015, o. S. Siehe auch: Duncan (Hrsg.) (B) 2012, S. 77.

98 Zitiert nach: Schild, Georg: 1983. Das gefährlichste Jahr des Kalten Krieges, Paderborn u. a. 2013, S. 134. Siehe auch: Ebd., S. 132 f.

99 Zitiert nach: Ebd., S. 131. Siehe auch: Ebd., S. 130.

formieren und liefen zur ihrer Höchstform 1981/82 auf. Über 300.000 Menschen demonstrierten am 10. Oktober 1981 friedlich in Bonn gegen ein erneutes Wettrüsten.[100]

Diese tatsächlich stattfindenden Friedensproteste spielen nun im Plan des Gegenspielers in „Octopussy" eine tragende Rolle. Orlov glaubt, durch die als Unfall getarnte Explosion einer Atombombe die Proteste gegen die Rüstungspolitik der Amerikaner soweit zu forcieren, dass diese den Forderungen der Bevölkerung nachgeben und ihre Waffen abziehen. Die Sowjetunion könne so problemlos in den Westen einmarschieren und eine neue Weltordnung schaffen. Der erste Teil des Plans (einen Atomunfall zu inszenieren), entbehrt zwar angesichts unzähliger Nuklearsprengköpfe in Europa zunächst nicht einer gewissen Logik, lässt aber im zweiten Teil Zweifel an der Urteilsfähigkeit Orlovs aufkommen, der ernsthaft annimmt, durch eine Steigerung der Friedensproteste ließen sich die Westmächte zu einer einseitigen (!) Abrüstung bewegen. Interessant ist hierbei, dass die Idee der einseitigen Abrüstung ursprünglich der Sowjetunion durch die USA zugedacht war. Wie oben bereits erwähnt, schlug Reagan genau so ein Vorgehen 1981 unter der Bezeichnung „Zero Option" vor. Ebenso abwegig wie Orlovs Plan wirkt, erschien dem damaligen Außenminister Haig rückblickend auch Reagans Ansinnen:

> „Es war absurd anzunehmen, dass die Sowjets eine existierende Streitmacht von 1.100 Sprengköpfen, die sie mit Kosten von Milliarden von Rubeln in Dienst gestellt hatten, im Austausch für ein Versprechen der Vereinigten Staaten, eine Raketenstreitmacht nicht aufzustellen, die wir noch nicht einmal begonnen haben zu errichten und die in Westeuropa eine solche gewalttätige Kontroverse ausgelöst hat, [aufgeben würden]."[101]

„Octopussy" geht in seiner politischen Aussage neben der Abrüstungsproblematik auch auf die interne Lage der Sowjetunion ein. Diese zeigte sich seit Ende der 70er Jahre wirtschaftlich angeschlagen. Konflikte in Afrika und der Einmarsch in Afghanistan trieben die Rüstungskosten in die Höhe, die ökonomischen Ressourcen gingen zur Neige. Parallel kamen die außenpolitisch angespannte Beziehung zu den USA und der Tod Breschnews 1982 hinzu, der die Führung veranlasste, mit Jurij Adropow einen Politiker an die Spitze der Regierung zu setzen, der das System reformieren sollte.[102]

Auch „Octopussy" thematisiert die Probleme der SU. Fast beiläufig formuliert General Gogol interne Schwierigkeiten während einer Debatte um die Abrüstungspolitik der NATO. Während Orlov noch gegen den Westen wütet und mit aggressiver Angriffspolitik einen überraschenden Vorstoß über die westlichen Grenzen plant („ein blitzschneller Vorstoß von zehn Panzerdivisionen aus dem Norden und fünf

---

100 Kulbarsch-Wilke 2015, in: Metzler Aktuell Nr. 2/2015, o. S.

101 Zitiert nach: Schild 1983, S. 132.

102 Schröder, Hans-Henning: Vom Kiewer Reich bis zum Zerfall der UdSSR, veröffentlicht am 03.02.2004, in: Bundeszentrale für politische Bildung, http://www.bpb.de/izpb/9417/vom-kiewer-reich-bis-zum-zerfall-der-udssr?p=4, Zugriff: 29.01.15.

weiteren aus dem Süden [...] [führt] zu einem totalen Sieg.")[103], lehnt Gogol sein Ansinnen als völlig absurd und „hundertprozentige[n] Selbstmord"[104] ab. Wichtiger als ein Überfall auf Westeuropa scheint ihm die Lösung der innenpolitischen Fragen: „Ich sehe keinen Grund, das Risiko eines Angriffskrieges einzugehen [...]. Ich finde es viel wichtiger, dass wir uns um unsere inneren Probleme kümmern!"[105]

Natürlich wird Orlov im Laufe des Films trotzdem alles daran setzen, seinen Plan auch ohne offizielle Unterstützung zu verwirklichen. Dies ist bemerkenswert. Trotz der schwierigen politischen Lage zeigt der Film die Hauptverantwortlichen der Sowjetregierung, verkörpert durch General Gogol, gemäßigt. Orlov handelt aus persönlichem Machtbestreben heraus und nicht auf Anweisung der Regierung. Wie schon bei „In tödlicher Mission" zwei Jahre zuvor, in dem am Ende ein versöhnlicher Unterton zur Sowjetunion mitschwingt, geht auch „Octopussy" nicht so weit, die russische Regierung direkt als Schuldigen anzuprangern. Dennoch darf nicht außer Acht gelassen werden, dass die Gefahr für den Westen auch in „Octopussy" von russischer Seite ausgeht, hier also eine deutliche Abkehr vom Entspannungsgedanken stattfindet. Mit „Octopussy" und „In tödlicher Mission" spiegeln die Bond-Filme erneut den politischen Zeitgeist wider, ohne jedoch in ein Übermaß an Wertung zu verfallen. Ihnen folgte 1985 mit „Im Angesicht des Todes" ein Film, der in seiner Handlung in geringerem Maße politisch war, seine Entstehungszeit aber gut erkennen lässt.

„Im Angesicht des Todes" greift erstmals in der Bond-Spielfilmreihe das beginnende Computerzeitalter im Hauptplot auf. Das Drehbuch entstand zwischen Oktober 1983 und Juni 1984, fiel also genau in die Zeit, in der die Verkaufszahlen der Personal Computer drastisch stiegen. Schon in den 1970er Jahren kamen erste Heimcomputer auf den Markt (so z. B. 1975 der erste „Apple" von Steve Jobs) und konnten relativ hohe Verkaufszahlen verbuchen. In den 1980er Jahren konkurrierten Firmen wie Atari, Apple, Macintosh, Amiga oder IBM auf dem Markt der Personal Computer. Den eigentlichen Hype um den privaten PC-Kauf hat aber der 1982 in den USA auf den Markt gekommene Commodore 64 (kurz, C64) ausgelöst. Bis heute gilt er als der international meistverkaufte Rechner.[106] Die Computerthematik wurde nun also auch für die Bond-Macher interessant, was an dem Plot um die Zerstörung des weltweit größten Hightech-Industriestandortes Silicon Valley zu erkennen ist. PCs kamen in Mode und die Bond-Filme griffen diesen Trend auf.

Inhaltlich behandelt der Film darüber hinaus rudimentär wieder Themen des Kalten Krieges. Bond findet in Sibirien bei der Leiche des Agenten 003 einen gegen die elektromagnetische Strahlung einer Atombombenexplosion immunen Mikrochip. Diese Mikrochips sollten eigentlich nur den Briten und ihren Verbündeten

---

103 Kulbarsch-Wilke 2009, Anhang 13, Sq. 5.1.

104 Ebd.

105 Ebd.

106 Patalon, Frank: 30 Jahre IBM-PC: Siegeszug der Wenigkönner, in: Spiegel Online, http://www.spiegel.de/netzwelt/gadgets/30-jahre-ibm-pc-siegeszug-der-wenigkoenner-a-779282.html, Zugriff: 28.04.2015.

zugänglich sein, offenbar ist jedoch auch der KGB an einen solchen Chip gelangt. James Bond wird auf Max Zorin angesetzt, mit dessen Übernahme des Hardware-Konzerns das Sicherheitsleck anfing. Im Laufe seiner Ermittlungen erfährt Bond, dass Zorins Hauptziel die Zerstörung von Silicon Valley ist, um seine eigene Firma als Marktführer in der Chip-Herstellung zu etablieren. Ein Erdbeben an der San-Andreas-Spalte soll die Überflutung des Tals herbeiführen und alle in Silicon Valley ansässigen Firmen vernichten. Zorin scheitert am Ende an Bond, der ihn von der Golden Gate Bridge wirft.[107]

Außer der Haupthandlung, die die Zerstörung Silicon Valleys durch Bonds Gegenspieler Zorin zum Ziel hat, ist die Einbindung der Beziehung Moskaus zur westlichen Welt aufschlussreich. Zwischen Oktober 1983 und Juni 1984 liefen die Arbeiten an der Drehbucherstellung, die Dreharbeiten wurden im Januar 1985 abgeschlossen. Zu dieser Zeit waren die Ost-West Beziehungen in etwa so angespannt wie zu Zeiten der Kuba-Krise und Ronald Reagans Polemik gegen den Osten erreichte ihren Höhepunkt: im März 1983 titulierte Reagan die UdSSR als das „Reich des Bösen" („Evil Empire")[108] und zeigte somit offen seine Ablehnung der Sowjetunion. Etwa zwei Wochen später kündigte Reagan in einer Rede zum Militärhaushalt den Beginn der Entwicklung eines Raketenabwehrsystems im Weltraum an. Diese Entscheidung war nicht mit dem Senat oder den Mitgliedern des Kabinetts abgesprochen. Reagans „Strategic Defense Initiative" (SDI oder auch „Star Wars" genannt) sah vor, einen Abwehrschild vornehmlich gegen sowjetische Raketen im Weltraum zu errichten, um so einen möglichen atomaren Erstschlag seitens der Sowjetunion zu überleben. Dies hätte natürlich die gegenseitige Abschreckung durch das Gleichgewicht der Kräfte zu Gunsten der USA verschoben. In Moskau sah man dieser Entwicklung mit Besorgnis entgegen: „Für die Sowjets hatte Reagan kein Raketenabwehrsystem, sondern ein Mittel zur Führung begrenzter strategischer Kriege eingeführt."[109]

Die Situation verschlechterte sich im Jahr 1983 weiter, als Anfang November das von der NATO durchgeführte Trainingsprogramm „Able Archer" stattfand, bei dem ein nukleares Angriffsszenario durchgespielt wurde. Am 22. November stimmte dann der Deutsche Bundestag der Stationierung von nuklearen Mittelstreckenraketen in der BRD zu. Als Resultat dieser von den USA in Europa betriebenen Aufrüstung brach Moskau einen Tag später sämtliche Abrüstungsgespräche ab und gelangte endgültig zu der Ansicht, dass der Westen sich auf einen Atomkrieg vorbereiten würde.[110] Diese Sorge Moskaus wurde Reagan von seinen Geheimdiensten zugetragen, was ihn beunruhigte. Dass die Sowjetführung tatsächlich von einem Angriff der USA ausging, schien ihm neu. Was genau letztendlich für ein Umschwenken Reagans in seiner Rhetorik gegenüber der SU gesorgt hat, ist nicht

---

107 Duncan (Hrsg.) (B) 2012, S. 85.
108 Zitiert nach: Schild 1983, S. 140.
109 Ebd., S. 155.
110 Downing/Isaacs 1999, S. 349.

genau gesichert.[111] Ob es die bevorstehenden Wahlen 1984 waren oder der für ihn erschreckende Geheimdienstbericht; es zeigte sich im Winter 1983, dass bei Reagan ein erstes Umdenken stattfand, als er während einer Japan-Reise verlauten ließ, es würde niemals zu einem Atomkrieg kommen. Im Januar 1984 wurden direkt versöhnliche Worte an die SU gesandt: „Wir leben in einer Zeit der Herausforderungen für den Frieden, aber auch der Möglichkeit zum Frieden."[112] Das kritische Jahr 1983 war somit überstanden, bis zu einer Entspannungspolitik ähnlich der der 70er Jahre sollte es aber noch etwas dauern.

Die Bedeutung der Verteidigung gegen Angriffe aus dem All greift „Im Angesicht des Todes" nun direkt nach dem Vorspann auf. Im Briefing mit Bond, M und dem britischen Verteidigungsminister werden die Gefahren eines elektromagnetischen Pulses (EMP) durch die Explosion einer Atombombe im All erläutert. Da sämtliche Verteidigungsmechanismen Computergesteuert sind, Computerchips bei solcher Strahlung aber ausfallen, würde ein EMP eine Katastrophe im Falle eines Angriffs bedeuten. Um einem solchen Ereignis vorzubeugen, entwickelten im Film britische Wissenschaftler einen gegen EMPs immunen Chip, der jedoch auch dem KGB in die Hände fiel.[113] Besonders zu Beginn zeigt dieser Bond-Film also deutlich die real vorherrschenden Spannungen zwischen West und Ost. Anstatt noch wie in „Der Spion, der mich liebte" gemeinsam zu arbeiten, wird Bond nun in der Vortitelsequenz von russischen Spionen gejagt, um zu verschleiern, dass auch diese im Falle eines nuklearen Angriffs nicht wehrlos wären. Vor allem in der Entwicklung des angriffssicheren Mikrochips sind Parallelen zu Reagans SDI-Programm zu erkennen. Die Funktionsweise ist eine andere (Schutz der Verteidigungssoftware statt Raketenabwehrschild), das Ziel jedoch das gleiche (beide Systeme sorgen dafür, dass ein möglicher Angriff erwidert werden kann).[114] Nach diesem doch recht politischen Einstieg sind weitere Anspielungen rar gesät und geben auf den ersten Blick kein eindeutiges Bild ab:

- Nach etwa 50 Spielminuten erfährt der Zuschauer, dass Zorin beim KGB ausgebildet wurde, nun aber nicht mehr für den Geheimdienst arbeitet. Auch General Gogol tritt hier wieder auf, indem er Zorin kritisiert – sein Verhalten sei eines ehemaligen KGB-Agenten nicht würdig.
- KGB und MI6 überwachen Zorin gleichermaßen, jedoch nicht in Kooperation, sondern mit jeweils eigenen Interessen.

---

111 Nicht zuletzt könnte der Film „The Day After" aus dem Jahr 1983 eine gewisse Rolle in Reagans Umdenken gespielt haben. „The Day After" zeigt ein Amerika nach einem verheerenden Atomkrieg. Reagan schrieb als Reaktion dazu am 10. Oktober 1983 in sein Tagebuch: „My own reaction was one of our having to do all we can to have a deterrent & to see there is never a nuclear war." Zitiert nach: Nelson, Craig: The Age of Radiance. The Epic Rise and Dramatic Fall of the Atomic Era. New York 2014, S. 329.

112 Zitiert nach: Schild 1983, S. 195. Siehe auch: Ebd., S. 192–194.

113 Kulbarsch-Wilke 2009, Anhang 14, Sq. 4.1.

114 Bennett/Woolacott 1987, S. 288.

- Bei einem gemeinsamen Bad Bonds im Whirlpool mit der KGB-Kollegin Pola Ivanova sprechen beide scherzhaft von Entspannung („Entspannung kann so wunderbar sein!" – „Es ist jetzt nicht der Zeitpunkt um über Politik zu diskutieren.")[115]. Bond entwendet Ivanova im Anschluss wichtige Informationen.
- Im Abschluss des Films will Gogol Bond den Lenin-Orden überreichen, da dieser auch im russischen Interesse gehandelt habe, indem er die Zerstörung Silicon Valleys verhindert habe. Denn, so Gogol in einer humoristischen Anspielung auf Industriespionage: „Wo wäre die russische Wissenschaft ohne Silicon Valley?"[116]

Bennet und Woolacott sehen in diesem Plot nur ein „Hin und Her" zwischen Kaltem Krieg und Entspannung, ohne sich letztendlich für ein Thema entscheiden zu können: „The plot becomes confused and its ideological articulations fuzzy as it zigzags between discurse of Cold War and that of détente and, ultimately, distances itself from both of them."[117] Betrachtet man die reale politische Entwicklung, zeigt „Im Angesicht des Todes" jedoch vielmehr eine Entwicklung in der Positionierung zur Sowjetunion ziemlich ähnlich der sich real ändernden Positionierung Reagans (aggressiver Ton ab 1981; entspannter ab 1984). Der Wandel vom negativen russischen Stereotyp hin zu versöhnlicher Rhetorik ist in Film wie Realität gleichermaßen zu erkennen.

„Im Angesicht des Todes" war Roger Moores letzter Bond-Film. Der mittlerweile 58-jährige Moore trat die Rolle an den ca. 15 Jahre jüngeren Timothy Dalton ab. Dieser feierte sein Bond-Debut mit der im Juni 1987 stattfindenden Premiere des Films „Der Hauch des Todes". Bond erhält hier den Auftrag, dem ehemaligen russischen Offizier Georgi Koskov beim Überlaufen in den Westen behilflich zu sein. Koskov liefert dem Westen Informationen, nach denen der russische General Puschkin als Gegner der Entspannungspolitik westliche Agenten töten lasse. Bond bezweifelt diese Anschuldigungen. Als dann Koskov aus einem vermeintlich sicheren Unterschlupf entführt wird, erhärtet sich Bonds ursprünglicher Verdacht, dass Koskovs Überlaufen nur Fassade sei. Neben seinem eigentlichen Auftrag – Puschkin zu töten – ermittelt Bond nun auch gegen Koskov. Tatsächlich stellt sich heraus, dass dieser niemals Fluchtpläne hegte, sondern veruntreute Gelder des KGB für Geschäfte mit dem in Tanger (Marokko) lebenden Waffen- und Drogenhändler Brad Whitaker nutzt. General Puschkin, das ursprüngliche Ziel Bonds, entwickelt sich zu einem Verbündeten. Ebenso wie der Führer der afghanischen Mudschaheddin Kamran Shah, den Bond aus dem Gefängnis eines russischen Stützpunktes in Afghanistan befreit. Gemeinsam können sie Koskovs und Whitakers Geschäfte vereiteln.[118]

Die Arbeiten am Drehbuch begannen im Oktober 1985, die Dreharbeiten starteten im September 1986.[119] In der Zwischenzeit entwickelte sich die weltpolitische

---

115 Kulbarsch-Wilke 2009, Anhang 14, Sq. 12.1.
116 Zitiert nach: Ebd., S. 49.
117 Bennet/Woollaott 1987, S. 288.
118 Duncan (Hrsg.) (B) 2012, S. 89.
119 Ebd.

Lage weiter in Richtung Entspannung. Während Reagan sich mit polemischen Äußerungen gegen die Sowjetunion zurückhielt, änderten sich in Moskau die Machtverhältnisse. Leonid Breschnew starb 1982, ihm folgte für kurze Zeit an die Parteispitze Juri Andropow und nach dessen Tod mit Konstantin Tschernenko ein weiterer alter Mann. Tschernenko starb im März 1985 und war damit der dritte Staats- und Parteiführer innerhalb von drei Jahren. Im Politbüro wurde die Nachfolge diskutiert und erkannt, dass es Zeit für einen innen- wie außenpolitischen Kurswechsel in der sowjetischen Politik war. Bereits einen Tag nach Tschernenkos Tod wurde Michail Gorbatschow im Amt des neuen Staatschefs bestätigt. Dieser nahm ab dem 12. März 1985 die vor zwei Jahren abgebrochenen Rüstungsgespräche mit den USA wieder auf. Es folgen vielversprechende Gipfeltreffen zwischen Reagan und Gorbatschow in Genf (November 1985) und Reykjavik (Oktober 1986), die zwar wegen der Weigerung Reagans, auf sein „Star Wars" Programm zu verzichten, keine Einigungen erzielen konnten, aber dennoch verdeutlichten, dass beide Seiten bereit waren, aufeinander zuzugehen. Mehrfach wurde die Bereitschaft zum Frieden und zur Abrüstung betont. Die zweite heiße Phase des Kalten Krieges neigte sich dem Ende zu.[120]

Im Bond-Film „In tödlicher Mission" wird die Kalte-Krieg-Thematik nun auch in den Hintergrund gerückt. Zwar ist an verschiedenen Stellen im Film die Rede vom Versuch des russischen Generals Puschkin, ein erneutes Aufflammen der problematischen Beziehungen herbeizuführen, diese Verschwörung wird jedoch von Bond schnell als Ablenkungsmanöver Koskovs enttarnt. Hier wird deutlich: die Zeiten, in denen ein Krieg mit der Taktik der gegenseitigen Misstrauenserweckung hätte provoziert werden können, sind vorbei. Puschkin selber verkörpert in „Der Hauch des Todes" die gemäßigte Politik Russlands seit Gorbatschows Amtsantritt. Gemeinsam gehen CIA, MI6 und der KGB gegen den Verräter Koskov vor. Auch, dass mit dem Waffenhändler Whitaker ein US-Amerikaner den zweiten Gegenspieler verkörpert zeigt, dass sich auf gegnerischer Seite nicht mehr ausschließlich Bürger der Ostblock-Staaten befinden.[121]

Im seit 1979 herrschenden Konflikt in Afghanistan (siehe weiter oben in diesem Kapitel) positionierte sich „Der Hauch des Todes" hingegen eindeutig. Bond verbündet sich mit den gegen die Russen kämpfenden Mudschaheddin, um Whitakers Pläne zu vereiteln:

> „When the action moves to Afghanistan, and Bond teams up with the Mujaheddin, who launch a full-scale attack on a Russian air base the film unequivocally taking the side of the Afghan resistance against the Red Army."[122]

In der Schlussszene begibt sich „Der Hauch des Todes" in die Vermittlerrolle im Afghanistan-Konflikt. Der Mudschaheddin-Kämpfer Kamran Shah und General

---

120 Downing/Isaacs 1999, S. 356–365.
121 Cork/Scivally 2002, S. 216.
122 Chapman 2007, S. 200.

Gogol werden einander von M vorgestellt. Dieser im Film angedeutete symbolische Akt der Annäherung zwischen der Sowjetunion und den Widerstandskämpfern fand in der Realität weniger als ein Jahr nach Premiere des Films seine Verwirklichung. Der Krieg in Afghanistan war für Russland nicht zu gewinnen, also begann Moskau zu Beginn des Jahres 1988 seine Truppen abzuziehen. Im April unterschrieben die Vertreter Afghanistans, der USA, Pakistan und der UdSSR das Genfer Abkommen über die Beendigung des Krieges.[123]

Nicht nur im Afghanistan-Konflikt trat Entspannung ein, auch die Beziehungen zwischen den USA und der Sowjetunion besserten sich seit Gorbatschow zusehends. Die Abrüstungsverhandlungen gipfelten im 1987 unterzeichneten INF-Vertrag, der als Meilenstein in der Rüstungspolitik anzusehen ist. Hiernach war die Vernichtung sämtlicher in Europa stationierten Mittelstreckenraketen vorgesehen. Im Mai 1988 reiste Reagan zu einem Gipfeltreffen mit Gorbatschow nach Moskau – als erster Präsident seit Carter 1974. Der Austausch der Ratifizierungsurkunden des im Dezember 1987 unterzeichneten INF-Vertrages war der Höhepunkt des Treffens. Das symbolische Ende des Kalten Krieges markierte im November 1989 der Fall der Berliner Mauer. Dieses Ereignis war ein wesentlicher Baustein innerhalb einer Entwicklung, die auf den Zerfall der Sowjetunion hinauslief. Wirtschaftlich befand sich der Ostblock schon beim Machtantritt Gorbatschows am Rande seiner Möglichkeiten. Reformen wie Glasnost (Offenheit) und Perestroika (Umbruch) sollten die angeschlagene Sowjetunion retten, wurden jedoch nur halbherzig durchgeführt und sparten wichtige Themen wie die Privatisierung der Landwirtschaft aus. Die Folge war eine Versorgungskrise in 1990/91.[124] Gorbatschows Reformen sorgten im Ostblock für eine Demokratisierung einzelner Staaten (begonnen in Polen und Ungarn 1988), die letztendlich auch den Fall der Mauer ermöglichte und das Ende der Sowjetunion 1991 einleitete.

„Lizenz zum Töten" (Drehbucherstellung November 1987 bis Juli 1988, Dreharbeiten bis November 1988)[125] feierte nun wenige Wochen vor dem Mauerfall Premiere. Er ist einer der unpolitischsten Filme der Reihe und fällt mehr durch sein deutliches Abweichen von der erfolgsversprechenden Bond-Formel als durch die Thematisierung der letzten Entspannungsphase auf. Indem Bond aus Rache ohne offiziellen Auftrag des MI6 handelt, wird sein Handeln illegal, der Agent im „Geheimdienst Ihrer Majestät" verfolgt nunmehr seine eigene Vendetta. Bond jagt den südamerikanischen Drogenbaron Sanchez, der die frischgetrauten Eheleute Felix und Della Leiter töten bzw. massiv verstümmeln lässt. Nachdem M ihm seine Lizenz zum Töten entzieht, ermittelt Bond eigenmächtig und mit tatkräftiger Unterstützung Qs (Desmond Llewelyn hat hier seinen größten Auftritt als Quartiermeister). Die starke Pam Bouvier steht Bond zur Seite und rettet ihm mehr als einmal das

---

123 N.N.: 1989: Sowjetischer Abzug aus Afghanistan, veröffentlicht am 13.02.2014, in: Bundeszentrale für politische Bildung, http://www.bpb.de/politik/hintergrund-aktuell/178868/1989-sowjetischer-abzug-aus-afghanistan, Zugriff: 27.01.15.
124 Kulbarsch-Wilke 2009, S. 44.
125 Duncan (Hrsg.) (B) 2012, S. 93–95.

Leben. In einem explosiven (und blutigen) Finale tötet Bond Sanchez und wird schließlich rehabilitiert.[126]

Die Ansiedlung im Drogenmilieu dieses letzten Bond-Films des Kalten Krieges fügt sich wie schon „Leben und sterben lassen" in ein anderes zeithistorisches Thema ein. Die 1980er Jahre erlebten eine neue Drogenwelle, worauf die Politik in den USA mit strafverschärfenden Maßnahmen und Gesetzesnovellen wie dem *Comprehensive Crime Control Act* von 1984 oder den *Anti Drug Abuse Acts* von 1986 und 1988 reagierte.[127] Die Drogenproblematik war hochaktuell, was sich auch in anderen Blockbustern dieser Zeit widerspiegelte. Bond war auch hier zeitgemäß:

> „In den 80ern war der Anstieg des Kokainkonsums kurz vor seinem Zenit und das Rauschgift wurde zu einem Bestandteil in Filmen wie Scarface, Beverly Hills Cop und Lethal Weapon. Kokain – und die Beseitigung der Drogenbarone, die davon profitierten, war zu einem internationalen Sicherheitsproblem geworden. EON Productions, die in ‚Leben und sterben lassen' einen großen Erfolg mit der Auslöschung des Heroin-Handels in der Karibik gefeiert hatten, würde in Lizenz zum Töten James Bond eine ähnliche Mission geben: die Zerstörung von Franz Sanchez' Kokainkartell. Für dieses zeitgemäße Szenario fertigten Wilson und Maibaum vor der Kulisse des Drogenhandels in Zentralamerika eine spektakuläre Geschichte über Rache, Leidenschaft und Habgier an."[128]

Inspiriert wurde Drehbuchautor Wilson bei der Charakterisierung des Drogenbosses Sanchez teilweise von realen Vorwürfen der Korruption und des Drogenhandels gegen den panamaischen General Manuel Noriega. Wilson, der zur Zeit der Drehbucherstellung in Mexico lebte, wollte in diesem Bond-Abenteuer die Drogenproblematik aus einer anderen Perspektive beleuchten, als es andere Filme taten. „Lizenz zum Töten" sollte die Frage aufwerfen, wie es hinter den Kulissen des Drogenkonsums aussieht:

> „I was living in Mexico at the time, writing and preparing the film. We wanted to create a situation where the top people in government were under the control of a drug lord, like General Manuel Noriega in Panama. The baddies don't have loopy ideas about living in space or under the sea; they are cocaine-peddling drug barons. Drugs were an issue in popular cinema of the time, but it hasn't been addressed in this way. This was an effort to say, ‚If you look at what's happening in the countries where drugs are grown and exported, is it true you're not hurting anyone but yourself when you do drugs?'"[129]

Obwohl von der Kritik weitestgehend gut aufgenommen, erzielte Daltons letzter Bond-Film nicht die gewünschten Ergebnisse. Ein Grund, ihn nicht mehr für ein weiteres Abenteuer zu verpflichten, war dies allerdings nicht. Daltons Vertrag sah noch mindestens einen weiteren Bond-Film vor, aufgrund von massiven wirt-

---

126 Ebd., S. 93.

127 Briesen 2005, S. 329.

128 N.N.: Booklet zur DVD „Lizenz zum Töten" (Ultimate Edition), 2006, S. 1. Siehe auch: Reitz 2009, S. 316 f.

129 Zitiert nach: Duncan (Hrsg.) (A) 2012, S. 404.

schaftlichen Problemen MGMs und damit verbundenden juristischen Konflikten, verschob sich die Produktion des 17. Bond-Films jedoch immer weiter. 1994 stieg Dalton dann aus seinem Vertrag aus.[130] Ihm folgte Pierce Brosnan.

3.2   James Bond nach dem Fall des Eisernen Vorhangs

Als 1989 die Mauer fiel und 1991 die Sowjetunion zerbrach, verlor auch Bond seinen Ursprungskontext. Es war zu diesem Zeitpunkt jedoch noch nicht die Rede davon, den Agenten in Rente zu schicken – tatsächlich begannen die Arbeiten am ersten Post-Cold-War Bond 1990.[131] Die finanziellen Schwierigkeiten, mit denen die Verleihfirma MGM seit der Übernahme von United Artists zu kämpfen hatte, führten zu mehrfachem Ver- und Rückkauf sowie Uneinigkeiten über die damit verbundenen Rechteinhaberschaften. Anfang der 1990er Jahre schien es, als sei mit dem Ende des Kalten Krieges auch die Marke Bond gefährdet. Erst Ende 1992 wurden die juristischen Probleme beseitigt und auch Bond blieb im Besitz der Familie Broccoli.[132]

Ab 1993 musste beschlossen werden, wohin man den Agenten ohne den Kalten Krieg führen wollte. Einig waren sich die Macher darin, Bond aus der Flut der in seiner Abwesenheit aufgekommenen neuen Helden (Bruce Willis als John McClane in der „Stirb langsam"-Reihe oder Arnold Schwarzenegger als Harry Tasker in „True Lies") abzugrenzen. Der Look des neuen Films sollte Anreize schaffen – düster sein, aber gleichzeitig den Hochglanzcharakter der früheren Filme einfangen:

> „[Regisseur] Martin Campbell: We had to design our visual approach to help revive the Bond series. GoldenEye would be a far moodier film than those from the past. What Phil [der Kameramann] would do was very unusual for Bond films – working very dark and gritty in some scenes, but retaining a highly polished look overall. [...] There were all these other heroes, the Bruce Willises and the Schwarzeneggers – they're all blue collar. Schwarzenegger in ‚True Lies' can hardly be called classy or elegant, even though it was a pastiche of Bond. But there are no sophisticated antiheroes around. So I made ‚Golden-Eye' as a window for that kind of hero."[133]

Die Anpassung des Agenten an die 90er Jahre verlief unproblematisch, da Bond zwar dem Kalten Krieg entsprang, er aufgrund seiner Themen-Flexibilität jedoch nicht ausschließlich an diese Phase gebunden war. So bekräftigt auch Leach, dass sich nach dem Zusammenbruch der Sowjetunion die Welt zwar geändert habe, dadurch die Notwendigkeit der Geheimdienste und ihren aktiven Agenten aber keinesfalls zu negieren sei:

---

130 Reitz 2009, S. 321.
131 Duncan (Hrsg.) (B) 2012, S. 97.
132 Cork/Scivally 2002, S. 236 und S. 241.
133 Zitiert nach: Duncan (Hrsg.) (A) 2012, S. 427 f.

„The specific world-changing event referred to in the press release was the dismantling of the Berlin Wall which, as seen on television, became a powerful visual emblem marking the end of Cold War. It soon became clear, however, even if the world had changed, the new situation was not going to produce a new world order in which secret agents would be declared redundant. The bloody civil wars that followed the withdrawal of the Soviet Union from Eastern Europe, the Gulf War, the growth of global terrorism, and even the vague anxieties about the coming millennium created a sense of political instability that could challenge the abilities for any ‚single hero'. In the circumstances, it was not difficult for the makers of GoldenEye to convey ‚the idea of a world as dangerous as ever'."[134]

Die Kombination aus dem Aufgreifen dieser aktuellen Bewegungen und der bond-typischen Tendenz, sich dabei selber nicht zu ernst zu nehmen, sorgte schließlich dafür, dass man es den Bond-Filmen abnahm, dass der Agent auch ohne den Kalten Krieg zum Einsatz kommen würde.

3.2.1   Relikt des Kalten Krieges? – „GoldenEye" und „Der Morgen stirbt nie"

Der Kalte Krieg ist seit etwa fünf Jahren Geschichte und trotzdem infiltriert James Bond eine russische Fabrik? Mit leichter Verwirrung dürfte der Kinogänger die ersten Minuten von „GoldenEye" verfolgt haben, in denen der Film so wirkt, als würde der Agent noch immer gegen Feinde aus dem Ostblock kämpfen. Im Vorspann relativiert sich dieser Eindruck: eindrucksvoll wird hier der buchstäbliche Zerfall der Sowjetunion dargestellt; die Symbole des Kommunismus (Sterne, Hammer und Sichel) fallen zwischen zerbrochenen Monumenten, die an Statuen früherer Sowjetführer erinnern, ins Nichts. Eine Untertitel-Einblendung im Anschluss an den Vorspann verortet den Film nun „neun Jahre später", es wird klar: Auch Bond ist der bipolaren Weltordnung entkommen und befindet sich in der Gegenwart des Jahres 1995.[135]

Diese war weltpolitisch von bewegenden Zeiten geprägt, die keinesfalls stets friedlich waren. Alleine 1992 wurden über 50 Kriege weltweit gezählt.[136] Die Besetzung Kuwaits durch den Irak im August 1990 und das anschließende militärische Eingreifen der UNO unter Führung der USA im Januar 1991 ist nur ein Beispiel eines solchen Krieges. Durch die Auflösung des östlichen Blockes gerieten weitere Zerfallsmechanismen in Gang, die u. a. für Krieg innerhalb Europas sorgten. In Jugoslawien kam es nach den ersten freien Wahlen 1989/90 zu Machtumstrukturierungen der Teilstaaten und sich daraus entwickelnden bewaffneten Auseinander-

---

134 Leach, Jim: ‚The world has changed': Bond in the 1990s – and beyond?, in: Lindner, Christoph (Hrsg.) 2003, S. 248–258, S. 249.

135 Kulbarsch-Wilke 2009, Anhang 17, Sq. 1–2.

136 Wolfrum, Edgar: Die 90er Jahre. Wiedervereinigung und Weltkrisen, Darmstadt 2008, S. 45.

setzungen.[137] 1995 wurden die Kriege offiziell für beendet erklärt, bis es kurze Zeit später erneute Auseinandersetzungen um das Kosovo geben sollte.

Auch auf Gebieten der ehemaligen Sowjetunion sowie in Moskau selbst häufte sich das Konfliktpotential. Als ein Beispiel sei hier der Tschetschenienkonflikt genannt, der Ende 1991 mit der Unabhängigkeitserklärung der autonomen Republik Tschetschenien seinen Anfang nahm. Die russische Regierung sah dieser Entwicklung mit Besorgnis entgegen, welche sich in einem militärischen Eingreifen manifestierte. Erfolglos griff Russland Tschetschenien 1992 erstmals an, massiv wurde erneut ab 1994 interveniert, jedoch ohne nennenswerten Erfolg. 1997 endete der erste Tschetschenienkrieg mit einem Friedenvertag.[138] Innenpolitisch stand Russland vor den wirtschaftlichen Trümmern, die mehrere Jahrzehnte fehlgeleitete Planwirtschaft hinterlassen hatten. Die Umstrukturierung zur Marktwirtschaft und die damit verbundene Privatisierung der Staatsunternehmen hatten 1992/93 einen Inflationsschub zur Folge, der breite Bevölkerungsschichten in Russland in das soziale Abseits drängte. Auch zwischen der Regierung und Jelzin (seit 1992 im Amt) schwelte es. 1993 entmachtete der Präsident quasi das Parlament, indem er mit einer neuen Verfassung eine präsidiale Demokratie ins Leben rief.[139]

Auch „GoldenEye" (erste verworfene Treatments schon 1990, Drehbuch März 1994 – September 1994)[140] verlagert Teile seiner Schauplätze in das sich im Umbruch befindende Russland. Der Film referiert auf die beschriebene Situation der ehemaligen Sowjetunion vornehmlich durch die schon angesprochene symbolträchtige Bildsprache im Vorspann, aber auch durch filmstilistische Mittel mit Elementen des *Film Noir*, um so eine dunkle Seite des sowjetischen Zerfalls zu implizieren (Abb. 3). Ein zusätzliches „Highlight" diesbezüglich setzt schließlich die Panzerverfolgungsjagd Bonds durch St. Petersburg, in der die Überreste vergangener sowjetischer Pracht buchstäblich überrollt werden (Abb. 4).

Haupthandlung ist jedoch das mysteriöse Verschwinden eines Satellitenkontrollgerätes (GoldenEye), dem Bond auf den Grund gehen soll. Verantwortlich für den Diebstahl GoldenEyes ist ein ehemaliger Kollege und totgeglaubter Freund 007s, Alec Trevelyan, der mit Hilfe des korrupten russischen Generals Ourumov und dessen Handlangerin Xenia Onatopp (Mitarbeiterin der russischen Mafia) sich

---

137 Ebd., S. 46f.

138 Lexikonredaktion des Verlages F. A. Brockhaus (Hrsg.): Weltgeschichte der Neuzeit (Bundeszentrale für politische Bildung, Schriftenreihe Band 486), Bonn 2005, S. 451f.

139 Boesch, Joseph u. a.: Weltgeschichte. Von 1500 bis zur Gegenwart. Zürich[20] 2014, S. 460. Die Verfassung, die bis heute gilt, legt praktisch alle Macht in die Hand des russischen Präsidenten. Er ernennt u. a. (mit Zustimmung der Duma) die Ministerpräsidenten, repräsentiert das Land nach außen, ist Oberbefehlshaber über das Militär, Kontrolliert die Executive, etc.; siehe hierzu auch: Schröder, Hans-Henning: Russland in der Ära Jelzin, veröffentlicht am 04.05.2011, in: Bundeszentrale für politische Bildung, http://www.bpb. de/internationales/europa/russland/47924/russland-in-der-aera-jelzin-1992–1999?p=1, Zugriff: 04.02.2015.

140 Duncan (Hrsg.) (B) 2012, S. 97.

Abb. 3:   Friedhof alter Statuen, Screenshot „GoldenEye" (DVD Ultimate Edition) 01:04:10.

Abb. 4:   Zerstörungsfahrt durch St. Petersburg, Screenshot „GoldenEye" (DVD Ultimate Edition) 01:20:44.

des Kontrollgerätes bemächtigt hat. Ziel Trevelyans ist es, Großbritannien durch die Aktivierung GoldenEyes aus Rache für den Tod seiner Eltern (Lienzer Kosaken im Zweiten Weltkrieg, siehe Kap. 3.3) in eine Finanzkrise zu stürzen. Gemeinsam mit der IT-Expertin Natalja Simonowa kann Bond Trevelyan in Kuba aufspüren, GoldenEye unschädlich machen und seinen Ex-Kollegen töten.[141]

Auffällig an „GoldenEye" ist die immer noch negativ konnotierte Rolle Russlands. Auch ohne den politischen Hintergrund des Kalten Krieges wird die ehemalige Sowjetunion als potentiell gefährlich wahrgenommen. Zwar ist der eigentliche Gegenspieler Bonds ein ehemaliger Agent des MI6, seine russischen Helfershelfer, die mit

---

141 Duncan (Hrsg.) (B) 2012, S. 97.

der ortsansässigen Mafia kollaborieren und im Falle des abtrünnigen General Ourumov dem Militär angehören, verortet der Film jedoch im ehemaligen Ostblock. Mit Valentin Zukowsky, einem zwielichtigen Barbesitzer und Ex-KGB-Agenten sowie der russischen IT-Expertin Natalja Simonova stehen Bond zwei helfende Russen zur Seite, wobei es sich bei Zukowsky mehr um einen bestechlichen Informanten handelt. „GoldenEye" zeigt somit ähnliche Freund-Feind-Konstellationen, wie sie schon in „Liebesgrüße aus Moskau" oder „Der Hauch des Todes" zu sehen waren. Generell liegt für 1995 der Verdacht nahe, dass sich Bond noch nicht ganz von den Fronten des Kalten Krieges gelöst hat:

> „In a sense, it could be argued that ‚GoldenEye' does not really modify the ideological content of the Bond narrative to any great degree. It still belongs squarely in the generic lineage of the British spy thriller in which Russia had always been represented as a mysterious and sinister enemy, even before the rise of Communism overlaid a more overt political dimension on to the genre. It could be argued, in fact, that for all its contemporary references to the powerful Russian Mafia which had emerged after the fall of Communism, ‚GoldenEye' simply represents a continuation of the tradition of Russian villains [...]."[142]

Die realen Machtverschiebungen nach dem Fall des Eisernen Vorhangs erzeugten innerhalb der russischen Führungsriege brodelnde Konflikte zwischen alter und neuer Regierung. In „GoldenEye" symbolisiert dies General Ourumov, dessen eigenmächtiges Handeln im Verborgenen und ohne Wissen seines Ministers sattfindet.[143] Auch die Bildsprache zeichnet ein ambivalentes Bild vom neuen Russland. So bildete sich nach den wirtschaftlichen Umstrukturierungen eine Schere der sozialen Ungleichheit, die eine Minderheit an die gesellschaftliche Spitze setzte und die Mehrheit der Bevölkerung in den finanziellen Notstand stürzte. Es scheint, als würde GoldenEye besondere Aufmerksamkeit auf diese Kluft innerhalb der Gesellschaft legen. Die Darstellung von Prunk, altehrwürdigen Gebäuden und Militärparaden (Abb. 5) einerseits und im Kontrast hierzu das Bild ungepflegter Straßenzüge, eines spärlich ausgestatteten Computergeschäfts oder verfallenen Hinterhofs andererseits (Abb. 6), lassen durchaus diesen Rückschluss zu.

Obwohl mit dem Satellitenkontrollsystem GoldenEye gleichzeitig ein Relikt des Kalten Krieges hervorgeholt wurde, das im Kalten Krieg tatsächlich von der Sowjetunion entwickelt wurde, ist „GoldenEye" in den 90ern angekommen.

„GoldenEye" zeigt aber auch wie andere Bond-Filme zuvor eine hohe Technik-Affinität. Moonbuggy, Spaceshuttle und Computerchips sind nur drei von hochmodernen Technologien ihrer Zeit, die James Bond in die entsprechenden Filmhandlungen integrieren konnte. 1995 gaben sich die Bond-Macher up-to-date, indem sie Bond erneut vor dem Hintergrund der zunehmenden Computerisierung agieren ließen. In Trevelyans Hauptbasis wird dem Zuschauer ein Bild aneinandergereihter Bildschirme geboten, das diesen Eindruck noch verstärkt. Mit Hilfe von GoldenEye

---

142 Chapman 200, S. 217f.
143 Kulbarsch-Wilke 2009, Anhang 17, Sq. 10.

Abb. 5:   Parade vor Regierungsgebäude, Screenshot „GoldenEye" (DVD Ultimate Edition) 00:46:21.

Abb. 6:   Hinterhof der Bar Zukowskys, Screenshot „GoldenEye" (DVD Ultimate Edition) 00:55:39.

sollen via Satellit sämtliche Rechner in Großbritannien ausgeschaltet werden, um so ein totales Chaos zu verursachen – selbstverständlich alles computergesteuert. Nur durch die Hackerfähigkeiten Nataljas kann die Auslösung der Waffe verhindert werden, die zuvor durch einen anderen Programmierer aktiviert worden war.[144]

Auch der nachfolgende Film „Der Morgen stirbt nie", beschäftigt sich mit dem neuen Zeitalter der „Dritten Technischen Revolution"[145] sowie der damit verbundenen Machtverschiebung im medialen Sektor. Erste Möglichkeiten der Datenverarbeitung legten den Grundstein für die Entwicklung neuer Medien (PC und später

---

144 Kulbarsch-Wilke 2009, Anhang 17, Sq. 20–21.
145 Boesch u. a. 2014, S. 310.

96

Internet), die sich ab Mitte der 1990er rasant weiter entwickelten. Durch die Verbindung von Kommunikation und Datenverarbeitung entstand ein globales Netzwerk von beinahe in Echtzeit miteinander verbundenen Mediendiensten. In „Der Morgen stirbt nie" gerät Bond nun in ein Abenteuer, das im Milieu der wachsenden Informationsflut angesiedelt ist. Elliot Carver, seines Zeichens Medienmogul, plant sein Imperium auf China auszuweiten. Ziel soll es sein, unter Mithilfe des im Hintergrund agierenden chinesischen Generals Chang und des amerikanischen Terroristen Gupta, China und Großbritannien gegeneinander auszuspielen um einen Krieg zu provozieren. Die chinesische Agentin Wai Lin und James Bond ermitteln zunächst getrennt in der Angelegenheit, stellen aber bald fest, dass eine Kooperation im Sinne beider Nationen ist. Es gelingt ihnen, Carvers Pläne zu durchkreuzen und die internationale Gemeinschaft vor einem möglichen Dritten Weltkrieg zu bewahren.[146]

Das Drehbuch zum Film entstand ab August 1995 und wurde noch bis kurz vor Ende der Hauptdreharbeiten im Spätsommer 1997 stetig überarbeitet. Die ursprüngliche Idee sah vor, die Rückgabe Hongkongs (seit 1843 britische Kronkolonie) an China zu thematisieren. Da diese bereits für den 1. Januar 1997 vorgesehen war, die Premiere des Films aber erst Ende 1997 angesetzt war, wäre die Aktualität nicht gegeben gewesen, was das Studio zum Anlass nahm, diesen Plot abzulehnen.[147] Lediglich die Figur des Medienmoguls Carver blieb erhalten. In seinem Charakter lassen sich gleich mehrere Medieneigner wiederfinden. Da wäre zunächst der erste wirkliche Medienmonopolist William Randolph Hearst (1863–1951) zu nennen, dessen an seinen Fotografen ausgegebene Maxime Carver im Film als seine Inspiration angibt: „You give me the pictures. I'll give you the war"[148]. Auffällige Übereinstimmungen gibt es aber auch zu Rupert Murdoch, der vor allem in Großbritannien (aber auch in den USA) große Teile des Medienmarktes kontrolliert.[149] Eine humoristische Anspielung findet sich sogar auf Bill Gates und die von Microsoft vertriebenen Produkte (häufig für ihre Fehleranfälligkeit kritisiert), als Carver einen seiner Informanten nach der von seinem Konzern entwickelten Software fragt:

> Carver: „Mr. Jones, sind wir so weit, dass wir unsere neue Software auf den Markt werfen
> können?"
> Jones: „Ja Sir, und wie gewünscht ist sie voller Macken, sodass die Kunden noch jahrelang
> nachrüsten müssen."
> Carver: „Ausgezeichnet!"[150]

---

146 Duncan (Hrsg.) (B) 2012, S. 101.

147 Ebd.

148 Zitiert nach: Black, Jeremy: The Politic's of James Bond: From Fleming's Novel to the Big Screen, Lincoln und London 2005, S. 165.

149 Gellner, Winand: Medien im Wandel, in: Kastendiek, Hans/Rohe, Karl/Volle, Angelika (Hrsg.) 1999, S. 543–561, S. 544.

150 Kulbarsch-Wilke 2009, Anhang 18, Sq. 4.2.

Abb. 7:   Multimedia-Schalte Carvers, Screenshot „Der Morgen stirbt nie" (DVD Ultimate Edition) 00:19:39. Bild wurde zugeschnitten.

Noch mehr als in „GoldenEye" wird in „Der Morgen stirbt nie" das digitale Zeitalter
in den Vordergrund gerückt. Carver ist über modernste Techniken in jeden Winkel
der Welt vernetzt; eine überdimensionierte Videoleinwand, auf der parallel Kontaktpersonen zugeschaltet werden, um mit ihnen die Manipulation der kommenden
Schlagzeilen zu besprechen, steht sinnbildlich für Carvers Monopolstellung und die
neuen Möglichkeiten der digitalen Medien (Abb. 7). In ihnen sieht Carver eine veränderte Rolle – im Medienzeitalter seien sie die neuen Kriegsmittel:

> „Worte sind die neuen Waffen. Satelliten die neue Artillerie. […] Cäsar hatte seine Le
> gionen, Napoleon seine Armeen, ich habe meine Divisionen: Fernsehen, Nachrichten,
> Printmedien. Und bis heute um Mitternacht habe ich mehr Menschen informiert und
> beeinflusst, als jeder andere in der Geschichte des Planeten […]."[151]

Während Carver noch im medienmonopolistischen Größenwahn schwelgt, sind es
eine chinesische Agentin und ein britischer Spion, die an der Vereitelung seiner Pläne arbeiten. War Rotchina vor allem in Bond-Filmen der 60er Jahre noch als nicht
vertrauenswürdige Macht repräsentiert, zeigt sich in „Der Morgen stirbt nie" eine
andere Beziehung zu den Westmächten. Obwohl der Film zu Beginn China als einen möglichen Konfliktherd andeutet (Chinesen drohen verirrtem britischen Schiff
mit Versenkung), arbeitet die Handlung im weiteren Verlauf ganz in „Der Spion,
der mich liebte"-Manier eine kooperative Stimmung heraus, verkörpert durch die
Zusammenarbeit von Bond und Lin.

Realpolitisch sah sich China am Ende des Kalten Krieges als alleinige kommunistische Großmacht in der Welt vertreten und dem Misstrauen der westlichen Staaten gegenüber. Ein Resultat daraus war der massive Ausbau des Militärapparates,
jedoch nicht aus Präventivschlagintentionen heraus motiviert, sondern aus verteidi-

---

151 Zitiert nach: Kulbarsch-Wilke 2009, S. 59.

gungstechnischen Gründen. Weitere Ziele Chinas nach dem Zusammenbruch der Sowjetunion waren vor allem eine bessere internationale Zusammenarbeit auf wirtschaftlicher Ebene, die Wahrung chinesischer Kerninteressen auf diplomatischem Wege und die Förderung des globalen Images Chinas.[152] China war also tatsächlich an einem friedlichen Miteinander interessiert, was im Film auf gelungene Weise herausgearbeitet wird. So bestimmt der gegenseitige Dialog das Verhältnis zwischen den von Carver ersonnenen Kriegsparteien und nicht die Konfrontation.

3.2.2 Rohstoffknappheit und neue Feindbilder – Bond zur Jahrtausendwende

Der im Jahr 1999 gedrehte Bond „Die Welt ist nicht genug", verortet seine Handlung gleichermaßen in dem Konflikt um die Rohölressourcen Aserbaidschans wie in der Gefahr des internationalen Terrorismus und verwebt beide Themen miteinander. Die Frage, was passieren würde, wenn aus alten Sowjetbeständen gestohlenes Plutonium in die falschen Hände geriete, tut sich in „Die Welt ist nicht genug" ebenso auf, wie die nach der zunehmenden Bedeutung des Kaukasus als Energielieferant.[153]

Der Film repräsentiert diese Themengebiete in Person des Terroristen Renard, der einst die Tochter des Industriellen Robert King (Elektra King) entführte und eben dieser, die das Ölimperium ihres ermordeten Vaters ausbauen will. Während ihrer Gefangenschaft verliebte sich Elektra in Renard und arbeitet seitdem mit ihm zusammen. Während Renards Ziele rein zerstörerischer Natur sind (er hat nichts mehr zu verlieren, seit ein britischer Agent ihm eine Kugel in den Kopf schoss, die langsam seinen Tod herbeiführt), sehnt sich Elektra nach Rache an ihrem Vater (sie ließ ihn töten) und am MI6, die ihr in ihrer Zeit als Gefangene nicht zur Seite standen. Elektra plant mit Hilfe Renards, den gesamten Bosporus durch die Detonation einer Atombombe zu verseuchen, sodass nur noch ihre Pipeline Öl in den Westen fördern könne. Bond, der Elektra ursprünglich als Schutz vor erneuten Angriffen von Terroristen zur Seite gestellt wird, erkennt Elektras wahre Natur erst spät. Gemeinsam mit der Nuklearphysikerin Christmas Jones gelingt es dem Agenten rechtzeitig, Elektras Pläne zu vereiteln, sie und Renard zu töten und seinen Auftrag mit einer Liebeszene in Istanbul zu beenden.[154]

In den Bond-Filmen der 90er Jahre und darüber hinaus wird ein Thema immer wieder benannt: der Terrorismus in seinen verschiedenen Formen und Auswüchsen[155]. Befand sich die Welt während des Kalten Krieges mehr als einmal am Rande

---

152 Meng 2012, S. 184–186.

153 Chapman 2007, S. 229.

154 Duncan (Hrsg.) (B) 2012, S. 105.

155 Hierbei ist anzumerken, dass Bond streng genommen schon in den 1960er Jahren gegen den Terrorismus gekämpft hat. Blofelds Organisation SPECTRE ist in gewissen Zügen mit Al Qaida oder ähnlichen Vereinigungen zu vergleichen. Blofeld und seine Handlanger handeln im Untergrund, erpressen die internationale Gemeinschaft und drohen

eines Atomkrieges, lauerte mit dem wachsenden Terrorismus und seinem Anstieg in den 1990ern eine neue Gefahr für den Weltfrieden. Das Konzept des Terrors ist lange bekannt und lässt sich bis ins erste Jahrhundert nach Christus zurückverfolgen. Über die Jahrhunderte entwickelte er sich weiter, bis in den 1960er Jahren durch Organisationen wie die PLO Terrorismus auch überstaatlich geprägt wurde und die Gewaltausübungen terroristischer Gruppierungen nicht mehr nur lokal begrenzt waren.[156] Mit Gewalt gegen die Zivilbevölkerung der Staaten und Anschläge durch Selbstmordattentate etablierte sich eine neue Bedrohungslage. Besonders das Terrornetzwerk Al-Qaida war seit Mitte der 90er Jahre für diverse blutige Anschläge verantwortlich (Explosion im World-Trade-Center 1993, Angriff in Luxor 1997, Autobombenanschläge in Tansania und Kenia 1998, Angriff auf das World-Trade-Center 2001).[157]

„Die Welt ist nicht genug" beinhaltet mit Renard einen Mann, dessen Hauptziel anarchistische Zustände sind. Er gehört keiner festen Terrororganisation an und hielt sich, nachdem er vom KGB entlassen wurde, in Afghanistan, Irak, Bosnien, Nordkorea und Kambodscha auf. Bevor sich herausstellt, dass Elektra mit Renards Hilfe ihre eigene Ölpipeline sabotiert, geht der Zuschauer von einer unbekannten Terrorvereinigung unter Renards Führerschaft aus, die hinter den Anschlägen steckt. Tatsächlich dienen die vermeintlich zerstörerischen Angriffe auf die Pipeline der Ablenkung von Elektras wahren Plänen: der radioaktiven Verseuchung des Bosporus und dem damit verbundenen Ausbau ihrer Macht im Ölgewerbe.

Mit der Thematisierung des Pipelinebaus und der Ansiedelung des Plots im Kaukasus lagen die Bond-Macher im Trend der Zeit. Nach dem Zusammenbruch der Sowjetunion konkurrierten verschiedene Erdölfirmen um den vielversprechenden Erdölstandort rund um das Kaspische Meer. Ein seit Anfang 1993 in Planung befindliches Bauvorhaben war die BTC-Pipeline mit direktem Verlauf ab Baku über Georgien und durch die Türkei nach Ceyhan (1999 zur Filmpremiere noch im Bau, ab 2006 aktiv). Besonders für Europa war diese Pipeline eine willkommene Möglichkeit, die Abhängigkeit vom russischen Öl zu mindern. Elektra Kings geplante

---

mit Bombenanschlägen. Der Unterschied zu den neuesten Bond-Filmen ist jedoch, dass hier die Terrorgefahr explizit genannt wird. In den früheren Filmen werden zwar die Organisationsstrukturen und Interaktionen von Terrororganisationen erschreckend prophetisch beschrieben, der Terminus „Terrorismus" (außer in der Langform des Akronyms SPECTRE, siehe Kap. 6.) jedoch kaum bis gar nicht in diesem Zusammenhang erwähnt. Das mag damit zusammenhängen, dass das die hauptsächliche Bedrohung der globalen Sicherheit von einem möglichen Atomkrieg, nicht vom Terrorismus (wie aktuell) ausging. Nähere Informationen zu Zusammenhängen zwischen SPECTRE und neueren internationalen Terrorvereinigungen finden sich bei: Watt, Stephen: 007 and 9/11, Specters and Structures of Feeling, in: Comentale, Edward P./Watt, Stephen/Willman, Skip (Hrsg.) 2005, S. 238–259.

156 Heinke, Eva-Maria: Islamistischer Terrorismus in Deutschland. Formen und Bedrohungsausmaß einer transnationalen Bewegung, in: Schieren, Stefan (Hrsg.): Populismus, Extremismus. Eine Einführung, Schwalbach/Ts. 2014, S. 100–125, hier S. 101–105.

157 Boesch, u.a 2014, S. 450 f.

Pipeline ist eine offensichtliche Anlehnung an BTC. Die Parallelen zwischen den Pipelines hat Zettler[158] anschaulich herausgearbeitet. Beide Pipelines nehmen einen nahezu kongruenten Verlauf (Abb. 8 und 9):

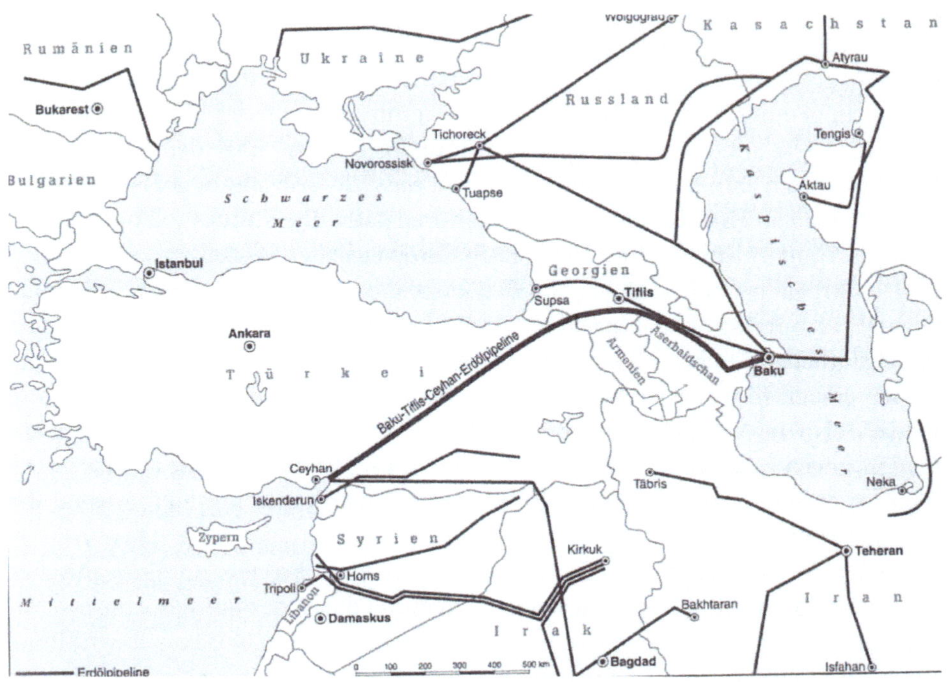

Abb. 8:   Verlauf BTC und andere Pipelines, Zettler, in: Barmeyer, Christoph/Scheffer, Jörg (Hrsg.) 2013, S. 39.

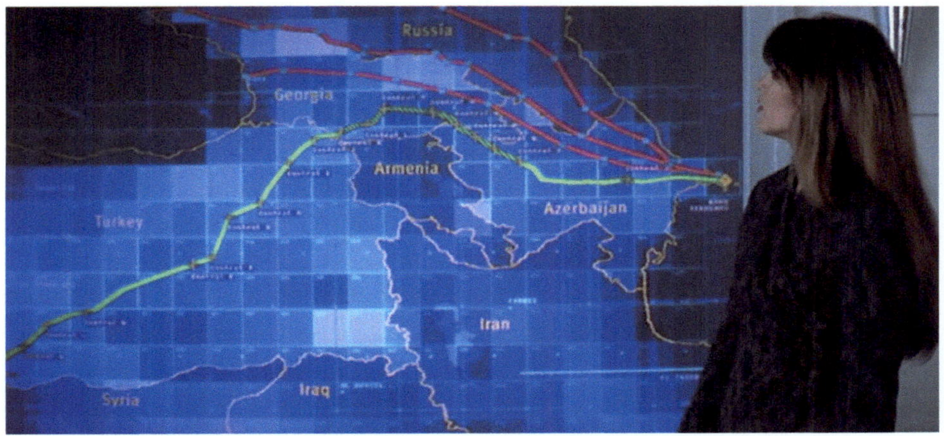

Abb. 9:   Verlauf der King-Pipeline, Screenshot „Die Welt ist nicht genug" (DVD Ultimate Edition) 00:31:27. Siehe auch Zettler, in: Barmeyer, Christoph/Scheffer, Jörg (Hrsg.) 2013, S. 39.

---

158 Zettler, in: Barmeyer, Christoph/Scheffer, Jörg (Hrsg.) 2013, S. 39 sowie S. 35–37.

Auch wenn sich der Wert des Standortes Aserbaidschan in der Realität dann doch als geringer denn ursprünglich angenommen herausstellte, schmälert das die Aktualität der Handlung nicht. Zwar befördert BTC nur etwa 1 % des globalen Ölverbrauchs, sie bot aber eine Möglichkeit für den Westen, teilweise unabhängig von Russland Öllieferungen zu beziehen. Auch das Projekt „Nabucco", eine Gaspipeline parallel zur BTC, mit verlängertem Arm nach Österreich, wäre ohne diese vermutlich nicht in Angriff genommen worden.[159] Dieses zu Beginn noch von der EU mitfinanzierte Prestigeprojekt sollte eine direkte Gasversorgung Europas über den Landweg gewährleisten. Im Juni 2013 wurde jedoch klar, dass das seit Jahren geplante Projekt den Zuschlag an eine Konkurrenzfirma verloren hatte. Das Erdgas soll nun ab 2019 über die Trans-Adria-Pipeline (TAP) nach Europa geleitet werden.[160]

Die Arbeiten am Drehbuch für den doppelten[161] „Jubiläumsbond" „Stirb an einem anderen Tag" begannen mit ersten Handlungsabrissen im Sommer 2000, die eigentlichen Dreharbeiten starteten (mit Verzögerung, da die Anschläge vom 11. September 2001 die Drehortsuche behinderten)[162] schließlich im Januar 2002. Obwohl also die Anschläge auf das World-Trade-Center noch vor Drehbeginn stattfanden, zogen es die Produzenten offensichtlich vor, die Thematik des Terrors noch nicht in diesem Bond zu behandeln. Stattdessen wurde das Konfliktpotential um Nordkorea in den Vordergrund gerückt.

In der Vortitelsequenz tötet Bond vermeintlich den Sohn eines nordkoreanischen Generals, Colonel Moon, was zu seiner Verhaftung durch das nordkoreanische Militär führt. Nach monatelanger Folter und Gefangenschaft in Nordkorea wird Bond von seiner Regierung im Rahmen eines Gefangenenaustausches zwischen ihm und dem Killer Zao (Handlanger des vermeintlich getöteten Moon) befreit, nur um anschließend von M von seinen aktuellen Aufträgen enthoben zu werden. Bond nimmt daraufhin eigenmächtig seine früheren Ermittlungen gegen Zao auf, wobei er Hilfe von der US-Agentin Jinx erhält. Ihre Nachforschungen führen Bond und Jinx auf die Spur des britischen Multimillionärs und Philanthropen Gustav Graves. Bond kann Graves als den totgeglaubten, mithilfe von Gentechnik operierten Colonel Moon identifizieren, dessen wahre Absichten darin liegen, mit einem Laser-Satelliten der nordkoreanischen Armee den Einmarsch in Südkorea zu ermöglichen. Bond und Jinx' Eingreifen ist es zu verdanken, dass diese Pläne Graves/Moons niemals verwirklicht werden können.[163]

„Stirb an einem anderen Tag" zeigt ein äußerst negatives Bild von Nordkorea, welches nach seinem Erscheinen für harte Proteste aus den Reihen der nordkore-

---

159 Ebd., S. 42.

160 Tagesschau.de: Aus für EU-Prestigeprojekt Nabucco. Konkurrenzprojekt gewinnt Gaspoker, veröffentlicht am 28.06.2013, http://www.tagesschau.de/wirtschaft/nabucco-aus100.html, Zugriff: 07.02.1014.

161 „Doppelt" deswegen, da sich das Franchise zum 40. Mal jährte und dieser Film zugleich der 20. offizielle Bond-Film war.

162 Duncan (Hrsg.) (B) 2012, S. 109.

163 Duncan (Hrsg.) (B) 2012, S. 109.

anischen Führungsriege gesorgt hat (mehr dazu in Kapitel 5.2.3). Die Produzenten machen aus den Expansionsbestrebungen des nordkoreanischen Gegenspielers keinen Hehl und lassen Graves/Moon abfällig über die (auch in der Realität) Feinde Nordkoreas polemisieren. So seien „die Japaner [...] Wanzen, die nur darauf warten, zerquetscht zu werden" und „die westliche Welt [würde] vor Angst erstarren".[164] In der gesamten Darstellung Nordkoreas, die das vorurteilbehaftete Bild des Landes auch für den Zuschauer zu bestätigen scheint, sehen Landes u.a. die Gefahr der Einflussnahme des Films auf realpolitische Kontexte. Das bestehende „Gut-Böse'-Schema [in] Bezug auf den ostasiatischen Staat"[165] würde durch „die diskurshafte Verstärkung des negativen Nordkorea-Bildes aus westlicher Perspektive durch den Film"[166] noch untermauert werden. Die in Kapitel 5.2.3 noch zu behandelnden Reaktionen Nordkoreas auf den Film unterstreichen zusätzlich den Einfluss (auch auf die Politik), den ein vermeintlicher Unterhaltungsfilm ausüben kann. Landes u.a. schreiben dem Film darüber hinaus eine meinungsbildende Wirkung zu, und vermuten hinter der Absicht der Produzenten einen bewussten oder unbewussten Eingriff in „die geopolitische Kategorisierung und Verortung des Feindbildes Nordkorea."[167]

Dass dieses Argument nicht ganz von der Hand zu weisen ist, zeigen Aussagen der Produzentin Barbara Broccoli und des Drehbuchautors Robert Wade, die tatsächlich bestätigen, dass insbesondere negativ konnotierte Orte als Handlungsort reizvoll seien. Im Falle von „Stirb an einem anderen Tag" war es ein früheres politisches Statement Bill Clintons, der Korea 1993 besuchte und den 38sten Breitengrad, der als demilitarisierte Zone zwischen Nord- und Südkorea fungiert, damals als „scariest place on earth"[168] bezeichnete. Als die Produktion des 20sten Bond-Films begann, erinnerte man sich an Clintons Äußerungen und beschloss, James Bond nach Nordkorea und an eben diesen „furchteinflößenden Ort" zu senden. Robert Wade, Drehbuchautor:

> „We saw the 38th Parallel, which divides North and South Korea and is full of mines, as a fantastic image. Bill Clinton, who was president at the time we started writing, said it was the scariest place on earth. We were also trying to think, ‚What's the worst situation that Bond can get into?' It's to be held prisoner in North Korea."[169]

Neben der Nordkorea-Problematik wird in Nebenhandlungen immer wieder auf ein zweites brisantes Thema eingegangen. Es handelt sich um das Geschäft mit „Blutdiamanten" aus Sierra Leone, das erst Ende der 1990er Jahre einer größeren

---

164 Zitiert nach: Kulbarsch-Wilke 2009, S. 63.

165 Landes, Andreas/Jakob, Nina/Schatz, Andreas: „Mr. Bond, you can't kill my dreams. But my dreams can kill you." Von der Fiktion in die Realität: Die politische Macht der James-Bond-Filme, in: Barmeyer, Christoph/Scheffer, Jörg (Hrsg.) 2013, S. 57–81, S. 78.

166 Ebd., S. 78.

167 Ebd., S. 79.

168 Zitiert nach: Sweeney, John: North Korea undercover. Inside the world's most secret state. London 2013, S. 131

169 Duncan (Hrsg.) (A) 2012, S. 490.

Öffentlichkeit publik gemacht wurde. In Sierra Leone tobte seit 1991 ein heftiger Bürgerkrieg zwischen der sierra-leonischen Armee und der Rebellenorganisation RUF (Revolutionary United Front), den beide Seiten mit dem Diamantenhandel (im Tausch gegen Waffen) finanzierten. Erst als 1999 die RUF in der Hauptstadt Freetown ein Massaker anrichtete, wurde die Weltöffentlichkeit auf den Krieg aufmerksam. Nach Entsendung von UN-Friedenstruppen 1999 und weiterem Druck der UNO kam 2002 ein Friedensvertrag zustande.[170]

Im Film führen seine Nachforschungen Bond nun auch zu sierra-leonischen „Blutdiamanten", namentlich gefördert durch den britischen Multimillionär Gustav Graves, der vorgibt, ein Diamantenvorkommen in Island entdeckt zu haben. Tatsächlich wäscht er dort jedoch lediglich Konfliktdiamanten, um mit dem Erlös die Entwicklung seines überdimensionierten Waffen-Satelliten[171] zu finanzieren. Es finden sich hier Parallelen zum Bürgerkrieg in Sierra Leone, bei dem auch westliche Unternehmen wie der Diamantenmonopolist De Beers (wie Graves/Moon) an den Diamanten aus dem Krisengebiet profitierten.[172] Leider gelingt es „Stirb an einem anderen Tag" nicht, diese Zusammenhänge adäquat herauszuarbeiten, um so den Zuschauer zu einer kritischen Auseinandersetzung mit der Thematik zu animieren. Die Schlussszene des Films, in der Bond und Jinx – von Graves/Moons' Diamanten umgeben – romantisch ihrem Liebesspiel frönen, wirkt in Bezug auf eine solche kritische Betrachtung der belasteten Diamanten sogar ausgesprochen kontraproduktiv. Vor dem Hintergrund, dass die Bond-Filme nicht den Anspruch für sich erheben, sozialkritische Themen zu beleuchten, ist zu verstehen, dass in „Stirb an einem anderen Tag" keine Reflexion zu den Blutdiamanten stattfindet – es hätte dem Plot jedoch weniger geschadet, diese Thematik gar nicht erst anzusprechen, als dass sie unkritisch betrachtet im Raum stehen bleibt.

3.2.3   Neuer Darsteller, bekannte Probleme – Bond und die Terrorgefahr

„Stirb an einem anderen Tag" war der letzte Film mit Pierce Brosnan und der CGI-reichste (CGI= Computer Generated Imaginary) des gesamten Franchise. Trotz des großen Erfolgs an den Kinokassen sollte der nächste Bond-Film ursprünglicher werden. Die – auch von Fans massiv ausgeübte – Kritik an dem unrealistischen Szenario samt unsichtbarem Aston Martin in „Stirb an einem anderen Tag" nahm sich die Produktion zu Herzen. Eine weitere Steigerung der Computeranimationen kam nicht infrage, auch wenn Nachfolgefilme bislang nach dem „schneller-besser-weiter"-Prinzip ausgelegt waren:

---

170 Medico international e. V. (Hrsg.): Der Stoff aus dem die Kriege sind. Rohstoffe und Konflikte in Afrika, Frankfurt 2005, S. 10–12.

171 Zum Satelliten Graves', seiner Bau- und Wirkungsweise sowie dem Realitätsgehalt seiner solchen Waffe, siehe: Tolan, Metin/Stolze, Joachim: Geschüttelt, nicht gerührt. James Bond und die Physik, München² 2008, S. 136–150.

172 Medico international e. V. (Hrsg.) 2005, S. 11.

„[Drehbuchautor] Robert Wade: There was a general feeling that ‚Die Another Day‘ had
pushed the boat a long way out, and it was time to rein things in. What the Bond films
normally do is go one bigger than the last. It just seemed ridiculous to contemplate.
[Produzent] Michael G.Wilson: We thought it was very important to bring it back down
to earth.“[173]

Die Produzenten Barbara Broccoli und Michael G. Wilson entschlossen sich, „Casino Royale“, dessen Rechte jahrzehntelang in anderen Händen lagen, zu verfilmen. Bond wird in diesem Abenteuer auf den verbrecherischen Bankier LeChiffre angesetzt, der mit verschiedenen terroristischen Vereinigungen Geschäfte macht. Er spekuliert mit deren Geldern an der Börse, indem er Leerverkäufe von Aktien einer Flugzeugfirma tätigt, deren Wert er durch Anschläge auf den neuen Prototyp drastisch mindern will. Ziel ist es, dadurch exorbitante Gewinne zu erzielen. James Bond vereitelt den Anschlag am Flughafen, was Le Chiffre einen Verlust von 100 Millionen Dollar einbringt. Derart finanziell mit dem Rücken an der Wand stehend, veranstaltet Le Chiffre ein Pokerspiel, an dem auch Bond, unterstützt von Vesper Lynd (Schatzmeisterin der britischen Regierung), teilnehmen soll. Bond gewinnt das Pokerspiel, wird jedoch wie auch Lynd im Anschluss von Le Chiffre entführt und gefoltert. Beide werden befreit und verlieben sich ineinander, wobei Bond jedoch nicht merkt, dass Lynd gezwungenermaßen mit dem Mann hinter dem bei der Befreiung getöteten Le Chiffre zusammenarbeitet. Dieser entführte ihren Geliebten. Im Austausch gegen die von Bond erspielten 100 Millionen Dollar soll dessen Leben verschont werden. Bond enttarnt Lynd bei der Geldübergabe, wobei es zu einem Kampf zwischen Bond und dem Geldempfänger kommt. Hierbei stirbt Lynd trotz der Versuche Bonds, sie wiederzubeleben.[174]

Wurden „Terroristen“ in den Bond-Filmen erstmals in „Der Morgen stirbt nie“ eingeführt und in „Die Welt ist nicht genug“ sowie in „Stirb an einem anderen Tag“ wieder Teil der (Neben-)Handlung, stellt „Casino Royale“ diesen Komplex weiter in den Vordergrund. Dabei geht es in erster Linie um die Finanzierung des Terrors und die Sorge davor, ungewollt Finanzier eines Terrornetzwerkes zu werden (Lynd zu Bond: „Haben Sie erwogen, dass unsere Regierung wenn Sie verlieren, den Terrorismus unmittelbar unterstützt?“)[175]. Auch in der Realität nutzen moderne Terrornetzwerke verschiede Wege, um ihre Gelder zu mehren, Aktiengeschäfte eingeschlossen:

„Terroristen und terroristischen Gruppen stehen zahlreiche Möglichkeiten zur Verfügung, um finanzielle Mittel rund um die Welt zu bewegen. Sie können formelle Finanzsysteme, unreglementierte Kanäle oder ganz einfach den grenzüberschreitenden Bargeldverkehr nutzen. Es mehren sich die Beweise dafür, dass terroristische Gruppen Schwachstellen im internationalen Handelssystem ausnutzen, um Werte für illegale Zwecke zu transferieren. Sei es in Form exogener Ströme, die durch private Geber an terroristische Netzwerke geleitet werden, oder in Form von Geldbewegungen innerhalb

---

173 Duncan (Hrsg.) (A) 2012, S. 512.
174 Duncan (Hrsg.) (B) 2012, S. 113.
175 Zitiert nach Kulbarsch-Wilke 2009, S. 64.

ein und derselben Organisation, der Werttransfer spielt eine grundlegende Rolle dabei, Terroristen ihren Zielen näherzubringen. Er bietet außerdem den Behörden die Chance, terroristische Aktivitäten aufzudecken und zu zerschlagen und von künftiger Terrorismusfinanzierung abzuschrecken."[176]

Im Film vertrauen die Terroristen Le Chiffre, den M auch als „Privatbankier des Terrors"[177] bezeichnet, ihr Bargeld an, damit dieser es durch Aktienspekulationen vermehren kann. „Casino Royale" greift also zwei der oben genannten Transfermöglichkeiten auf: 1. den „grenzüberschreitenden Barverkehr" (Le Chiffre erhält einen Koffer Bargeld) und 2. „formelle Finanzsysteme" (Le Chiffre handelt mit diesem Geld im legalen Aktienmarkt). Tatsächlich wurde laut Chapman kurz vor Erscheinen des Films ein US-Datenreport veröffentlicht, der die größere Terrorgefahr für die USA nicht in erneuten Anschlägen in 9/11-Manier sieht, sondern in reichen Geldgebern von Terrororganisationen, die ihre Verbindungen zur Welt der Hochfinanz nutzten.[178]

Den Eindruck, dass auch die Bond-Filme in diese Richtung gehen, erweckt der unmittelbar an die Handlung von „Casino Royale" anknüpfende Film „Ein Quantum Trost". Hier wird die Organisation (Quantum), die hinter Le Chiffre steht, genauer beleuchtet. Diese setzt sich vornehmlich aus oben erwähnten wohlhabenden und einflussreichen Mitgliedern zusammen, deren gesellschaftliche Stellung abseits jeder Terrorzelle angesiedelt ist. Bond verfolgt ein Treffen der Verdächtigen in der Anonymität eines Großereignisses – der Freilichtaufführung der Oper „Tosca" in Bregenz. Verteilt auf der Zuschauertribüne diskutieren die Quantum-Mitglieder via In-Ear-Mikrofon den Kauf einer Pipeline in Bolivien und den, wie der Zuschauer schon zuvor erfuhr, damit verbundenen Sturz der bolivianischen Regierung.[179]

Damit wäre das Hauptthema des Films angesprochen: Die wertvollen Rohstoffreserven (in diesem Fall Wasser) Südamerikas und der um sie entfachte internationale Disput. Dominic Greene, ein vermeintlicher Umweltschützer, ist in „Ein Quantum Trost" Mitglied von Quantum und Hauptgegenspieler Bonds. Greene plant, gemeinsam mit dem bolivianischen General Medrano die derzeitige Regierung zu stürzen und den General an die Spitze des Landes zu setzen. Im Gegenzug erhält Greene augenscheinlich wertloses Land, mit dessen Besitz er jedoch Kontrolle über die Wasservorräte Boliviens erlangen will. Auf seiner Suche nach Vergeltung für den Verrat Vespers in „Casino Royale" stößt Bond nun zunächst auf die Organisation Quantum, deren Handlanger sogar die britische Regierung infiltrieren konnten, und gerät hierbei auf die Spur Greenes. Er ermittelt dabei gegen die Anweisung seiner Vorgesetzten. Bond schließt sich der bolivianischen Geheimagentin Camille an, die auf Rache gegen General Medrano sinnt, den Mörder ihrer Familie. Beide

---

176 Vereinte Nationen (Hrsg.): Bericht der CTITF Arbeitsgruppe. Bekämpfung der Terrorismusfinanzierung. New York 2009, S. 12.
177 Kulbarsch-Wilke 2009, Anhang 21, Sq. 11. Siehe auch: Chapman 2007, S. 247.
178 Chapman 2007, S. 247.
179 „Ein Quantum Trost" (DVD 2-Disc Special Edition, Steelbook) 00:37:26–00:42:40.

unterstützen sich bei der Verwirklichung ihrer Ziele: Bond kann schließlich Greenes Pläne vereiteln und Camille kann Medrano töten.[180]

„Ein Quantum Trost" verfügt mit seiner Handlung rund um die Rohstoffreserven Boliviens (hier: Wasser) und den Konflikt des Andenstaates mit den USA über einen sehr aktuellen Bezug zum tatsächlichen Zeitgeschehen. Um die im Film dargestellte Rolle der USA besser zu verstehen, bietet sich ein kurzer Abriss über die Beziehung zwischen den USA und Bolivien an, die in erster Linie als Abhängigkeitsverhältnis Boliviens von der Großmacht zu bezeichnen ist: Schon im Kalten Krieg engagierten sich die USA finanziell in Bolivien und anderen lateinamerikanischen Staaten, um die Ausbreitung des Kommunismus einzudämmen. Diese Politik, die zeitweilig sogar rechts-diktatorische Systeme (z. B. Pinochet in Chile) tolerierte, führte letztendlich zu einer finanziellen Abhängigkeit Boliviens.[181] Besonders eklatant tritt diese in der US-amerikanischen und oft auf Bolivien bezogenen Drogenpolitik zu Tage die, besonders seit dem in den USA verzeichneten massiven Anstieg des Kokainkonsums in den 1980ern (Kap. 3.1.3), den Koka-Anbau Boliviens ins Visier nahm. Als größter Geldgeber des südamerikanischen Staates machten die USA Forderungen nach einer neuen Drogenpolitik durch Anwendung von Druckmitteln (wie dem angedrohten Entzug finanzieller Leistungen) geltend. Das wirtschaftlich geschwächte Bolivien konnte dem nur wenig entgegensetzen. Bis Ende der 1990er Jahre gingen nicht alle Forderungen der USA in die bolivianische Drogenpolitik ein, was die Regierung des Landes in einen Zwiespalt zwischen der internen Opposition durch die Koka produzierende Gewerbe und den externen Ansprüchen der USA brachte.[182]

Erst 1997 erklärte Boliviens damaliger neu gewählter Präsident Hugo Banzer die Beseitigung aller Kokabestände nach Maßgaben der ursprünglichen Vorgaben Washingtons zu seinem Regierungsziel. In der Folge kam es im Rahmen des von Banzer propagierten „Plan Dignidad" zu bürgerkriegsähnlichen Zuständen im Hauptkokaanbaugebiet Chapare. Sämtliche Kokapflanzen, für die Anwohner Chapares oft die einzige Einkommensquelle[183], sollten nach dem neuen Plan (und mit Unterstützung der USA) vernichtet werden. Hiergegen wehrten sich die Kokabauern massiv, wobei es besonders 2001/2002 zu gewaltsamen Auseinandersetzungen zwischen staatlichen Sicherheitskräften und der Bevölkerung kam. Verhandlungen

---

180 Duncan (Hrsg.) (B) 2012, S. 117.

181 Rinke, Stefan: Geschichte Lateinamerikas. Von den frühesten Kulturen bis zur Gegenwart München 2014, S. 105f. Siehe hierzu auch: Schorr, Bettina: Klare Hierarchien? Bolivien unter der Präsidentschaft von Evo Morales und die Beziehungen zu den USA, in: Ernst, Tanja/Schmalz, Stefan (Hrsg.): Die Neugründung Boliviens? Die Regierung Morales (Studien zu Lateinamerika 1), Baden-Baden 2009, S. 203–218, S. 203. Siehe auch: Zettler, in: Barmeyer, Christoph/Scheffer, Jörg (Hrsg.) 2013, S. 43–49.

182 Schorr, in: Ernst, Tanja/Schmalz, Stefan 2009, S. 205f.

183 Koka dient nicht nur als Grundlage von Drogen, sondern wird neben dem rituellen Gebrauch auch bei der Herstellung von Zahnpasta, Kaugummi oder anderen Konsumgütern verwendet. Zettler, in: Barmeyer, Christoph/Scheffer, Jörg (Hrsg.) 2013, S. 44 (Fußnote 111).

zwischen den opponierenden Parteien scheiterten 2002 vor allem daran, dass die USA mit Sanktionen gegen das Land drohten, sollte der eingeschlagene Kurs der Regierung abgeändert werden. Es kam 2003 zu erneuten Auseinandersetzungen.

In Anspielung auf die rigorose Politik der USA während des Kalten Krieges zum Zwecke der Unterdrückung jeglicher kommunistischer Tendenzen in Lateinamerika und die kompromisslose Drogenpolitik, nimmt Bond im Gespräch mit Felix Leiter Anstoß an Amerikas Einmischungstaktik in Bolivien: „Ich hab' mich gerade gefragt, wie Südamerika aussehen würde, wenn Kokain und Kommunismus allen egal wäre. Beeindruckt mich immer wieder, wie ihr die Gegend hier zerstückelt habt."[184]

Mit dem Regierungsantritt des sozialistischen Präsidenten Evo Morales 2006 begannen sich die bilateralen Beziehungen langsam zu verschlechtern. Morales schränkte die Einflussnahme der USA auf die Drogenpolitik ein und wandte sich anderen sozialistischen Staaten der Region zu. Ziel sollte langfristig u. a. die Loslösung vom politischen Einfluss der USA sein. Einen absoluten Tiefpunkt erreichten die Beziehungen aber erst nach Ende der Dreharbeiten zu „Ein Quantum Trost", als Bolivien den US-amerikanischen Botschafter Philip Goldberg wegen seiner Gespräche mit Vertretern der Opposition während einer innerstaatlichen Auseinandersetzung des Landes verwies. Die USA reagierten ihrerseits mit der Ausweisung des bolivianischen Botschafters.[185] Auch aktuell ist das Verhältnis zwischen Bolivien und den USA belastet. So konnte 2013 keine Einigung in der Frage zum Umgang mit dem Whistleblower Edward Snowden, Amerikas neuem Erzfeind, dem Bolivien Asyl anbot, getroffen werden.[186] Nahezu prophetisch erwiesen sich die Drehbuchautoren von „Ein Quantum Trost" also, als sie einen von den USA tolerierten Putsch oppositioneller Regierungsgegner in Bolivien zum Kern der Filmhandlung machten. In der realen Politik hat es in Bolivien zwar (noch) keinen Putsch gegeben, aber der Film stellt die Position der USA bei solch einem hypothetischen Szenario sehr glaubwürdig dar. Vor dem Hintergrund, dass Washington mit dem neuen Kurs der bolivianischen Regierung mehr als unzufrieden ist[187], wirkt die Aussage Beams sehr überzeugend: „Wir halten uns aus dem Putsch in Bolivien raus und die neue Regierung überschreibt Amerika die Pachtrechte für sämtliche Ölquellen."[188]

Mit diesem Statement Beams kommen zugleich auch die wahren Absichten der USA für ihre Präsenz in Bolivien zum Vorschein. In der Realität war die Drogenpolitik der USA mehr als einmal Vorwand, um ihre geopolitischen Interessen

---

184 „Ein Quantum Trost" (DVD 2-Disc Special Edition, Steelbook), 00:35:02–00:35:10. Siehe hierzu auch Zettler, in: Barmeyer, Christoph/Scheffer, Jörg (Hrsg.) 2013, S. 44.

185 Schorr, in: Ernst, Tanja/Schmalz, Stefan 2009, S. 211–213.

186 N.N.: Bolivien lehnt neuen US-Botschafter ab, in: Zeit Online, vom 14.07.2013, http:// www.zeit.de/politik/ausland/2013-07/bolivien-usa-botschafter, Zugriff 11.02.1015.

187 Wie auch Greene gegenüber Beam bemerkt: „Sie brauchen nicht noch einen Marxisten, der die Rohstoffe seines Landes ans Volk verteilt, oder?", „Ein Quantum Trost" (DVD: 2-Disc Special Edition, Steelbook), 00:35:34–00:35:50.

188 „Ein Quantum Trost" (DVD: 2-Disc Special Edition, Steelbook) 01:18:17 – 01:19:04. Siehe hierzu auch Zettler in: Barmeyer, Christoph/Scheffer, Jörg (Hrsg.) 2013, S. 48.

im Andenstaat Bolivien wahrzunehmen. So bietet Bolivien einerseits durch seine zentrale Lage innerhalb Südamerikas die Möglichkeit, Einfluss auf andere lateinamerikanische Staaten zu nehmen. Andererseits ist es aber auch auf ökonomischer Ebene für die USA von Interesse. Zwar befindet sich der Handel zwischen den USA und Bolivien auf geringem Niveau, Boliviens Ressourcenreichtum macht das Land für die USA dennoch interessant.[189]

Im Film ist es nun dieses wirtschaftspolitische Interesse an den Rohstoffen Boliviens, das impliziert wird. „Ein Quantum Trost" erweitert diesen Komplex des Rohstoffhandels auf die Problematisierung der Wasserprivatisierung. Während Greene die Mittelmänner der USA im Glauben lässt, es würde bei seinem geplanten Putsch in Bolivien um die dortigen Ölreserven gehen, soll seine Pipeline in Wirklichkeit Wasser (laut Greene „der wertvollste Rohstoff auf der Welt", von dem man „so viel wie möglich kontrollieren [müsse]")[190] transportieren, welches er zum doppelten als dem aktuellen Preis verkaufen wird. Verärgert nimmt der neue (und nur bis zu seiner Erschießung durch Camille amtierende) Machthaber General Medrano dies zur Kenntnis:

> Greene: „Ab diesem Moment besitzt meine Organisation mehr als 60% der Wasservorräte in Bolivien. Und dieser Vertrag sieht vor, dass Ihre neue Regierung ab sofort uns als Versorgungsdienstleister einsetzt."
> Medrano: „Das ist doppelt so viel wie wir jetzt zahlen!"[191]

Vor dem Hintergrund, dass es in der bolivianischen Region um Cochabamba im Jahre 2000 nach der Privatisierung des regionalen Wasserversorgers SEMPA und der damit verbundenen Preissteigerung des Rohstoffes Wasser bis um 300% zu einem erbitterten „Wasserkrieg" kam, ist die oben beschriebene Verdoppelung des Wasserpreises durch Greene kein reines Konstrukt.[192]

Mit „Ein Quantrum Trost" nahmen sich die Produzenten aber nicht nur des acht Jahre zurückliegenden Krieges um das Wasser in Bolivien an, sondern trafen damit auch den aktuellen Nerv der Zeit. Um den Erstehungszeitpunkt des Drehbuchs fanden weltweit, vornehmlich in Afrika und im asiatischen Raum, gewalttätige Auseinandersetzungen um Wasser statt (Abb. 10). Auch in den folgenden Jahren wird dieses Thema immer wieder aktuell sein, wie auch erst kürzlich zurückliegende Initiativen („right to water") für die gesetzliche Verankerung von Wasser als Menschenrecht, zeigen.[193]

---

189 Schorr, in: Ernst, Tanja/Schmalz, Stefan 2009, S. 207 f.
190 „Ein Quantum Trost" (DVD: 2-Disc Special Edition, Steelbook) 00:41:16–00:41:19.
191 „Ein Quantum Trost" (DVD: 2-Disc Special Edition, Steelbook) 01:24:21–01:24:36.
192 Zettler in: Barmeyer, Christoph/Scheffer, Jörg (Hrsg.) 2013, S. 45 f.
193 „Rright to water", offizielle Seite, http://www.right2water.eu/de/node/5, Zugriff: 20.02.2015.

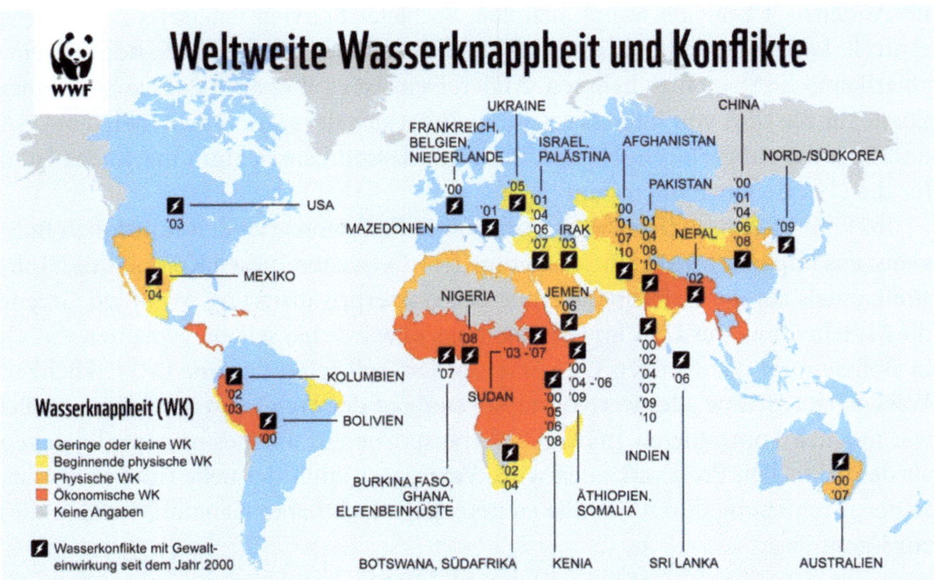

Abb. 10:   Konflikte um Wasser weltweit (Stand 2012), N.N.: Kampf gegen globale Wasserkrise, veröffentlicht am 11.03.2012, in: WWF.de, http://www.wwf.de/2012/maerz/
kampf-gegen-globale-wasserkrise/, Zugriff: 11.02.2015.

Wie schon in „Stirb an einem anderen Tag" (Blutdiamanten) greifen „Casino Royale" und „Ein Quantum Trost" beiläufig heikle Themen mit dem (nicht genutzten)
Potential zur kritischen Reflektion auf. „Ein Quantum Trost" beschäftigt sich neben
dem Bolivien-Plot auch mit der wachsenden Umweltzerstörung, der globalen Erd-
erwärmung und damit verbundenen Problemen wie zunehmendem Pflanzenster-
ben u. ä. Dezidiert erwähnt werden all diese Punkte in der Rede des vorgeblichen
Öko-Aktivisten Greene, der seine dunklen Geschäfte unter dem Deckmantel des
Umweltschutzes betreibt. Auch die zu Filmbeginn gezeigte beinahe-Folterszene
spielt auf den nur wenige Jahre zuvor bekannt gewordenen Folterskandal in den US-
Gefangenenlagern Guantanamo Bay und Abu Ghraib an. Über Jahre hinweg wurden hier Kriegsgefangene und Terrorverdächtige von Angehörigen des US-Militärs
illegalen Verhörpraktiken unterzogen. Auch britische Soldaten wurden von einigen
Häftlingen der Folter angeklagt.[194] In „Ein Quantum Trost" sind es nun Bond und
seine Vorgesetzte, die ihrem Gefangenen Folter androhen, was das britische Außenministerium dazu veranlasste, sich nach der Premiere aufgrund dieser Implikation
von Folterdrohung durch Angehörige eines Staatsorgans vom Film zu distanzieren
(siehe hierzu auch Kapitel 5.2.4).[195]

---

194 Bahr, Alexander: Folter im 21. Jahrhundert. Auf dem Weg in ein neues Mittelalter?,
München 2009, S. 110.

195 Hoyle, Ben: Bond and M annihilate a sacred cow, in: The Times vom 29.10.2008. http://
www.thetimes.co.uk/tto/arts/film/article2435080.ece, Zugriff: 06.04.2015.

Abb. 11:   Kindersoldaten in Uganda, dargestellt in einem Bond-Film, Screenshot „Casino Royale" (DVD 2-Disc Collector's Edition) 00:07:38.

„Casino Royale" führt den Zuschauer in der ersten Sequenz nach dem Vorspann nach Uganda, wo Le Chiffre das Geld vom dortigen Führer der Freiheitskämpfer entgegennimmt. Auffällig ist an dieser Szene ein kleiner Junge, der die Männer mit Bier versorgt und an einem Flipper-Automaten zu spielen beginnt. Im Verlauf der Szene sind weitere Kinder zu sehen, die im Schlamm der verregneten Straßen in Tarnuniform und schwer bewaffnet Wache halten (Abb. 11).

Hier spricht der Film die Problematik um Kindersoldaten an, wonach vornehmlich Jungen (aber auch Mädchen), die oft schon im Alter von sieben bis acht Jahren aus ihren Familien gerissen und in nationalen Armeen eingesetzt oder in nicht-staatlichen bewaffneten Gruppierungen zum Dienst an der Waffe gezwungen werden. Im speziellen Fall Uganda litt das Land 20 Jahre (seit 1986) an einem schweren Bürgerkrieg, bei dem seit 1988 auch Kindersoldaten vornehmlich von den Guerillakämpfern der LRA (Lord's Resistance Army) eingesetzt wurden. Die Angaben zu Zahlen der so missbrauchten Kinder in Uganda schwanken stark, befinden sich aber im mittleren fünfstelligen Bereich.[196] Obwohl sich die Vereinten Nationen mit der Thematik näher beschäftigten, ist die Lage auch über zehn Jahre später immer noch aktuell. Terrororganisationen wie „Boko Haram" in Nigeria oder der IS im Irak und Syrien sowie schätzungsweise 57 andere Gruppierungen in über 15 Ländern nutzen nach wie vor Kinder für ihre Kriege aus.[197]

Der Terrorismus ist auch im Film zum 50-jährigen Bestehen der Bond-Reihe wieder Thema von Bonds Ermittlungen. Nach seinem vermeintlichen Tod erfährt der Agent im Exil von terroristischen Attacken auf das Hauptgebäude des MI6. Er

---

196 Spitzer, Helmut/Twikirize, Janestic M.: War-affected children in northern Uganda. No easy path to normality, in: International Social Work Nr. 56 (I) 2012. S. 67–79, S. 69 f.

197 UN.org: Secretary-General's Annual Report on Children and Armed Conflict Documents Continued Child Suffering in 23 Conflict Situations, veröffentlicht am 01.07.2014, https://childrenandarmedconflict.un.org/press-release/secretary-generals-annual-report-on-children-and-armed-conflict-documents-continued-child-suffering-in-23-conflict-situations/, Zugriff 10.02.2015.

kehrt zurück und lässt sich von M wieder in den aktiven Dienst stellen, nicht ohne zuvor eine Reihe an Tests zu durchlaufen, in denen er deutlich versagt. M stellt ihn trotz seiner Untauglichkeit wieder ein. Bond ermittelt gegen die Angreifer auf den MI6 und wird dabei gemeinsam mit seiner neuesten Eroberung Severine von deren Peiniger Silva auf eine verlassene Insel vor China entführt, wo Severine später von Silva getötet wird. Silva stellt sich als ehemaliger MI6-Agent heraus, der sich von M verraten fühlt, die ihn seiner Zeit nicht aus chinesischer Gefangenschaft befreite. Ziel Silvas ist es, M zu bestrafen und zu töten. Bond bringt Silva in das neue MI6-Quartier, aus dem sich Silva befreien kann und einen Anschlag auf die Londoner U-Bahn verübt. Nach einem Mordversuch Silvas an M bringt Bond seine Chefin nach Schottland zu seinem alten Familiensitz, wo sie während eines Angriffs von Silvas Söldnern tödlich verletzt wird. Nach seiner Rückkehr erfährt Bond den Namen der ihn im Verlauf des Films stets unterstützenden, aber anonym gebliebenen MI6-Agantin Eve Moneypenny, die sich fortan der Büroarbeit widmen will. Von Ms Nachfolger M(allory) erhält er einen neuen Auftrag.[198]

„Skyfall" ist politisch weniger komplex als seine Vorgänger, beinhaltet aber ein wichtiges Moment zur Frage nach der „Britishness" Bonds (mehr hierzu in Kapitel 3.3). Darüber hinaus versetzt der Film Bond in eine Zeit des Umbruchs, auch was die Arbeitsweise der Geheimdienste betrifft. Er zeigt den Konflikt zwischen Altem und Neuen auf, wobei letztlich die Erkenntnis gewonnen wird, dass nur in gegenseitiger Ergänzung Erfolge erreicht werden können. Exemplarisch soll hier die Beziehung zwischen Bond und Q (eine verjüngte Version seiner Vorgänger) stehen. Ihre erste Begegnung findet vor dem Gemälde „The Fighting Temeraire" (siehe Abb. 19 in Kapitel 3.3) von William Turner statt, das ein legendäres Segelschlachtschiff aus der Schlacht von Trafalgar zeigt, nämlich die HMS Temeraire, die von einem damals (1838) modernen Dampfer abgeschleppt wird. Die Interpretationen des Bildes von Q (der in ihm einen Sieg der Moderne über das Veraltete sieht) und Bond (der dem Alten weiterhin Größe zuschreibt)[199] könnten unterschiedlicher nicht sein:

> Q: „Es macht mich immer ein wenig melancholisch. Ein stolzes, altes Schlachtschiff wird schmachvoll auf den Schrott geschleppt. Die Unabwendbarkeit der Zeit, nicht wahr? Was sehen Sie?"
> Bond: „Ein Schiff. Und noch ein Schiff."[200]

Im weiteren Verlauf bestätigt sich der oben genannte Aspekt, dass das Zusammenführen neuer Techniken und jahrzehntelanger Erfahrung zum Erfolg führt. Während Q nach dem Code zur Entschlüsselung von Silvas Software sucht, hilft Bonds Beobachtungsgabe, ihn zu finden. Vieles spielt sich in „Skyfall" am Computer und

---

198 Duncan (Hrsg.) (B) 2012, S. 121.

199 Geht in der deutschen Synchronisation verloren. Im englischen Original sagt Bond nicht „Ein Schiff. Und noch ein Schiff", sondern „A bloody big ship."

200 „Skyfall" (DVD) 00:37:18–00:37:36. Siehe hierzu auch: Korte, Barbara: Bond und das Heroische – Von Flemings Romanen zu Skyfall, in: Brunsberg-Kiermeier, Stefanie/Greve, Werner (Hrsg.) 2014, S. 107–128, S. 119.

online ab und vor allem Silva brüstet sich mit seinen Fähigkeiten, aus der Ferne mit nur wenigen Mausklicks Angst und Schrecken zu verbreiten.[201] „Skyfall" geht hier auf eine neuere Form des Terrorismus ein, deren Gefahren bis vor einigen Jahren (obwohl der Begriff schon seit den 1980ern existiert)[202] noch vom US-amerikanischen Experten für IT-Sicherheit Bruce Schneier negiert wurden:

> „Stories of terrorists controlling the power grid or opening dams, or taking over the air traffic control network and colliding airplanes, are unrealistic scare stories. This kind of things is surprisingly hard to do remotely. Insiders might have an easier time of it, but even then they can do more damage in person than over a computer network."[203]

Im Jahre 2010 (sieben Jahre nach obigem Statement), kam Jeffrey Carr (Experte für Cyber-Sicherheit) zum gegenteiligen Schluss: „[T]hreats to the critical infrastucture are becoming increasingly frequent [...] Cyber attacks are one of the greatest threats to international peace and security in the 21st Century."[204] Es zeigt sich hier, dass sich die Bond-Filme wieder einmal hochaktuelle Themen zu eigen machen, die vor allem vor dem Hintergrund der Tätigkeiten der Gruppe Anonymous, aber besonders der Cyberattacken der Terrororganisation Islamischer Staat[205] auch einige Jahre später aktueller denn je erscheinen.

3.3   Amerikanisierter Actionheld oder britische Symbolfigur?

Es ist der Abend des 27. Juli 2012, die olympischen Spiele in London werden eröffnet und Großbritanniens bekanntester Geheimagent (gespielt vom aktuellen Bond-Darsteller Daniel Craig) macht sich auf den Weg, einen besonderen Ehrengast der Eröffnungsfeier abzuholen. Von einem Chauffeur wird 007 zum Buckingham Palast gefahren, wo er bereits erwartet wird. Niemand geringeres als Queen Elizabeth II (gespielt von sich selbst) soll von Bond zur Eröffnungsfeier der olympischen Spiele geleitet werden. Gemeinsam besteigen sie einen Helikopter und fliegen über die Straßen Londons hinweg zum Olympiastadion. Am Veranstaltungsort angekommen, springt zuerst die Queen, dann Bond mit vom Union-Jack gezierten Fallschirmen

---

201 „Skyfall" (DVD) 01:07:25–01:14.02.

202 Tafoya, William L.: Cyber Terror, in: U.S. Department of Justice (Hrsg.): FBI Law Enforcement Bulletin, Vol. 80, Nr. 11, November 2011, S. 1–16. S. 2.

203 Schneier, Bruce: Beyond Fear. Thinking sensibly about Security in an uncertain world. New York 2003, S. 237. Siehe hierzu auch: Tafoya, in: U.S. Department of Justice (Hrsg.) 2011, S. 4.

204 Zitiert nach: Tafoya, in: U.S. Department of Justice (Hrsg.) 2011, S. 4.

205 Vermutlich der IS oder Sympathisanten hackten sich am 09.04.2015 in das System des französischen Fernsehsenders TV5 und blockierten für Stunden den gesamten Sendebetrieb. N.N.: TV5Monde: IS-Hacker legen französischen Fernsehsender lahm, in: Spiegel Online vom 09.04.2015: http://www.spiegel.de/netzwelt/web/islamischer-staat-is-hacker-legen-fernsehsender-tv5monde-lahm-a-1027631.html, Zugriff: 10.04.2015.

aus dem Hubschrauber. Bis zu diesem Punkt handelte es sich um einen im Vorfeld produzierten Einspieler; kurz vor dem Zeitpunkt des Fallschirmsprungs kreiste auch in der Realität ein Hubschrauber über dem Stadion und zwei Stuntdoubles sprangen hinaus. Kurz darauf betrat die Queen die Arena und Beifall brandete auf.[206]

James Bond und Elizabeth II., zwei britische Legenden, schweben mit einem Union-Jack-Fallschirm zur Bond-Begleitmusik in das Olympiastadion. Die Verbundenheit zwischen den James-Bond-Filmen und Großbritannien wird hier mehr als offensichtlich. Der Titelheld gehört dem britischen Geheimdienst an, als Produktionsland wird überwiegend Großbritannien geführt und jeder der bislang sechs Bond-Darsteller gehörte dem Commonwealth an. Dennoch sind sich vor allem britische und amerikanische Kulturhistoriker und Soziologen in der Frage, wie britisch Bond ist, uneinig. Besonders hervorzuheben ist hierbei die Beanspruchung des Agenten für das eigene Herkunftsland. Die in diesem Zusammenhang untersuchten Texte britischer Wissenschaftler ordnen Bond in einen britischen Kontext ein, einige amerikanische Autoren meinen hingegen, in Bond eine nahezu archetypische US-Abstammung zu finden. So sieht der amerikanische Soziologe Lee Drummond in den Bond-Filmen ein Produkt amerikanischer Kultur und den Geheimagenten somit eingebettet in die sich fortschreibende Geschichte Amerikas:

> „The high tech gadgetry, and jet set characters and locations of the films negated any lingering, fusty Britishness of Ian Fleming's James Bond [...]. The story of Bond, his geste or saga, has become fully incorporated in the larger ongoing Story of America, the Dreamtime chronicle of that rich, gimmickry and bizarre land that is less a place than a state of mind.“[207]

Diese Sichtweise der Bond-Filme ist – wie der britische Kulturwissenschaftler James Chapman anmerkt – einer der absurdesten Versuche, den britischen Geheimagenten für die USA zu beanspruchen. Drummonds Argumentation setze voraus, dass James Bond dem amerikanischen Kulturkreis entspringe, ignoriere beinahe vollständig seine literarischen britischen Wurzeln und mache Bond zu einem Beispiel des amerikanischen Imperialismus'.[208]

Konträr zu Drummonds Sichtweise sind die Ausführungen des britischen Medienwissenschaftlers Jean Paul Green zu bewerten. Green geht im Rahmen seiner Untersuchungen der Frage nach britischer Identität im Bond-Film nach und stellt fest, dass die Bond-Filme weniger britisch, dafür aber regelrecht *zu Englisch* seien.

---

206 N.N.: James Bond, die Queen und der Fallschirm, in: Stern.de vom 28.07.2012, http://www.stern.de/sport/olympia/olympia-2012/eroeffnungsfeier-in-london-james-bond-die-queen-und-der-fallschirm-1866664.html, Zugriff: 30.03.2012.

207 Drummond, Lee: American Dreamtime. A Cultural Analysis of Popular Movies and Their Implications for a Science of Humanity. Lanham, Md. 1996, S. 128. Siehe auch: Lawrence, John Shelton: The American Superhero Genes of James Bond, in: Becker, Jack/Weiner, Robert G./Whitfield, Lynn (Hrsg.) 2010, S. 324–342, S. 324 f.

208 Chapman, James: Bond and Britishness, in: Comentale, Edward P./Watt, Stephen/Willman, Skip (Hrsg.) 2005, S. 129–143, S. 140 f.

Die Filme würden englische Werte stereotyp vermitteln und dadurch eine überzogene Englishness zeichnen, die es so nicht gegeben habe, wodurch Bond jegliche Nationalidentität karikiere:

> „Bond wird in all seinen Verkleidungen dem Rest der Welt als perfekte Version der Englishness verkauft. Das ist keine besonders klar definierte Nationalität und für viele handelt es sich bei Englishness um etwas aus der Vergangenheit, ein Museumsstück, an das man sich voll falscher Nostalgie erinnert. […] Die Bond-Filme konstruieren Englishness. […] 007 besteht aus Fragmenten nationaler Identitäten […], die falsch zusammengesetzt werden, um den Anschein eines archetypischen englischen Helden zu erwecken. Aber er ist eher eine Karikatur von dem, was einen englischen Helden ausmachen sollte […].“[209]

Der emeritierte amerikanische Philosophie-Professor John Shelton Lawrence knüpft hingegen an Drummonds Standpunkt an und meint in James Bond eindeutige Hinweise amerikanischer Abstammung zu erkennen. Zwar spricht Lawrence dem Geheimagenten nicht jegliches Britische ab und ist sich des literarischen Ursprungs der Filme bewusst, betont aber gleichzeitig das Vorhandensein amerikanischer Elemente, die Bond von jeher geprägt hätten und die auch zukünftige Filme beeinflussen könnten:

> „[I]t would be foolish to say that Bond is ‚essentially American‘ now. Bond's cultural bouillabaisse can be cooked with many ingredients, the English ones continuing to possess significance. The current seasonings from American heroic mythology hardly contaminate something that was never that pure. The American flavors were always there and could easily become more pronounced in the future.“[210]

Lawrence meint, besagte amerikanische Einflüsse u. a. in einem Vergleich des aktuellen Bond Darstellers (Daniel Craig) und früheren US-amerikanischen Filmhelden zu identifizieren. In Craig-Bonds eigenmächtigem Handeln gegen seine Vorgesetzten in „Ein Quantum Trost“ sieht Lawrence Parallelen zu den amerikanischen Heroen Rambo, Dirty Harry oder in dem von Bruce Willis verkörperten John McClane.[211] James Bond mit Rambo zu vergleichen ist generell nicht besonders gut durchdacht, könnte die Motivation für das Handeln der Protagonisten unterschiedlicher kaum sein. Rambo kommt (im ersten Teil) nach dem Vietnam-Krieg als geschundener Geist in die Heimat und erfährt dort nur Ablehnung. Traumatisiert kämpft er nun gegen die örtlichen Sicherheitskräfte einer Kleinstadt. James Bond hingegen steht in Brief und Siegel zur britischen Krone und handelt im Auftrag Ihrer Majestät (mit einer Ausnahme, in der er seiner Lizenz enthoben wird)[212]. Auch wenn Craigs Bond

---

209 Green, Jean Paul: Liebesgrüße aus Brengland. Nationale Identität und James Bond, in: Grünkernmeier, Ellen u. a. (Hrsg.): Das Kleine Bond-Buch. From Cultural Studies with love, Marburg 2007, S. 79–91, S. 88–90.
210 Lawrence, in: Becker, Jack/Weiner, Robert G./Whitfield, Lynn (Hrsg.) 2010, S. 339.
211 Ebd., S. 334.
212 Gemeint ist Timothy Daltons Bond in „Lizenz zum Töten“.

nicht immer mit vollem Einverständnis seiner Vorgesetzten agiert und sich darin Parallelen zu Dirty Harry und McClane zeigen, ist das meines Erachtens kein Hinweis auf eine amerikanische Abstammung des Agenten. Vielmehr ist zu hinterfragen, ob Action-Typen wie McClane ohne die Etablierung durch die Bond-Filme überhaupt möglich gewesen wären.

Schlüssig ist hingegen Lawrences Darstellung des realen Einflusses amerikanischen Kapitals – sowohl monetär als auch intellektuell – in die Bond-Serie. So sind die jetzigen Bond-Produzenten Barbara Broccoli und Michael G. Wilson gebürtige US-Amerikaner, wie auch schon ihr Vater/Stiefvater Albert Broccoli und dessen Geschäftspartner Harry Saltzman (dieser war allerdings Kanadier), die ihr Weg erst im Laufe ihrer Karriere nach Großbritannien führte. Neben den Produzenten ist einer der Haupt-Drehbuchautoren (Richard Maibaum) amerikanischer Abstammung und ein Teil der Finanzierung erfolgt mit MGM/UA über ein US-amerikanisches Studio.[213]

In seiner weiteren Argumentation wird Lawrence dann wieder sehr kreativ in der Interpretation des Doppel-Null-Agenten, indem er ein deutliches Bild von James Bond als Helden mit vermeintlichen Genen amerikanischer Superhelden wie Spiderman oder Superman zeichnet:

> „If we look back to a much earlier superhero period, we can see the congruence of the Bond type of redemptive tale with mythic forms expressed in the first animated Superman Cartoon of 1941. [...] [T]here is a significant, shared aesthetic dimension of the Superman and Bond. Even in the crude penciling of Joe Shuster and primitive animation of the Fleischer studios, there reins an aesthetic of beauty and ugliness that corresponds precisely to the moral judgments we are expected to make. Heroes and female captives surpass cultural norms of beauty while villains [...] are marked by their ugliness.“[214]

Diese doch recht abenteuerliche Interpretation von James Bonds Wurzeln kritisiert auch der britische Kulturwissenschaftler James Chapman:

> „I am [...] less persuaded by [Lawrences] suggestion that the Manichean world view of Bond owed something to the American superhero tradition. [...] [T]here seems to me to be a fundamental historical difference between the birth of the superhero and the birth of Bond. Characters like Superman and Captain America emerged at precisely the moment that the slumbering giant that was the United States was about to assume its place on the world stage: it is no coincidence that the height of their popularity coincided with America's entry into World War II [...] Bond however, emerged somewhere near the beginning of Britain's long, terminal decline into the twilight of empire [...]“[215]

Um Chapman in diesem Punkt zu ergänzen: Nicht nur der unterschiedliche historische Entstehungskontext der Superhelden spielt eine Rolle, auch die erzähle-

---

213 Lawrence, in: Becker, Jack/Weiner, Robert G./Whitfield, Lynn (Hrsg.) 2010, S. 328 f.
214 Ebd., S. 334 f.
215 Chapman, James: „Reflections in a Double Bourbon, in: Becker, Jack/Weiner, Robert G./ Whitfield, Lynn (Hrsg.) 2010, S. 479–484, S. 483.

rischen Strukturen sind nicht mit Bond zu vergleichen. Bei den Superman- oder Spiderman-Comics (!), die Lawrence für seinen James-Bond-Vergleich heranzieht, sind ganz andere Dimensionen innerhalb der Charakterzeichnung gegeben. Im Gegensatz zu den Comic-Helden, ist James Bond weder ein Außerirdischer mit Superkräften noch ein genetisch via Spinnenbiss veränderter Jugendlicher, sondern ein (fiktiver) Mensch aus Fleisch und Blut, der seine „Superpower" lediglich durch die technischen Spielereien Qs bezieht. Auch aus diesen Gründen ist ein Vergleich des Agenten mit amerikanischen Superhelden als Beweisführung für Bonds vermeintliche „American Superhero Genes" in keiner Weise zielführend geschweige denn zwingend.

Wie zu erkennen ist, vertritt schlussendlich der britische Kulturwissenschaftler James Chapman den Standpunkt der erkennbaren britischen Abstammung Bonds, wobei er bezüglich der Filme Einschränkungen macht. Für Chapman sind es in erster Linie die Romane, die Britishness in Reinform ausstrahlen, wohingegen James Bond in den Filmen mehr zu einem internationalen „Mr. Fix-It" avanciere:

> „While the literary Bond is a uniquely British cultural and ideological construct, it is probably appropriate to regard the cinema's Bond as neither purely ‚British' nor wholly ‚American' but rather as an ‚international' construct. Bond in the films functions as a sort of international Mr. Fix-It who just happens to be British."[216]

Chapman ist hier meines Erachtens nicht ganz akkurat, ähnlich auch wenn er die Stellung britischer und US-amerikanischer Akteure in den Filmen als gleichberechtigt bezeichnet („in the films Britain and America are presented as equals")[217]: Er spricht so den Filmen doch weniger Britishness zu, als sie tatsächlich enthalten. Im Folgenden soll dieser Punkt genauer herausgearbeitet werden, indem zum einen die reale Beziehung zwischen Großbritannien und den USA und ihre Präsentation im Fokus steht, sowie zum anderen die Darstellung beider Nationen in den Bond-Filmen untersucht wird. Allerdings sollte eine inhaltliche Analyse der tatsächlichen Darstellungen sich am geeignetsten erweisen, um Aufschlüsse über etwaige britische oder US-amerikanische Einflüsse zu erhalten.

Generell ist, um Chapman zu widersprechen, in den Filmen eine deutliche vor allem intellektuelle Überlegenheit Großbritanniens gegenüber den USA festzustellen. Mit dieser Selbstdarstellung, die im folgenden eingehender aufgezeigt wird, präsentieren die Filme eine Rolle Großbritanniens, wie sie das Land im realen weltpolitischen Gefüge schon seit geraumer Zeit nicht mehr eingenommen hat. Wie Chapman (s. o.) richtig darlegt, entstanden die Bond-Filme in einer Zeit, in der das britische Empire seine letzten Einflussbereiche in Übersee schrittweise abgab. In den 1950er Jahren setzte ein Dekolonialisierungsschub in Afrika ein, der durch die Suezkrise 1956 massive Beschleunigung erfuhr. Zwischen 1957 und 1965 entließ Großbritannien die Goldküste (Ghana), Britisch-Somalialand, Nigeria, Sierra Le-

---

216 Chapman, in: Comentale, Edward P./Watt, Stephen/Willman, Skip (Hrsg.) 2005, S. 141.
217 Ebd., S. 139.

one, Tanganyika (Tansania), Uganda, Kenia, Sansibar, Njassaland (Malawi), Nord-Rhodesien (Zambia) und Gambia in die Unabhängigkeit. Es folgten die britischen Einflussgebiete in Südafrika.[218] Einhergehend mit dem Rückzug aus Afrika und anderen Enklaven des ehemaligen Empires schwand die Macht Großbritanniens. Aus 700 Millionen Einwohnern des Empires in Übersee wurden 5 Millionen, von denen 3 Millionen in Hongkong lebten, das schließlich 1997 an China zurückgegeben wurde. Wirtschaftspolitische Probleme zwangen Großbritannien, seine internationale militärische Präsenz zu verringern und seine Kräfte (bis 1989) nur noch in der NATO zu konzentrieren.[219] Als Kompensation des verlorenen Empires etablierte sich quasi als „Weltmachtersatz" in Großbritannien langsam aber stetig eine neue Form der Vielfalt, die den Einflussbereich des Landes auf eine andere Ebene hob. James Bond betrat als britischer Held also eine Bühne, in der die einstige Großmacht im Umschwung zu einem kulturellen Mekka begriffen war:

> „First appearing with the publication of Ian Fleming's Casino Royale in 1953 and crossing over to the big screen with the film adaption of Dr. No in 1962, James Bond emerged at a turning point in British post-war history, a moment of profound cultural change that saw Britain's decline as a superpower and its reinvention as a swinging Mecca for music, fashion, shopping and youth culture."[220]

Die Bond-Filme halten nun vielfach am Glanz vergangener Tage fest, indem sie die oben beschriebene tatsächliche Entwicklung teilweise ignorieren, teilweise aber auch selbstironisch aufgreifen. Auch das Motto Bonds, die britische Ehre hochzuhalten („Keeping the British End up!")[221], kann schon bei oberflächlicher Betrachtung auf nahezu alle Filme bezogen werden. Erstmals deutlich wird die im Film perpetuierte Weltmachtstellung Großbritanniens im zweiten Bond-Abenteuer „Liebesgrüße aus Moskau", bei dem es Blofeld daran gelegen ist, die Sowjetunion und eine westliche Macht gegeneinander auszuspielen, um so den Kalten Krieg „heiß" werden zu lassen. Die logische Wahl würde im realen Leben auf die USA als klassischen Gegenpart zur SU fallen, im Bond-Film sind es aber die Briten, die zum Spielball Blofelds werden, während die USA im Film nicht einmal durch den Einsatz von Agenten beteiligt sind. Alleine dieses Motiv (Großbritannien ist einem Angriff unterworfen, nicht die Weltmacht USA) zieht sich durch mindestens drei weitere Filme. So etwa in „Der Spion, der mich liebte", in dem nicht ein US-amerikanisches U-Boot in den Fokus Strombergs gerät, sondern ein britisches entführt wird; weiterhin „In tödlicher Mission", der den Konflikt um ein U-Boot-Ortungssystem Großbritanniens mit der Sowjetunion thematisiert und in „Der Hauch des Todes" wendet sich der (vermeintliche) russische Überläufer nicht an die USA sondern an Großbritannien. Im Film „Man lebt nur zweimal" manifestiert sich die Darstellung Großbritanniens

---

218 Wende, Peter: Das britische Empire. Geschichte eines Weltreichs, München 2008, S. 293.
219 Ebd., S. 309f.
220 Lindner, Christoph (Hrsg.) 2003, S. 1.
221 Kulbarsch-Wilke 2009, Anhang 10, Sq. 19.3.

Abb. 12: Die Streitparteien am Verhandlungstisch, (v.l.n.r: Diplomaten aus USA, GB, SU), Screenshot „Man lebt nur zweimal" (DVD 007 Special Edition) 00:03:44. Siehe hierzu auch: Zettler, in: Barmeyer, Christoph/Scheffer, Jörg (Hrsg.) 2013, S. 24 f.

als den Großmächten USA und Sowjetunion gleichgestellte, wenn nicht sogar übergeordnete Macht am Verhandlungstisch. Während sich die Vertreter beider Blöcke gegenseitig die Entführung ihrer Raumkapseln vorwerfen, fungiert der britische Diplomat als Vermittler. Er sitzt in der Mitte, die Vertreter der USA links, die der SU rechts von ihm (Abb. 12). Die Symbolik dieses Bildes zeigt deutlich, wo der Film Großbritannien einordnet, was durch die Tatsache, dass sich (natürlich) die britische Sicht der Dinge, die von den Amerikanern als implausibel abgetan wird, als die korrekte Deutung der Ereignisse herausstellt, bestätigt wird.

In den späten 1970er Jahren kam in der Symbolsprache der Bond-Filme mit der Präsentation des Union Jack – und damit dem Symbol britischen Patriotismus' schlechthin – an meist ungewöhnlichen Orten ein weiteres Element hinzu. Ob Bond sich in „Der Spion, der mich liebte" mit einem Union-Jack-Fallschirm vor seinen russischen Verfolgern rettet oder in „Octopussy" in einen ebensolchen Heißluftballon steigt; die Einstiegsluke des rettenden U-Bootes in „Im Angesicht des Todes" durch die britische Flagge geziert wird, im 40-jährigen Jubiläums-Bond „Stirb an einem anderen Tag" erneut der Fallschirm (diesmal am Bösewicht) zum Einsatz kommt oder in „Skyfall" gleich mehrfach die britische Flagge gezeigt wird, stets verweisen die Bilder auf die Ursprünge Bonds (Abb. 13 – Abb. 18).

Generell ist „Skyfall" von 2012 wohl der Bond-Film, der britischen Nationalstolz verströmt wie keiner vor ihm, was sich zunächst einmal darin manifestiert, dass große Teile der Handlung in Großbritannien spielen. Darüber hinaus nimmt der Film Bezug auf den für viele Londoner völlig unerwarteten Terroranschlag[222] auf die U-Bahn am 07. Juli 2005. Damals kamen 56 Menschen ums Leben und die Nation überdachte ihre Anti-Terror-Maßnahmen. In Großbritannien wähnte man sich bis dato vor Anschlägen radikal-islamischen Hintergrunds weitestgehend sicher, da die

---

222 Um seine Absichten zu untermauern, lässt Silva in einem U-Bahnschacht eine Bombe explodieren. Durch das so entstandene Loch im Boden rast dann ein Zug und zerschellt. „Skyfall" (DVD) 01:33:07–01:34:55.

Abb. 13:   Fallschirm, Screenshot „Der Spion, der mich liebte" (DVD Ultimate Edition)
00:07:36.

Abb. 14:   Heißluftballon, Screenshot „Octopussy" (DVD Ultimate Edition) 01:54:58.

Abb. 15:   U-Boot, Screenshot „Im Angesicht des Todes" (DVD Ultimate Edition)
00:04:50.

Abb. 16:   Fallschirm, Screenshot „Stirb an einem anderen Tag" (DVD Ultimate Edition) 00:48:48.

Abb. 17:   Bulldogge, Screenshot „Skyfall" (DVD) 00:33:51.

Abb. 18:   Flagge, Screenshot „Skyfall" (DVD) 02:10:12.

Abb. 19: Letzte Fahrt der Temeraire, Screenshot „Skyfall" (DVD) 00:37:21. Siehe zur Temaraire auch: Korte, in: Brunsberg-Kiermeier, Stefanie/Greve, Werner (Hrsg.) 2014, S. 119.

Gesetze sogar islamistischen Hasspredigern politisches Asyl boten. Dieses machte es für viele unwahrscheinlich, dass sich Anhänger radikaler Prediger **gegen** einen Staat wenden würden, der ihren Führern Redefreiheit gewährt.[223]

Besonders die bereits zitierte Symbolik britischer Nationalidentität findet in „Skyfall" Anwendung. Abgesehen von den oben angeführten Referenzen auf die britische Herkunft Bonds wird ein Wiedererstarken Großbritanniens/Bonds angedeutet. Symbolisch steht hierfür u. a. eine Bulldoggen-Figur (Abb. 17) aus Ms Büro, die als einziger Einrichtungsgegenstand die Explosion des alten MI6-Hauptquartiers „überlebt". Den Rücken des Hundes ziert deutlich die britische Flagge[224]. Nach Ms Tod überreicht Moneypenny Bond diese Figurine – als Symbol, weiterzumachen.

Aber auch zwei geschickt in den Film eingebundene Gemälde, die einerseits den früheren Abstieg des Empires symbolisieren (Gemälde von William Turner[225], Abb. 19), dann aber Siegeswillen und ein machtvolles Britannien demonstrieren (Gemälde von Thomas Buttersworth[226], Abb. 20), stehen für ein neues Selbstbewusstsein. Turners Gemälde zeigt die Temeraire, die in der Schlacht von Trafalgar (1805) zum britischen Sieg beitrug. Nun, selber fahruntüchtig, wird sie von einem moderneren Schlepper zum Abwracken abtransportiert. Der Film spielt auf die Vergänglichkeit eines ehemals stolzen Schiffes an und damit einhergehend auch auf die schwin-

---

223 Schmidt, Johann N.: Großbritannien 1945–2010. Kultur, Politik, Gesellschaft, Stuttgart 2011, S. 447 f.

224 Die Bulldogge steht darüber hinaus in Großbritannien für nationale Charaktereigenschaften wie Sturheit, Mut und Tapferkeit. Siehe hierzu: Korte, in: Brunsberg-Kiermeier, Stefanie/Greve, Werner (Hrsg.) 2014, S. 114.

225 Deutscher Titel: „Die letzte Fahrt der Temeraire"; Originaltitel: „The Fighting Temeraire tugged to her last Berth to be broken up". Das Gemälde entstand 1838.

226 Originaltitel: „HMS Victory Heavily Engaged at the Balttle of Trafalgar". Siehe hierzu: Morgenstern, Danny: James Bond für Besserwisser. Der tiefe Einblick in die Welt des Geheimagenten 007. Braunschweig 2014, S. 344.

Abb. 20: Im Hintergrund: Die HMS Victory in der Schlacht von Trafalgar, Screenshot „Skyfall" (DVD) 02:12:01.

dende Macht Großbritanniens/Bonds. Buttersworth' Bild ist am Ende des Films zu sehen, nachdem Bond entgegen der Ansichten seiner Skeptiker bewiesen hat, dass der Einsatz für sein Land immer noch lohnenswert ist. Es referiert ebenfalls auf die Seeschlacht von Trafalgar, bei dem sich das Flaggschiff unter Lord Nelson, die HMS Victory, hervortat. Hier spielt der Film auf ein starkes Großbritannien auf dem Weg zur Weltmacht an. Lord Nelsons Flotte (er selber erlag seinen Verletzungen) konnte aus der Seeschlacht von Trafalgar siegreich gegen eine Allianz aus Spaniern und Franzosen hervortreten und damit die bis zum Ersten Weltkrieg andauernde maritime Vorherrschaft des britischen Empire einläuten.[227]

In dieselbe Kerbe schlägt auch M, die vor dem parlamentarischen Ermittlungsausschuss Rede und Antwort zum Tod mehrerer Agenten stehen muss und als Abschluss ihrer Verteidigung aus Tennysons „Ulysses" zitiert:

„Sind wir auch länger nicht die Kraft, die Erd' und Himmel einst bewegte, so sind wir dennoch, was wir sind. Helden mit Herzen von gleichem Schlag. Geschwächt von Zeit und von dem Schicksal. Doch stark im Willen zu ringen, zu suchen, zu finden und nie zu weichen." (Deutsche Tonspur von Ms Vortrag, in: „Skyfall" (DVD) 01:36:14–01:36:42.)

„[…] We are not know that strength which in old days moved earth and heaven, that which we are, we are – One equal temper by time and fate, but strong in will. To strive, to seek, to find, and not to yield." (Zitiert nach: Korte, in: Brunsberg-Kiermeier, Stefanie/ Greve, Werner (Hrsg.) 2014, S. 118.)

In Tennysons Versen klingt der Wille zum Aufbruch und Durchhalten an, trotz aller Widrigkeiten mehr zu erreichen und nie aufzugeben. Diese Interpretation in Verbindung mit der Entstehungszeit des Gedichts ist im Hinblick auf die erstarkende Britishness von nicht unerheblicher Bedeutung für die Symbolik des Films. Das Ge-

---

227 Wende 2008, S. 126.

dicht wurde 1833 verfasst und 1842[228] zu Beginn des Viktorianischen Zeitalters (1837–1901) veröffentlicht, das für Großbritannien in erster Linie eine Zeit wirtschaftlicher Potenz und aufstrebender Machtentfaltung bedeutete.[229] Mit den Worten Tennysens drückt M einerseits ebendiese frühere Vormachtstellung des Empire aus und verdeutlicht andererseits die Entschlossenheit und fortdauernde Signifikanz ihres MI6 samt Bond für den Staat.

„Skyfall" ist in seiner gesamten Symbolik für die Bond-Filme in der Zeit nach dem Kalten Krieg in Punkto Nationalstolz ein ungewöhnlicher Film, tendieren die Filme ab „GoldenEye" doch eher dazu, Großbritannien und auch die Bedeutung Bonds (selbst-)kritischer zu sehen. Vor allem „GoldenEye" und „Ein Quantum Trost" verweisen auffällig häufig auf verwerflichere Seiten in der britischen (Zeit-) Geschichte. So Alec Trevellian, der Bond zu Beginn des Films als „getreue[n] Terrier Ihrer Majestät"[230] verhöhnt und ihm in einer flammenden Rede seine Unzulänglichkeiten vorhält, ohne dass dieser eine Chance zur geistreichen Erwiderung hat:

> „Ich könnte dich genauso gut fragen, ob all deine Wodka-Martinis die Schreie der Männer zum Verstummen bringen, die du getötet hast. Oder ob du in den Armen all jener willigen Frauen Vergebung findest für all die, die getötet wurden, weil sie sich dir anvertrauten."[231]

„GoldenEye" hinterfragt also recht deutlich die Daseinsberechtigung Bonds in der Zeit ohne bipolare Weltordnung, wie auch M, als sie James Bond als ein „Relikt des Kalten Krieges"[232] tituliert. Bemerkenswerter ist jedoch die Referenz auf eine unrühmliche Passage der britischen Vergangenheit oder, wie Bond es nennt: „Nicht gerade eine unserer Sternstunden"[233]. Janus/Trevellian stellt sich als Sohn Lienzer Kosaken heraus, Angehörige einer Gruppierung, die während des Zweiten Weltkriegs für die Nationalsozialisten kämpfte und am Ende des Krieges in der Nähe der Osttiroler Stadt Lienz beim britischen Militär Schutz vor Stalins Truppen suchte. Den Vereinbarungen der Konferenz von Jalta folgend brachen die Briten jedoch ihr Versprechen und lieferten die Kosaken den Sowjets aus. Es kam in der Folge zu dramatischen Szenen, bei denen sich tausende Männer und Frauen mit ihren Kindern das Leben nahmen.[234] Janus/Trevellians Eltern überlebten zwar den britischen Verrat und die sowjetische Verfolgung, nahmen sich am Ende aber doch das Leben. Er sinnt nun auf Rache an dem Land, das seine Eltern verriet.

---

228 Ebd.

229 Maurer 1997, S. 353.

230 Zitiert nach: Kulbarsch-Wilke 2009, S. 57.

231 Zitiert nach: Ebd., S. 58.

232 Zitiert nach: Ebd., S. 97.

233 Ebd., Anhang 17, Sq. 13.2.

234 Karner, Stefan: Zur zwangsweisen Übergabe der Kosaken an die Sowjets 1945 in Judenburg, in: Stadler, Harald/Steininger, Rolf/Berger, Karl C. (Hrsg.): Die Kosaken im Ersten und Zweiten Weltkrieg, Innsbruck 2008, S. 141–150, S. 141 f.

Diese Form der Selbstkritik war 1995 neu in einem Bond-Film, hatte es doch zuvor nur kleinere selbstironische Spitzen auf den politischen Abstieg Großbritanniens gegeben. Zu nennen wäre hier Blofelds Verwunderung in „Diamantenfieber" über Bonds Beteiligung an der Jagd auf ihn, da er doch lediglich China die USA und die SU erpresse, wo hingegen Bonds „armselige kleine Insel [...] ja nicht einmal bedroht worden [sei]"[235]. Ebenso symbolhaft für Britanniens eingeschränkte Weltmachtstellung ist die Einrichtung einer MI6 Außenstelle auf dem unter ungeklärten Umständen vor Hongkong halb gesunkenem Transatlantikschiff „Queen Elizabeth"[236] in „Der Mann mit dem goldenen Colt", die in „Stirb' an einem anderen Tag" noch einmal einen Gastauftritt hat. Die bislang stärkste Kritik befindet sich wieder in der Post-Cold-War-Phase der Filme in „Ein Quantum Trost", der mit den Motiven der eigenen aber auch der US-amerikanischen Regierung in Lateinamerika hart ins Gericht geht. Beide Nationen dulden im Film nach wissentlich einen Putsch radikaler Diktatoren, um an die Rohstoffvorräte in Bolivien zu gelangen. Wie Kapitel 3.2.3 zeigt, traf so ein Verhalten der USA in der bolivianischen Vergangenheit tatsächlich zu – „Ein Quantum Trost" lässt sich hieran nun auch die Briten anschließen. Lediglich M und Bond (sowie Felix Leiter auf Seiten des CIA) halten das gute Gewissen ihrer Länder hoch, indem sie deren Verhalten verurteilen. Dennoch zeigt sich der Film hier sehr politisch in eine Richtung, die die Integrität der britischen und US-amerikanischen Regierung anzweifelt.

„Ein Quantum Trost" ist nicht der erste Bond-Film, der US-amerikanische Verwicklungen kritisiert, wenngleich „Ein Quantum Trost" hierbei besonders hart ins Gericht geht und bis auf Felix Leiter kein gutes Haar an den USA lässt. Erste kleinere Seitenhiebe auf die Amerikaner finden sich vorranging in den Filmen der Roger Moore-Ära, hier jedoch mehr humoristisch als gesellschaftskritisch konnotiert. Ins Auge fällt hierbei der in zwei Filmen („Leben und sterben lassen" und „Der Mann mit dem Goldenen Colt") auftretende Sgt. Pepper, der ganz die stereotype Vorstellung vom übergewichtigen, ungehobelten und kaugummikauenden Amerikaner verkörpert. Man erfährt nicht viel über Sgt. Pepper, lediglich in „Der Mann mit dem goldenen Colt", dass er verheiratet und Demokrat ist, was ihn zu der Weigerung veranlasst, eine Figur mit Elefantenmotiv zu erstehen[237] (dem traditionellen Maskottchen der Republikaner). In „Leben und sterben lassen" verhindert er beinahe den Erfolg von Bonds Verfolgungsjagd[238], was ihn erneut in ein schlechtes Licht rückt.

Dennoch ist gerade auch in „Leben und sterben lassen", ähnlich wie in „Diamantenfieber" zwei Jahre zuvor ein Hinweis auf einen verstärkten amerikanischen Fokus der Bond-Filme zu schließen (Kritik daran kam u. a. aus Großbritannien, siehe Kapitel 5.2.2). Beide Werke spielen zu großen Teilen in den USA und greifen im Falle von „Leben und sterben lassen" US-spezifische Themen auf, wie die wachsende Drogenproblematik und das amerikanische Filmgenre der „Blaxploitation-Movies".

---

235 Zitiert nach Kulbarsch-Wilke 2009, S. 34.
236 Chapman 2007, S. 146.
237 Kulbarsch-Wilke 2009, Anhang 9, Sq. 9.
238 Ebd., Anhang 8, Sq. 12.5–12.7.

Filme mit vornehmlich schwarzen Protagonisten, die sich gegen die Unterdrückung weißer Gegenspieler zur Wehr setzen müssen, waren zu Beginn der 1970er Jahre erfolgreiche Kassenschlager in den Staaten. Die Bond-Produktion nahm dieses Genre auf, wenngleich laut Hampel und Zillesen nicht alle Elemente eines klassischen Blaxplotation-Films enthalten sind. So fehlen der schwarze Protagonist und die positive Besetzung der Schwarzen im Film.[239] Mit Verlagerung weiter Teile der Filmhandlung in ein Schwarzen-Ghetto der USA sowie dem Aufgreifen des Drogen-Plots, sind wiederum klassische Elemente eines Blaxploitation-Films auszumachen. „Leben und sterben lassen" ist also mehr ein Bond-Film mit einer *Tendenz* zur Blaxploitation, nicht jedoch zu 100 Prozent in dieses Genre einzuordnen. Das Aufgreifen dieser amerikanischen Thematik könnte ein Hinweis auf eine verstärkte Amerikanisierung der Filme sein, was auch den neueren Filmen mit Daniel Craig gerne unterstellt wird (siehe oben). Tatsächlich lassen die verstärkten Action-Elemente à la Jason Bourne[240] einen solchen Rückschluss vermuten, hierbei ist jedoch (etwas provokativ) einzuwenden, dass Actionhelden wie Bourne erst aus der Legitimation der Bond-Filme heraus entstanden sein könnten und somit in Wirklichkeit „großbritannisierte" amerikanische Helden sind.

Die USA nehmen in den Bond-Filmen stets eine untergeordnete Rolle ein. Eine Ausnahme stellt „Leben und sterben lassen" dar, in dem es in einer Szene Bond ist, der sich äußerst unbeholfen mitten in Harlem verhält und nur von zwei CIA-Agenten aus einer misslichen Lage gerettet werden kann. Nicht in allen Filmen sind US-Agenten oder die USA als Staat in die Handlung eingebunden. Die Filme, in denen sie agieren, zeigen die USA als Helfer Bonds. Dort, wo 007 nicht weiterkommt, er mehr Verstärkung benötigt oder technische Gerätschaften braucht, springt die CIA (in der Regel verkörpert durch Felix Leiter) ein. Bond hat hierbei jedoch stets das Kommando, die amerikanischen Helfer arbeiten ihm zu. Beispiele finden sich in „James Bond jagt Dr. No", in dem Felix Leiter Bond bei dessen Ermittlungen zur Seite steht; in „Der Spion, der mich liebte", in dem die Amerikaner Bond mit einem U-Boot aushelfen; in „Moonraker", wo sie ein Spaceshuttle mit Soldaten zur umkämpften Raumstation senden oder in „Der Hauch des Todes", bei dem Leiter Bond hilft, einen skrupellosen US-Waffenhändler dingfest zu machen. Selbst in „GoldenEye", einem Film voller kritischer Töne zu Großbritanniens Rolle, wird Großbritannien dennoch den USA als übergeordnet präsentiert: Der CIA-Agent Jack Wade, den Bond in St. Petersburg trifft, fährt ein veraltetes Auto, James Bond stiehlt als temporäres „Dienstfahrzeug" einen sowjetischen Panzer. Auf Kuba helfen die USA lediglich mit technischem Gerät aus, halten sich darüber hinaus aber im Hintergrund. Selbst als getarnte US-Truppen zu James Bonds Unterstützung eingesetzt werden, kommen diese zu spät – Bond konnte Trevelyan schon im Alleingang besiegen.

---

239 Hampel/Zillesen, in: Barmeyer, Christoph/Scheffer, Jörg (Hrsg.) 2013, S. 193 f.

240 Jason Bourne ist Titelheld der amerikanischen „Bourne-Quadrologie" und wird von Matt Damon verkörpert. Bourne ist ein ehemaliger Agent, der nun seine Identität finden muss.

Generell zeichnen die Bond-Filme das in der Realität bestehende gute anglo-amerikanische Verhältnis nach, für das Churchill während des Zweiten Weltkriegs den Terminus der „Special Relationship"[241] prägte. In den Bond-Filmen wird hierbei jedoch die Bedeutung Großbritanniens erhöht. Die gute Beziehung beider Nationen basiert auf militärischer Kooperation, einem Konsens hinsichtlich Menschenrechtsbestimmungen und demokratischer Grundregeln sowie der Anerkennung der weltpolitischen Vorherrschaft der USA seit 1945.[242] Die Bond-Filme projizieren diametral hierzu Großbritannien in eine Führungsrolle. Lediglich in „Stirb an einem anderen Tag" arbeiten auf den ersten Blick (!) die USA und Großbritannien gleichberechtigt zusammen, wobei Chapman sogar eine Vorreiterrolle der USA sieht. Dies manifestiere sich im harschen Umgangston des NSA-Chefs Falco gegenüber M („Schaffen Sie Ordnung in Ihrem Verein, oder wir machen das für Sie!")[243], der Zusammenarbeit zwischen Bond und der NSA-Agentin Jinx sowie der Tatsache, dass ohne amerikanische Technik eine Intervention in Nordkorea nicht möglich sei. Auch referiere der Film in verschiedenen Stellen auf den Abstieg Großbritanniens als Weltmacht, etwa wenn Falco sich weigert, Bond alleine Nordkorea zu betreten zu lassen („Ich lass' das die Briten doch nicht im Alleingang machen! Sie [an Jinx gewandt] gehen mit ihm.")[244], der chinesische Agent Mr. Chang James Bond auf den Verlust Hongkongs hinweist oder General Moon Bond verhöhnt. Laut Chapman verweise der Film somit auf eine „more accurate representation than most other Bond films of Britain's role on the world stage at the beginning of the twenty-first century"[245] in dem Sinne, dass die den USA untergeordnete Rolle Großbritanniens in „Stirb an einem anderen Tag" hervorgehoben werde.

Chapman ist in diesem Punkt auf den ersten Blick zuzustimmen, dennoch lässt vor allem das rüde Verhalten des NSA-Chefs auf den zweiten Blick gerade *nicht* auf eine übergeordnete Funktion der USA im Film schließen. Vielmehr wird Falco so präsentiert, dass es dem Zuschauer schwer fällt, Sympathien für ihn zu entwickeln. Ähnlich wie Sgt. Pepper wird Falco als ungehobelte Person gezeigt, in deren Weltsicht andere Staaten eine minder wichtige Rolle spielen. Mehr als selbstbewusst ist er überzeugt davon, mit einer ASAT-Rakete die Superwaffe Ikarus abschießen zu können. Diese anfängliche Überheblichkeit Falcos (und damit der USA) fällt wie ein Kartenhaus in sich zusammen, nachdem die Rakete der Amerikaner bei dem Versuch Ikarus zu vernichten, wirkungslos verglüht. Nachdem Ikarus im letzten Moment schließlich doch erfolgreich (von Bond!) deaktiviert wurde, sieht man den gestressten Falco sich eine Zigarette anzünden, während M mit verschränkten Armen und still triumphierendem Blick auf ihren Kollegen schaut, als empfinde sie

---

241 Dobson, in: Kastendiek, Hans/Rohe, Karl/Volle, Angelika (Hrsg.) 1999, S. 421.

242 Sturm, Roland: Grundlagen britischer Außenpolitik, veröffentlicht am 27.02.2009, in: Bundeszentrale für politische Bildung, http://www.bpb.de/izpb/10548/grundlinien-britischer-aussenpolitik?p=all, Zugriff: 10.03.2015.

243 Kulbarsch-Wilke 2009, Anhang 20, Sq. 8. Siehe auch: Chapman 2007, S. 235.

244 Ebd., Anhang 20, Sq. 17.1.

245 Chapman 2007, S. 235.

Genugtuung darüber, dass letztendlich ihr Vorschlag, entgegen der Befehle des US-Präsidenten zu intervenieren, das Treiben Moons/Graves beendete.[246] Die James-Bond-Filme zeigen somit auch in einem vermeintlich realistischeren Beziehungs-szenario die anglo-amerikanischen Beziehungen betreffend, eine übergeordnete Rolle Großbritanniens.

Womit sich abschließend bezüglich der Frage nach einer „Amerikanisierung" Bonds und der „Britishness" der Filme festhalten lässt: Obwohl Teile der Finanzie-rung der Filme aus den USA stammen, sich in einigen Filmen durchaus Einflüsse amerikanischer Themen erkennen lassen (Drogenpolitik, Blaxploitation) und manch US-amerikanischer Kulturwissenschaftler in 007 die Verkörperung archetypischer amerikanischer Werte sieht (Drummond), kann von einer „Amerikanisierung" der Bond-Filme oder gar der Abstammung Bonds von US-amerikanischen Superhel-den (Lawrence), nicht gesprochen werden. Die Bond-Filme sind erkennbar britisch, wenngleich an der einen oder anderen Stelle recht zynisch mit dem Titelhelden ins Gericht gegangen wird. Vor allem „Skyfall", 2012 zum 50jährigen Jubiläum der Serie erschienen, atmet britischen Nationalstolz wie kaum ein Bond-Film zuvor.

---

246 Ebd., Anhang 20, Sq. 17.1–19.2.

4. „Eye Candy" oder emanzipierte Heldin? – Bond und die Frauen

4.1 Positionierung im Forschungsstand

Neben dem Titelhelden der Bond-Filme sind für viele Beobachter und Fans die ihm zur Seite gestellten Damen mindestens genauso interessant. Das manifestiert sich in zahlreichen Fotostrecken[1], Artikeln (meist im Playboy), Bildbänden[2] aber auch wissenschaftlichen Auseinandersetzungen[3]. In dem Punkt, dass die Bond-Girls ein spannendes Untersuchungsobjekt sind (ob wissenschaftlich oder nicht), sind sich alle Publikationen einig, jedoch scheiden sich an der Interpretation der Bond-Girls oft die Geister. Ordnen vor allem Chapman[4] und auch Greve[5] die Bond-Girls relativ neutral ihrem jeweiligen filmischen Kontext zu, ist bei Cork/d'Abo[6] ein wohlmeinender Aspekt nicht von der Hand zu weisen. Da es sich bei d'Abo um die Schauspielerin des Bond-Girls Kara Milovy aus „Der Hauch des Todes" handelt, liegt es in der Natur der Sache, dass sie auf ihre „Kolleginnen" einen positiven Blick wirft. Mannsperger[7] hingegen neigt dazu, die Bond-Girls relativ oberflächlich zu analysieren und lässt es teilweise an Belegmaterial für seine Argumentation fehlen.

Kritik an den Bond-Girls bzw. dem Umgang Bonds mit ihnen, kommt vor allem aus den Reihen der Geschlechterforschung. Hier werden vereinzelt die Frauen in den Bond-Filmen lediglich auf ihre dem Mann untergeordnete Rolle reduziert, wobei viele Autoren trotz ihrer Kritik auch einige starke Frauenrollen anerkennen. So stellen Amacker und Moore zunächst fest, die Frauen der Brosnan-Ära kämen „closest to fulfilling the ideal of independence"[8] und dass „feminist ideals became accepted as the norm in the Brosnan films"[9]. Im abschließenden Fazit ihrer Untersuchung unterstellen sie dann den Craig-Filmen und speziell Casino Royale eine

---

1 Ein Beispiel unter vielen: N.N.: Bonds Mädchen. Der Globale Gespielinnen Reigen, in: Spiegel Online vom 05.10.2012, http://www.spiegel.de/fotostrecke/50-jahre-james-bond-die-besten-bond-girls-fotostrecke-88167.html, Zugriff: 23.02.2015.
2 Z.B.: Rye, Graham: The James Bond Girls, Basingstoke und Oxford 1999.
3 Allen voran: Caplen , Robert A.: Shaken and Stirred. The Feminism of James Bond, o. O. 2012.
4 Chapman 2007.
5 Greve 2012.
6 Cork, John/d'Abo Maryam: Bond girls are forever. The women of James Bond, London 2003.
7 Mannsperger 2003.
8 Amacker, Anna Katherine/Moore, Donna Ashley: "The bitch is dead": Anti-feminist Rhetoric in Casino Royale, in: Becker, Jack/Weiner, Robert G./Whitfield, Lynn (Hrsg.) 2010, S. 142–153, S. 148.
9 Ebd., S. 152.

„anti-feminist-rhetoric"[10] aufgrund seines Ausspruchs „The Bitch is dead"[11] am Ende des Films, der jedoch mehr als Ausdruck tiefster Trauer und Enttäuschung über den Verrat des Bond-Girls Vesper an ihm zu verstehen sein sollte.[12] Die neuen Bond-Filme seien nunmehr einen Schritt zurück gegangen und würden aktiv gegen moderne Geschlechterrollen arbeiten:

> „[T]he Craig films, ‚Casino Royale' and ‚Quantum of Solace', seem to be populated with female characters designed to be undermined. The films do not merely express a discomfort with modern gender roles, they actively argue against them, effectively taking the Bond universe a step backwards."[13]

Arbeitet im deutschen Sprachraum Bilkau noch sehr akkurat die Konstruktion von Männlichkeit in den Medien der 1960er Jahre am Beispiel der Bond-Filme und entsprechenden Rezensionen heraus, wobei auch die von den Medien konstruierte Frauenrolle kritisch in den Blick genommen wird, ist in erster Linie bei Brunckhorst eine deutliche Ablehnung der Idee vom gleichgestellten Bond-Girl zu erkennen. Bedauerlicherweise gerät ihre Arbeit mehr zu einer feministischen anti-Patriarchats-Polemik, als eine realistische Einordnung der Bond-Girls in ihren zeithistorischen Kontext zu bieten:

> „Die Frauenfiguren im James Bond Film verdeutlichen in ihren Rollen [...] die Einschränkungen einer emanzipierten Darstellung: Die Gleichberechtigung der Frauenfiguren erfolgt nur innerhalb geschlechtsspezifisch allgemein anerkannter Grenzen. Jegliche Erweiterung im Sinne der Emanzipation dient [...] nur dazu, die Bedürfnisse des Helden nach immer neuen und unterschiedlichen Frauen zu befriedigen. [...] Hinzu kommt, dass es eine Bestätigung für die traditionelle Männlichkeit ist, wenn eine emanzipierte Frau ihre Unabhängigkeit aufgibt oder verliert. Der Film vermittelt dem Zuschauer, dass das Patriarchat das überlegene System ist."[14]

Brunckhorst belegt große Teile ihrer Studie mit Analysen anhand der „Feministischen Filmtheorie" nach Laura Mulvey. Diese Theorie ist meines Erachtens überholt (sie ist ein Produkt der Feminismusbewegung der 1970er Jahre) und zu einseitig. Eine mögliche weibliche Sichtweise[15] auf Filme im Allgemeinen und auf die Bond-

---

10 Ebd.

11 Ebd., S. 142.

12 Greve 2012, S. 107.

13 Amacker/Moore, in: Becker, Jack/Weiner, Robert G./Whitfield, Lynn (Hrsg.) 2010, S. 152.

14 Brunckhorst, Inga: Gentleman's Girls and Gund. James Bond und die Frauen, Marburg 2009, S. 82.

15 Mulveys Ausführungen erschienen erstmals 1975. Neben einer vermeintlichen Kastrationsangst, die männliche Zuschauer durch das Anschauen erniedrigter weiblicher Akteure kompensieren könnten (Mulvey, in: Weissenberg (Hrsg.) 1994, S. 58.), trennt Mulvey den männlichen und weiblichen Blick, wobei ihrer Interpretation nach in Kinofilmen nur der männliche Blick auf das Handlungsgeschehen aktiv ist: „In einer Welt, die von sexueller Ungleichheit bestimmt ist, wird die Lust am Schauen in aktiv/männlich und

Filme im Speziellen wird verleugnet. Dabei wird auch der Held schon seit frühesten Jahren durchaus ansprechend für die weibliche Zuschauerschaft in Szene gesetzt (Abb. 21), was schließlich mit dem Ursula-Andress-ähnlichen Auftauchen Daniel Craigs aus dem Meer in „Casino Royale" (Abb. 22) zu einer regelrechten Umkehrung von „männlichem" und „weiblichem" Blick führt. Dass „der Mann nicht zum Sexualobjekt gemacht werden [kann]", wie Mulvey konstatiert, da der männliche Kinogänger sich weigere, „den Blick auf sein sich exhibitionierendes Ähnliches zu richten"[16], widerlegen die Bond-Filme nicht erst seit Daniel Craig (z. B. Abb. 21 und Abb. 22). Mulveys Thesen sind mittlerweile kontrovers diskutiert[17], was ihr großes Konfliktpotential vermuten lässt. Um ein Widerspiegeln von Zeitgeist in den Bond-Filmen zu untersuchen eignet sich die feministische Filmtheorie nicht. Diese Arbeit wird daher nicht auf Mulveys Theorie, die generell den Frauen in Filmen eine Opferrolle zuschreibt, zurückgreifen.

Wenn manche Kritikerin in ihrem Übereifer den Bond-Filmen dennoch konstatiert, die Bond-Girls würden nur als schwache, den Akt der Vergewaltigung liebende Frauen dargestellt, ist dies schlichtweg zu eng gedacht. So meint Lindsey, dass „[t]he Bond films [...] depict women enjoying rape, especially since Bond is the ‚good guy' and the supposed fantasy of every woman. Once raped, they are ignored by the male star."[18] Lindsey referiert mit ihrer Kritik vermutlich auf „Goldfinger", in dem es tatsächlich eine an Vergewaltigung grenzende Szene gibt (siehe Kap. 4.2), versäumt es dann aber, andere Bond-Girls einer näheren Betrachtung zu unterziehen. Denn obwohl nicht jede Frauendarstellung ein Schritt in Richtung Gleichberechtigung ist und Szenen wie in „Goldfinger" oder „Liebesgrüße aus Moskau" (Ohrfeige) selbstverständlich moralisch verwerflich sind[19], handelt es sich bei den Bond-Girls, wie die folgenden Kapitel zeigen werden, um mehr als reine Staffage oder gar Missbrauchsopfer. Schon Bennett und Woollacott schlossen 1987: Die Bond-Filme präsentieren Frauen als „[...] subject of a free and independent sexuality, liberated from the constraints of family, marriage and domesticity."[20]

Dem widerspricht der Historiker und Jurist Robert A. Caplen, der sich auf wissenschaftlicher Ebene mit den Bond-Girls bis einschließlich „Moonraker" aus dem

---

passiv/weiblich geteilt. Der bestimmende männliche Blick projiziert seine Phantasie auf die weibliche Gestalt, die dementsprechend geformt wird. In der Frauen zugeschriebenen exhibitionistischen Rolle werden sie gleichzeitig angesehen und zur Schau gestellt, ihre Erscheinung ist auf starke visuelle und erotische Ausstrahlung zugeschnitten, man könnte sagen, sie konnotieren ‚Angesehen-werden-Wollen'. Die Frau als Sexualobjekt ist das Leitmotiv jeder erotischen Darstellung [...]." Mulvey, Laura: Visuelle Lust und narratives Kino, in: Weissberg, Liliane (Hrsg.): Weiblichkeit als Maskerade, Frankfurt a. M. 1994, S. 48–65, S. 55.

16 Mulvey, in Weissberg, Liliane (Hrsg.) 1994, S. 56.

17 Z. B.: Gaines, Jane: Filmgeschichte als Kritik feministischer Filmtheorie, in: Das Argument Nr. 284/2009, S. 926–934, S. 926.

18 Lindsey, Linda L.: Gender Roles. A Sociological Perspective, New Jersey^2, 1994. S. 312.

19 Siehe hierzu auch: Greve 2012, S. 89 f.

20 Bennett/Woollacott 1987, S. 35.

Abb. 21:   Connery in „James Bond jagt Dr. No", Screenshot „James Bond jagt Dr. No"
(DVD Ultimate Edition) 01:09:35. Bild wurde zugeschnitten.

Abb. 22:   Craig in „Casino Royale", Screenshot „Casino Royale" (2-Disc Collector's
Edition) 00:29:25. Bild wurde zugeschnitten.

Jahre 1979 befasst, Neben- und Hauptrollen in seine Untersuchung mit einbezieht
und sie in den Kontext der Frauenbewegung einordnet. Caplens Monografie wird in
den folgenden Kapiteln stellenweise einer kritischen Betrachtung unterworfen, da
nicht alle seine Thesen stimmig sind. Ein zweiter Band mit der Untersuchung der
Frauen nach 1979 ist laut Autor in Arbeit.[21] Caplen sieht nun in der Geschichte der

---

21   Caplen 2012, S. 344.

Bond-Girls keine starken Frauen von Beginn an, sondern eine Entwicklung: „Rather than accept the premise that the Bond Girl is a strong, independent character from her inception, this work argues that the Bond Girl must evolve into [...] a strong woman.“[22] Dem ist nur eingeschränkt beizupflichten, wie auch der auf dieser These basierenden Einordnung Caplens der Bond-Girls in drei Phasen: 1. „The Golden Era of the Bond Girl, 1962–1979“; 2. „The Post-Feminist Bond Woman Era, 1981–1999“ und 3. „The Revisionist Bond Girl Era, 2002 – “.[23]

Diese Einteilung ist gleich in zweierlei Hinsicht problematisch. Caplen arbeitet hier mit dem sehr problematischen Begriff des „Postfeminismus“. Dieser ist selbst von Feministinnen nicht eindeutig definiert und wird in verschiedenen Bedeutungszusammenhängen verwendet. Die gängigsten sind sogar inkonsistent, wodurch sich je nach von Caplen gewählter Variante eine ganz andere Interpretation der Bond-Girls ergeben würde. „Postfeminismus“ kann einerseits antifeministisch im Sinne eines Rückschritts verstanden werden:

> „In konservativer Abgrenzung von emanzipatorischen sozialen Prozessen verweist dieser antifeministische Postfeminismus darauf, dass die Frauenbewegung das Geschlechterverhältnis zur Genüge modernisiert habe und nun überflüssig sei – bis hin zu der These, dass der Feminismus die Schuld trage am Leiden von Frauen, würden sie doch durch dessen gesellschaftliche Macht heute daran gehindert, unbeschwert ihrer Bestimmung zum Mutter- und Hausfrau-Sein nachzukommen.“[24]

Der Begriff „Postfeminismus“ ist aber auch andererseits im Sinne eines modernen Feminismus zu verstehen, mit Themen wie „Vereinbarkeit zwischen Karriere und Beruf oder Karrierebarrieren, wie Seilschaften und Feierabendbündnisse zwischen Männern“.[25] Nicht nur im deutschen Sprachraum gibt es bei der Definition des Begriffs Probleme, wie Rosalind Gill herausstellt:

> „Yet there is little agreement about what postfeminism is, and the term is used variously (and frequently contradictorily) to signal an epistemological break with (second wave) feminism, an historical shift (to a third wave), or a regressive political stance (backlash). [...]“[26]

---

22 Caplen 2012, S. V.

23 Caplen 2012, S. 328 f.

24 Hausotter, Jette: Zwischen Emanzipation und Einpassung: postfeministische Verwicklungen in Politik und Popkultur, veröffentlicht am 19.10.2010, in: Feministisches Institut Hamburg, http://www.feministisches-institut.de/postfeministische-verwicklungen/, Zugriff: 25.02.15.

25 Riegraf, Birgit: Feminismus is en vogue! Aber welcher Feminismus?, veröffentlicht am 17.12.2007, in: Feministisches Institut Hamburg, http://www.feministisches-institut.de/ feminismus_riegraf/, Zugriff: 25.02.15.

26 Gill, Rosalind: Postfeminist media culture: elements of a sensibility, in: European journal of cultural studies, Nr. 10 (2) 2007, S. 147–166, S. 147.

Leider vermeidet es Caplen, zu definieren, welche Interpretation des Begriffs er für seine Einteilung verwendet. Aus seinen Äußerungen ist jedoch abzulesen, dass er die Bond-Girls ab 1981 als unabhängige, starke Frauen sieht, die Eleganz und Schönheit mit Stärke und Unabhängigkeit verbinden würden: „[T]hese post-Moonraker charakters are modern women who, even within the Bond mythology, represent the coalescence of strength, independence, and acumen with energy, beauty, and elegance."[27] Er scheint also eher mit dem postfeministischen Begriff im Sinne eines „historical shift (to a third wave)" zu arbeiten. Doch auch das ist nicht akkurat. Das Problem hierbei ist, dass beide oben beschriebenen Definitionen von „Postfeminismus" auf die Bond-Girls von 1981–1999 zutreffen. So ist mit der „Verweiblichung" Ms 1995 eine starke Frauenfigur in der Serie zu finden, aber die sich recht kindlich verhaltene Bibi Dahl von 1981 passt nicht in dieses Bild. Zwar ist sie auch kein klassischer „Rückschritt" im Sinne der Rückbesinnung auf Heim und Hof (kein Bond-Girl ist dies), aber eben auch keine starke Kämpferin wie eine Pam Bouvier (1989).

All dies macht es problematisch, von den Bond-Girls in einer „postfeministischen" Phase zu sprechen. Hieran schließt sich der zweite oben angedeutete Kritikpunkt an Caplens Darstellung an. Generell ist eine Einteilung in Phasen aufgrund der – teilweise sogar innerhalb einzelner Filme – schwankenden Darstellungen der Frauen nicht schlüssig, da zu unregelmäßig. Zwar übernimmt auch Greve die Phaseneinteilung, erweitert sie jedoch und schränkt deren Legitimität deutlich ein („Wenn man Phasen sehen will [...]")[28]. Eine Einteilung der Bond-Girls in bestimmte Phasen wird aufgrund der oben genannten Widersprüchlichkeiten in den folgenden Kapiteln keine Anwendung finden. Ich schließe mich Greve an, wenn er in Bezug auf die Darstellung der Frauenrolle konstatiert: „Kontinuität sieht anders aus."[29]

4.2   Nur Dekoration? – Bond-Girls der 1960er Jahre

Als Ursula Andress in der Rolle der Honey Ryder 1962 in knappem Bikini, mit umgeschnalltem Messer und Muschel in der Hand aus den Fluten stieg, legte sie den Grundstein für alle ihr folgenden Bond-Girls. Insbesondere optisch sollte Honey Ryder den Vorstellungen Flemings aus der Romanvorlage entsprechen, die als „Junge Frau [...] [mit] ein[em] bezaubernde[n] Gesicht mit weit auseinanderstehenden blauen Augen unter sonnengebleichten Wimpern"[30] beschrieben wird. Sie legte hohe Maßstäbe, denn ihr kam dem Produzenten Cubby Broccoli zufolge eine Schlüsselrolle zu:

---

27   Caplen 2012, S. 339.
28   Greve 2012, S. 101.
29   Ebd.
30   Fleming, Ian (A): James Bond jagt Dr. No, Stuttgart 2013 (Engl. 1958), S. 126.

Abb. 23:   Sylvia Trench spielt (nicht nur im wörtlichen Sinne) mit Bond, Screenshot
„James Bond jagt Dr. No" (DVD Ultimate Edition) 00:07:08.

> „Finding this beauty was not going to be easy. Fleming saw her as ‚Botticelli's Venus seen
> from behind'. We visualized her as a very sexy broad who looked pretty good from the
> front as well. She is virtually naked in the book, with nothing on except a hunting knife
> in a leather sheath. She had to be strikingly beautiful, voluptuous, but with a kind of
> childlike innocence. As Bond's first screen heroine, she had a key role."[31]

Dass nicht nur äußerliche Attribute zählen, wie dieses Zitat vermuten lässt, zeigt die
spätere Darstellung der Frauen in den Bond-Filmen. Vor allem Honey ist vielschichtiger als man zunächst vermuten könnte. Doch ist Honey Ryder tatsächlich das erste
Bond-Girl? Streng genommen tritt als erste Frau an Bonds Seite Sylvia Trench auf.
Sie verkörpert einen anderen Frauentypus als Honey Ryder – eher „femme fatale",
als „naive Unschuld" (wobei auch dieser Begriff einer näheren Betrachtung nicht
stand hält). Trench begegnet dem Zuschauer erstmals im Spielcasino am Baccara-
Tisch, wo sie gegen James Bond spielt. Der Kontrast zwischen ihren dunklen Haaren, dem roten Kleid, Lippen und Fingernägeln, dazu der provozierende Blick als sie
Bond zum Erhöhen des Spieleinsatzes auffordert (siehe Abb. 23), lässt Trench sich
von der breiten Masse der (weiblichen) Casinobesucher abheben, die, bis auf wenige
Farbtupfer, doch eher in einheitlichen Grau-, Schwarz, oder Pastelltönen gekleidet
sind.

   Schon im sich an das Spiel anschließenden Dialog zeigt sich, was sich dem
Zuschauer wenige Minuten darauf bestätigt. Sylvia Trench ist alles andere als zurückhaltend gegenüber dem Agenten – sie flirtet subtil und stellt sich dabei äußerst
selbstbewusst dar:

---

31   Duncan (Hrsg.) (A) 2012, S. 34 f.

Bond: „Sagen Sie, Miss Trench – spielen Sie vielleicht sonst noch irgendwas? Ich meine außer Baccara und solchen Sachen."
Trench: „Mmh, Golf. Und verschiedene andere Dinge …"[32]

Auf eine Einladung zum Essen am nächsten Tag ist sie nicht gewillt zu warten. Stattdessen empfängt sie Bond nur mit einem seiner Hemden bekleidet in seinem Apartment, mehr als dieser bereit für ein erotisches Abenteuer. Es ist Trench, die Bond, der eigentlich einen dringenden Auftrag erledigen müsste, mit Vehemenz verführt. Arp und Decker sehen hierin einen Beweis für ihre These, die Bond-Filme würden die Degradierung von Frauen zu Objekten zum Inhalt haben: „Bond's treatment of women is a glaring case of objectification. For example, in Bond's initial encounters with Sylvia Trench […], his sole purpose is a quick romp in the sack before he rushes off to his next important mission."[33] Hier von „Objectification", zu sprechen ist äußerst fragwürdig – viel realistischer ist die Einschätzung Cork und d'Abos der Szene, die hier eine „strongwilled, resourceful, and sexual independent"[34] Frau sehen.

Das zweite Bond-Girl (Ursula Andress betritt die Szene erst zur Mitte des Films), Miss Taro, ist gleichzeitig die erste Gegenspielerin Bonds. Im Auftrag Dr. Nos bestellt sie den Agenten zu sich nach Hause, um ihn auf dem Weg dorthin von Dr. Nos Männern töten zu lassen. Bond entkommt seinen Verfolgern jedoch und hält seine Verabredung mit der überraschten Miss Taro ein (wohlwissend, dass diese es war, die ihm eine Falle gestellt hat). Um an ihre Hintermänner heranzukommen, verbringt er den Abend mit ihr, während ihre Absichten im gemeinsamen Liebesspiel einer Hinhaltetaktik entsprechen. Taro will Bond bis zum Eintreffen eines Killers „ein paar Stunden fest[…]halten"[35]. Man kann hier wie Caplen sicherlich deuten, dass Taro für Bond nun nur noch Mittel zum Zweck ist: „Miss Taro represents not only an objectified woman who easily submits to Bond but also a mechanism through which he can manipulate and […] humiliate a female."[36] Dennoch ist sie es, die ihre weiblichen Reize nutzt, um Bond eine Falle zu stellen, womit sie sich laut Cork und d'Abo in die „long history of femme fatales and fallen women who lure men into traps with the promise of easy sex"[37] einreihe. Beide Urteile über Miss Taro sind meines Erachtens etwas zu einseitig – man sollte ihren Charakter tatsächlich als Kombination aus beiden Sichtweisen sehen. Einerseits stellt sie die femme fatale dar, andererseits nutzt Bond, der ihre Falle erkennt, Taros Willigkeit für seine Zwecke aus. Es ist schon bei diesen ersten beiden Frauen, obwohl nur in einer Nebenrolle besetzt, zu erkennen, wie vielschichtig die Figur des Bond-Girls angelegt ist. Nicht

---

32   Kulbarsch-Wilke 2009, Anhang 1, Sq. 4.1.
33   Arp, Robert/Decker, Kevin S.: "That Fatal Kiss": Bond, Ethics, and the Objectification of Women, in: Held, Jacob/South, James B. (Hrsg.): James Bond and Philosophy. Questions Are Forever, Chicago und La Salle 2006. S. 201–214. S. 203.
34   Cork/d'Abo 2003, S. 29.
35   Kulbarsch-Wilke 2009, Anhang 1, Sq. 13.2.
36   Caplen 2012, S. 67.
37   Cork/d'Abo 2003, S. 27. Siehe auch: Caplen 2012, S. 67.

immer klar definierbar in ihrer Stellung zum Agenten, aber in der überwiegenden Mehrheit gutaussehend, selbstbewusst und schlagfertig.

Auch die Dame, die bis heute von vielen als Prototyp des Bondgirls angesehen wird, besitzt diese Eigenschaften in hintergründiger Form. Honey Ryder erweist sich als äußerst geschickte Person, kommt sie doch seit Jahren auf die von Dr. No beherrschte Insel, ohne von möglichen Verfolgern festgenommen worden zu sein. Ihr Tipp, durch einen Fluss vor Dr. Nos Männern zu fliehen verhindert, dass die auf sie und ihre Begleiter angesetzten Spürhunde Witterung nehmen können und Dank ihrer Ortskenntnis finden James Bond, Quarrel und sie später ein sicheres Versteck.[38] Ryder zeigt zwei Gesichter: das hilfsbedürftige, an Drachen glaubende Mädchen und die eigenständige (Über-)Lebenskünstlerin, die durch das Muschelsammeln für den eigenen Unterhalt aufkommt und in Selbstverteidigung ihren Peiniger tötete:

> Ryder: „[…] Ich habe keine Familie, ich war immer ganz allein mit meinem Vater.“
> Bond: „Sie sind also ganz allein. […] Hat Ihnen niemand […] beigestanden?“
> Ryder: „Beigestanden? Da war der Mann, dem das Haus gehört hat, in dem mein Vater
> mit mir gewohnt hat. Er ließ mich eine Weile mietfrei weiter wohnen, bis er dann
> eines Nachts in mein Zimmer kam. Ich hab‘ ihm das Gesicht zerkratzt, aber … er ist
> stärker als ich gewesen.“
> Bond: „Und wie ist es Ihnen weiter ergangen?“
> Ryder: „Ich hab‘ ihm dann eine Giftspinne unter das Moskitonetz getan. Eine schwarze
> Witwe. Die sind am gefährlichsten. Er brauchte eine ganze Woche bis er starb …“[39]

Ähnlich wie Trench ist es Honey, die Bond gegenüber einen ersten Flirtversuch andeutet. Nachdem sie ihm ihre Lebensgeschichte dargelegt hat, fragt sie mit laszivem Augenaufschlag, eine Haarsträhne um den Finger wickelnd, nach seinem Familienstand: „Sind Sie verheiratet, Mr. Bond?“. Die Antwort bleibt der verblüffte Agent schuldig.[40] Nach Beendigung seines Auftrags und geglückter Rettung der gefesselten Honey (die so gleichberechtigt dann doch noch nicht ist), landet diese in seinen Armen.

Vor allem für die 1960er Jahre war ein solches Frauenbild noch längst nicht alltäglich. Zwar ermöglichte die Einführung der Pille Anfang der 1960er Jahre eine freiere und vor allem unbesorgtere Auslebung von Sexualität (Abtreibung war immerhin in zahlreichen Ländern Europas gesetzlich verboten)[41] – dass eine Frau (wie Trench) sich Zutritt zum Haus eines Mannes verschaffen würde um ihn zu verführen, war jedoch ein eher ungewöhnlicher Gedanke: „Back in 1962 good girls just didn't behave like this!“[42] In Dr. No wird leicht ironisch auf diesen für Frauen geltenden „Verhaltensknigge“ angespielt. Erkennbar ist dies im Dialog zwischen

---

38 Kulbarsch-Wilke 2009, Anhang 1, Sq. 15.1–15.2.
39 Zitiert nach: Ebd., S. 71.
40 Ebd., Anhang 1 Sq. 15.3.
41 Sichtermann, Barbara: Kurze Geschichte der Frauenemanzipation, Berlin 2009, S. 160.
42 Zitiert nach: Cork/d'Abo 2003, S. 27.

Bond und Miss Taro, die sich scheinbar ziert, seine Einladung anzunehmen, ihn später aber bekanntermaßen (s. O.) zu sich nach Hause bestellt:

> Taro: „Was soll eine Dame sagen, wenn sie von einem fremden Herren angesprochen wird?"
> Bond: „Sie sollte ‚ja' sagen."
> Taro: „Allenfalls ‚vielleicht'."
> Bond: „Hmm. Um drei in meinem Hotel. Vielleicht?"
> Taro: „Jaaa, vielleicht."[43]

Auch Honey Ryders heutzutage völlig harmlos zu sehenden Annäherungsversuch an den Agenten dürfte 1962 nicht den gängigen Vorstellungen entsprochen haben. Zu dieser Zeit galt immer noch überwiegend das altbewährte Bild von der „Hausfrau und Mutter", das zwar vereinzelt durch ansteigende Erwerbstätigkeitsraten von verheirateten Frauen durchbrochen wurde, aber nicht die Norm war. Gerade berufstätige Mütter waren in Westdeutschland zu Beginn des Jahrzehnts dem gesellschaftlichen Druck ausgesetzt, ihre Arbeit der Kinder wegen wieder aufzugeben.[44] Im Blick auf die Gleichberechtigung von Männern und Frauen war Deutschland im Vergleich zu den USA, wo Frauenrechtlerinnen vergeblich die Einsetzung eines Equal Rights Amendment (ERA) forderten, fortschrittlicher. Seit 1949 sind Frauen laut Grundgetz in allen Rechtsbereichen als gleichberechtigt anzusehen, was jedoch bis 1977 durch die „rechtliche Privilegierung der Hausfrauen-Ehe"[45] unterminiert wurde. Faktisch blieb also auch in Deutschland das Modell des Mannes als Familienernährer zunächst rechtlich begünstigt.[46] Dieses Bild zeigte sich auch noch 1966 im „Bericht der Bundesregierung über die Situation der Frauen in Beruf, Familie und Gesellschaft [wonach] die Frau nach ihrer körperlichen und geistig-seelischen Beschaffenheit auf die Mutterschaft hin angelegt"[47] sei. Ähnlich wurde die Frauenrolle in den USA gesehen, wenngleich die von Kennedy 1961 eingesetzte Commission on the Status of Women zusätzlich zur Wahrung der Hausfrauen- und Mutterrolle der Frau auch deren Beitragsmaximierung am wirtschaftlichen Leben zu prüfen hatte: „[S]ervices which will enable women to contribute their role as wives and mothers while making a maximum contribution to the world around them"[48], sollten durch die Kommission erarbeitet werden.

Frauen waren demnach zu Beginn der 1960er Jahre in den USA aber auch in Deutschland von einer Gleichberechtigung zum Mann weit entfernt. Die Bond-

---

43 Kulbarsch-Wilke 2009, Anhang 1, Sq. 11. Siehe auch Caplen 2012, S. 65.

44 Frevert, Ute: Frauen-Geschichte. Zwischen Bürgerlicher Verbesserung und Neuer Weiblichkeit, Frankfurt a. M. 1986. S. 255.

45 Gerhard, Ute: Frauenbewegung und Feminismus. Eine Geschichte seit 1789, München 2009, S. 108.

46 Ebd.

47 Zitiert nach: Ebd., S. 108 f.

48 Zitiert nach: Ehmsen, Stefanie: Der Marsch der Frauenbewegung durch die Institutionen. Die Vereinigten Staaten und die Bundesrepublik im Vergleich, Münster 2008, S. 23.

Filme zeigen ein anderes Bild, wenngleich es in „Liebesgrüße aus Moskau" im Vergleich zu „James Bond jagt Dr. No" eher einen Rückschritt in der Darstellung der Frauenrolle gibt. Dies ist in erster Linie an den Frauen der Nebenrollen erkennbar. Die Ausnahme stellt hierbei Sylvia Trench dar, die als erstes und einziges Bond-Girl in zwei Filmen als Gefährtin des Agenten auftaucht. In „Liebesgrüße aus Moskau" befindet sie sich mit Bond bei einem romantischen Picknick, als dieser zur Arbeit gerufen wird. Beharrlich insistiert sie darauf, dass er länger bleibt, was schließlich von Erfolg gekrönt ist.

Noch bevor Bond und das Haupt-Bond-Girl Tatjana Romanova (Daniela Bianchi) einander begegnen, zeigt der Film drei Frauentypen, die tatsächlich reinen Dekorationszwecken dienen. Zu nennen wäre hier als erste die Lebensgefährtin/ Freundin von Bonds Kontaktmann in Istanbul, Alim Kerim-Bey (seine Geliebte hat bezeichnenderweise keinen Namen)[49]. In einer Szene, die für das Vorankommen der Handlung keinerlei Relevanz hat, räkelt sie sich aufreizend auf dem Bett, ihre Halskette im Mund und lustvoll den Namen Ali Kerim-Beys säuselnd. Als dieser nicht auf ihre Avancen reagiert, steht sie auf und umgarnt ihn weiter, bis er schließlich mit sich ergebendem Seufzen („Du bist ein Quälgeist!")[50] aufsteht und sich von ihr zum Bett führen lässt. Wirkte die Verführungsszene von Sylvia Trench ihrerseits noch souverän, wird hier mehr eine Atmosphäre der gelangweilten und um Aufmerksamkeit heischenden Mätresse kreiert.

Auch die von der Literatur oft zitierte Kampfszene zweier leicht bekleideter Zigeunerinnen hätte in dieser Form nicht inszeniert werden müssen – die Frauen dienen hier rein dekorativen Zwecken: „Women like this had simply never seen in films before"[51]. In der Szene geht es um einen Mann, den beide Damen heiraten wollen und nun auf Leben und Tod um ihn kämpfen müssen. Durch einen Angriff auf das Zigeunercamp wird der Kampf unterbrochen und Bond, der dem Stammesoberhaupt das Leben rettet, wird die Bitte gewährt, den Streit der Mädchen zu beenden. Allerdings solle Bond entscheiden, wie es mit den Damen weiterginge, wofür sie sich ihm persönlich in seinem Zelt vorstellen. Dort sind sie auch noch am Morgen des nächsten Tages zu finden. Es bleibt reine Spekulation, wie die nächtliche Entscheidungsfindung Bonds mit den beiden attraktiven Zigeunerinnen vonstattengegangen ist.[52]

Das Haupt-Bond-Girl in „Liebesgrüße aus Moskau" begegnet dem Zuschauer relativ am Anfang des Films, als sie ihren Auftrag, Bond in eine (Sex-)Falle zu locken von ihrer Vorgesetzten Rosa Klebb (gespielt von Lotte Lenya) entgegennimmt. Sehr in der Rolle des sittsamen Mädchens verhaftet, ziert sie sich zunächst, Auskunft über ihre vorherigen Liebhaber (drei an der Zahl) zu geben. Auch den Auftrag, für das Wohl ihrer Nation eine Liaison mit Bond einzugehen, nimmt sie zunächst befremdet auf, erklärt sich dann aber unter Androhung ihrer Ermordung, sollte sie

---

49 Caplen 2012, S. 79.
50 Kulbarsch-Wilke 2009, Anhang 2, Sq 8.1.
51 Cork/d'Abo 2003, S. 23. Siehe hierzu auch Chapman 2007, S. 77.
52 Kulbarsch-Wilke 2009, Anhang 2, Sq. 9.

sich weigern, dazu bereit.[53] In dieser Szene erhält man von Romanova den Eindruck einer durchaus selbstständigen und ungebundenen jungen Frau (ausgebildete Mitarbeiterin des sowjetischen Geheimdienstes im Rang eines Korporals, ledig), was sich jedoch beim Kontakt mit Bond relativiert. Hier gibt sie sich weitestgehend passiv und zurückhaltend[54] und wird schließlich von Bond geohrfeigt, als dieser Informationen über ihren Auftrag sucht. Bemerkenswert ist hingegen ihre vor Rosa Klebbs versteckter Kamera inszenierte Verführung von Bond. Nackt erwartet sie ihn in seinem Hotelbett, mit nichts als einem Halsband bekleidet, wodurch sie von ihrem braven Image ins Frivole abrückt.[55] Am Ende des Films ist es Tatjana, die Bond vor der Ermordung durch Klebb rettet, indem sie ihre frühere Vorgesetzte erschießt. Barbara Broccoli sieht sie daher auch nicht als Opfer, sondern als Frau, die sich letztendendes als heldenhaft erweist: „I don't consider her a victim. She was exploited by her vicious, manipulative boss but in the end she gets out of the situation and heroically saves Bond's life."[56]

Ähnlich wie Honey Ryder ist auch Tatjana Romanova ambivalent zu sehen. Beide zeigen durchaus Züge von Selbstständigkeit und Cleverness, beiden ist aber auch eine gewisse Hilflosigkeit zu bescheinigen, sobald sie in Bonds Einflussbereich gelangen. Hieraus ergäbe sich auch die Frage nach der dargestellten Männlichkeit Bonds. Ist es seine Maskulinität, die die eigentlich mit beiden Beinen im Leben stehenden Frauen zu unbeholfenen Wesen werden lässt?[57] In den ersten beiden Filmen scheint sich dieser Eindruck zumindest teilweise aufzudrängen. Dennoch: die Frauen in „James Bond jagt Dr. No" wirken im Vergleich zu denen aus „Liebesgrüße aus Moskau", vor allem, wenn man die Damen in den Nebenrollen in die Analyse mit einbezieht, dem Agenten ebenbürtiger, dienen sie doch nicht nur der reinen Dekoration.

Ebenfalls weniger dekorativ ist die erste ernstzunehmende Gegenspielerin Bonds – Miss Taro fällt im Vergleich eher blass aus – Rosa Klebb. Klebb wurde von der erfolgreichen Berliner Brecht-Schauspielerin Lotte Lenya verkörpert, die diesen Part als prominentesten ihres Lebens beschrieb: „Rosa Klebb in *Liebesgrüße aus Moskau*: meine berühmteste Rolle [...]."[58] In Erinnerung blieb diese Figur vor allem wegen ihrer legendären Schuhszene, bei der sie 007 mit einem vergifteten Messer das aus der Schuhspitze ragt, töten will und auf die sogar der 40-jährige Jubiläums-Bond referiert. Lenya 1999 dazu: „[J]eder erinnert sich an die Schuhszene. Immer wieder hält man mich auf der Straße an. ‚Das ist doch die Frau mit dem Messer im

---

53 Ebd., Anhang 2, Sq. 6.

54 Greve 2012, S. 95.

55 Greve 2012, S. 96.

56 Zitiert nach: Caplen 2012, S. 86.

57 Zimmer, Sonja: Bond's Women, in: Hügel, Hans-Otto/Moltke, Johannes v. (Hrsg.): James Bond. Spieler und Spion. Begleit- und Lesebuch zur Ausstellung Die Welt des James Bond 007, Hildesheim 1998, S. 43–47, S. 46.

58 Farneth, David (Hrsg.): Lotte Lenya. Eine Autobiographie in Bildern. Köln 1999, S. 175.

Schuh!"[59] Ihr gesamtes Auftreten macht Rosa Klebb zur „Antithese zum typischen
‚Bond-Girl'"[60] und lässt sie als „alptraumhafte[s] Gegenteil all dessen [erscheinen],
was man sich unter tröstlich, feminin, mitmenschlich und beschützend vorstellt"[61].

Die Österreicherin Lotte Lenya spielt Rosa Klebb als gefühlskalte und energische
Person, die als „Nummer 3" und ausführende Instanz in Blofelds Organisation für
die Rekrutierung neuer Mitglieder zuständig ist. Galanterie lehnt sie ab, wie sich
durch ihr Zurückzucken in einer Szene im SPECTRE-Trainingscamp zeigt, als der
zuständige Leiter sie höflich am Ellenbogen führen möchte. Ohne Vorwarnung und
bar jeder Emotionen schlägt sie dem Killer Grant bei dessen Musterung in die Ma-
gengrube – dieser verzieht keine Miene, ein Grund für Klebb, sich zufrieden zu
zeigen: „Er ist wirklich gut in Form! Er soll sich binnen 24 Stunden in Istanbul bei
mir melden."[62] Eine zweite Musterung führt Klebb an Tatjana Romanva durch, die
sie auf ihre Attraktivität (um Bond zu gefallen) hin untersucht. Ganz subtil lässt
sich hier Klebbs lesbische Neigung erkennen (die in der Romanvorlage deutlicher
zu Tage tritt), als sie Tatjana zu deren Irritation wie beiläufig über Knie und Haare
streicht.[63]

Rosa Klebb ist mitnichten als Bond-Girl zu bezeichnen, dennoch unterstreicht
ihre Figur die Vielfalt der dargestellten Frauen in den James-Bond-Filmen. Sie leitete
die lange Geschichte der Gegenspielerinnen Bonds ein, die sich ebenso vielgestaltig
wie die der eigentlichen „Girls" darstellten. Mit „Goldfinger" sollte es dann auch
wieder eine ähnlich bemerkenswerte Frauenfigur geben. Tatsächlich arbeitet diese
zunächst der Gegenseite zu, wechselt dann aber die Seiten. Die Rede ist von Pussy
Galore, verkörpert durch Honor Blackman. Interessanterweise zeigt auch sie lesbische Tendenzen wie Rosa Klebb, die sich im Film nur andeuten (Galore zu Bond:
„Sie können Ihren Charme abschalten. Ich bin immun!")[64], im Buch aber dezidiert
beschrieben werden: „Bond gefiel [Pussy Galores] Aussehen. Er verspürte die sexuelle Herausforderung, die alle schönen Lesben für Männer darstellten"[65]. Im Buch
wie im Film kann Bond die lesbische Galore von ihrer Sexualität „heilen", indem
er sie von den Vorteilen „wahrer" Männlichkeit überzeugt. Dies zeugt von einer
äußerst untoleranten Sichtweise gegenüber nicht-heterosexuellen Orientierungen.

In Punkto Homosexualität zeigen die Bond-Filme generell kein sehr fortschritt-
liches Bild. Die wenigen Homosexuellen (Klebb, Galore, Mr. Kidd, Mr. Wint) oder
Bisexuellen (Silva) in den Bond-Filmen sind hier immer auf gegnerischer Seite
angesiedelt. Ausnahme ist Pussy Galore, die sich „bekehren" lässt und prompt zur

---

59 Ebd., S. 176.

60 Mannsperger 2003, S. 122.

61 Zitiert nach: Tesche (A) 2006, S. 468.

62 Kulbarsch-Wilke 2009, Anhang 2, Sq. 5, siehe hierzu auch: Mannsperger 2003, S. 122.

63 Ebd., Anhang 2, Sq. 6, siehe hierzu auch: Mannsperger 2003, S. 123.

64 Kulbarsch-Wilke 2009, Anhang 3, Sq. 10.1.

65 Fleming, Ian (B): Goldfinger. Ludwigsburg 2012 (Engl. 1959), S. 299. Siehe hierzu auch:
    Ladenson, Elisabeth: Pussy Galore, in: Lindner, Christoph (Hrsg.) 2003, S. 184–201,
    S. 189–195.

Verbündeten Bonds wird. Weiteres prominentes Beispiel für diese Diskriminierung sind die beiden äußerst kaltblütigen und homosexuellen Killer Mr. Kidd und Mr. Wint in dem 1971 erschienenen „Diamantenfieber". Es sind hier vor allem die geschmacklosen Witze („Riecht ziemlich kräftig. Nicht der Korken – Ihr Aftershave. Zu süß und zu schwul.")[66] und faulen Anspielungen (etwa wenn Bond Mr. Wint mit einer an dessen Schritt befestigten Bombe in die Luft sprengt)[67], die negativ ins Auge fallen.[68] Die Filme spiegeln in diesem Feld den Geist ihrer Entstehungszeit, was eine solche homophobe Haltung jedoch noch lange nicht entschuldigt. Homosexualität (insbesondere die männliche) war gesellschaftlich nicht anerkannt und stand in der BRD bis 1969 generell unter Strafe, ab 1969 wurde der betreffende §175 entschärft, aber erst 1994 völlig aus dem Strafgesetzbuch gestrichen.[69]

Erst mit „Skyfall" aus 2012 scheinen die Bond-Filme in der Frage nach der Akzeptanz von Homosexualität übrigens endlich in die Nähe von Gleichberechtigung zu kommen und scheinen dem Zeitgeist in diesem Punkte wohl doch ein wenig hinterher zu hinken. Hier ist es der Geheimagent persönlich, der Silva gegenüber andeutet, dass gleichgeschlechtliche Handlungen für ihn vielleicht schon längst in Frage gekommen seien:

> Silva (streichelt Bond zärtlich über Hals und Oberschenkel): „Nun, es gibt für alles ein erstes Mal, nicht?"
> Bond: „Wie kommen Sie auf die Idee, das wäre mein erstes Mal?"[70]

Natürlich will Bond in erster Linie seinem Widersacher damit den Wind aus den Segeln nehmen, aber ein solcher Dialog (mit dem leisen Zweifel, ob Craigs Bond seine Aussage nicht vielleicht doch ernst gemeint hat) wäre in den 1960er und 70er Jahren bei Bond nicht möglich gewesen.

Ebenso ungewöhnlich für die 60er Jahre war eine Frauenfigur wie Pussy Galore, die alle anderen bislang dagewesenen Bond-Girls in den Schatten stellt. Galore ist selbstständige Pilotin, die gemeinsam mit ihrer aus ausschließlich jungen Frauen bestehenden Fliegerstaffel mit Goldfinger kollaboriert. Am Ende des Films wendet sie sich jedoch von diesem ab und hilft Bond und der CIA, Goldfingers Machenschaften zu beenden. Ihre Motivation für ihre anfängliche Zusammenarbeit ist finanzieller Natur. So äußert sie gegenüber Goldfinger ihren Wunsch, sich nach getaner Arbeit auf eine ruhige Insel zurückzuziehen, um menschlicher Gegenwart zu entkommen: „Ich habe eine kleine Insel in den Bahamas entdeckt. Dort hänge ich ein Schild auf – „Betreten verboten!" – und kehre zur Natur zurück."[71] Der Tonfall,

---

66 Kulbarsch-Wilke 2009, Anhang 7, Sq. 17.

67 Ebd.

68 Greve 2012, S. 108.

69 Vor 20 Jahren: Homosexualität nicht mehr strafbar, veröffentlicht am 10.03.2014, in: Bundeszentrale für politische Bildung, http://www.bpb.de/politik/hintergrund-aktuell/180263/20-jahre-homosexualitaet-straffrei, Zugriff: 20.04.2015.

70 „Skyfall" (DVD) 01:12:05–01:12:17.

71 Kulbarsch-Wilke 2009, Anhang 3, Sq. 12.1.

mit dem sie ihre Absicht Goldfinger gegenüber bekundet, lässt vermuten, dass sie dieses Vorhaben tatsächlich ernst meint.

Von einer kindlichen Naivität, wie bei Honey Ryder oder Tatjana Romanova ist bei Pussy Galore nichts mehr zu spüren. In der Interaktion mit Bond gibt sich Galore sehr selbstbewusst: Alles an ihr (auch die zurückhaltende, maskuline Kleidung) signalisiert Desinteresse und Ablehnung gegenüber Bonds Avancen. Ob es eine harsche Erwiderung auf Bonds Hilfsangebot beim Aussteigen aus dem Flugzeug ist (Bond: „Stolpern Sie nicht Captain." – Galore mit gezogener Waffe: „Spielen Sie das Spiel nur so weiter …")[72] oder der Konter auf Bonds ironische Warnung vor Goldfingers Killer Oddjob (Bond: „Kleine Mädchen wie Sie bringt der um." – Galore: „Kleine Jungs auch.")[73] – souverän hält sie ihn mit vorgehaltener Waffe auf Abstand und hat im verbalen Schlagabtausch das letzte Wort. Dieses Bild ändert sich erst, als Goldfinger sie beauftragt, sich etwas „Passenderes an[zu]ziehen"[74], um Bond zu beeindrucken und seine amerikanischen Kollegen (die die Szenerie aus der Ferne heimlich beobachten) in Sicherheit zu wiegen. Für Galore ist der ihr auferlegte Flirt reine Pflichterfüllung („Erst die Arbeit, dann das Vergnügen.")[75], was sich auch in ihrer anfänglichen Weigerung zeigt, auf Bonds Annäherungsversuche einzugehen:

> Bond: „Sie sind eine tolle Frau, Pussy."
> Galore: „Ich bin ein sportlicher Typ!" […]
> Bond: „Was könnte Sie dazu bringen, die Dinge mit meinen Augen zu sehen?"
> Galore: „Sehr viel mehr, als Sie haben …"[76]

Diesem Dialog schließt sich ein Judokampf an, den Bond letztendlich gewinnt und die soeben überwältigte Galore zu einem Kuss zwingt. Zu Beginn kämpft sie gegen Bond an, schon bald jedoch ergibt sie sich dem Agenten und beginnt die Intimität zu genießen. In der Tat wirkt diese Szene heute sehr befremdlich und auch die zeitgenössische Kritik in Form der britischen *Times* kommentierte Pussys „Seitenwechsel" ironisch: „Pussy Galore [is] a Lesbian converted to happy heterosexuality by the strong male emanation (and judo holds) of our hero"[77]. Man kann hier durchaus wie Janes Thumin einen „‚backlash' against female homosexualty"[78] erkennen. In ihrer Gesamterscheinung wirkt Pussy Galore jedoch, wie Camille Paglia konstatiert, als „one of the most commanding, authoritative women in popular culture of the time"[79].

Und auch die Jugendzeitschrift „Bravo" sah 1967 Honor Blackman und ihren Kampfstil in „Goldfinger" als vorbildlich für junge Frauen, die sich in Selbstvertei-

---

72 Ebd., Anhang 3, Sq. 10.4.
73 Ebd. Siehe auch: Caplen 2012, S. 123.
74 Ebd., Anhang 3, Sq. 12.1.
75 Ebd.
76 Ebd., Anhang 3, Sq. 13. Siehe auch: Caplen 2012, S. 124.
77 Zitiert nach: Caplen 2012, S. 125.
78 Zitiert nach: Chapman 2007, S. 85.
79 Zitiert nach: Cork/d'Abo 2002, S. 36.

digung üben wollten. Auf einem vier Seiten umfassenden Artikel berichtete „Bravo"
über ein in diesem Jahr in Deutschland erschienen Bildband von Honor Blackman,
in dem die erfahrene Judoka (Honor Blackman besitzt im realen Leben den braunen
Gurt)[80] ihre Kampfkunst einem breiten Publikum zugänglich machte. „Sanfte Gewalt.
Wie schwache Mädchen starke Männer auf's Kreuz legen können"[81] titelte „BRAVO"
und gab zahlreiche Tipps, wie „[a]lle Mädchen, die einen zarten Knochenbau, aber
eine kräftige Abneigung gegen Männer haben, die sich für (körperlich) unwidersteh-
lich halten"[82] sich künftig gegen einen „'Bar-Romeo' [...], 'Badehosen-Schönling' [...]
[oder] 'Vorstadt-Casanova'"[83] der zudringlich werde, wehren können. Schon ein Jahr
zuvor berichtete auch „LIFE" über Blackmans Buch und stellte fest: „Unwittingly she
has become the symbol of a new – and to some, disturbing – kind of feminism."[84]

Einen etwas anderen Eindruck der Damen in „Goldfinger" erhält man von den
Frauen in den Nebenrollen, wie die Bauchtänzerin Bonita aus der Vortitelsequenz, die
zunächst offensichtlich dekorativen Zwecken dient, ihre Bedeutung für die Handlung
dann aber erweitert. Bonita stellt sich als Lockvogel für Bond und als Agentin der
Gegenseite heraus. Sie setzt ihre erotischen Reize ein, um Bond abzulenken, während
sich ein Widersacher von hinten nähert. Die Spiegelung des nahenden Angreifers
erkennt Bond während einer Kussszene in Bonitas Augen, worauf er sie passgenau
herumwirbelt und den an ihn adressierten Schlag auf den Kopf abfangen lässt.[85] Caplen sieht sie von Bond nicht nur in sexueller Hinsicht benutzt, sondern Bonita diene
dem Agenten gleichzeitig als „sword and a shield"[86]. Caplen moniert Bonds fehlende
Hilfsbereitschaft gegenüber Bonita, die er achtlos auf dem Boden liegen lässt:

> „After disposing of his assailant, Bond [...] exits, leaving Bonita on the floor to moan in
> pain and appear dazed. A disposable object, Bonita has served her usefulness and, like
> a weapon used during battle, can simply be discarded or left behind once the aggression
> ceases. It is not lost upon the audience that Bond makes no effort to assist her [...]"[87]

Caplens Kritik wirkt überzogen, schließlich war es Bonita, die Bond mit dem Ziel
seiner Ermordung hinterging. Eine gewisse Missstimmung seitens Bonds gegen die
Tänzerin dürfte an dieser Stelle also verständlich sein. Nahezu ausschließlich der Dekoration in „Goldfinger" dienen Dink und Jill Masterson. Der kurze, nahezu dialoglo-
se Auftritt der vollbusigen Blondine Dink lässt Bond sich ganz von seiner sexistischen

---

80 N.N.: Honors Judo defense of Honor, in: LIFE Vol. 60, Nr. 20 vom 20. Mai 1966, S. 127–128,
    S. 127.

81 N.N.: Sanfte Gewalt. Wie schwache Mädchen starke Männer aufs Kreuz legen können, in:
    BRAVO Nr. 33 vom 7. August 1967, S. 12–15, S. 12.

82 Ebd., S. 12.

83 Ebd., S. 13–15.

84 N.N.: Honors Judo defense of Honor, in: LIFE Vol. 60, Nr. 20, 20. Mai 1966, S. 127–128,
    S. 128.

85 Kulbarsch-Wilke 2009, Anhang 3 Sq. 2.3.

86 Caplen 2012, S. 105

87 Caplen 2012, S. 106.

Seite zeigen. Entspannt gibt sich Bond ihrer Massage hin, während Felix Leiter die Szene betritt und Bond begrüßt, der sich sichtlich freut, seinen Kollegen zu treffen:

> Bond: „Oh Felix! Felix, wie geht's denn? Dink, das ist Felix Leiter. "
> Dink: „Hallo"
> Bond: „Felix, sag' Dink ‚Guten Tag'"
> Leiter: „Guten Tag, Dink."
> Bond: „Dink, sag' Felix ‚Auf Wiedersehen'."
> Dink (irritiert): „Hmm?"
> Bond: „Männergespräch." (verabschiedet sie mit einem Klaps auf das Gesäß)[88]

Mit deutlich mehr Dialog ausgestattet und dennoch dekorativer, gibt sich Jill Masterson, verkörpert von Shirley Eaton. Nachdem sie sich auf den Agenten einlässt, stirbt sie den buchstäblich schillerndsten Tod in der Geschichte der Bond-Girls. Der Auftritt gestaltete sich als derartig spektakulär, dass Eaton als Jill Masterson sogar die komplette Titelseite des „Life Magazines" vom 6. November 1964 zieren sollte (Abb. 24). Komplett mit Gold überzogen findet Bond sie tot auf seinem Bett vor.[89] Ein ähnlich unglückliches Schicksal ereilt auch ihre Schwester Tilly Masterson. Bond trifft sie auf einer Schweizer Landstraße bei dem Versuch, ihre Schwester durch den Mord an Goldfinger zu rächen. Um ein Haar erschießt sie jedoch den Agenten. Bei der zweiten Begegnung Bonds und Mastersons wird diese dann von Goldfingers Häschern getötet.[90] Im Gegensatz zu ihrer Schwester, dient Tillys Charakter nicht mehr nur der Zierde. Eher klingt hier schon ein Schritt hin zur starken Persönlichkeit Galores an, wobei Tilly sich als eher hinderlich für Bond erweist und aufgrund ihrer fehlenden Schießkünste keine ernstzunehmende Gefahr für Goldfinger darstellt.

Die nach der Premiere von „Goldfinger" einsetzende Euphorie um die James-Bond-Filme verstärkte sich zum Erscheinen „Feuerballs" 1965 und sorgte dafür, dass dieser bis zum Kinostart von „Skyfall" 2012 der finanziell erfolgreichste Bond-Film war[91]. War „Feuerball" hinsichtlich der Spezialeffekte innovativ und fortschrittlich (er erhielt einen „Oscar" in dieser Kategorie)[92], zeigte er sich hinsichtlich der Frauenrolle ambivalent, wobei die interessanteste Frauenfigur nicht das Haupt-Bond-Girl ist, sondern mit Fiona Volpe das „Bad-Girl".

Volpe begegnet Bond und dem Zuschauer erstmals vermummt auf ihrem Motorrad, von wo aus sie den bei Blofeld in Ungnade gefallenen Graf Lippe tötet.[93] Schon dieser erste Eindruck von ihr – in schwarzem Lederdress, mit Raketenwerfern am Motorrad und äußerst rasant unterwegs – hebt sie von den üblichen Bondgirls ab.

---

88 Kulbarsch-Wilke 2009, Anhang 3 Sq. 4.1. Siehe auch: Caplen 2012, S. 107 f.

89 Ebd., Anhang 3 Sq. 4.4.

90 Kulbarsch-Wilke 2009, Anhang 3, Sq. 8.2 und 9.2–9.3.

91 Greve 2012, S. 28 f.

92 Petzel, Michael/Hobsch, (Hrsg.): Die Akte James Bond. Die Billy-Kocian-Fotocollection [sic] der klassischen James-Bond-Filme mit Sean Connery und Roger Moore. Berlin o. J., S. 57.

93 Kulbarsch-Wilke 2009, Anhang 4, Sq. 9.2.

Abb. 24:
Shirley Eaton als Jill Masterson in LIFE,
Entnommen aus: „The007dossier", inoffizielle Fan-Seite, http://www.the007dossier.
com/007dossier/post/2014/12/15/Goldfin-
ger-Life-Magazine, Zugriff: 01.03.2015.

Auch ihr nächster Auftritt spiegelt ihre Vorliebe für schnelle Fahrzeuge. Am Strand
bei Nassau tritt sie Bond erstmals persönlich gegenüber, um ihn per Anhalter mitzu-
nehmen. Mit 160 Stundenkilometern (bzw. 100 mph) und damit deutlich zu schnell
auf der Landstraße unterwegs, sorgt sie für Irritation bei James Bond:

> Bond: „Sie sind mein rettender Engel." [...] „Mein Motorboot ist gekentert, ich musste an
> Land schwimmen. Wohin fahren Sie?"
> Volpe (lässt Frage unbeantwortet): „Passagiere werden gebeten, sich anzuschnallen." [...]
> (Tacho des Autos zeigt 100 Meilen/Stunde)
> Bond: „Fliegen Sie immer so tief?"
> Volpe: „Mache ich Sie vielleicht nervös?"
> Bond: „Nein. Ich habe nur nicht das Bedürfnis, an einem Abend zwei Mal zu kentern."
> Volpe: „Aber bei mir brauchen Sie nicht zu schwimmen ..."[94]

Nach der Ankunft vor dem Hotel verlässt ein etwas derangiert wirkender 007 Fionas
Auto, während diese sich souverän gibt, indem sie ihn süffisant auf seine Besorgnis
über ihren Fahrstil hinweist:

> Volpe: „Sie sehen etwas blass aus, Mr. Bond. Ist Ihnen die Fahrt nicht bekommen?"
> Bond: „Doch, aber ich war schon immer ein nervöser Passagier."
> Volpe: „Manche Männer lassen sich nicht gerne fahren."
> Bond: „Und manche Männer lassen sich nicht gerne überfahren."[95]

Fiona Volpe stellt sich als Agentin im Dienste Blofelds heraus, die von diesem beauftragt wird, James Bond zu töten. Hierzu greift sie wie schon einige Gegenspielerinnen

---

94 Kulbarsch-Wilke 2009, Anhang 4, Sq. 15.3.
95 Ebd. Siehe auch: Caplen 2012, S. 140.

vor ihr, zur „Sexfalle", auf die Bond gerne „hereinfällt". Sie überrascht ihn in seinem Hotelzimmer, in der Badewanne liegend – ein Zustand, der für den Agenten sehr erfreulich zu sein scheint. Statt eines Badetuchs reicht er ihr ein Paar Sandaletten, so dass sie ihr Kopfhandtuch vor sich halten muss, um nicht völlig nackt aus der Wanne zu steigen. In der anschließenden Sequenz zeigt sich Volpe tonangebender als andere Bettgenossinnen des Agenten und gibt sich raubkatzenartig. Der gesamten Szene wohnt eine Erotik inne, die 1965 ungewöhnlich gewesen sein dürfte (Oswalt Kolles Aufklärungsfilme kamen immerhin erst 1969 in die deutschen Kinos)[96]. Volpe und Bond liegen unbekleidet im Bett – sie knabbert an seinen Ohrläppchen, er würde lieber aufstehen – letztendlich bleiben beide doch noch länger an Ort und Stelle:

> Bond: „Nein, Schätzchen. Du weißt doch, dass wir schon zu spät kommen."
> Volpe: „Wohin kommen wir zu spät?
> Bond: „Zum Junkanoo[97]. Ich habe Freunden versprochen, mich da mit ihnen zu treffen. Vielleicht kennst du sie? Die Largos."
> Volpe: „Och, Fragen, Fragen! Ich hör' nichts von dir als Fragen. Dabei ist heut' Nacht auf allen Straßen Musik. Und es macht mich ganz wild. [...] Lass uns doch wild sein, Mister Bond, James Bond."
> Bond (faucht): „Raubtier! Man sollte dich in einen Käfig sperren."
> Volpe (stöhnt): „Dieses Bett ist doch wie ein Käfig ... Ich bin das Raubtier ... Und du musst mich füttern."[98]

Im Gegensatz zu Pussy Galore, die nach dem Schäferstündchen mit Bond die Seiten wechselt, lässt Fiona ihn im Anschluss von Blofelds Männern festnehmen. Bond gibt ihr daraufhin zu verstehen, dass er von Beginn an ihre Zugehörigkeit zum gegnerischen Lager an ihrem Siegelring erkannt habe, den sie ihm zufolge aus „Eitelkeit" trage, die „ihre Gefahren" berge. Volpe kontert daraufhin und wirft dem Agenten selber Eitelkeit vor: „Das sagen Sie, Mister Bond, wo Sie doch die Eitelkeit gepachtet haben?". Es entwickelt sich ein vielsagender Dialog, bei dem auch selbstironisch auf die Vorgängerfilme und Tatjana Romanowa bzw. Pussy Galore referiert wird:

> Bond: „Mein liebes Kind, was ich heute Abend getan habe, habe ich für König und Vaterland getan. Sie glauben doch nicht etwa, es hat mir Spaß gemacht?"
> Volpe: „Ich bitte um Verzeihung. Ich habe Ihre Arroganz vergessen, Mister Bond. Der große James Bond braucht einer Frau nur in die Augen zu sehen und schon hört sie die Englein im Himmel singen. Aus aufrichtiger Liebe zu ihm lässt sie sich auf den Pfad der Tugend führen. Aber nicht mit mir! Welch' harter Schlag für Sie, diesmal versagt zu haben."
> Bond: „Tja, Berufsrisiko."[99]

---

96 Erster Film: „Das Wunder der Liebe", 1969. Oswald Kolle, offizielle Webseite, http://www.oswaltkolle.de/mein-leben.php, Zugriff: 03.03.15.

97 Bezeichnung für das örtliche Karnevalsfest.

98 Kulbarsch-Wilke 2009, Anhang 4, Sq. 18.1. Siehe auch: Caplen 2012, S. 142.

99 Kulbarsch-Wilke 2009, Anhang 4, Sq. 18.1. Siehe auch: Caplen 2012, S. 143.

Mit Fiona Volpe liefert die Bond-Reihe erstmals eine Frau, die sich nicht durch die sexuelle Anziehungskraft des Agenten zum Seitenwechsel bringen lässt, wie es noch bei Tatjana Romanova und Pussy Galore geglückt ist. Aus diesem Grunde darf sie das Ende des Films auch nicht überleben. Nachdem Bond von ihr festgenommen wurde, aber gleich darauf entkommen konnte, treffen sich Bond und Volpe auf dem Karneval wieder. Hier tanzen beide miteinander, wobei ein auf Bond angesetzter Killer Fiona statt 007 erschießt. Der Grund: Bond dreht sie während des Tanzes in die Schusslinie, um nicht getroffen zu werden.

Laut Caplen sei Fiona nur oberflächlich eine starke Frau, genauer betrachtet würde es sich bei ihr aber doch nur um eine „subordinate employee of both Largo and Blofeld" handeln, die als solche „answerable to higher, more powerful male authorities"[100] sei. Nach dieser Interpretation müsste allerdings auch Bond nur ein „untergeordneter Angestellter" sein, nimmt er doch ebenso wie Volpe Befehle von höherer Stelle an. Caplen sieht nicht Volpes überwiegende Eigenständigkeit in der Erfüllung ihrer Aufträge und erkennt in diesem Zusammenhang auch nicht den offensichtlichen Einfluss Fionas auf Largo an, den diese sogar ungestraft kritisieren kann:

Volpe: „Ein toter Bond wäre dir lieber?"
Largo: „Anscheinend kannst du Gedanken lesen, meine Liebe."
Volpe: „Vielleicht, weil er sich an deine kleine Freundin heranmacht?"
Largo: „Weil er James Bond ist und Phantom gefährlich wird. Aus dem Grund."
Volpe: „Wenn du Bond gestern Nacht unvorsichtigerweise umgebracht hättest, wüsste seine Regierung jetzt, dass die Bomben hier sind. Wenn die Zeit reif ist, wird er erledigt, Largo. […] Und zwar von mir."[101]

Wäre sie wirklich nur eine „subordinate employee", dürfte Volpe sich solche Kommentare vermutlich nicht erlauben. Vielmehr ist sie, ähnlich wie Pussy Galore, eine dem Agenten ebenbürtige Persönlichkeit, die ihren Zielen (wenngleich in negativem Sinne) treu bleibt und die sich auch aufgrund manch vermeintlich maskuliner Verhaltensweise (schnelles Motorrad, schnelles Auto, Hobby: Tontaubenschießen) von anderen Bond-Girls abgrenzt.

Auch im Vergleich zum Haupt-Bond-Girl in „Feuerball", Domino (Claudine Auger), wirkt Fiona Volpe erwachsener und selbstbewusster. Domino tritt zu Beginn als Mündel Largos auf, um nicht den Eindruck einer Affäre zu erwecken. Sie steht in dessen Schatten und unter seiner Beobachtung, was sie unselbstständig wirken lässt. Bond gegenüber lässt Domino durchklingen, dass ihre momentane Situation kaum das ist, was sie sich vom Leben erhofft und ihr Emilio Largo längst nicht mehr viel bedeutet:

Bond: „Ich schätze, Sie sind Mister Largos Nichte."
Domino: „Das klingt doch besser als – wie würden Sie sagen – Verhältnis? Oder Konkubine?"

---

100 Caplen 2012, S. 146.
101 Kulbarsch-Wilke 2009, Anhang 4, Sq. 16.1. Siehe auch Caplen 2012, S. 140.

Bond: „Das würde ich nie sagen. Wo haben Sie ihn kennengelernt?"
Domino: „Auf Capri. Ich war dort mit meinem Bruder, Francois. Merkwürdig … Ich
    fand Emilio damals … interessant."[102]

Trotz ihrer vorher angedeuteten Abneigung gegen ihren Liebhaber gibt sie ihm
wörtlich die Konversation mit Bond wieder und bleibt bei ihm, obwohl sie dessen
kriminelle Machenschaften zumindest erahnen muss. Dominos Einstellung ändert
sich erst, als ihr Bond vom Tode ihres geliebten Bruders berichtet, für den Largo
verantwortlich zeichnet. Anders als Fiona Volpe lässt sich Domino von Bond zum
Seitenwechsel umstimmen, wobei für sie der ausschlaggebende Punkt ihr Hass auf
den Mörder ihres Bruders ist, nicht die Zuneigung zu Bond. Domino nimmt Bond
als Gegenleistung für ihre Hilfe das Versprechen ab, Largo zu töten. „James, du
musst verstehen … Ich tue das nur für meinen Bruder, weil [Largo] ihn umgebracht
hat. Aber versprich mir eins. Egal was passiert – Largo muss auch dran glauben!"[103]
Domino zeigt sich als eher ungeschickte Hilfe. So versucht sie etwas zu offensichtlich
den als Fotoapparat getarnten Geigerzähler vor Largo zu verbergen, was diesen erst
recht misstrauisch macht. Er greift nach dem Fotoapparat, dieser fällt Domino aus
den Händen und gibt seine wahre Funktion preis. Nur knapp entkommt Domino
der daraufhin von Largo angedrohten Folter. Trotz ihrer dargestellten Verletzlichkeit
und ihres Opferstatus', ist die Bezeichnung Dominos als „vulnerable plaything"[104]
dennoch zu absolut. Am Ende ist es nämlich Domino, die ihren Peiniger mit einem
Harpunenschuss tötet und damit gleichzeitig Bond das Leben rettet.[105]
    Zwei weitere Damen spielen in „Feuerball" eine Rolle, wovon nur eine das Bett
mit Bond teilt. Die bedauernswerte Paula, ihres Zeichens MI6-Agentin, unterstützt
in Nassau Felix Leiter und Bond bei ihren Recherchen gegen Emilio Largo. Paula
ist auch im Dienst stets leicht bekleidet, wodurch ihre eher dekorative Funktion im
Film unterstrichen wird. Ihr Charakter dient hauptsächlich der Untermauerung
von Fiona Volpes Bösartigkeit, die Paula entführen und töten lässt. Nicht einmal
eine Liaison mit Bond ist ihr vergönnt. Die zweite Frau, Patricia Fearing, ist Bonds
Physiotherapeutin, die hauptsächlich durch ihre naive Art auffällt. Bei ihr handelt es
sich um eine Frau, die zumindest für Bond reinen Zeitvertreib darstellt und die aller
Voraussicht nach, wie so viele vor und nach ihr, vergeblich auf einen Anruf oder
Brief von Bond warten wird[106]:

Fearing:„Wirst du mir schreiben? Oder mich mal anrufen?
Bond: „Jeden Tag, mein Schatz. Tut mir leid, dass ich so schnell hier weg muss, aber im
    Büro scheinen sie ohne mich nicht auszukommen."
Fearing: „Sag mal, Was arbeitest du eigentlich?"

---

102 Kulbarsch-Wilke 2009, Anhang 4, Sq. 11.4.
103 Kulbarsch-Wilke 2009, Anhang 4, Sq. 21.1.
104 Zitiert nach Caplen 2012, S. 146.
105 Kulbarsch-Wilke 2009, Anhang 4, Sq. 21.5–21.7 und Sq. 22.2.
106 Ebd., Anhang 4, Sq. 5.4, 7 und 9.2.

Bond: „Och, ich bin so eine Art Feuerlöscher. Immer da, wo's brennt. […] Wir sehen uns
     wieder."
Fearing: „Wann du willst und wo du willst, James."
Bond: „Ich will eigentlich immer – ich hab' nur so wenig Zeit."[107]

Die ersten Bond-Filme etablierten die sogenannte „Bond-Girl-Formula", die in viel-
fältigen Abwandlungen eine der Hauptbestandteile des Franchise ist. Es zeigt sich
aber auch, dass diese „Formel" nur in wenigen Filmen 1:1 zur Umsetzung kommt
– manches Mal ändern sich die Reihenfolge oder die Anzahl der Frauen. Der Zusatz
„No more and no less" (als drei Frauen) ist daher offensichtlich nicht obligatorisch.
Dass es jedoch auch für den Umgang mit Frauen eine gewisse Regelmäßigkeit geben
sollte, zeigt die Formel eindrucksvoll. Roald Dahl (Drahbuchautor für „Man lebt
nur zweimal") beschrieb die „Bond-Girl-Formula" so wie sie ihm von den Produzenten mitgegeben wurde, 1967 für den Playboy:

> „So you put in three girls. No more and no less. Girl number one is pro-Bond. She stays
> around roughly through the first reel of the picture. Then she is bumped off by the enemy,
> preferably in Bond's arms. […] Girl number two is anti-Bond. She works for the enemy
> and stays around throughout the middle third of the picture. She must capture Bond,
> and Bond must save himself by bowling her over with sheer sexual magnetism. This girl
> should also be bumped off, preferably in an original fashion. […] Girl number three is vi-
> olently pro-Bond. She occupies the final third of the picture, and she must on no account
> be killed. Nor must she permit Bond to take any lecherous liberties with her until the very
> end of the story. We keep that for the fade-out. […]"[108]

„Man lebt nur zweimal" ist dann auch der erste Bond-Film, der die Formel erstmals
nahezu wie beschrieben umsetzt. Das erste Bond Girl, das im Laufe des Films den
„Opfertod" erleidet, ist die schöne japanische Agentin Aki, die nach einem fehlgeschlagenen Anschlag auf Bond an den Folgen einer Vergiftung stirbt. Mit Aki wird
Bond erstmals eine Berufskollegin und damit ein neuer Frauentyp zur Seite gestellt.
Dieser weibliche „comrade-in-arms"-Typ[109] zeichnet sich durch eine von Beginn
an bestehende Allianz mit Bond aus, in der Regel durch die Zusammenarbeit als
Agenten begründet. Diese Frauen sind also, schon bevor sie auf Bond treffen, aus
beruflichen Gründen seine Verbündeten, ebenso zur Agentin ausgebildet und oft
ebenso klug.[110]
  Aki demonstriert diese Fähigkeiten mehrmals im Verlauf des Films, indem sie
Bond gleich zwei Mal aus einer kritischen Situation befreit. So taucht sie jedes Mal
mit ihrem Auto im richtigen Augenblick auf, um Bond vor bewaffneten Gegnern in
Sicherheit zu wiegen. Sie liefert sich mit diesen eine rasante Verfolgungsjagd durch

---

107 Ebd., Anhang 4, Sq. 9.2.
108 Dahl, Roald: 007's Oriental Eyefuls, in: Playboy Vol. 14, Nr. 06 vom Juni 1967, S. 86–91,
     S. 87 und S. 90.
109 Cork/d'Abo 2003, S. 41.
110 Ebd.

Tokio und kann mit Hilfe ihres Vorgesetzten Tanaka, James Bond und sich in Sicherheit bringen.[111] Sie bleibt jedoch darüber hinaus als Frauenfigur eher blass und wirkt teilweise ähnlich naiv wie Honey Ryder und deren Glaube an Drachen. Akis „Drache" ist diesem Falle der Glaube an Bonds Treue. Als Tanaka Bond mit dessen „Schwäche für das zarte Geschlecht"[112] aufzieht, die Bond beinahe das Leben gekostet hätte, verteidigt sie den Agenten vehement. Sein „Flirt" mit der Schurkin Helga Brandt (in Wirklichkeit etwas mehr) sei nur zu ihrem Schutz geschehen:

> Aki: „Aber er hat doch nur mit dieser Frau geflirtet, damit ich weg konnte. So etwas wie die würde er doch nie anfassen! Nicht wahr, James? Es ist doch nichts passiert?
> Bond: „Oh, nichts Wesentliches …"[113]

Akis weitere Auftritte zeigen sie bei der Besichtigung eines Ninja-Trainingscamps an der Seite von Tanaka und Bond sowie anschließend in einem Schönheitssalon, in dem aus Bond ein Japaner gemacht wird. In dieser Tarnung soll er eine Einheimische heiraten, um sich ungestört in Blofelds verdächtigem Umfeld bewegen zu können. Aki ist zunächst erfreut, als sie von den Plänen erfährt, zeigt sich dann aber enttäuscht, dass sie nicht die von Tanaka Auserwählte ist. Eine letzte gemeinsame Nacht mit Bond ist Aki noch vergönnt, bevor sie stirbt und von Kissy Suzuki übergangslos ersetzt wird. Diese, von Tanaka als unattraktiv angekündigt, stellt sich zur Freude 007s als wahre Schönheit heraus. Die Schauspielerin Mie Hama war in Japan eine der meistfotografierten Frauen und wurde auch als „japanische Brigitte Bardot" bezeichnet.[114] Kissy Suzuki fungiert innerhalb der von Dahl beschriebenen „Bond-Girl-Formula" als Mädchen, das bis zum Schluss bei dem Agenten bleibt. Kissys Charakter ähnelt sehr dem von Aki, wenngleich sie zu Beginn Bonds Avancen zurückweist. Für Kissy ist die fingierte Ehe mit Bond zunächst reine Pflichterfüllung, was sich im folgenden Dialog zeigt, den die frisch Angetrauten nach der Hochzeitszeremonie in Suzukis Haus führen:

> Bond: „Ah, Austern. Ist das der einzige Raum hier?"
> Suzuki: „Ja. Das ist Ihr Bett. Mein Bett ist dahinten."
> Bond: „Moment. Du bist doch mit mir verheiratet."
> Suzuki: „Sie haben etwas vergessen. Sie haben mit falschem Namen geheiratet."
> Bond: „Aber wir müssen doch den Schein wahren. Wir sind ja in den Flitterwochen."
> Suzuki: „Keine Flitterwochen. Das ist Pflicht."
> Bond: „Hm. Dann will ich auch keine Austern."[115]

---

111 Kulbarsch-Wilke 2009, Anhang 5, Sq. 9.2.

112 Ebd., Anhang 5, Sq. 11.1.

113 Im englischen Original antwortet Bond mit einem überzeichneten: „Oh, heaven forbid!", was den Witz der Szene noch besser zum Ausdruck bringt. Kulbarsch-Wilke 2009, Anhang 5, Sq. 11.1.

114 Caplen 2012, S. 180.

115 Kulbarsch-Wilke 2009, Anhang 5, Sq. 14.2.

Suzukis Haltung soll sich jedoch schnell ändern, als sie gemeinsam mit Bond in der Nähe von Blofelds Vulkan dem Tod einer Anwohnerin der Insel nachgeht. Erschöpft vom langen Aufstieg bittet Kissy um eine Pause (Kissy: „Dienst ist schwer." – Bond: „Flitterwochen auch …")[116], die dann den Beginn einer Kussszene markiert. Ihre weitere Aufgabe im Film ist dann durch die Alarmierung Tanakas und seiner Ninja-Kämpfer gekennzeichnet, ohne dabei selber großartig in Erscheinung zu treten. Während der Kampfszene im Vulkankrater hält sich Suzuki bedeckt und sucht hinter Tanaka und/oder Bond Deckung. Nach geglückter Mission sinkt Kissy Suzuki in Bonds Arme. Cork und d'Abo beschreiben die Frauen in „Man lebt nur zweimal" als wenig einflussreich und den Plot nicht voranführend: „[A]ll the female charakters […] have little impact on the plot. Bond does not save them and they do not make an important choice to save Bond."[117] Diese pauschale Interpretation trifft nicht ganz zu, denn mit Helga Brandt, dem dritten Bond- bzw. „Bad-Girl", bietet der Film einen Fiona Volpe-ähnlichen Charakter.[118]

Helga Brandt, verkörpert von der Deutschen Karin Dor, ist das in der Formel benannte „Anti-Bond-Girl". Sie taucht in der Mitte des Films als Sekretärin Osatos und Handlangerin Blofelds auf. Ihren Auftrag von Osato, Bond zu töten verbindet sie mit den Annehmlichkeiten einer Liebesnacht, nicht jedoch ohne dem an einen Stuhl gefesselten Bond zuvor mit Folter zu drohen:

> Brandt (mit Skalpell): „Wissen Sie, was das ist?" [Der im Original aus dem Off kommende Kommentar Bonds: „I'd rather not", wurde in der deutschen Version ersatzlos gestrichen.]
> Brandt: „Es wird in der plastischen Chirurgie gebraucht. Man trennt damit die Haut ab. Ich hoffe, Sie zwingen mich nicht, es zu gebrauchen."
> Bond: „Wie kann ein so zartes Geschöpf nur so brutale Einfälle haben …"[119]

Statt einer Antwort lehnt sich Brandt über den Agenten und küsst ihn leidenschaftlich. Bond erwidert den Kuss und „gesteht" ihr, ein vermeintlicher Industriespion zu sein. Er verspricht ihr einen hohen Geldbetrag, sollte sie sich mit ihm verbünden und gegen Osato arbeiten. Ihre angebliche Sorge, Osato würde sie in einem solchen Falle umbringen, meint Bond zerstreuen zu können, indem er ihr seinen Schutz anbietet. Es scheint zunächst so, als würde sie auf sein Angebot eingehen und somit Bonds Charme erliegen. In der darauffolgenden Sequenz zeigt sich jedoch ihr wahres Gesicht. Als Pilotin einer kleinen Verkehrsmaschine lässt sie per Knopfdruck Bond durch eine Holzplatte am Aufstehen hindern und verlässt das Flugzeug via Fallschirm, während Bond noch darin sitzt. Erst im letzten Augenblick kann er den Absturz verhindern und sich aus der Maschine retten.[120] Helga Brandts doppeltes Spiel geht nicht auf: Sie stirbt wenig später den in der Formel verlangten „möglichst

---

116 Kulbarsch-Wilke 2009, Anhang 5, Sq. 15.3.
117 Cork/d'Abo 2003, S. 42, siehe auch Caplen 2012, S. 195 f.
118 Siehe auch: Caplen 2012, S. 190.
119 Kulbarsch-Wilke 2009, Anhang 5, Sq. 10.2.
120 Kulbarsch-Wilke 2009, Anhang 5, Sq. 10.2–10.3.

originellen" Tod – Blofeld lässt sie für ihr Scheitern in sein von stets hungrigen Fischen bevölkertes Piranha-Becken werfen.[121]

„Man lebt nur zweimal" zeigt mit Aki und Kissy Suzuki erstmals zwei Agentinnen des japanischen Geheimdienstes an der Seite von Bond, dennoch ist in diesem Film wenig von einem Kontakt auf Augenhöhe zu spüren. Die erste Liebesszene zwischen Bond und Aki, die mit ihr auf seinen Armen und Akis Worten beginnt: „Ich glaube, es wird mir ein großes Vergnügen sein, unter Ihnen zu arbeiten."[122], illustriert den Aspekt. Akis Kommentar ist natürlich zweideutig zu verstehen. Zum einen ist er sexuell konnotiert, zum anderen verdeutlicht er die übergeordnete Stellung Bonds, dem sie laut Caplen zuarbeitet: „Serving *under* Bond suggests that MI6 is really in charge of the operation."[123]

Die in „Man lebt nur zwei Mal" stellenweise implizierte Darstellung weiblicher Unterordnung ist vor dem Hintergrund der Stellung der Frau in Japan zu verstehen, die in den 1960er Jahren (noch stärker als in westlichen Ländern) von der Hausfrauen- und Mutterrolle geprägt war. Der Mann galt als Ernährer der Familie, während Frauen, wenn sie berufstätig waren, im Vergleich zu ihren männlichen Kollegen deutlich schlechter behandelt wurden.[124] Im Film wird im Beginn von Sequenz 8 deutlich auf diese Rollenverteilung hingewiesen. Bond und der Chef des japanischen Geheimdienstes Tanaka wollen in dessen Anwesen ein Bad nehmen, wobei sie von eigens hierfür beschäftigten Frauen massiert und gewaschen werden. Tanaka erklärt Bond die Hintergründe dieser weiblichen Zuvorkommenheit, die in der Rollenverteilung der Geschlechter in Japan begründet sei:

Tanaka: „Sie können sich vertrauensvoll diesen zarten Händen überlassen, lieber Freund. Regel Nummer eins: Tue niemals etwas selber, wenn jemand anderes es für dich tun kann."
Bond: „Na dann mal los."
Tanaka: „Nummer zwei: In Japan kommen die Männer immer zuerst. Die Frauen als zweite."
Bond: „Na, hier werde ich mich später mal zur Ruhe setzen."[125]

Aki und Kissy entsprechen mit ihrem ungebundenen Auftreten dem klassischen Rollenverständnis zwar nicht, sind ihren männlichen Kollegen aber auch nicht gleichgestellt. Lediglich in Helga Brandt findet sich eine ebenbürtige Gegenspielerin. Brandt ist jedoch keine Japanerin und nicht diesem Rollenklischee unterworfen. Die „Badefrauen" oder „servant girls"[126] (Abb. 25) unterstreichen das japanische

---

121 Ebd., Anhang 5, Sq. 12.5.
122 Ebd., Anhang 5, Sq. 8.
123 Caplen 2012, S. 186–188.
124 Chiavacci, David: Das japanische Gesellschaftsmodell in der Krise: Fazit und Versuch eines Ausblicks am Ende des verlorenen Jahrzehnts, in: Pohl, Manfred/Wieczorek, Iris (Hrsg.): Japan 2006. Politik und Wirtschaft, Hamburg 2006, S. 185–220, S. 191 f.
125 Kulbarsch-Wilke 2009, Anhang 5, Sq. 8.
126 Caplen 2012, S. 185.

Abb. 25:   Japanische Badefrauen in Tiger Tanakas Anwesen, Screenshot „Man lebt nur zwei Mal" (DVD Ultimate Edition) 00:33:19.

Frauenbild hingegen eher, wobei hier natürlich auch eine gewisse Überzeichnung in die Szene hineinspielt. Gleichzeitig dienen sie im Film der Dekoration, bringen die Handlung als solche also nicht voran und sind ein typisches Bild für die Bond-Filme der 1960er Jahre.

Dekorativen Zwecken dienen auch zahlreiche Damen in Blofelds Allergieklinik, die Bond in seinem nächsten Abenteuer, „Im Geheimdienst ihrer Majestät", bereist. Unter dem Vorwand, eine neue Heilmethode für diverse Allergien zu erforschen, versammelt Blofeld junge Frauen in seinem vermeintlichen Sanatorium. Doch neben der Beseitigung ihrer Allergien beeinflusst er sie im Schlaf hypnotisch, um sie zu „Todesengeln"[127] zu transformieren. Nach der Entlassung aus der Klinik wären die Damen dann in der Lage, weltweit auf einen bestimmten Auslöser hin ein Unfruchtbarkeitsvirus freisetzen, sollten Blofelds Forderungen an die Vereinten Nationen nicht erfüllt werden.[128] Bonds Ermittlungen gegen Blofeld führen ihn nun in diese Klinik, die er in der Tarnung als der von Blofeld bestellte Genealoge Hilary Bray betritt. Bond ist der „Hahn im Korb" (abgesehen von einigen zurückhaltenden männlichen Kellnern) zwischen mindestens 12 Frauen[129]. Geballte Albernheit und gekünstelte (oder gar echte) Einfalt treffen hier auf den Agenten, der zur Unterhaltung der ihn umringenden Frauen mehr über seine Tätigkeit als Genealoge erläutern soll. Dieser Begriff sagt der überwiegenden Mehrheit der Damen offenbar wenig:

Frau 1: „Ach bitte, was ist ein Gynäk … ähm ein Genealoge?"
Frau 2: „Das bedeutet so viel wie ‚Arzt für alte Leute‘."
Frau 3: „Dann soll er wohl unseren alten Drachen behandeln …"[130]

---

127 Kulbarsch-Wilke 2009, 6, Sq. 15.2.
128 Ebd., Anhang 6, Sq. 11.2 und 15.2.
129 Eigene Zählung, siehe Kulbarsch-Wilke 2009, Anhang 6, Sq. 12.1.
130 Ebd., Anhang 6, Sq. 12.1.

154

Mit dem „alten Drachen" ist die Aufseherin der Mädchen, Irma Bunt (gespielt von der deutschen Schauspielerin Ilse Steppat) gemeint, die als Privatsekretärin und Mörderin von Bonds Ehefrau am Ende des Films auftritt. Bunt erinnert stark an die in „Liebesgrüße aus Moskau" auftretende Rosa Klebb. Sie ist ebenso bösartig und verschlagen, etwa im gleichen Alter und vom äußeren Erscheinungsbild sehr ähnlich. Im Gegensatz zu Klebb stirbt sie am Ende des Films nicht, wurde aber aufgrund des Todes der Darstellerin wenige Wochen nach der Premiere in keinem der folgenden Filme mehr erwähnt.[131]

Die Patientinnen der Allergieklinik übertreffen in Punkto Naivität alle bisherigen Bond-Girls in Haupt- oder Nebenrollen. Ihre freizügige Art und offensichtliche sexuelle Unabhängigkeit fügen sich nahtlos in die Ende der 6oer Jahre vorherrschende Idee von freier Liebe der Hippie-Bewegung ein, womit die Bond-Filme erneut den Zeitgeist aufgriffen. Vor und während des gemeinsamen Essens mit Bond kommt es seitens der Frauen zu anzüglichen Bemerkungen, wobei sich im weiteren Verlauf mit Ruby Bartlett besonders eine der Damen sehr an Bond interessiert zeigt:

> Bartlett: „Ach, eine Wohltat, endlich mal wieder einen Mann hier zu haben!"
> Bond: „Gibt es denn hier sonst keine?"
> Bartlett: „Nur das Personal und das zählt schließlich nicht als Männer." [...]
> Bartlett (beißt in Hühnchen): „Ganz köstlich! Ich war allergisch gegen Hühner. Ich bekam Ausschlag davon – überall! Sie würden sich wundern, wo überall ..."
> Frau 1: „Und ich war allergisch gegen Mohrrüben. Jetzt kann ich ohne Rübe nicht mehr sein!"[132]

Zum Ende des Dinners schreibt Ruby Bartlett unauffällig ihre Zimmernummer mit ihrem Lippenstift auf Bonds Oberschenkel (der in seiner Tarnung als Schotte mit entsprechendem Rock auftritt), worauf der Agent mit einer „kleine[n] Versteifung"[133] reagiert. Bonds Verhalten gegenüber den Frauen ist für seine Verhältnisse sehr zurückhaltend, was diese dann darauf schließen lässt, dass ihm generell „nicht der Sinn nach Frauen steht"[134] und ihr tiefstes Bedauern darüber ausdrücken. Bond lässt die Damen in ihrem Glauben und überzeugt gleich zwei von ihnen, nur ihrer Ausstrahlung wegen eine Ausnahme von seinen gewöhnlichen Vorlieben zu machen. Am späten Abend beschließt Bond, Rubys via Lippenstift vorgetragenen Einladung zu folgen und sucht diese mit einem Buch über Heraldik als Vorwand in ihren Räumlichkeiten auf:

> Bartlett (überrascht): „Sir Hillary!"
> Bonds: „Pscht! Ich bringe das Buch."
> Bartlett: „Das illustrierte Buch?" (greift zum Lichtschalter)
> Bond: „Nein, nein. Kein Licht machen."

---

131 Ebd., S. 90f.
132 Ebd., Anhang 6, Sq. 12.1.
133 Ebd.
134 Ebd.

Bartlett: „Ich möchte doch die Bilder sehen!“

Bond: „Das schönste Bild sind Sie selbst. Besonders im flackernden Licht des Kaminfeuers.“

Bartlett: „Sie sind vielleicht lustig – so zu tun als könnten Sie Frauen nicht ausstehen …“

Bond: „Gewöhnlich ist es auch so, aber bei Ihnen werde ich schwach. Ihr Lippenstift hat mich besiegt. Ist es ein Wunder?“

Bartlett: „Oh, Sir Hilary!“

Bond: „Nenn’ mich Hily.“[135]

Auf den Dialog folgt die obligatorische Liebesszene, die in Ruby Bartletts Hypnosetherapie überleitet. Aus dem Off hört man die Stimme Blofelds, die Ruby sanft in eine Trance versetzt. Bond verlässt das Zimmer, nachdem Ruby auf seine Anrede nicht mehr reagiert. Zurück in seiner eigenen Unterkunft wird er schon von der zweiten, vermeintlich an seinem Heraldik-Buch interessierten, Patientin erwartet. Es entspinnt sich ein ähnlicher Dialog wie schon mit Ruby:

Nancy: „Ich komme, um mir das Buch mit den Bildern anzusehen. […] Machen wir doch Licht!“

Bond: „Oh nein, um Gottes Willen, bloß nicht! Das schönste Bild sind Sie selbst, besonders schön im flackernden Licht des Kaminfeuers.“

Nancy: „Aber Sir Hilary …“

Bond: „Sag’ Hily zu mir.“

Nancy: „Aber Hily. Ich denke, du kannst Frauen nicht ausstehen?“

Bond: „Gewöhnlich ist es auch so. Aber du machst mich schwach. Dass du […] zu mir kommst, das hat mich besiegt. […]“[136]

An dieser Stelle impliziert „Im Geheimdienst Ihrer Majestät“ (in Umkehrung zu Pussy Galores „Heilung“), es müsste nur „die Richtige“ kommen, um den vermeintlich a- oder homosexuellen Genealogen zu bekehren. Der Film fordert hier aber auch noch einmal Bonds ganzes Stamina, der sich nun der Herausforderung entgegensieht, zwei Frauen hintereinander „beglücken“ zu müssen, bevor er am Ende in den (zumindest theoretisch) monogamen Hafen der Ehe mit dem Haupt-Bond-Girl des Films, Teresa „Tracy“ di Vincenzo, einläuft.

Tracy zeigt sich im krassen Gegensatz zu den an Naivität unübertroffenen Allergiepatientinnen und steht erstmals in der Serie für ein anderes, vor allem psychologisch tiefsinnigeres und komplexes Frauenbild. Erklären lässt sich diese Darstellung möglicherweise mit dem sich Ende der 1960er Jahre im Zuge der *Neuen Frauenbewegung*, bzw. des *Second-Wave* Feminismus, etablierenden selbstbewussteren Bildes der Frau in der Gesellschaft.[137] Die Neue Frauenbewegung entstand in den USA aus der Bürgerrechtsbewegung der 60er Jahre heraus und manifestierte sich 1966 mit der Bildung der National Organization for Women (NOW), deren Mitgliederzahl nach ihrer Gründung stark anstieg – von 300 in 1966, auf 1200 in 1967. Zehn Jahre

135 Ebd., Anhang 6, Sq. 12.4.

136 Ebd., Anhang 6, Sq. 12.5. Siehe auch: Caplen 2012, S. 201–203.

137 Kulbarsch-Wilke 2009, S. 76. Siehe auch: Caplen 2012, S. 216.

später waren es schon über 40.000.[138] NOWs erste Ziele umfassten die gleichberechtigte Stellung von Männern und Frauen:

> „The purpose of NOW is to take action to bring women into full participation in the mainstream of American society now, exercising all the privileges and responsibilities thereof on truly equal partnership with men. [...] WE BELIVE that this nation has a capacity at least as great as other nations, to innovate new social Institutions which will enable women to enjoy true equality of opportunity and responsibility in society, without conflict with their responsibilities as mothers and homemakers."[139]

Mit skandalträchtigen Aktionen, wie der Verbrennung von Büstenhaltern 1968 erregten vor allem in den USA zahlreiche Anhängerinnen der Women's Liberation Movement Aufmerksamkeit.[140] Auch in Deutschland entstand etwa zum gleichen Zeitpunkt eine wachsende Frauenbewegung, die sich auch hier aus der Bürgerrechts- und Protestbewegung der 60er Jahre gegen Atomwaffen und/oder Wiederbewaffnung löste:

> „Als ‚neu' und ausdrücklich ‚autonom' verstand sich die Frauenbewegung vor allem deshalb, weil sie sich ganz bewusst von der etablierten, traditionellen und zahm gewordenen Politik der Frauenverbände absetzte und weil sie wie die anderen neuen sozialen Bewegungen nicht nur auf Gleichberechtigung oder Partizipation im bestehenden System, sondern auf eine Veränderung dieser Gesellschaft und eine andere Form der Politik und politischer Teilhabe zielte."[141]

Diese Neue Frauenbewegung fand zunächst nur im universitären Umfeld im Rahmen der Studentenbewegung statt und griff erst mit dem Beginn der 1971 vom Magazin „Stern" gestarteten „Ich habe abgetrieben"-Kampagne auf eine breite Bevölkerungsschicht über. Es entbrannte eine Debatte über die Rechte der Frau und die Abschaffung des Abtreibung verbietenden Paragrafen 218 StGB. In der Folge rückten feministische Themen in Deutschland immer weiter in das gesellschaftliche Bewusstsein; Frauenzentren, Frauenzeitschriften oder Frauencafés, aber auch Beratungsstellen wie Frauenhäuser oder Mütterzentren etablierten sich in den 1970er Jahren.[142]

Vor dem Hintergrund dieses sich wandelnden Frauenbildes ist eine gebildete und selbstbewusste Figur wie Tracy di Vicenzo zu verstehen. Schon die Wahl der Darstellerin, Diana Rigg, einem breiten Publikum bereits durch die Serie „Mit Schirm, Charme und Melone" bekannt, in der sie die emanzipierte Geheimdienstagentin Emma Peel verkörperte, sprach für sich.[143] Bereits die Einführung des neuen Bond-Girls – am Meer, mit der Absicht, sich zu ertränken – hebt sie von anderen Frauen ab.

---

138 Ehmsen 2008 , S. 23–25.
139 Zitiert nach: Ebd, S. 25.
140 Sichtermann 2009, S. 162.
141 Gerhard 2009, S. 110.
142 Gerhard 2009, S. 111–114.
143 Greve 2012, S. 96.

Über Bonds Rettung ist sie verärgert; anstatt sich zu bedanken, flüchtet sie vor ihm, nur um ihn wenig später im Spielcasino wiederzubegegnen. Unberührt verspielt sie einen hohen Geldbetrag, und begibt sich in Schulden, die sie nicht bezahlen kann, was Bond erneut die Möglichkeit gibt, ihr zu helfen – diesmal um der drohenden Verhaftung zu entkommen. Auch in dieser Szene ist Teresa eher verärgert als dass sie sich dankbar zeigt, was sie auch Bond gegenüber zum Ausdruck bringt:

> di Vincenzo: „Warum sind Sie eigentlich so versessen darauf, mich zu retten?“
> Bond: „Das wird langsam zur lieben Gewohnheit von mir, Contessa Teresa.“
> di Vincenzo: „Teresa war eine Heilige. Man nennt mich Tracy.“
> Bond: „Also Tracy, das nächste Mal spielen Sie auf Nummer sicher!“
> di Vincenzo: „Auf Nummer sicher spielt, wer am Leben bleiben will.“
> Bond: „Bitte bleiben Sie am Leben. Wenigstens für heute Nacht.“
> di Vincenzo (wirft ihm Zimmerschlüssel hin): „Kommen Sie nach. Ich hoffe, es wird sich
>   lohnen! [...]“[144]

Bond folgt der Einladung Tracys und wird in ihrem Zimmer von einem Killer überrascht, den er jedoch überwältigen kann. Tracy ihrerseits befindet sich schon in seinem Raum, wo sie ihn mit seiner eigenen Waffe bedroht. Gleichgültig sinniert sie über einen Mord, („nu[r] zum Spaß“)[145], an Bond und erweckt dabei einen desinteressierten Eindruck. Für sie scheint das Leben an Sinn verloren zu haben, alles ist vielmehr ein Spiel ohne Reiz. Auch Bonds Ohrfeige (der die Identität des Killers in ihrem Zimmer herausfinden möchte) lässt sie stoisch über sich ergehen, ebenso wie die folgende Liebesnacht für sie nur eine weitere Pflicht ist: „Sehen Sie in mir eine Frau, die Sie gerade gekauft haben.“[146] Bond erwacht am nächsten Morgen alleine – Teresa ist schon abgereist und hinterlässt ihm nur ihren Bademantel und das von ihm für sie im Kasino ausgelegte Geld.

Auch Tracys Vater ist besorgt über das Verhalten seiner Tochter. Bond gegenüber offenbart er sich und macht den frühen Tod ihrer Mutter, seine Fehler, die sich durch mangelnde Erziehung kennzeichnen würden, sowie Tracys rebellisches Verhalten und Fehlentscheidungen im Leben (sie heiratete früh und wurde nach dem Autounfall ihres Mannes mit einer seiner Mätressen zur Witwe) für ihren jetzigen Zustand verantwortlich: „[H]inter ihrer äußeren Bravur fraß irgendwas an ihrer Seele. [...] Der übergroße Lebenshunger höhlt ein empfindsames Herz aus. Und plötzlich ist alles vorbei.“[147] Nur Bond könne Dracos Meinung nach dem Leben seiner Tochter wieder Sinn geben. Sie brauche einen starken Mann, der sie „mit unwiderstehlicher Leidenschaft zwing[e], sich ihm hinzugeben.“[148] Im Gegenzug für dessen Hilfe bei der „Heilung“ seiner Tochter verspricht Draco dem Agenten Informationen über den Verbleib Blofelds.

---

144 Kulbarsch-Wilke 2009, Anhang 6, Sq. 4.2. Siehe auch: Caplen 2012, S. 206.
145 Ebd., Anhang 6, Sq. 4.4.
146 Ebd.
147 Ebd., Anhang 6, Sq. 5.3. Siehe auch: Caplen 2012, S. 210 f.
148 Kulbarsch-Wilke 2009, Anhang 6, Sq. 5.3.

Abgesehen von der psychologisch doch sehr fragwürdigen Draco'schen Therapiemethode bei starken Depressionen, klingt hier auch ein sexistischer Unterton heraus, wonach es nur eine starke Hand benötige, um eine aus der Bahn gefallene Frau wieder auf die rechte Spur zu bringen. Völlig zu Recht ist Tracy dann auch erzürnt darüber wie ihr Vater und Bond ihre Person für das zweifelhafte Geschäft – Tracy gegen Informationen – ausnutzen. Sie zwingt ihren Vater, auch ohne Gegenleistung die Informationen an Bond weiterzugeben und verlässt die Szene. Hier zeigt sich, dass sich hinter ihrer souveränen Fassade eine tiefe Verletzlichkeit verbirgt, überkommen sie nun doch die Tränen, wie auch Bond feststellt, als er sie einholt. Er verdeutlicht ihr jedoch, dass seine Gefühle für sie echt seien, was mit einem Einspieler verschiedener Szenarien, die Bond und Tracy als Verliebte zeigen, zur Musik von Louis Armstrongs „We have all time in the world", untermauert wird.[149]

Tracy di Vincenzos Charakter ist reifer gezeichnet als bei anderen Bond-Girls und sie ist auch die erste, die bei Bond tiefergehende Gefühle weckt. In einer Scheune macht er ihr einen Heiratsantrag, den sie glücklich annimmt. Darüber hinaus ist sie auch körperlich stark – sie rettet Bond das Leben, als er vor Blofelds Männern flieht, greift aktiv in den Kampf am Piz Gloria ein (nur ein K.O.-Schlag ihres Vaters kann sie von weiteren Aktionen abhalten) und befreit sich selber aus Blofelds Gefangenschaft.[150] Tracy zeigt sich durch ihr Verhalten in gewisser Weise würdig den Agenten zu ehelichen, ist sie doch auf Augenhöhe mit ihm und deutet auch am Tag der Hochzeit verschmitzt an, diese Souveränität beizubehalten:

> Draco: „Und vergiss bitte nicht, du musst immer deinem Mann gehorchen, versprichst
>   du mir das?"
> di Vincenzo: „Aber natürlich Papa! Ich hab' dir doch auch immer gehorcht …"[151]

Diese selbstständige Haltung Tracys sei es laut Caplen dann auch, die letztendlich ihre Daseinsberechtigung im Bond Universum beende:

> „She may wed Bond, but her comment to Draco suggests that she will maintain her independence [...]. Such beliefs, of course, are consistent with the mainstream feminist ideology advanced by NOW[152]. But Tracey's death serves as a stark reminder that such radical reinterpretations of traditional gender roles are ultimately unsustainable [...] Neither liberated nor entirely subservient, Tracey is an enigma for which there is simply no place in the bond mythology or beyond.[153]

Caplens Darstellung scheint hier jedoch eine Überinterpretation der Handlung zu sein. Weniger Tracys doppeldeutiges Bild als weder komplett emanzipiert, noch gefangen in gesellschaftlichen Rollenvorstellungen, dürfte der Grund für ihren tragi-

---

149 Ebd., Anhang 6, Sq. 7.1–8.
150 Ebd., Anhang 6, Sq. 17.2, 17.3, 20.2 und 20.3.
151 Ebd., Anhang 6, Sq 21.1.
152 NOW = National Organization for Women, s. o.
153 Caplen 2012, S. 216 f.

schen Tod sein, sondern vielmehr die Rolle, die durch die Ehe mit ihr dem Agenten in zukünftigen Abenteuern zuteil geworden wäre. Es hätte vermutlich einen zu radikalen Eingriff in die Formel bedeutet, die Illusion eines verheirateten Bond in den Folgefilmen aufrechtzuerhalten. Mannspergers Interpretation von Tracys Ableben fügt sich daher besser ein: „[E]in verheirateter Bond, Held zahlloser Liebschaften, wäre schlicht und einfach nicht vorstellbar."[154]

Tracy komplettiert die Riege der Bond-Girls der 1960er Jahre, die sich unterschiedlicher kaum hätten präsentieren können. Entgegen Caplens These, die Bond-Girls müssten erst eine Entwicklung durchlaufen, um in den 2000ern als ebenbürtige Persönlichkeiten aufzutreten, zeigt sich eher ein Auf und Ab in der „Fieberkurve der Emanzipation"[155]. In ihrer Unterschiedlichkeit eint die Frauen der 1960er Jahre jedoch ihre Unabhängigkeit vom Mann und ihre sexuelle Freiheit. Mit Blick auf die gesellschaftliche Bedeutung und vor dem Hintergrund des großes Erfolges der Filme, könnte hieraus der Schluss gezogen werden, dass vielleicht – wenngleich unbewusst – bei Publikum und Produzenten ein Bedarf nach diesem Frauentyp vorgelegen haben könnte. Die Bond-Filme sind in diesem Aspekt dem Zeitgeist gar voraus gewesen.

Optisch unterscheiden sich die Frauen deutlich. Bis auf die Gemeinsamkeit des attraktiven Erscheinungsbildes sind nahezu alle Haarfarben, Frisuren und Kleidungsstile vertreten. Von zurückhaltend bis maskulin angehaucht (Tatjana Romanova, Pussy Galore) über elegant im Abendkleid (Sylvia Trench, Domino Derval), einen Rundumschlag durch die verschiedenen Bademoden (Honey Ryder, Domino Dervall, japanische Badefrauen) hin zum Flower-Power-Look der 60er Jahre (Ruby und ihre Leidensgenossinnen in der Allergieklinik) zeigen sich die Frauen mehr als abwechslungsreich. Dem Mager-Schönheitsideal der 1960er Jahre (extrem dünn, kindliche Gesichtszüge), ausgelöst durch das berühmte britische Model Twiggy[156], entspricht hingegen keines der Bond-Girls. Vielmehr treten sie schlank, aber nicht dürr, gepflegt, aber nicht überschminkt und in der Regel sportlich auf. Die Zeitschrift Elle fasste für ihre Leserinnen zum Vorbild das ideale Auftreten eines Bond-Girls äußerst genau zusammen:

„Das Haar muss offen sein, frisch gewaschen, nach hinten gebürstet, ohne Bänder und Scheitel, sehr sauber, aber deutlich nicht mit übertriebener Sorgfalt behandelt. Keine ungepflegten Haarwurzeln, keine Locken oder Strähnen in anderer Tönung. Die Farbnuance ist dunkelblond, d. h. natürliches Blond – plus Sonne plus Luft –, das manchmal ins Rot (Kupfer) oder Kastanienfarbene spielt. Es sind glatte und leicht gewellte Haare, die Wasser und Unwetter ohne Schaden überstehen und in der Sonne durch einen bloßen Bürstenstrich wieder in Ordnung zu bringen sind. Sie sind nicht zu kurz, gehen aber auch nicht bis zu den Schultern. Es muss also jegliche Betonung der sportlichen Note,

---

154 Mannsperger 2003, S. 127.

155 Greve 2012, S. 86.

156 Schneeberger, Ruth: Und es kam eine große Dürre. In Süddeutsche.de vom 17. Mai 2010, http://www.sueddeutsche.de/leben/die-unverwechselbaren-twiggy-und-es-kam-eine-grosse-duerre-1.584058, Zugriff: 05.03.15.

aber auch jede Behinderung der Bewegungen vermieden werden. Die Augen des Bond-Mädchens sind der wichtigste Teil des Gesichts. Bonds Mädchen spielt mehr mit Blicken […] als mit Worten. Die Augen haben deshalb – entsprechend der fundamentalen Unschuld der Figur und im Gegensatz zum sündigen und betörenden Vamp, der besonders auf den Mund spekuliert – eine dominierende Bedeutung im Gesicht der Frauen von 007. Das Make-up ist deshalb von der Art, dass es den Blick unterstreicht. Es basiert mehr auf der Zeichnung des Auges (klar, länglich, sanft, nicht zu streng markiert und ohne Umrandungen außer denen der natürlicherweise großen und schönen Form des Auges) als auf der Behandlung der Wimpern. Im übrigen [sic] sollte das Gesicht einen hellen Teint haben und scheinbar keine besonders pflegliche Behandlung verraten. Ebenso sollte der Mund ungeschminkt sein oder erscheinen […]."[157]

Diese optische Grunderscheinung ist in den Filmen stets Modifikationen unterworfen (ebenso wie die Bond-Girl-Formel), ein allgemeiner Trend zur Sportlichkeit der Bond-Girls und zurückhaltendem Make-up ist jedoch bis heute zu erkennen.

4.3 Zwischen Rückschritt und Emanzipation – Bond-Girls der 1970er Jahre

Liegt der Verdacht nahe, mit Beginn der Neuen Frauenbewegung und der facettenreichen Persönlichkeit der Tracy di Vincenzo wären die Bond-Filme auf dem Weg zu einem gänzlich emanzipierten Frauenbild gewesen, erhärtet sich dieser jedoch im ersten Film der 1970er Jahre nicht. Mit „Diamantenfieber" kehrte nicht nur Sean Connery zurück, sondern auch das eher naive Bond-Girl. Generell stellen die ersten Filme des Jahrzehnts keine besonders gleichberechtigten Charaktere dar, wenngleich zumindest in Nebenrollen dem Agenten ansatzweise gefährlich werdende Damen auftreten. In „Diamantenfieber" sind das die beiden Athletinnen „Bambi" und „Klopfer", die, wenngleich knapp bekleidet und somit auch in dekorativer Funktion, 007 im Anwesen des Milliardärs Willard White attackieren.

Ihr Auftritt ist kurz und Bond überwältigt beide am Schluss, aber sie setzen dem Agenten mit ihrer akrobatischen Kampfeinlage mehr zu, als diesem lieb sein kann. Der Sieg Bonds über die beiden Damen ist laut Caplen als symbolische Gegenreaktion auf die sich etablierende Frauenbewegung zu verstehen. Bambi und Klopfer, die sich im feministischen Sinne stark zeigen und damit das gängige System bedrohen würden, müssten durch den Agenten unterdrückt werden, um eine weitere Gefährdung der klassischen Rollenverteilung auszuschließen.[158] Man kann diese Szene so interpretieren. Man könnte sie aber auch als ironisch gemeinten Blick auf die Emanzipationsbewegung sehen. Zwei selbstbewusste Frauen lassen einen Mann in einer Prügelei alt aussehen. Derartig „verprügelt" dürfte sich auch mancher Emanzipationsgegner durch den fortschreitenden Feminismus gefühlt haben. Vor dem

---

157 Zitiert nach: Colombo, Furio: James Bonds Frauen, in: Buono, Oreste del/Eco, Umberto 1966, S. 120–144. S. 141 f.
158 Caplen 2012, S. 249.

Hintergrund, dass die Bond-Filme ein Unterhaltungsmedium darstellen, in dem Frauen immer wieder auf möglichst ungewöhnliche Weise in den Handlungsstrang eingebracht werden, wäre eine dritte, nicht gerade abwegige Möglichkeit, dass Bambi und Klopfer tatsächlich „nur" für zwei athletische Frauen stehen, die James Bond zusetzen, wobei der Agent, dessen Aufgabe es nun einmal ist, seine Gegner zu besiegen, beide überwältigt.

Eine weitere Nebenrolle nimmt Plenty o'Toole[159] ein, die Bond im Spielcasino begegnet. Ursprünglich war sie in Begleitung eines anderen Herrn dort, als dieser jedoch sein Geld verspielt, wendet sich Plenty von ihm ab. Ihre Aufmerksamkeit fällt auf Bond, der mit hohen Summen spielt, was sie veranlasst, sich ihm als Glücksbringerin anzubieten. Ihre Rolle als „casino gold digger"[160] ist damit definiert. Die unglückliche Plenty bekommt im Verlauf des Films nicht mehr die Möglichkeit zu zeigen, ob in ihr vielleicht mehr steckt, als nur eine naive junge Frau, die sich von reichen Männern aushalten lässt. Aus Bonds Hotelsuite wird sie von bewaffneten Gegnern 007s unsanft aus dem Fenster und damit (unbeabsichtigt) in den Hotelpool geworfen, nur um kurze Zeit später in einem anderen Pool tot aufgefunden zu werden. Die Rolle hätte möglicherweise bei anderer Interpretation durch die Darstellerin und komplexeren Dialogen durchaus zu einem ähnlich selbstbewussten Charakter wie Sylvia Trench avancieren können die sich nimmt, was sie möchte. In ihren kurzen Auftritten gibt sich Plenty o'Toole hingegen unreif und anhänglich, und wirkt damit weniger „predatory"[161], als Caplen zu erkennen meint. Abgesehen von wenig geistreichen Bemerkungen wie: „Das nenne ich treffsicher! Sie gehen mit den Würfeln um, wie ein Affe mit Kokosnüssen."[162] oder „Ah! Aber das sind 50.000 Dollar!"[163] oder auch „Soll ich Ihnen mal was sagen [...]? Sie sind ein ganz toller Hecht für mich ..."[164] hat sie praktisch keinen Dialog, und erfüllt somit die klassische Funktion eines der Dekoration dienenden Bond-Girls.

Wenig tiefgründig ist auch die Rolle des Haupt-Bond-Girls Tiffany Case gezeichnet, die von einer gleichberechtigten Stellung zu James Bond weit entfernt ist. Tiffany Case fällt in erster Linie durch ihre häufigen Kleiderwechsel auf, die oft mehr zeigen als sie verhüllen. Alleine in der ersten Begegnungssequenz mit Bond zieht sie sich drei Mal um – von der freizügigen Dessouskombination über ein minimal bedeckendes „hübsches, kleines Nichts, das Sie da beinahe anhaben ..."[165] hin zum tief ausgeschnittenen Abendkleid, sind alle „Looks" vertreten (Abb. 26–28).

Case tritt anfangs noch als kenntnisreiche Schmugglerin auf, die unbemerkt 007s Fingerabdrücke nimmt, um Bonds zum Schein angenommene Identität ihres Schmugglerkollegen Peter Franks zu überprüfen. Vorausschauend hat Bond seine

---

159 In der deutschen Synchronisation heißt sie „Penny" o'Toole.
160 Caplen 2012, S. 243.
161 Caplen 2012, S. 247.
162 Kulbarsch-Wilke 2009, Anhang 7, Sq. 7.3.
163 Ebd.
164 Ebd.
165 Kulbarsch-Wilke 2009, Anhang 7, Sq. 5.3.

Abb. 26–28: Tiffany Cases Dresses, Screenshots „Diamantenfieber" (DVD Ultimate Edition)
v.l.n.r.: 00:17:40; 00:18:36 und 00:20:06. Bilder wurden zugeschnitten.

Fingerkuppen mit den Abdrücken des echten Peter Franks überklebt, so dass Case keinen Verdacht schöpft.[166] Als sie Bond/Franks zum Essen einladen will, gibt sie sich noch stolz – Case lehnt seine Avancen ab und gibt ihm die Befehle:

> Bond/Franks: „[…] Ich kenne hier in der Nähe ein kleines Restaurant …"
> Case: „Geschäft und Amüsement sollte man nie verbinden."
> Bond/Franks: „Das ist auch mein Prinzip."
> Case: „Sehr gut. Dann können wir wohl das Süßholzraspeln so lange verschieben, bis Sie die Diamanten nach Los Angeles gebracht haben."
> Bond/Franks: „Und wo sind die jetzt?"
> Case: „Das ist nicht Ihr Problem. Sie haben sie bloß einzuschmuggeln."[167]

Hier erschöpft sich dann aber auch ihr findiges Verhalten. Bis etwa zur Mitte des Films bleibt sie im Glauben, bei Bond handele es sich um den Schmuggler Peter Franks. Dieser bestimmt in ihrem gegenseitigen Verhältnis fortan die Marschrichtung, während Tiffany sich weitestgehend passiv gibt.

Nach einer zweiten Liebesnacht mit Bond, in der sie seine wahre Identität herausfindet, wechselt sie (ähnlich wie Tatjana Romanova oder Pussy Galore) die Seiten und verkündet, fortan mit Bond zusammen arbeiten zu wollen, um a) einer Gefängnisstrafe zu entgehen und b) Blofeld zu stellen. Hier wird für den Zuschauer noch einmal kurz ein Verwirrspiel angedeutet, da Tiffany Case zwar vermeintlich von Blofeld entführt wird, dann jedoch auf seiner Bohrinsel mit einem Cocktail in der Hand ein Sonnenbad nimmt. Es zeigt sich dann aber, dass sie Blofeld hintergeht – wodurch sie kurzzeitig die Cleverness vom Anfang des Films zu zeigen scheint.[168] Doch währt der Eindruck nicht lang.

---

166 Kulbarsch-Wilke 2009, Anhang 7, Sq. 5.3.
167 Ebd., Anhang 7, Sq. 5.3. Siehe auch: Caplen 2012, S. 252 f.
168 Kulbarsch-Wilke 2009, Anhang 7, Sq. 11.4; 14.2 und 16.2.

Das Problem ist eine Kassette[169], die Blofeld zur Steuerung seines Waffensatelliten benötigt. Bond wird eine Kopie dieser Kassette abgenommen, die dieser ursprünglich mit dem Original austauschen wollte, um den Satelliten unbrauchbar zu machen. Tiffany gibt Bond diese Kassette hinter dem Rücken Blofelds zurück, die Bond dann tatsächlich austauschen kann. Die richtige Datenkassette steckt Bond Tiffany zu. Soweit so gut, der Satellit ist nun nicht zu benutzen. Tiffany hat den Agenten jedoch falsch verstanden. Anstatt die ihr zugesteckte Kassette zu vernichten, tauscht sie sie abermals um, so dass der Satellit nun wieder scharf ist.[170] Bond reagiert darauf sehr ungehalten:

Case: „Es ist alles ok – ich hab' die Kassetten ausgewechselt."
Bond: „Damit hast du wieder die richtige eingelegt, du dumme Nuss! [...]"[171]

Um ihren Fehler wieder gut zu machen, versucht sich Tiffany an einem erneuten Austausch der Kassetten, wobei sie sich jedoch so auffällig verhält, dass sie von Blofeld entdeckt wird, der dann auch nur süffisant bemerken kann: „Was für ein Jammer. So ein hübscher Po und leider im Kopf nur Stroh ..."[172] Auch beim Versuch, Bond während des finalen Kampfes auf der Bohrinsel zu helfen (er bittet sie, auf seine Gegner zu schießen), unterstreicht sie Blofelds obigen Kommentar. Case rechnet nicht mit dem Rückstoß, den die Maschinenpistole auslöst und katapultiert sich selber über die Brüstung der Bohrinsel. Ungeschickter hat sich noch kein Bond-Girl zuvor präsentiert.

Insgesamt deutet sich in Diamantenfieber schon die Art von Klamauk an, die in den ersten Filmen der Roger-Moore-Ära die Handlung dominieren wird. Die reaktionäre Darstellung der Bond-Girls als wenig facettenreiche Anhängsel des Agenten fügt sich in das comichafte Bild von „Diamantenfieber", das Sean Connery zeichnet: „Diamantenfieber ist eigentlich nichts weiter als ein Cartoon für Erwachsene, [...] es [gibt] einfach zu viele komische Szenen."[173]

Mit solch einer „komischen Szene" wird auch der neue Bond-Darsteller Roger Moore in „Leben und Sterben lassen" eingeführt. Wichtiger Bestandteil dieser Sequenz sind neben Moneypenny und M auch eine junge Dame (die sich später als vermisste italienische Agentin herausstellt), die bei Bond im Bett liegt, von dem ihn zu Hause aufsuchenden M aber nicht gefunden werden darf. Ein sichtlich nervöser Bond setzt nun alles daran, M nicht seine neue Eroberung treffen zu lassen (siehe ausführlicher hierzu Kapitel 2.3.3).

Weitere Damenbegegnungen erfährt Bond in „Leben und Sterben lassen" mit dem Haupt-Bond-Girl Solitaire und der Doppelagentin Rosie Carver. Carver begeg-

---

169 In den Anfängen des Computerzeitalters dienten vor allem „Datassetten" als Speichermedium für Informationen, die vom Aussehen her mit denen einer Musikkassette identisch waren.
170 Kulbarsch-Wilke 2009, Anhang 7, Sq. 16.3–16.5.
171 Ebd., Anhang 7, Sq. 16.6.
172 Ebd.
173 Cork/Scivally 2002, S. 137.

net ihm in ihrer Tarnung als Miss Bond, während sie sich zu seinem Hotelzimmer Zutritt verschafft. Bond, der nicht mit ihr rechnet, überwältigt sie und stellt dann fest, dass sie CIA-Mitarbeiterin ist. Schon zu Beginn der Szene erkennt man ihre offensichtliche Unerfahrenheit, was sie auch James Bond gegenüber anspricht: „Sie sind erst mein zweiter Auftrag. Mein erster war Mister Baines – der Agent, der getötet wurde."[174] Bond ist irritiert: „Oh, sehr beruhigend zu wissen, dass Sie mir auf die gleiche Art behilflich sein wollen ..."[175] Carver fällt die Ironie erst einige Sekunden später auf, begibt sich dann kichernd ins Bad, nur um unmittelbar darauf in einen lauten Schrei auszubrechen. Der Grund: im Bad liegt eine getötete Schlange, die Bond in einer Szene zuvor beseitigen musste. Bond beruhigt sie, während Rosie schluchzend in Selbstzweifel verfällt: „Oh, ich hätte mich nie darauf einlassen sollen! Ich werde für Sie völlig nutzlos sein."[176] Bond beruhigt sie und versucht gleichzeitig, ihre Unsicherheit auszunutzen. Beinahe gelingt es ihm, doch Rosie Carver zeigt sich (zunächst) souveräner als sie auf den ersten Blick wirkt:

> Bond: „[...] Tja, es ist schon reichlich spät, Miss Bond. Wir haben morgen einen anstrengenden Tag vor uns. Kananga verbirgt hier unten etwas. Etwas, das Baines entdeckt hatte, wie es scheint. Sie werden mir die Stelle zeigen, wo man Baines gefunden hat. (Dreht Carver zu sich) Also bleibt uns nur heute Nacht, um äh, unseren ehelichen Pflichten nachzukommen."
> Carver: „Ja, Felix sagte mir, dass das bei Ihnen dazu gehört."
> Bond: „Und was hat unser guter Felix vorgeschlagen?" (beugt sich zum Kuss herunter)
> Carver: „Wenn alles andere versagt, Zyankali-Kapseln ... Ich habe zwei Schlafzimmer bestellt. (Schüttelt ihm die Hand) Gute Nacht, Mister Bond."[177]

Carvers Ablehnung gegenüber Bond verschwindet, als sie in ihrem Zimmer einen blutverschmierten Hut mit Federn findet. Sie schreit erneut und steht wie versteinert vor ihrem Bett, als Bond hereinkommt. Seine Beschwichtigungsversuche tut sie ab, stattdessen ist ihr die Angst vor dem von ihr als Voodoo-Zeichen interpretierten Hut ins Gesicht geschrieben. Ängstlich wirft sie sich dem Agenten in die Arme:

> Bond: „Aber es ist doch nur ein Hut, Süße. Von irgend so 'ner Schießbudenfigur, die beim Hahnenkampf ein paar Federn gelassen hat."
> Carver: „Das ist eine Warnung. Tun Sie das Ding raus!!" (Bond wirf Hut fort)
> Carver: „Oh, bitte, bitte, lass mich heute Nacht nicht alleine! James, bitte versprich' es mir!"
> Bond: „Gut, wenn du darauf bestehst, ich verspreche es dir."[178]

Auf dem Weg zur Stelle, an der der ermordete Agent gefunden wurde, legen Bond und Rosie eine Pause ein, die in eine erneute Liebesszene übergeht. Bond, der schon

---

174 Kulbarsch-Wilke 2009, Anhang 8, Sq. 7.4.
175 Ebd.
176 Ebd.
177 Ebd.
178 Ebd. Siehe auch: Caplen 2012, S. 264f.

zuvor von Carvers doppeltem Spiel wusste, spricht sie erst im Anschluss darauf an und treibt sie in die Enge:

> Bond: „[…] Und jetzt decke deine Karten auf!“
> Carver: „Das verstehst du nicht. Sie töten mich, wenn ich's tue.“
> Bond: „Und ich töte dich, wenn du's nicht tust.“[179]

Bond macht deutlich, dass er seine Drohung wahrmachen würde und fordert sie mit vorgehaltener Waffe auf, sich zu entscheiden. Rosie versucht erneut, Bond für sich zu gewinnen, aber dieser bleibt unnachgiebig. Besorgt blickt sich die vermeintliche CIA-Agentin um und sieht zu allem Überfluss eine fratzenhafte Statue in den Bäumen. Der Druck, den Bond auf sie ausübt, und ihr Aberglaube angesichts des vermeintlich bösen Omens, sind zu viel für sie, so dass sie panisch in den Wald läuft. Hier wird Rosie aus dem Hinterhalt erschossen.

Carver ist in ihrer Funktion als „Bad-Girl“ mit Miss Taro, Fiona Volpe oder Helga Brandt zu vergleichen, wirkt in ihrem Habitus jedoch unbeholfen und naiv wie Plenty o'Toole oder Tiffany Case. Eine ebenbürtige Opponentin ist Carver ebenso wenig wie eine fähige CIA-Agentin. Dass ausgerechnet sie, deren Inkompetenz unübersehbar ist, auch noch das erste schwarze Bond-Girl ist, mit dem der Agent das Bett teilt, wirft kein sehr tolerantes Licht auf die Darstellung der Schwarzen in diesem Film.

Auch der einseitige Umgang mit interkulturellen Geschlechtsbeziehungen ist kritikwürdig. Als Kananga (schwarz) entdeckt, dass sich Solitaire (weiß) James Bond (ebenfalls weiß) hingegeben hat, schlägt er sie nieder und deutet eigene Interessen als ihr Liebhaber an: „Wenn es an der Zeit gewesen wäre, hätte ich dir gezeigt, dass ich dich liebe. Das wusstest du doch!“[180]. An dieser Stelle verfällt der Film in klassische „Rassenvorurteile“, die in schwarzen Männern eine Gefahr für weiße Frauen sehen. Dieses Bild ist ein typisches Thema weiß-schwarzer Stereotypisierungen dieser Zeit: Sexuelle Beziehungen zwischen Schwarzen und Weißen wurden generell kritisch betrachtet, sexuelle Beziehungen zwischen einem schwarzen Mann und einer weißen Frau wurden abgelehnt. Dies zeigt auch „Leben und Sterben lassen“: Während es toleriert wird, dass ein weißer Mann (James Bond) Sex mit einer schwarzen Frau (Rosie) hat, ist die umgekehrte Konstellation stark bedrohlich konnotiert: „In this sense, there is a undeniable racist subtext to the film, and it was to be noted by a number of critics.“[181] Auf diese Kritik an dem Film und seinem Umgang mit Schwarzen wird an anderer Stelle der Arbeit näher eingegangen werden (siehe Kapitel 5.2.2).

Das Haupt-Bond-Girl Solitaire ist kein positives Beispiel feministischer Tugenden, aber immerhin komplexer im Charakter als Rosie Carver und in mehrfacher Hinsicht von den üblichen Bond-Girls abzugrenzen. Zum ersten ist sie noch Jungfrau (zumindest bis sie Bond begegnet), zum zweiten ist sie durch ihren „Gebieter“ Kananga völlig von der Außenwelt abgeschottet und zum dritten wartet sie mit

---

179 Kulbarsch-Wilke 2009, Anhang 8, Sq. 8.4 Siehe auch: Caplen S. 267f.
180 Kulbarsch-Wilke 2009, Anhang 8, Sq. 11.5.
181 Chapman 2009, S. 140. Siehe auch: Ebd., S. 139.

übersinnlichen Fähigkeiten auf. All dies ist einen genaueren Blick wert. Ein wenig erinnert sie in Punkto „Unschuldsfaktor" an Tatjana Romanva, auch wenn diese bereits Erfahrungen in Liebesdingen vorweisen konnte und nicht nur in ihrer eigenen spirituellen Welt lebte. Dies spiegelt sich auch in Solitaires Profession – sie ist Kartenlegerin und mit den Gebräuchen des Voodoo-Kultes vertraut.

In ihrem ersten Auftritt auf der Leinwand wird sie von einer geheimnisvollen Aura umgeben inszeniert – der Zuschauer sieht lediglich die Hände einer kartenlegenden Frau und hört eine Frauenstimme aus dem Off, die die Ankunft Bonds vorhersagt und damit verbundene „Gewalt und Zerstörung"[182] ankündigt. In ihrer ersten Begegnung mit 007 untermauert sie ihren Status als Seherin – sie habe schon durch ihre Karten sämtliche Informationen über Bond und dessen Absichten herausgefunden:

Bond: „Mein Name ist Bond, James Bond."
Solitaire: „Ich weiß, wer Sie sind, was Sie sind und was Sie hier wollen. Sie haben einen
    Fehler gemacht. Sie werden es nicht schaffen."
Bond: „Ein sehr vorschnelles Urteil, wenn man bedenkt, dass wir uns noch nie begegnet
    sind."
Solitaire: „Die Karten wissen alles über Sie."[183]

Bond seinerseits sieht in Solitaires Kunst mehr eine Spielerei, was auch sein erster Kommentar („Schwarze Dame auf den roten König, Miss …?")[184] ihr gegenüber verdeutlicht. Er gibt sich interessiert und fragt nach seiner Rolle in ihrem aufgedeckten Kartenstapel, worauf sie ihn eine Karte ziehen lässt: „The Fool". Das sei er, wie Solitaire verkündet. Eine nächste Karte bezüglich seiner Zukunft zeigt „The Lovers". Das sei Solitaires und seine Karte, wie Bond kommentiert.[185] In ihren Augen spiegelt sich ernste Sorge, fürchtet sie doch um ihre Jungfräulichkeit, die sie als unabdingbar für ihre Tätigkeit als Medium ansieht. Nachdem Bond sie bei ihrem zweiten Aufeinandertreffen durch die Manipulation ihrer Karten (siehe Kapitel 2.3.3) dazu gebracht hat, die Nacht mit ihm zu verbringen, ist ihr Entsetzen darüber entsprechend groß, sein Verständnis für sie hingegen eher gering:

Solitaire: „Nun ist es doch so gekommen. Genau wie bei meiner Mutter. Und ihrer Mutter
    davor."
Bond: „So muss es wohl gewesen sein. Du bist der sichtbare Beweis dafür. Warum bist
    du so bedrückt? Es gibt für alles ein erstes Mal. Und nun sag' mir – wo ist Kananga?"
Solitaire: „Ich kann nicht sehen …"
Bond (irritiert): „Ach ja, die Karten. Ich hole sie."
Solitaire: „Nein!"
Bond: „Du brauchst keine Angst zu haben. Du wirst ihn bald los sein. Ich verspreche es
    dir. Ich versprech' es. Ich brauch nur ein paar kleine Informationen."

---

182 Kulbarsch-Wilke 2009, Anhang 8, Sq. 5.1.
183 Ebd., Anhang 8, Sq. 6.3.
184 Ebd.
185 Ebd.

Solitaire: „Meine Gabe zu Sehen – ich hab' sie verloren! Die Hohepriesterin ist nun nicht mehr die Frau des Fürsten dieser Welt. Das heilige Band ist zerrissen. Das ist wohl mein Schicksal. Ich habe mich irdischer Liebe unterworfen und die Karten nahmen mir meine Macht."
Bond (verdreht die Augen): „Liebling ... Ich muss dir ein Geständnis machen, aber bitte reg dich nicht zu sehr auf. Die Karten waren etwas zu meinen Gunsten gemischt."
Solitaire (schluchzt): „Darauf kommt es nicht an. Es ändert nichts an dem, was wir getan haben. Wenn er merkt, dass ich meine Macht verloren habe, tötet er mich."
Bond: „Dazu müsste er dich erst einmal finden ... "[186]

Bonds Wort scheint zunächst nicht viel Wert zu sein – zwar befreit er Solitaire kurzfristig aus dem Einflussbereich Kanangas, nur um sie kurz darauf wieder an ihn zu verlieren. Solitaire hingegen lag mit ihrer Einschätzung über Kanangas Reaktion auf die Liebesnacht richtig: Er will sie während eines Voodoo-Rituals opfern lassen. Das kann Bond im letzten Moment verhindern, Kananga daraufhin töten und so doch noch sein Versprechen halten.

Solitaire scheint ihre neu gewonnene Freiheit gut zu bekommen. Die langen Kleider, das überzogene Make-up und den schillernden Schmuck der Hohepriesterin (Abb. 29) hat sie abgelegt und präsentiert sich in der Schlusssequenz zumindest äußerlich als moderne Frau (Abb. 30). Kartenexpertin ist sie zwar immer noch, jedoch nur im Gin-Rommee, worin sie Bond souverän schlägt. Trotz neuer Unabhängigkeit scheint sie jedoch noch nicht ganz frei geworden zu sein. Ihre Hingabe gilt nun ganz Bond, durch den sie sich „[z]um allerersten Mal [im] Leben [...] ganz als Frau"[187] fühle. Solitaires Figur ist in der Welt der Bond-Girls einzigartig, zeigt sie die Transformation einer jungen, sich nur durch ihre Spiritualität definierenden Frau hin zu einem an weltlichen Genüssen orientierten Charakter. Gleichzeitig aber rutscht sie von einer Abhängigkeit in die nächste. So ist sie zwar nach ihrer Loslösung von Kananga frei, bindet sich daraufhin jedoch an ihren Retter. Mannsperger hinterfragt also zu Recht, ob „sie je ohne einen starken Mann im Hintergrund wird leben können, der die Richtung ihres Lebens bestimmt."[188]

Wie in „Diamantenfieber" und „Leben und Sterben lassen" zeigt auch „Der Mann mit dem goldenen Colt" aus dem Jahr 1974 rückschrittliche Tendenzen in der Darstellung der Frauenrolle. Wenig fortschrittlich geben sich die beiden Haupt-Bond-Girls, die etwa gleichrangig zu bewerten sind. Zwar überlebt mit Mary Goodnight am Ende nur eine der beiden den Film und ist damit offiziell als Haupt-Bond-Girl zu betrachten, dennoch wirkt sie gemessen an ihrer Leinwandpräsenz und ihrer Handlungsbeteiligung eher unterrepräsentiert. Die von Maud Adams verkörperte Andrea Anders wirkt weniger naiv als Mary Goodnight, kann sich aber über ihren sich durch den Film ziehenden Opferstatus nicht erheben. Maud Adams verkörperte knapp zehn Jahre später Octopussy im gleichnamigen Film. Dieser Charakter ist praktisch das Gegenteil von Andrea Anders, eigenständig und selbstbewusst. Andrea Anders

---

186 Kulbarsch-Wilke 2009, Anhang 8, Sq. 9.3.
187 Kulbarsch-Wilke 2009, Anhang 8, Sq. 14.
188 Mannsperger 2003, S. 129.

Abb. 29: Solitaire vor ihrer „Befreiung", Screenshot „Leben und Sterben lassen" (DVD Ultimate Edition), 00:44:17. Bild wurde zugeschnitten.

Abb. 30: Solitaire nach ihrer „Befreiung", Screenshot „Leben und Sterben lassen" (DVD Ultimate Edition), 01:51:21. Bild wurde zugeschnitten.

wird zu Beginn des Films als Mätresse Scaramangas eingeführt, die entspannt in der Sonne liegt und deren Hauptaufgabe es in der Szene ist, Scaramanga abzutrocknen, der gerade aus dem Wasser steigt. Bereits hier deutet sich ihre Unterordnung ihrem Mentor gegenüber an. Über den Status der Geliebten Scaramangas hinaus ist sie auch seine Handlangerin, wie der Film kurz darauf enthüllt. Auf der Suche nach Hinweisen auf Scaramangas Identität beobachtet Bond Andrea, die im Auftrag ihres Liebhabers dessen speziell für seine Waffe angefertigten goldenen Projektile besorgt.[189]

Bond verfolgt Anders in ihr Hotel, verschafft sich Zutritt zu ihrem Zimmer und überrascht sie in der Dusche, wo sie sich mit vorgehaltener Waffe gegen den Agenten zu behaupten versucht. An dieser Stelle wirkt sie kurzzeitig überlegen, vorausschauend und härter als noch in der Vortitelsequenz. Doch schon Bonds unerschrockene Reaktion „Eine Wasserpistole?"[190], gefolgt von der Frage: „Haben Sie immer eine Waffe dabei, wenn Sie duschen?"[191] impliziert die Sicherheit in der sich der Agent wiegt. Andrea Anders kann ihn zwar noch kurzfristig in Schach halten, lässt sich dann jedoch von Bond ablenken und wird von ihm mit äußerster Brutalität überwältigt. In dieser Szene, die Cork und d' Abo als „uncomfortable scene in which Bond seems disturbingly violent"[192] beschreiben, verdreht er Andrea zunächst den Arm, um den Namen Scaramangas zu erfahren und schlägt ihr anschließend ins Gesicht, um Informationen über dessen Aufenthaltsort zu erhalten.[193] Mit dieser Szene rutscht Anders vollends in eine Opferrolle, die sich nicht nur in ihrer Beziehung zu Scaramanga, sondern auch zu Bond manifestiert.

Denn obwohl dieser sie gewaltsam zwingt, Informationen herauszugeben, macht sie ihre Zukunft von Bond abhängig. Alleine sieht sie sich nicht in der Lage, sich von Scaramanga loszusagen, weswegen sie Bond um Hilfe bittet. Diesen Plan erklärt sie auch Bond, als sie sich in einer späteren Szene Zutritt zu seinem Zimmer verschafft. Dieser hoffte eigentlich auf eine Liebesnacht mit Mary Goodnight, hört Andrea aber trotzdem an. Die bedauernswerte Goodnight muss sich nun erst unter der Bettdecke und später im Schrank verstecken, während Andrea um Bonds Hilfe bittet. Dieser zeigt sich zunächst wenig beeindruckt:

Anders: „Ich hasse Scaramanga! Er ist ein Ungeheuer."
Bond: „Dann verlassen Sie ihn."
Anders: „Einem Scaramanga entkommt man nicht. Er würde mich überall wiederfinden."
Bond: „Sie brauchen einen guten Anwalt"
Anders: „Ich brauche 007! [...]"[194]

Andrea offenbart James Bond, dass sie die Pistolenkugel, die Bond als Drohung interpretierte und wegen derer er gegen Scaramanga ermittelt, nach London geschickt hat. Scaramanga hatte niemals vor, Bond umzubringen. Es war Andrea, die Bond das hat glauben machen, damit dieser Scaramanga im Laufe seiner Ermittlungen für sie tötet. Eindringlich fordert sie Bond auf: „Töten Sie ihn. Sie sind der einzige Mann auf der Welt, der das fertigbringt. [...] Mir ist kein Preis zu hoch [...]. Sie können

---

189 Caplen 2012, S. 280f. Siehe auch: Kulbarsch-Wilke 2009, Anhang 9, Sq. 2 und 6.1.
190 Kulbarsch-Wilke 2009, Anhang 9, Sq. 6.4.
191 Ebd.
192 Cork/d'Abo 2003, S. 57.
193 Kulbarsch-Wilke 2009, Anhang 9, Sq. 6.4.
194 Ebd., Anhang 9, Sq. 11.2.

auch mich haben, wenn Sie wollen. Es wäre nicht einmal ein Opfer."[195] Wer den Agenten kennt, weiß, dass er ein solches Angebot nicht ausschlagen wird, was dazu führt, das Mary Goodnight noch weitere zwei Stunden in ihrem Schrank ausharren muss. Andrea Anders ist in gewisser Weise mit Domino Derwall oder Solitaire zu vergleichen, die sich in einem Abhängigkeitsverhältnis zu einem Mann befinden, von dem sie sich eigenständig nicht lösen können.

Die oben beschriebene Szene ist typisch für den Humor der Bond-Filme der 1970er Jahre, in denen die Serie begann, sich selbst zu persiflieren. Erinnerungen an „Im Geheimdienst Ihrer Majestät" werden unweigerlich wach, in dem es Bond auch mit zwei Damen in einer Nacht zu tun bekommt. Nur befinden diese sich nicht gleichzeitig in einem Raum. Zwar gehen solche Szenen auf Kosten einer realistischen Darstellung der Frauenrolle, andererseits sind sie für die humoristische Seite des Films essentiell.

Daran dachte man vermutlich auch, als man Bond mit Mary Goodnight eine reichlich inkompetente Geheimdienstkollegin an die Seite stellte. Auch sie sorgt mit ihrer Albernheit für komödiantische Aspekte im Film, die jedoch nicht dazu beitragen, ihre Position zu stärken. Erstmals begegnet Goodnight dem Zuschauer, als Bond die Verfolgung von Andrea in die Wege leitet. Sie blockiert mit ihrem Wagen das Taxi, in das Bond zu Beschattungszwecken gerade einsteigen will. Bond, der sie zunächst nicht erkennt, hält sie verärgert an, das Fahrzeug beiseite zu fahren: „Madame, würden sie freundlicherweise Ihre Bettpfanne ein bisschen beiseite stellen?!"[196] Erst dann stellt sich Goodnight als Kollegin heraus, die sich für ihr Zuspätkommen entschuldigt: „Ich komme ein bisschen spät, James. Aber deine Nachricht aus Macao hat uns leider nicht früher erreicht."[197] Bond scheint nicht begeistert über die ihm zugeteilte Kollegin zu sein: „Du bist mir eine enorme Hilfe, Goodnight. [...]"[198] Offenbar sind Bond und Goodnight alte Bekannte und inniger als über das normale kollegiale Niveau hinaus miteinander vertraut. Ersichtlich wird dies, als Goodnight den Agenten vor Anders' Hotel absetzt und Goodnight vorsichtiges Interesse an Bond bekundigt: „James, ich freue mich so, dich wiederzusehen!" Bond verlässt ohne eine Antwort das Auto, holt Erkundigungen bei einem Portier ein und kommt wieder zurück:

> Bond: „Die zu überwachende Person [Andrea] bewohnt Zimmer 602. Ich lade dich zum Abendessen ein, Goodnight, aber vorher muss ich mich einer offiziellen Angelegenheit widmen."
> Goodnight: „Ja, die offizielle Angelegenheit habe ich gesehen."
> Bond: „Goodnight ... Würde ich dir so etwas antun, nach zwei Jahren?"
> Goodnight: „Ja, dir würde ich noch viel mehr zutrauen!"[199]

---

195 Ebd.
196 Kulbarsch-Wilke 2009, Anhang 9, Sq. 6.3.
197 Ebd.
198 Ebd.
199 Ebd.

Das geplante Abendessen muss Bond aus ermittlungstechnischen Gründen verschieben, holt es aber einige Zeit später nach. Während des gemeinsamen Diners flirten Bond und Goodnight, was ihn erst zu Komplimenten über ihr Kleid inspiriert („Eng, wo's eng sein muss, nicht zu viele Knöpfe …")[200] und später über die Einsamkeit des Agentendaseins philosophieren lässt: „Ein Toast. [...] Auf diesen Moment und auf den der noch kommt. In unserem Beruf darf man nicht auf zukünftige Augenblicke zählen. Wer weiß, wo du und ich nächstes Jahr um diese Zeit sein werden …"[201]. Goodnight geht zunächst auf den Flirt ein, weist dann aber den erstaunten Bond, der sie zu einer gemeinsamen Nacht einlädt, zurück: „Der Gedanke ist verführerisch. Aber nur als eine vorübergehende Laune ein paar Stunden mit dir totzuschlagen, das ist nicht mein Fall."[202] Diese schlagfertige Bemerkung nimmt Bond kurzfristig den Wind aus den Segeln und lässt Goodnight in neuem Licht erscheinen. Doch nur kurze Zeit später relativiert sich dieser Eindruck. Hier steht sie lediglich im Negligé bekleidet in Bonds Zimmer – offensichtlich ihren Vorsätzen nicht treu geblieben:

> Bond: „Ach, Goodnight. Was für eine hübsche Überraschung."
> Goodnight: „Meine Grundsätze haben nicht lange stand gehalten."
> Bond: „Man hat mich darauf trainiert, stets das Unerwartete zu erwarten [...]" (fallen
>   aufs Bett)
> Bond: „Wieso hast du es dir anders überlegt?"
> Goodnight: „Ich bin schwach."[203]

Dieser korrekten Charakterisierung ihrer selbst sollte nun eigentlich die lang ersehnte Liebesnacht folgen, unterbrochen jedoch von Andrea, die plötzlich in der Tür steht. Es entwickelt sich das oben beschriebene Szenario, bei dem sich Goodnight letztendlich mit einem Schlafplatz in Bonds Kleiderschrank begnügen muss. Nach Anders' Abgang ist sie verständlicherweise wütend auf den Agenten, droht sogar mit Kündigung. Bond beschwichtigt sie: „Verzeih mir Schätzchen, deine Stunde kommt auch noch. Ich verspreche es dir."[204]. Natürlich wird ihre Stunde am Ende des Films tatsächlich kommen, bis dahin reiht sich in ihren Aktionen Missgeschick an Missgeschick.

So lässt sich Goodnight während der Beschattung von Scaramanga und seinen Schergen von diesen in einen Kofferraum stoßen und entführen. Unglücklicherweise trägt sie auch die Schlüssel von Bonds Wagen bei sich, so dass dieser die Verfolgung erst verspätet aufnehmen kann. Dank eines Peilsenders kann Bond die Spur Goodnights bis auf Scaramangas Insel verfolgen, wo sie gefangen gehalten wird. Wohlgemerkt nur mit einem Bikini bekleidet, da man so „keine versteckten

---

200 Ebd., Anhang 9, Sq. 11.1.
201 Ebd.
202 Ebd.
203 Ebd., Anhang 9, Sq. 11.2. Siehe auch: Caplen 2012, S. 287.
204 Ebd., Anhang 9, Sq. 11.2. Siehe auch: Caplen 2012, S. 287.

Waffen"[205] zu fürchten brauche. In ihrer nächsten Aktion entledigt sie sich des bewaffneten Technikers, der Scaramangas Sonnenenergiewaffe kontrolliert, indem sie ihn in einen Behälter mit flüssigem Helium wirft. Dabei beachtet sie jedoch einen wichtigen Warnhinweis auf den Helium-Behältern nicht. Als Bond sich schließlich um den Killer kümmern will, berichtet sie stolz, dass sie ihn schon „kaltgestellt"[206] habe. Mit besorgtem Blick auf die Helium-Behälter, die schon bedenklich brodeln, fragt er nach:

> Bond: „Ich hasse es, dumme Fragen zu stellen. Aber wo genau hast du ihn kaltgestellt?"
> Goodnight: „Er fiel in den Behälter da."
> Bond: „Du liest wohl keine Schilder? Wir haben vielleicht noch fünf Minuten Zeit, bis seine Körperwärme die Temperatur des Heliums auf null Grad ansteigen lässt. Und dann fliegt dieser ganze verdammte Laden hier kilometerhoch in die Luft."
> Goodnight: „Tut mir leid, ich hatte keine Ahnung gehabt."[207]

Spätestens hier ist Goodnight nur noch als unbeholfenes Mädchen dargestellt, deren Ungeschicktheiten zunehmend offensichtlicher werdend auf ihren Höhepunkt zusteuern. Versehentlich aktiviert sie beim Vorbeugen mit ihrem Gesäß die solarenergiebetriebene Waffe an der Bond arbeitet, was beinahe zum Tod des Agenten führt. Der erklärt ihr wie sie das Gerät ausschalten kann, aber sie versteht es nicht und drückt wahllos alle Knöpfe. Im selben Moment verdunkeln einige Wolken die Sonne und die Waffe deaktiviert sich, was Goodnight glauben lässt, sie hätte es geschafft. Glücklicherweise kann Bond seine Arbeit rechtzeitig beenden, bevor sich die Wolken verzogen haben und der tödliche Laserstahl erneut aktiviert wird.

„Der Mann mit dem goldenen Colt" ist unter dem Gesichtspunkt der Gleichberechtigung sicherlich kein hervorzuhebendes Epos, dennoch ist meines Erachtens Caplens Interpretation von Goodnights Funktion überzogen. Zwar ist sie, und in diesem Punkt ist Caplen zuzustimmen, im Vergleich zur modernen Frau der 1970er Jahre eine unrealistische, wenn nicht sogar anachronistische Erscheinung. Aber in ihre Rolle hineinzuinterpretieren, Goodnights Charakter würde andeuten, Frauen fänden in einer von Männern dominierten Welt keinen Platz, und seien nur zu tolerieren, wenn sie äußerlich attraktiv seien, scheint etwas weit her geholt zu sein.

> „[Goodnight] reminds the audience, that skill, qualification, and aptitude are traits that are not as important as appearance. So long as a woman is visually appealing and can serve as an object of desire, she will be tolerated. Yet Goodnight also reinforces the extent to which women are inherently out of their element in a man's world. Women are, her character suggests, wholly unreliable, highly destructive, and virtually incapable of responding to pressure or adapting to rapidly changing circumstances [...]"[208]

---

205 Kulbarsch-Wilke 2009, Anhang 9, Sq. 16.
206 Ebd.
207 Ebd.
208 Caplen 2012, S. 290.

Goodnights Charakter sei demnach ein schlechtes Vorbild und ein „dangerous symbol"[209] für Frauen in 1974, vermittele ihre Figur doch dem Publikum, eine Frau habe sich tradierten Geschlechterrollen anzupassen und die „complexities of a patriarchal society"[210] zu meiden. Eher ist anzunehmen, dass Goodnight als humoristischer „Sidekick" Lacher provoziert hat, nicht aber (emanzipierte) weibliche Kinozuschauer über eine Verhaltensänderung hat sinnieren lassen. Nahezu sämtliche Charaktere in diesem Film scheinen hierfür zu stehen. Connerys Statement über Diamantenfieber als „ein Cartoon für Erwachsene", trifft meines Erachtens auch auf den „Mann mit dem goldenen Colt" zu. Der Film lebt von seinen „One-Linern", dem Slapstickhumor und Albernheiten. Goodnight ist nur ein Teil davon. Dass jedoch unbewusst die von Caplen beschriebene Intention in der Vorstellung der Filmemacher existierte und möglicherweise so in den Film einfloss, ist hingegen nicht ganz auszuschließen. Es wäre dann, wie schon bei den Bond-Girls der 60er Jahre, denkbar, dass hintergründig das im Film gezeigte Bild der wenig qualifizierten Frau auch in der Realität gewünscht wurde.

Tatsächlich wartet „Der Mann mit dem goldenen Colt" aber doch noch mit zwei starken Frauenfiguren auf – natürlich gut verpackt in eine humoristische Szene. Die Rede ist von den beiden Nichten von Bonds chinesischem Kollegen Hip, die Bond gemeinsam mit ihrem Onkel aus einer brenzligen Situation retten. Bond, der von seinen Entführern gezwungen wird, gegen einen Karate-Meister zu kämpfen, kann dieser Situation entfliehen, wird aber von den kampflustigen Schülern des Karate-Meisters verfolgt. Hip und seine Nichten, die in dem Moment die Szene betreten, wollen Bond zur Seite stehen. Mit dem Kommentar „Das ist nichts für euch, Kinder"[211], schiebt Bond die Mädchen weg um sich schützend vor sie zu stellen. Dass diese seiner Hilfe nicht bedürfen, zeigen sie in den nächsten Augenblicken eindrucksvoll. Praktisch im Alleingang (siehe Abb. 31) besiegen sie die für Bond bestimmten Angreifer, während ihr Onkel sich um die restlichen Gegner kümmert. Bond schaut nur erstaunt zu.

Die selbstironische Art Roger Moores, die alle seine Bond-Auftritte kennzeichnet, trägt maßgeblich zum humoristischen Eindruck dieser Szene bei, die einmal mehr mit den tradierten Rollenbildern spielt. Vielleicht bietet sie aber auch einen kleinen Vorgeschmack auf den nächsten Bond-Film, der die Darstellung der Frauenrolle auf eine neue Ebene hob. Mit Anja Amasova erfuhr das Bond-Girl eine Erweiterung. Sie ist die erste dem Agenten wirklich ebenbürtige Frau, was bereits in ihrer einleitenden Sequenz zum Vorschein kommt:

Der sowjetische General Gogol lässt nach seinem „besten Agenten"[212] (Triple X) suchen, denn nur dieser könne das mysteriöse Verschwinden russischer Atom-U-Boote aufklären. Triple X befände sich derzeit in einem „Erholungsheim für ver-

---

209 Ebd., S. 291.
210 Ebd.
211 Kulbarsch-Wilke 2009, Anhang 9, Sq. 9.2.
212 Kulbarsch-Wilke 2009, Anhang 10, Sq. 2.3.

Abb. 31:   Starke Mädchen im Karate-Kampf, Screenshot „Der Mann mit dem goldenen
            Colt" (DVD Ultimate Edition) 00:55:07. Bild wurde zugeschnitten.

diente Agenten des Volkes"[213], wie Gogols Assistentin ihm mitteilt. In der nächsten
Szene sieht man einen Mann und eine Frau im Bett liegen, die sich über *seinen*
nächsten Auftrag unterhalten, aufgrund dessen er noch keine gesicherten Angaben
über ein Wiedersehen machen könne. Das Klingeln einer Spieluhr stört die Harmo-
nie. Der Mann öffnet den Deckel und eine Stimme ruft Agent Triple X, sich umgehend zu melden. Der Mann steht auf und die Frau meldet sich mit „Hier ist Triple
X, habe Ihre Durchsage verstanden, Ende."[214] zurück. Damit wird hier die bislang
in den Bond-Filmen vorherrschende Geschlechterrolle umgekehrt, was den Witz
dieser Szene ausmacht. Der Agent ist diesmal eine Frau – ein weiblicher James Bond
der Sowjetunion.

Dass sie wirklich eine ernstzunehmende Agentin und nicht nur eine weitere
Mary Goodnight ist, zeigt schon die nächste Szene mit Amasova, in der sie ihren
offiziellen Auftrag erhält. Stramm stehend und in Uniform nimmt sie nicht nur die
neuen Befehle an, sondern erträgt auch stoisch und quasi ohne sichtbare Gefühls-
regung die Nachricht über den Tod ihres Liebhabers. Sie möchte lediglich über die
Ermittlungen in dem Fall informiert bleiben, da es ihr ausdrücklicher Wunsch sei,
„den Mann kennenzulernen, der für seinen Tod verantwortlich ist"[215]. Dieser Mann
ist James Bond, was später noch für eine gewisse Brisanz in der Beziehung zwischen
den beiden Agenten sorgen wird.

Bei ihrem ersten Aufeinandertreffen in Ägypten wissen Amasova und Bond natürlich noch nichts von ihrer Zusammenarbeit, stattdessen ergehen sie sich in kleineren Machtkämpfen und Schlagabtauschen. Ein solcher findet während der ersten

---

213 Ebd.
214 Ebd., Anhang 10, Sq. 2.4.
215 Kulbarsch-Wilke 2009, Anhang 10, Sq. 4.1.

Bekanntmachung der beiden miteinander statt. Sie stellen sich einander vor, wobei
Bond meint, mit Insiderinformationen trumpfen zu können. Doch auch Amasova
beweist, dass sie ihre Recherchen gründlich getätigt hat:

> Bond: „Je später der Abend … Willkommen im Mojaba Club. Möchten Sie etwas trinken,
> Major Amasova? Oder darf ich Sie Triple-X nennen?"
> Amasova: „Sie sind gut informiert!"
> Bond: „Informationen verlängern das Leben." […]
> Bond (bestellt an der Bar): „Die Dame möchte einen Bacardi on the Rocks."
> Amasova: „Und für den Gentleman: Wodka Martini, geschüttelt, nicht gerührt."
> Bond: „Auch gut informiert!"
> Amasova: „Commander James Bond. Von der Royal Navy zum britischen Secret Service
> abgestellt. Lizenz zu töten, was er des Öfteren schon getan hat." […][216]

Mit der Begründung noch anderweitig verabredet zu sein, verabschieden sich Bond
und Amasova, nur um kurz darauf wieder aufeinander zu treffen, da beide mit demselben Kontaktmann verabredet sind. Dieser ist im Besitz eines Mikrofilms, den beide
Agenten für ihre Regierung beschaffen sollen. Bevor es jedoch zu einer Übergabe des
Mikrofilms an einen der beiden kommen kann, wird der Kontaktmann von Strombergs Killer („Beißer") umgebracht. Bond und Amasova können sich im letzten Moment in dessen Lieferwagen verstecken, um herauszufinden, wohin der „Beißer" den
Mikrofilm bringt. Hier macht Amasova deutlich, dass sie es sein wird, die den Film
bekommt: „Machen Sie keinen Fehler, Mister Bond. Ich will diesen Mikrofilm und
ich werde ihn auch bekommen." Bond hält dagegen: „Ich kriege ihn eher, wetten?"[217]

Es entspannt sich ein trickreiches Verwirrspiel um die Erlangung des Mikrofilms
– zuerst in der ägyptischen Wüste, später auf einem Schiff. Hierbei beweist Amasova
mehrfach ihre Stärke (z. B. als sie dem „Beißer" mit vorgehaltener Waffe den Film
entwendet und später Bond betäubt, um sich ihm gegenüber einen Vorsprung zu
erarbeiten) und Schlagfertigkeit. Bonds Sticheleien („Frau am Steuer!")[218] prallen an
ihr ab („Seien Sie doch still!")[219] und sein unterschwelliger Versuch einer Versöhnung wird von ihr abgetan:

> Bond: „Vorhin haben Sie mich ja ganz hübsch verladen."
> Amasova: „Die brave Frau denkt an sich selbst zuerst."
> Bond: „Hmm, schließlich haben Sie mir das Leben gerettet."
> Amasova: „Wir alle machen Fehler, Mister Bond."[220]

Dass Amasova nicht nur in Wortgefechten überlegen ist, sondern auch offensichtlich
mechatronisch versiert ist, beweist sie, als ihr Transportmittel in der Wüste liegen
bleibt mit einem Kommentar zur Ursache des Defekts: „Die Zylinderkopfdichtung

---

216 Ebd., Anhang 10, Sq. 7.1. Siehe auch: Caplen 2012, S. 303 f.
217 Kulbarsch-Wilke 2009, Anhang 10, Sq. 7.2.
218 Ebd.
219 Ebd.
220 Ebd. Siehe auch: Caplen 2012, S. 306.

ist hin.“[221] Bond hat für Feststellung nur Respekt übrig: „Hut ab!“[222]. Diese kurze Sequenz verdeutlicht erneut Amasovas Kompetenz, die man im Vergleich bei Goodnight vergeblich gesucht hat.

Diese Kompetenz beweist sie später erneut bei der Durchsicht des sichergestellten Mikrofilms. James Bond, Q, M, General Gogol und Anya Amaxova rätseln über ein schwer erkennbares Symbol und die darin enthaltene Aufschrift „oratory“:

Amasova: „Es ist ein Fisch! Das ist das Firmenzeichen der Stromberg-Schifffahrtslinie. [...]“
Bond: „Und es heißt auch nicht ‚Oratory‘, sondern ‚Laboratory‘. Stromberg hat ein Meeresforschungslaboratorium. Bei Korsika, glaube ich.“
M: „Meine Hochachtung, James.“
Amasova: „Genauer gesagt, ist es bei Sardinien.“[223]

Bis zu diesem Zeitpunkt des Films ist eindeutig die sowjetische Agentin ihrem männlichen Kollegen überlegen, in Hinsicht physischer Stärke aber auch auf seine Hilfe angewiesen. So rettet ihr Bond das Leben, als sie vom „Beißer“ im Zug angegriffen und bewusstlos geschlagen wird. Amasova, die ursprünglich Bonds Einladung zu einem abendlichen Drink ablehnte, ändert nach dem Überfall ihre Meinung und teilt mit Bond in der Nacht das Bett. Mit dieser Rettungsaktion hat Bond jedoch nicht seine Überlegenheit ihr gegenüber demonstriert, sondern das „Punktekonto“ lediglich ausgeglichen – immerhin rettete sie ihm in der Wüste das Leben.

Amasova wird von Barbara Bach als starke Frau gespielt, die nichts mehr mit der Naivität einer Rosie Carver oder Mary Goodnight verbindet. Sie ist im Film stets an Bonds Seite und bleibt auch noch zurückhaltend, als sie erfährt, dass er für den Tod an ihrem Partner verantwortlich ist. Kühl verspricht sie Bond daraufhin, ihn zu töten, wenn ihr gemeinsamer Auftrag beendet sei („Hör zu, wenn dieses Unternehmen beendet ist, werde ich dich töten.“)[224]. Ab diesem Zeitpunkt kühlt sich ihre Beziehung zu Bond ab, bleibt aber professionell. Diese Professionalität zeigt Amasova nicht nur in diversen Gefühlslagen, auch als einzige Frau auf einem U-Boot der US-Marine gibt sie sich souverän. Die Verwunderung des Kapitäns über ihr Erscheinen zerstreut sie gekonnt und verzichtet auf mögliche Sonderbehandlungen:

Kapitän: „Bitte entschuldigen Sie, ich wusste nicht, dass eine Frau an Bord kommen würde.“
Amasova: „An Bord dieses Schiffes, Commander, bin ich Major Amasova von der Roten Armee. [...]“
Kapiän: „Major, [...] selbstverständlich dürfen Sie meine Dusche benutzen.“
Amasova: „Keinerlei persönliche Vergünstigungen für mich, Commander.“[225]

---

221 Kulbarsch-Wilke 2009, Anhang 10, Sq. 8.1.
222 Ebd.
223 Ebd., Anhang 10, Sq. 9.2.
224 Kulbarsch-Wilke 2009, Anhang 10, Sq. 14.
225 Ebd., Anhang 10, Sq. 15.1.

Nach sanftem Insistieren des Kapitäns („Waffenbrüder sollten sich helfen")[226], nimmt sie das Angebot schließlich doch an. Dies sorgt in der folgenden Szene für Verwirrung bei einem Matrosen, der dem Kapitän eine Nachricht überbringt und dabei aus dem Augenwinkel die duschende Amasova sieht. Hier spielt der Film ähnlich wie zu Beginn mit den gängigen Rollenklischees. Eine Frau an Bord eines Atom-U-Bootes der US-Marine war 1977 mehr als ungewöhnlich.

Vielleicht ist auch das ein Grund, warum Amasova am Ende des Films von James Bond gerettet werden muss – allzu gleichberechtigt sollte sie Ende der 1970er Jahre wohl doch noch nicht sein. Dass sich jedoch dadurch ihr Gesamteindruck ändert, da, wie Mannsperger anführt, Bonds „Ausnahmestatus als gleichzeitig härtester und verführerischster Geheimagent unangetastet bleibt"[227], ist zu absolut. Durch ihre Schlagfertigkeit und die Fähigkeit, durch ihren Scharfsinn Bond auch rhetorisch in die Enge zu treiben, kratzt sie zumindest an diesem Image des Agenten. Und natürlich wird sie ihn am Ende nicht erschießen, sondern in seinen Armen landen, denn das ist Bestandteil der Bond-Formel, die erst neuerdings einige Brüche erfuhr. Letztendlich lässt sich mit Anya Amasovas Charakter eine deutliche Änderung in der Frauenrolle konstatieren, die, wenngleich sie laut Caplen keine „votes at a NOW convention"[228] gewinnen würde, so doch immerhin einen ersten flüchtigen Eindruck „of the franchise's balance between the realities of the gender movement and the presentation of a strong and attractive female lead character [...]"[229] gebe. Dies bestätigte auch Produzent Albert Broccoli, der 1979 äußerte: „The feminist viewpoint is very strong today and we can't irgnore it"[230]. An diesem Zitat Broccolis lässt sich nun erstmals ablesen, dass bewusst neue Strömungen des Zeitgeistes auch in die Filme einflossen. Die immer selbstbewusster werdenden Frauen der Realität sollten nun ein Äquivalent im Film bekommen, das nach dem bereits in den 60er Jahren angedeuteten Bild vom unabhängigen Bond-Girl noch einen Schritt weiter war.

Neben Anya Amasova tritt in „Der Spion, der mich liebte" mit der Assistentin Strombergs, Naomi, eine weitere erwähnenswerte Frauenfigur auf, die zunächst nur den Anschein einer dekorativen Beigabe erweckt. Lediglich mit knappem Bikini und einem durchsichtigen Kimono bekleidet holt sie Bond und Amasova zu einem Treffen mit Stromberg ab. Sie stellt sich als dessen rechte Hand vor und führt Amasova durch Strombergs Unterwasserstation. Nachdem Stromberg den Auftrag gegeben hat, Bond zu töten, werden Bond und Amasova von verschiedenen Killern verfolgt. Eine davon ist Naomi, die die Agenten mit einem Hubschrauber jagt und beschießt. Ihre Versuche, Bond zu töten, sind nicht von Erfolg gekrönt, Bond kann letztendlich ihren Hubschrauber mit einer Rakete sprengen.[231] Dennoch zeigt die Figur Naomi, dass in „Der Spion, der mich liebte", sogar vermeintlich nur schön

---

226 Ebd.
227 Mannsperger 2003, S. 131.
228 Zitiert nach: Caplen 2012, S. 309.
229 Ebd., S. 309.
230 Zitiert nach: Ebd.
231 Kulbarsch-Wilke 2009, Anhang 10, Sq. 13.2.

anzusehende Frauen gefährlicher sind, als zunächst angenommen. Dies trifft freilich nicht auf die Haremsdamen in der Wüste zu, auf die Bond während des Besuchs eines früheren Studienfreundes, Scheich Hosein, trifft. Dieser würde es gerne sehen, Bond die Nacht über bei sich zu beherbergen, was 007 jedoch ablehnt. Erst eine schöne und leichtbekleidete Haremsdame kann ihn umstimmen:

> Hosein: „Kann ich dich überreden, heute Nacht hierzubleiben?" (klatscht in die Hände)
> Bond: „Das ist sehr nett von dir, aber … aber ich muss wirklich, äh …" (leichtbekleidete Frau betritt den Raum, hockt sich zu James Bond)
> Hosein: „Und du bist ganz sicher, dass ich dich nicht überreden kann?"
> Bond (schaut die Dame an): „Wenn man schon Ägypten besucht, sollte man auch versuchen, in seine Geheimnisse einzudringen …"[232]

Hier ist wieder der sexistische Klamauk zu erkennen, der auch in einem Film wie „Der Spion, der mich liebte", in dem die Frauen auf Augenhöhe mit James Bond agieren, den für die 70er Jahre typischen Witz der Bond-Filme belegt. Ohne sexistische Witze, aber auf einer Augenhöhe mit Bond, präsentiert sich auch Holly Goodhead in „Moonraker". Bevor Bond auf sie (und damit das Haupt-Bond-Girl) trifft, macht er die Bekanntschaft einer von Hugo Drax' Mitarbeiterinnen – Corinne Dufour. Corinne ist, abgesehen von ihrem tief ausgeschnittenen Kleid, auf den ersten Blick sehr emanzipiert. So ist auch sie als Frau in einem Männerberuf (Hubschrauberpilotin), ähnlich wie auch Strombergs Assistentin Naomi, bei einem Bond-Gegenspieler angestellt. Im Gegensatz zu Naomi liegt ihr Interesse nicht darin, Bond zu töten, sondern sich von ihm verführen zu lassen. Bond, der in Drax einen Verdächtigen sieht, möchte über Corinne an nähere Informationen über ihren Vorgesetzten gelangen. Ohne Einladung (aber dennoch willkommen) sucht er sie am Abend in ihren Räumlichkeiten auf, was Corinne direkt die Vermutung entlockt, Bond sei auf ein intimes Treffen aus, was dieser zunächst bestreitet. Unumwunden gibt Bond zu, Informationen von ihr zu benötigen:

> Corinne: „Meine Mutter gab mir eine Liste von Dingen, die ich beim ersten Rendezvous auf keinen Fall tun sollte."
> Bond: „Sie werden Ihre Liste nicht brauchen. Ich bin nicht deshalb hergekommen."
> Corinne: „Nein? Was wollen Sie denn sonst?"
> Bond: „Wäre es Ihren Gefühlen abträglich, wenn ich sagen würde: Informationen?"
> Corinne: „Warum sollte ich Ihnen etwas sagen?"
> Bond: „Tja, warum wohl …" (nimmt sie in den Arm und küsst sie)
> Corinne: „Sie bilden sich viel ein, Mister Bond." (sie erwidert den Kuss)[233]

Im Anschluss an die Umarmung gibt ihm Corinne die gewünschten Informationen (die nicht sehr viele sind) und legt sich dann auf das Bett. Bond beugt sich zu ihr:

---

232 Kulbarsch-Wilke 2009, Anhang 10, Sq. 6.1.
233 Ebd., Anhang 11, Sq. 7.1.

„Und was ist mit dieser Liste von Ihrer Mutter?" – „Ich habe nie lesen gelernt …"[234] Es folgt die quasi obligatorische Liebesnacht. Einige Stunden später schleicht sich Bond in Drax' Büro und sucht dessen Tresor. Zwar ohne Worte, aber mit einem Blick weist Corinne (die die Szene mittlerweile auch betreten hat) ihn auf das genaue Versteck hin. Indem sie keinen Alarm schlägt, obwohl sie Bond im Büro ihres Vorgesetzten findet, wechselt sie ihre Loyalität, was unglücklicherweise für Corinne von einem anderen Handlanger Drax' beobachtet wird. Drax bestraft ihren Verrat, indem er sie von seinen gut trainierten Dobermännern jagen und töten lässt.[235] Glücklicher trifft es da eine weitere Bekanntschaft Bonds, die er während seiner Ermittlungen in Rio de Janeiro kennenlernt. Manuela ist Agentin des brasilianischen Geheimdienstes und soll Bond unterstützen. Als sie vom „Beißer" angegriffen wird, kommt Bond rechtzeitig zu Hilfe und kann verhindern, dass Manuela getötet wird. Im weiteren Film hat sie dann keinen Auftritt mehr.[236]

Eine dritte Frau spielt für den Film noch eine interessante Bedeutung. Es ist Dolly, die recht unscheinbare, bebrillte Freundin des „Beißers", in die sich dieser auf den ersten Blick verliebt. Nach einem Kampf mit Bond wird der „Beißer" verschüttet und Dolly eilt ihm zu Hilfe. Außer vielsagenden Blicken sprechen die beiden nicht miteinander. Fortan sieht man den „Beißer" und Dolly nur noch gemeinsam, er nimmt sie sogar mit auf Drax' Raumstation. Dort wechselt der „Beißer" dann auch Dolly zu Liebe die Seiten als ihm bewusst wird, dass körperlich nicht perfekte Menschen (wie Dolly und „Beißer") in der neuen Welt von Drax nicht vorgesehen sind. Beide helfen Bond und Goodhead nun, Drax zu besiegen.[237] Es mag eine Überinterpretation sein zu behaupten, mit Dolly würde gezeigt, dass auch ein bis dato nur als Killer in Erscheinung getretener Mann zur Einsicht gebracht werden kann, wenn er nur die richtige Frau kennen und lieben lernt – auf jeden Fall aber sorgt dieser Handlungsstrang dafür, dass die beim Publikum äußerst beliebte Figur des „Beißers" nicht den sonst für Bonds Gegenspieler üblichen Tod sterben muss. Er und Dolly überleben die Explosion der Raumstation.

Anders als Corinne, die trotz ihres anfänglich emanzipiert wirkenden Charakters schließlich in die Opferrolle gerät, oder Manuela, die zwar als befreundete Agentin durchaus qualifiziert scheint, letztendlich aber von Bond gerettet werden muss, fügt sich Holly Goodhead in das Bild der für mehr Selbstständigkeit kämpfenden Frauen der 1970er Jahre.

Die Neue Frauenbewegung, die nahezu parallel in den USA, Deutschland und anderen europäischen Ländern Mitte der 1960er Jahre entstand, erreichte ihre Hochphase in den 1970er Jahren. Die oben erwähnte Frauenorganisation NOW erfuhr einen regen Mitgliederanstieg, Frauenthemen wurden nicht nur universitätsintern diskutiert und Maßnahmen zur Verbesserung der Situation von Frauen in der Gesellschaft, wurden etabliert. Exemplarisch, da länderübergreifend ein brisantes

---

234 Ebd. Siehe auch: Caplen 2012, S. 313 f.
235 Kulbarsch-Wilke 2009, Anhang 11, Sq. 12.
236 Ebd.
237 Anhang 11 Sq. 13.2, Sq. 18, Sq. 21 und Sq. 22.2.

Thema, steht hierfür die Diskussion um die Legalisierung von Abtreibung. Sowohl in den USA als auch in der Bundesrepublik war diese bis Ende der 1960er Jahre/ Anfang der 1970er Jahre grundsätzlich verboten. Massive Proteste von Frauenrechtlerinnen und Aktivistinnen warfen jedoch die Frage nach der Rechtmäßigkeit eines Abtreibungsverbots auf und stellten dieses in Beziehung zum Selbstbestimmungsrecht von Frauen über ihren Körper. Ein Urteil des Supreme Court der USA 1973 legalisierte schließlich die Abtreibung im ersten Schwangerschaftsdrittel (was jedoch 1989 erneut überprüft und in seinem Geltungsbereich eingeschränkt wurde). Auch in der BRD forcierten Frauen ihr Recht auf Abtreibung und kurbelten rege Diskussionen an, allen voran im Magazin „Stern". Die DDR war in dieser Hinsicht übrigens schon weiter: Hier lag ein Schwangerschaftsabbruch im ersten Drittel alleine in der Entscheidungsgewalt der betroffenen Frau, wobei der Staat zusätzlich die Kostenübernahme garantierte. In Westdeutschland wurde die Abtreibung 1975 nur unter bestimmten Voraussetzungen legalisiert, etwa bei medizinischen, sozialen oder ethischen Indikationen. [238]

Auch im Bereich der ökonomischen Benachteiligung von Frauen forderten von Feministinnen geführte Kampagnen zum einen im Bereich der erwerbstätigen Arbeit gleiche Löhne für gleiche Arbeit, zum anderen im Bereich der häuslichen Tätigkeit eine Bezahlung. Sowohl in den USA als auch in Deutschland und Großbritannien gab es Bestrebungen, die Hausarbeit als lohnerwerbsähnliche Tätigkeit anzusehen und für deren angemessene Vergütung zu kämpfen.[239] Die Kampagne „Lohn für Hausarbeit" oder auch „Wages for Housework" (im internationalen Gebrauch), wurde jedoch nicht von allen Partizipanten der Frauenbewegung gutgeheißen. Weitere Ansätze in den USA waren der „Pay Equity" und der Ansatz des „Comparable Worth", die Gesetze zur gleichen Bezahlung bzw. zur gleichen Berufswahl forderten.[240] In den 1970er und 8oer Jahren kam es dann auch zu einem Anstieg der Einstellung von Frauen in männerdominierten Berufe sowie im Bildungssektor, öffentlichen Dienst oder mittlerem Management.[241] In Deutschland gab es vergleichbare Forderungen, die sich in den 1970er Jahren in spezifischen Frauenrechtsgesetzen niederschlugen. So wurde 1972 das Rentengesetz zu Gunsten nichterwerbstätiger Frauen verbessert, 1973 Frauenlohngruppen gestrichen, vier Jahre später die Hausfrauenehe als Leitbild zu Gunsten gleichberechtigter Erwerbsmöglichkeiten abgeschafft und 1979 der Mutterschaftsurlaub gesetzlich verankert.[242] Sowohl in den USA wie auch international waren es Frauenbewegungen, die diese

---

238 Ehmsen 2008, S. 39–43.
239 Ebd., S. 48 und 94. Siehe hierzu auch: Zellmer, Elisabeth: Protestieren und Polarisieren. Frauenbewegung und Feminismus der 1970er Jahre in München, in: Paulus, Julia, u. a. (Hrgs.): Zeitgeschichte als Geschlechtergeschichte. Neue Perspektiven auf die Bundesrepublik. Frankfurt/New York 2012, S. 276–297, S. 290 f.
240 Ehmsen 2008, S. 48 f.
241 Ebd., S. 63.
242 Ebd., S. 97.

Diskussionen maßgeblich beeinflussten und somit Frauenthemen weg vom Stammtisch und hinein in die Politik brachten.

Dieser neuen gesellschaftlichen Stellung der Frau konnten sich auch die Bond-Filme nicht verschließen und passten sich mit Anya Amasova und Holly Goodhead dem Zeitgeist an. Auch wenn diese Anpassung laut Broccoli nichts mit der Verabschiedung des Equal Rights Amendments (ERA) Mitte der 70er Jahre in den USA zu tun gehabt habe, so sollte doch das neue Frauenbild im Bond-Film repräsentiert werden:

> „[We]'ve tried to portray a more modern woman in the last few years. [...] We haven't done anything because of the E.R.A, but because it suits the story and the place that women have in today's world."[243]

In Goodheads Charaker ist dieses Ziel sogar noch besser zu erkennen als bei Anya Amasova. Durch ihre fachliche Kompetenz und Ausbildung als Astronautin und CIA-Agentin hebt sie sich von Bond ab, was durch ihren Doktortitel noch einmal unterstrichen wird.[244] Goodhead erweist sich als ähnlich schlagfertig wie Amasova und damit Bond auch in dieser Hinsicht überlegen. Ein gelungenes Beispiel hierfür bietet die Vorstellungssequenz, in der ein erstaunter Bond auf einen weiblichen Doktor trifft:

> Goodhead: „Kann ich Ihnen vielleicht helfen?"
> Bond: „Ja. Mein Name ist Bond, James Bond. Ich suche Dr. Goodhead."
> Goodhead: „Sie haben sie gefunden."
> Bond (zieht Augenbraue hoch): „Eine Frau demnach ..."
> Goodhead: „Ihre Beobachtungsgabe spricht für Sie, Mr. Bond." [...]
> Bond: „Machen Sie eine Ausbildung als Astronautin?"
> Goodhead: „Das bin ich schon lange. Ich komme von der NASA – der Raumfahrtbehörde. Wir machen uns am besten gleich auf den Weg, würde ich sagen. Sie wollen ja weder Zeit noch einen zweiten Raumpendler verlieren, schätze ich."[245]

Die Anspielung am Schluss ist als kleiner Seitenhieb der Amerikanerin Goodhead auf die britische Regierung zu verstehen, der das angesprochene Weltraumvehikel gestohlen wurde. Auch bei ihrem nächsten Aufeinandertreffen wirkt Goodhead souveräner als Bond. Beide überwachen in Venedig ein Geheimlabor Drax'. Bond zeigt sich erstaunt über ihre Anwesenheit in Italien. Zu diesem Zeitpunkt weiß er noch nichts über ihre wahre Identität, ist aber gewillt, mehr herauszufinden. Sie reagiert auf seine Avancen schlagfertig:

> Bond: „Darf ich fragen, was Sie hier in Venedig machen?"
> Goodhead: „Ich bin für einen Vortrag bei der Europäischen Raumfahrtkommission hier."

---

243 Zitiert nach: Caplen 2012, S. 327.
244 Greve 2012, S. 98.
245 Kulbarsch-Wilke 2009, Anhang 11, Sq. 6.1.

Bond: „Kompliment. Ich vergesse eigenartigerweise immer wieder, dass Sie mehr sind,
   als nur eine bezaubernde Frau."
Goodhead: „Wenn Sie auf die Art etwas bei mir erreichen wollen, Mister Bond, haben Sie
   sich geirrt. Ich habe nämlich viel Wichtigeres im Kopf."[246]

Am Ende der Konversation kann Bond Holly wenigstens eine Verabredung auf
einen Drink am Abend, nach ihrem Vortrag, abringen. Zur Einhaltung dieser Verabredung kommt es hingegen nicht, da sich Bond nach einem fehlgeschlagenen
Anschlag auf ihn in Hollys Hotelzimmer versteckt, um sie zur Rede zu stellen. Als
vermeintliche Angestellte Drax' vermutet er sie hinter dem Mordversuch. Im weiteren Verlauf enttarnt er sie (vor allem aber ihre Ausrüstung) als CIA-Agentin, die bei
Drax undercover ermittelt. Bond und Goodhead beschließen ihre Zusammenarbeit.
Während einer innigen Umarmung erblickt Bond ein Flugticket und fragt sie nach
ihrem Reiseziel. Mit Blick auf ihre Koffer (den Bond nicht sehen kann) verneint sie
jegliche Reisepläne. Es zeigt sich, die Kooperation basiert nicht auf gegenseitigem
Vertrauen:

Bond: „Ich glaube, du hast Recht, Holly. Es dürfte besser sein, wenn wir zusammenarbei-
   ten. Ehrlichkeit?"
Goodhead: „Voll und ganz!"
Bond: „Verständnis?"
Goodhead: „Wäre möglich …"
Bond: „Zusammenarbeit?"
Goodhead: „Unter Umständen."
Bond: „Vertrauen."
Goodhead: „Auf keinen Fall!"[247]

Auch hier behält Goodhead die Oberhand. Er stellt die Fragen, sie bestimmt die
Parameter. Am nächsten Morgen verlässt Bond das Hotelzimmer ohne Holly zu
wecken. Wie sich herausstellt, wäre das auch gar nicht nötig gewesen. Die sich schlafend stellende Goodhead ruft, kaum hat Bond das Zimmer verlassen, die Rezeption
an und lässt ihre Koffer abholen, um nach Rio de Janeiro zu reisen. Hier trifft Bond
erneut auf sie. Goodhead scheint dem Agenten immer einen Schritt voraus zu sein,
ist sie schließlich schon länger vor Ort, um den Verdächtigen Drax zu beobachten.
Beide beschließen nun endgültig, ihre Ressourcen zusammen zu legen, woran vor
allem dem in seinen Nachforschungen zurückliegenden Bond gelegen ist, der, wie
sich später zeigt, auf ihre Hilfe angewiesen ist.[248]
Hollys Unterstützung ist von unschätzbarem Wert für den Agenten, schließlich
ist sie es, mit deren Hilfe er auf die Raumstation Drax' gelangen kann. Sie bedient
die Kontrollen des Moonrakers und erklärt ihm die vorbestimmte Flugbahn der
anderen Shuttles. Auf der Station beweist Holly ihr praktisches Können und kämp-

---

246 Ebd., Anhang 11, Sq. 8.1.
247 Kulbarsch-Wilke 2009, Anhang 11, Sq. 9. Siehe auch: Caplen 2012, S. 321.
248 Caplen 2012, S. 321 f.

ferisches Geschick, als sie zwei Arbeiter praktisch im Alleingang ausschaltet und anschließend die Technik der Station sabotiert.[249] Scheiterte Bond zehn Jahre zuvor in „Man lebt nur zwei Mal" an seiner eigenen Inkompetenz bezüglich der Raumfahrerei, gelingt ihm mit Hollys Hilfe nun der Schritt ins All. Lois Chilles charakterisierte die von ihr interpretierte Holly Goodhead sehr treffend: „I liked Holly, and I liked that she was capable of doing everything that Bond could do. It was a real step forward in the James Bond genre in terms of modernization."[250] Und auch Caplen findet als Fazit zu Goodhead und Amasova die passenden Worte: „The franchise revitalized the Bond Girl when it introduced Anya Amasova [...] and Holly Goodhead [...], combining well-celebrated Bond-Girl aesthetics with a greater sense of independence and plausibility [...]."[251]

Mit den starken Frauenfiguren Goodhead und Amasova hielt auch ein neuer Kleidungsstil Einzug. Waren vor allem Plenty o'Toole, Tiffany Case und Mary Goodnight sehr freizügig angezogen, dominierten bei Amasova und Goodhead schlichtere Kleider, Uniformen oder Hosenanzüge. In einigen Sequenzen ist auch Amasova „luftiger" gekleidet, was natürlich auch ihren Charakter als attraktives Bond-Girl unterstreichen soll. Goodhead trägt hingegen die meiste Zeit hochgeschlossene Kleidung, lediglich in ihrem Hotelzimmer ist sie im rückenfreien Nachthemd zu sehen. Das letzte Drittel des Films verbringen Bond und Goodhead auf Drax' Raumstation, wo sie stilecht Raumanzüge tragen. Lois Chiles konstatierte später mit einem Augenzwinkern hierzu, dass sie es in den 1970er Jahren aufgrund der Frauenbewegung als problematisch empfunden habe, zu attraktiv aufzutreten – zum Glück hätte sie durch das Tragen des „spacesuits" dadurch keine Probleme gehabt, denn ihr gelber Raumanzug sei schließlich sehr verhüllend gewesen.[252]

Die Kleider eines Bond-Girls unterstrichen in erster Linie seinen Charakter und Funktion im Film. So ergaben sich die unterschiedlichsten Outfits, die mal mehr, mal weniger der gängigen Alltagsmode der 70er Jahre entsprachen. Fallen Amasovas Uniform und Goodheads „spacesuit" hier sicherlich nicht unter die Kategorie der Mainstream-Mode, sind in Tiffany Cases Hot Pants, Amasovas Strickmütze oder Goodheads Hemdenblusenkleid in Midi-Länge (=10 cm unter dem Knie; ein Trend der den Mini-Rock ablösen sollte)[253] durchaus modische Einschläge des Jahrzehnts zu erkennen (Abb.: 32–36). Generell brachten die 1970er Jahre keine einheitliche Modelinie hervor, vielmehr transformierten sie Themen der 60er Jahre und leiteten langsam in die 80er über.[254] Ob es sachliche Outfits mit Bluse und Stoffhose, der „Slinky-Look" mit fließenden Stoffen im 30er Jahre Stil, der Ethnik-Look mit folkloristischen Einschlägen exotischer Kulturen, die romantischen Outfits mit stark

---

249 Kulbarsch-Wilke 2009, Anhang 11, Sq. 17.1 und 19.1. Siehe auch: Caplen 2012, S. 324.

250 Zitiert nach: Cork/d'Abo 2003 S. 61.

251 Caplen 2012, S. 325.

252 Caplen 2012, S. 327.

253 Koch-Mertens, Wiebke: Der Mensch und seine Kleider (Teil 2). Die Kulturgeschichte der Mode im 20. Jahrhundert, Düsseldorf und Zürich 2000. S. 244f.

254 Lehnert, Gertrud: Geschichte der Mode des 20. Jahrhunderts, Köln 2000. S. 73.

Abb. 32:
Amasovas Uniform Screenshot
„Der Spion, der mich liebte" (DVD
Ultimate Edition) 00:10:48. Bild
wurde zugeschnitten.

Abb. 33:
Goodheads Space Suit, Screenshot
„Moonraker" (DVD Ultimate
Edition) 01:38:57. Bild wurde
zugeschnitten.

Abb. 34:
Cases Hot Pants, Screenshot
„Diamantenfieber" (DVD Ultimate Edition) 01:27:47. Bild wurde
zugeschnitten.

Abb. 35:
Strick an Amasova, Screenshot „Der Spion, der mich liebte" (DVD Ultimate Edition) 01:01:21. Bild wurde zugeschnitten.

Abb. 36:
Kleid in Midi-Länge, Screenshot „Moonraker" (DVD Ultimate Edition) 00:17:12. Bild wurde zugeschnitten.

Abb. 37:
Melinas Lederjacke, Screenshot „In tödlicher Mission" (DVD Ultimate Edition) 01:52:20. Bild wurde zugeschnitten.

femininem Touch, der China-Look mit asiatischem Flair, die Disco-Mode mit ihren glitzernden Kleidern, der Oversize-Look oder der Punk-Look war – die 70er Jahre waren modisch äußerst vielfältig.[255] Die Kleider der Bond-Frauen spiegelten nicht diese ganze Vielfalt wieder, teilweise wirken sie sogar zeitlos, oft erkennt man aber den modischen Entstehungskontext.

So wurden die Bond-Damen aus modischer Sicht auch in die 80er Jahre überführt. Gekleidet in vielen Stilen des Jahrzehnts, aber dabei oft auch zeitlos, wenn man an Melina Havelocks relativ unspektakuläre Pullover-Jacken-Hosen-Kombination (Abb. 37) denkt, die auch heute noch tragbar wäre.

4.4　(Fast) konstante Weiterentwicklung – Bond-Girls der 1980er Jahre

Es schien sich (gewollt oder zufällig) in den ersten 20 Jahren der Bond-Geschichte einzuschleifen, dass zum Ende eines Jahrzehnts die Bond-Girls immer bemerkenswerter wurden, um dann am Anfang der neuen Dekade einen Rückschritt zu machen. Bei „In tödlicher Mission" 1981 fiel dieser Rückschritt zugegebenermaßen um ein vielfaches kleiner aus, als bei „Diamantenfieber" 1971. In „In tödlicher Mission" sind es in erster Linie die Frauen in den Nebenrollen, die nicht überzeugen können. Das Haupt-Bond-Girl ist kämpferisch versiert und entschlossen, wirkt aber ein wenig blass, im Sinne von fehlender rhetorischer Schlagfertigkeit. Boten Amasova und Goodhead in spitzen Dialogen dem Agenten noch Paroli, ist Melina Havelock eher in sich gekehrt, was vermutlich aber auch die Anlage der Rolle (sie muss den Mord an ihren Eltern verkraften) so einforderte.

Melinas Einführung lässt sie die angesprochene Ermordung ihrer Eltern miterleben, die sie zwar erschüttert, aber nicht panisch reagieren lässt. In ihrem direkten Blick in die Kamera, nachdem sie von ihrem verstorbenen Vater hochblickt, ist schon früh der Wille nach Rache zu erkennen.[256] Dieser Eindruck bestätigt sich beim ersten Zusammentreffen mit Bond, als sie ihm indirekt das Leben rettet, indem sie zufällig in dem Moment den Mörder ihrer Eltern (Gonzales) tötet, als dieser Bond in seine Gewalt gebracht hat. Durch die so entstandene Ablenkung kann Bond fliehen, wobei er auf die ebenfalls flüchtige Melina trifft. Da Bonds Auto, nachdem einer der Verfolger es aufbrechen wollte, durch die sehr effektive, wenn auch wenig sinnvolle, Diebstahlsicherung[257] (es explodiert bei versuchtem Einbruch) unbrauchbar wurde, müssen Bond und Melina mit ihrer in die Jahre gekommenen Peugeot Ente fliehen. Zunächst fährt sie, dann übernimmt er das Steuer. Melina wird in dieser Szene als kühle Rächerin ihrer Eltern gezeichnet, die sich auch in kritischen Situationen (z. B.

---

255 Koch-Mertens 2000, S. 247–263.

256 Kulbarsch-Wilke 2009, Anhang 12, Sq. 4.4.

257 Laut Regisseur John Glenn war der explodierende Lotus als Anspielung auf mehrere Autodiebstähle im damaligen New York gedacht. Die Reaktionen in New Yorker Kinos fielen daher auch mit Applaus und Gelächter aus. Duncan (Hrsg.) (B) 2012, S. 74.

bei Beschuss durch ihre Verfolger) ruhig und nicht hysterisch zeigt.[258] Von ihren Plänen, die Hintermänner des von ihr bereits getöteten Auftragsmörders zu finden, lässt sie sich auch nicht durch gut gemeinte Ratschläge des Agenten abbringen:

> Bond: „Alles in Ordnung?"
> Havelock: „Es geht mir gut. Wirklich!"
> Bond: „Fahren Sie wieder zum Schiff Ihres Vaters?"
> Havelock: „Ja. Ich werde seine Arbeit fortführen. Wenn ich diese hier abgeschlossen habe."
> Bond: „Was meinen Sie damit?"
> Havelock: „Ich will den Auftraggeber von Gonzales."
> Bond: „Ein chinesisches Sprichwort sagt: ‚Bevor du dich anschickst zur Rache zu schreiten, schaufle lieber zwei Gräber.'"
> Havelock: „Dass Sie mich verstehen, erwarte ich auch nicht. Sie sind Engländer. Ich bin halbe Griechin. Und griechische Frauen lieben Elektra. Am Mörder ihrer Lieben Rache zu nehmen, ist ihre Pflicht. Ich muss gehen."[259]

Mit Melinas Hilfe findet Bond das von ihm gesuchte Wrack eines gesunkenen britischen Schiffs, auf dem sich das Satellitenüberwachungsgerät ATAC befindet, das auch der Gegenspieler dieses Films, Ari Kristatos, begehrt. Gemeinsam mit Melina taucht Bond in das Wrack und kann ATAC bergen. Dabei werden Bond und Melina jedoch von Kristatos Männern gefangen genommen. Melina wird hier aktiv an der Handlung beteiligt, fährt den Tauchroboter (zumindest auf dem Hinweg, auf dem Rückweg übernimmt Bond das Steuer von der angeschlagenen Melina) und klärt Bond über die Arbeit ihres Vaters auf. Nach der Gefangennahme durch Kristatos bleibt sie ruhig und bricht auch nicht in Panik aus, als Bond und sie kielgeholt werden.[260] Auch im Finale ist die Beteiligung Havelocks hervorzuheben. Gemeinsam mit Bond, Kristatos' Gegner Columbo und dessen Gefährten hilft sie dabei, den Unterschlupf Kristatos' zu stürmen und das ATAC sicherzustellen. Ihre Waffe ist eine Armbrust, mit der sie sicher umzugehen weiß. Motiviert zeigt sie vollen Einsatz und macht auch Columbo, der um den Erfolg der Mission besorgt ist, Mut:

> Columbo: „Es ist verdammt riskant."
> Melina: „James rechnet mit dem Überraschungseffekt."
> Columbo: „Wir sind nur fünf Mann."
> Melina: „Und eine Frau."[261]

Die Ruhe und Abgeklärtheit, die Melina den gesamten Film über ausstrahlt ist für ein Bond-Girl ungewöhnlich – hier ähnelt sie ein wenig Holly Goodhead oder Anya Amasova.

---

258 Kulbarsch-Wilke 2009, Anhang 12, Sq. 5.
259 Ebd., Anhang 12, Sq. 5.3.
260 Ebd., Anhang 12, Sq. 16–17.
261 Ebd., Anhang 12, Sq. 19.1.

Neben Melina Havelock sind noch drei weitere Frauenfiguren für den Film bedeutsam, wobei mit der von Cassandra Harris verkörperten Gräfin Lisa von Schlaf nur eine als „klassisches" Bond-Girl (oder eher Bond-Frau) fungiert. Auf der Suche nach Auskünften über den Schmuggler Columbo nimmt Bond Kontakt zu dessen Mätresse Gräfin Lisa auf und würde sich ihr gegenüber „wirklich sehr dankbar"[262] zeigen, wenn sie ihr Wissen mit ihm teilen würde. Es entwickelt sich ein kurzer Flirt, in dem von Schlaf sich nach der Intensität von Bonds Dankbarkeit erkundigt, die er in ihre Hände legt („Wie Sie wollen ...")[263]. Mit einem „Ich liebe dankbare Männer ..."[264], lehnt sie sich zum Agenten und beide verbringen die Nacht miteinander. Doch bereits am nächsten Morgen muss Gräfin Lisa den Opfertod sterben – sie wird bei einem Strandspaziergang mit Bond von den Auftragsmördern Ari Kristatos' getötet.[265]

In dessen Einflussbereich stehen auch die beiden anderen Damen, das Trainer-Athletin-Gespann Jacoba Brink (früherer Eiskunstlaufstar) und Bibi Dahl (junge Eiskunstlaufhoffnung). Jacoba Brink wird als strenge Lehrerin Dahls inszeniert, die ihr Mündel zu härterem Training und Disziplin anmahnt. Bibi Dahl, verkörpert von der damals 19-jährigen Eiskunstläuferin Lynn-Holly Johnson, ist kindlich-naiv und scheint an einem ausgeprägten Vaterkomplex zu leiden. Mit bittendem Augenaufschlag und kindlichem Tonfall fragt sie ihren Protegé (Ari Kristatos) nach einer Trainingspause: „Oh, Onkel Ari, kann ich jetzt nicht aufhören? Ich bin restlos fertig."[266]. Schon diese erste Szene mit Bibi Dahl lässt sie deutlich jünger als 19 Jahre wirken, was durch die Titulierung ihres Finanziers als „Onkel" statt „Mister" oder „Herr" noch verstärkt wird. Kristatos' Charakterisierung Bibis trifft diesen Eindruck auf den Punkt: „Auf dem Eis ist sie routiniert wie keine Andere. Aber im Privatleben ist sie noch ein völliges Kind."[267]

Dass sie kein „völliges Kind" mehr ist, beweist Bibi Dahl kurze Zeit später, als sie 007 halbnackt in dessen Hotelzimmer erwartet. Doch sogar Bond, der in der Regel bei derartigen Angeboten einen klaren Standpunkt vertritt, lehnt ihre Avancen bestimmt ab:

Bond: „Wie sind Sie hier reingekommen?"
Dahl (im Bett): „Der Portier ist mein größter Fan. Er tut alles für mich. Und ich tue alles für Sie."
Bond (räuspert sich): „Das Angebot ist ausgesprochen reizvoll Bibi, aber Sie sind im Training.
Dahl (klopft einladend neben sich): „Das ist doch lachhaft. Jeder Mensch weiß, dass man dadurch die Muskeln trainiert."

---

262 Ebd., Anhang 12, Sq. 14.2.
263 Ebd.
264 Ebd.
265 Ebd., Anhang 12, Sq. 14.3–15.1.
266 Ebd., Anhang 12, Sq. 7.3.
267 Ebd.

Bond: „Ich würde vorschlagen, Sie trainieren Ihre Muskeln dadurch, dass Sie Ihre Sachen
      wieder anziehen."
Dahl: „Och. Gefalle ich Ihnen nicht, Mister Bond?"
Bond: „Gefallen … Ich finde Sie bezaubernd, Bibi, aber, ähm, Onkel Ari hätte das nicht
      besonders gern, glaub' ich."
Dahl: „Ach was! Der denkt doch, ich wäre noch Jungfrau …"
Bond: „[…] Ziehen Sie jetzt Ihre Sachen an. Dann kauf' ich Ihnen ein Eis. Zur
      Abkühlung."[268]

Einen ersten Ansatz von Eigenständigkeit (den man auch als Trotz interpretieren
könnte) zeigt Bibi Dahl im letzten Drittel des Films, als sie sich von ihrem Mentor Kristatos lossagt, um einen neuen Sponsor zu finden. Dieser, nun aufgebracht,
vermutet Jacoba Brink hinter diesem Entschluss und droht Brink. Diese entwickelt
sich daraufhin von der unnachgiebigen Trainerin zur Mutterfigur, hilft Bibi bei der
Flucht („Du weißt doch, ich werde immer bei dir bleiben.")[269] und verrät für sie
sogar ihren Arbeitgeber Kristatos, indem sie Bond zu diesem führt. Am Ende des
großen Filmfinales und nach dem Tod Kristatos' wird angedeutet, dass Bibi und
Brink in Zukunft bei dessen früherem Erzfeind Columbo unterkommen werden[270].

Im Vergleich zu den Vorgängerfilmen, welche die Bond-Girls erstmals gleichberechtigt zu James Bond darstellten, ist „In tödlicher Mission" ein kleiner Rückschritt,
wenngleich sich Melina und auch Gräfin Lisa immer noch deutlich emanzipiert geben. Gräfin Lisa ist mit Sylvia Trench zu vergleichen, eine selbstbewusste Frau, die
in Bond einen Mann sieht, den es zu verführen lohnt (*sie* bittet *ihn*, der eigentlich
eine Verabredung für den nächsten Tag treffen wollte, zu sich ins Haus). Bibi Dahl
wirft die Bond-Filme in die aus Frauensicht wenig schmeichelhaften Zeiten einer
Plenty o'Toole oder Tiffany Case zurück, wobei Dahl immerhin eine Ausbildung als
Leistungssportlerin besitzt.

Melinas Charakter als „Racheengel" beinhaltet Motive von Honey Ryder (auch
sie tötete aus Rache), Tilly Masterson (will den Tod ihrer Schwester sühnen), Domino Derval (hintergeht ihren Liebhaber Emilio Largo, um Vergeltung für den Tod
ihres Bruders zu nehmen) und Anya Amasova (will Bond aus Rache für den Mord
an ihrem Lebensgefährten töten) und vereint diese mit dem Mut Tracy Di Vincenzos und der Selbstbeherrschung Anya Amasovas (die stoisch die Nachricht über
den Tod ihres Geliebten erträgt). Darüber hinaus scheut sie sich auch nicht, Bond
in Kampfsituationen zu unterstützen. Trotz dieser Attribute ist bei Melina auch
aufgrund der häufigen Bevormundung durch Bond weniger von Gleich-, sondern
mehr von einer „Ähnlichberechtigung"[271], wie Greve es nennt, zu sprechen. Dass
Melinas Beitrag, wie Mannsperger propagiert, „zum Gelingen des Unternehmens
[…] am Ende nicht größer als der des Papageis [sei], der im Moment größter Rat-

---

268 Kulbarsch-Wilke 2009, Anhang 12, Sq. 9.
269 Ebd., Anhang 12, Sq. 20.1.
270 Ebd., Anhang 12, Sq. 20.4.
271 Greve 2012, S. 94.

losigkeit das Versteck des gesuchten ATAC-Geräts preisgibt"[272], ist jedoch nicht zu bestätigen. Mannspergers „Beweis" für Melinas vermeintliche Unfähigkeit: der Film brächte sie auf die „politisch korrekte Linie der Serie", da nur ein „James Bond [...] die Lizenz zum Töten"[273] habe. Melina im Umkehrschluss sei das Töten verwehrt. Dies trifft nicht zu, bringt sie doch gleich beim ersten Aufeinandertreffen mit Bond den Mörder ihrer Eltern und einen weiteren Verfolger Bonds um. Lediglich eine zweite Handlung der Selbstjustiz bricht sie ab, da ihr im Finale des Films Columbo zuvorkommt, der Kristatos umbringt.

Mannspergers zweites Argument für Havelocks Unvermögen ist eine „intellektuelle Panne", die ihr (respektive dem „mangelnde[n] Grundwissen der Drehbuchautoren")[274] zuzuschreiben sei: So sei ihr Hinweis auf 5000 Jahre alte Ruinen als Zeichen ihrer Inkompetenz zu verstehen, da es laut Mannsperger „so früh [...] in Europa noch nicht einmal Megalith-Bauwerke"[275] gegeben habe. Dies ist schlichtweg falsch. Alleine zahlreiche Hünengräber in Niedersachsen sind gute 5000 Jahre alt[276], die Entstehung der Megalithkultur reicht aber bis auf 4000 v. Chr., einigen Forschern zu Folge sogar noch weiter, zurück[277]. Die von Melina archäologisch erforschten Ruinen im ionischen Meer könnten hingegen ein Alter von mindestens 4000 Jahren aufweisen: 2000 v. Chr. entstanden auf Kreta die ersten großen Paläste und bieten damit Hinweise auf Europas früheste Hochkultur an. Deren einleitende Phase (die *Vorpalastzeit* auf Kreta) begann aber bereits 3000 v. Chr., was sogar auch 5000 Jahre alte Ruinen erklären könnte.[278] Ob sich solche alten Bauwerke (wie im Film gezeigt) auch vor den Küsten der griechischen Inseln befinden, ist unklar – der erzählerischen Freiheit eines Bond-Films sollten aber entsprechende „Ungenauigkeiten" gewährt werden. Eine „intellektuelle Panne" ist hier also weder Melina noch den Drehbuchautoren zu unterstellen.

Einen ähnlichen Stellenwert für die Frauenrolle wie „In tödlicher Mission" hat auch der nächste Film, „Octopussy", in dem der Filmtitel gleichzeitig das Bond-Girl benennt. Maud Adams verkörpert hier zum zweiten Mal nach „Der Mann mit dem goldenen Colt" eine von Bonds Frauen, die als einflussreiche und geheimnisvolle Gegenspielerin eingeführt wird und später dem Agenten hilft, den wahren Bösewicht des Films zu stellen. In ihren Diensten stehen zahlreiche Zirkusartistinnen, die, wie

---

272 Mannsperger 2003, S. 133. Zur Papagei-Szene siehe auch: Kulbarsch-Wilke 2009, Anhang 12, Sq. 17.3.

273 Mannsperger 2003, S. 133

274 Ebd.

275 Ebd.

276 „Straße der Megalithkultur" (Startseite): http://www.strassedermegalithkultur.de/de/, Zugriff 12.3.2015.

277 Siehe hierzu: http://www.3sat.de/page/?source=/dokumentationen/173399/index.html, Zugriff: 12.3.2015.

278 Panagiotopoulos, Diamantis: Kreta in der Vorpalastzeit, in: Siebenmorgen, Harald (Hrsg.): Im Labyrinth des Minos. Kreta – die erste europäische Hochkultur. Katalog der Ausstellung im Badischen Landesmuseum Karlsruhe vom 27.1. bis 29.4.2001, München 2001. S. 45–55. S. 45 f.

die Handlung am Ende verdeutlicht, mehr als nur attraktive Hintergrunddekoration sind. Eine der Damen ist die attraktive Magda, die Bond als stetige Begleitung des Verdächtigen Kamal Kahns auffällt. In dessen Auftrag verführt sie Bond, um ihm einen von Kahn begehrten Gegenstand (ein Fabergé-Ei) zu stehlen. Unwissentlich erfüllt sie damit Bonds Plan, über einen Peilsender im Fabergé-Ei die Hintermänner Kahns aufzuspüren. Statt eines Hinter*mannes* trifft James Bond dabei auf eine Frau, deren Kennzeichen (ein Oktopus-Symbol) ihm bereits mehrfach auffiel.

Octopussy wird als einflussreiche Frau beschrieben, die erst klein mit dem Schmuggel einiger Diamanten anfing und ihr Geschäft dann vergrößerte. Sie reaktivierte den sogenannten Octopus-Kult, dem sich, und damit ihr, immer mehr Menschen anschlossen – in der Regel Frauen. Die meisten ihrer Untergebenen sind Menschen ohne Perspektive, die in Octopussys Organisation nun ein neues Leben führen können. Der Schmuggel macht nur einen Teil ihrer geschäftlichen Beziehungen aus, wie sie Bond später im Film erklärt:

> Bond: „Wo haben Sie denn all diese Schönheiten aufgetrieben?"
> Octopussy: „Hier in Südostasien gibt's genug davon. Es sind meistens ausgeflippte Typen, die irgendeinen Guru suchen oder was weiß ich. Ich unterrichte sie. Gebe ihnen Glauben, die Hoffnung und damit ein erfülltes Leben."
> Bond: „Durch Schmuggel?"
> Octopussy: „Durch Geschäfte. Ich bin beteiligt an Schiffsreisen, Hotels und Zirkusveranstaltungen."[279]

Octopussys Einführung in die Handlung ist ähnlich inszeniert wie die der männlichen Gegenspieler Bonds. Sie umgibt eine geheimnisvolle Aura, das Gesicht wird zu Beginn nicht gezeigt und in ihrem anfänglichen Verhalten tritt sie autoritär auf. Ihren richtigen Namen kennt niemand, sie ist nur unter ihrem Pseudonym bekannt.[280]Auch der Hang zum Haustier ist ungebrochen. Kann Blofeld stets durch seine Perserkatze identifiziert werden, wartet Drax mit zwei beißwütigen Hunden auf und Stromberg hält sich Haifische. Bei Octopussy ist es ein harmlos wirkender Krake im Aquarium, dessen tödliche Wirkung jedoch ein Gegner Bonds zu spüren bekommt.[281] Während ihr Handlanger Kamal Kahn keine Verbindung zur Person James Bond herstellen kann und den Agenten deutlich unterschätzt, hält sie gar in ihrer Bewegung inne, als Bonds Name fällt. Sie verlangt 007 kennenzulernen:

> Kahn: „Das Ei haben wir wieder bekommen. Darüber freuen Sie sich hoffentlich?"
> Octopussy: „Im Gegenteil. Ich ärgere mich. Erstens, dass es überhaupt gestohlen werden konnte und zweitens, dass der Dieb uns auf die Spur gekommen ist."
> Kahn: „Der Mann ist meiner Meinung nach so ein Abenteurer-Typ, der uns bloß erpressen wollte, nehme ich an [...]."

---

279 Kulbarsch-Wilke 2009, Anhang 13, Sq. 13.2.
280 Kulbarsch-Wilke 2009, Anhang 13, Sq. 12.1.
281 Ebd., Anhang 13, Sq. 10. Zum Kraken siehe: Ebd., Anhang 13, Sq. 13.3. Siehe auch: Mannsperger 2003, S. 135.

Octopussy: „Wer ist es?"

Kahn: „Aus England stammend, hat Eier gerne, besonders die von Fabergé [...] sein
Name ist James Bond."

Octopussy: „Bringen Sie ihn her!"[282]

Diesen Befehl auszuführen, ist für Kahn weniger einfach als gedacht, gelingt es
Bond doch, sich aus dessen Gefangenschaft zu befreien. Inzwischen neugierig auf
die Hintergründe des ihm in seinem Fall permanent begegnenden Kraken-Symbols
geht Bond diesem Zeichen nach. Er erfährt, dass es einer reichen Frau zuzuordnen sei, die auf einer Insel nur mit Frauen lebe. Der Zutritt sei Männern verwehrt.
Bonds Ehrgeiz scheint geweckt: „Das ist sexuelle Diskriminierung, das muss ich
unbedingt mal näher betrachten."[283] An dieser Stelle invertiert der Film scherzhaft
die ursprüngliche feministisch geprägte Debatte über die Gleichberechtigung von
Frauen und Männern und spielt auf die vielfach in Frauencafés oder ähnlichen Ein-
richtungen vorherrschende Exklusivität an, die auch als Ausgrenzung von Männern
in diesem Bereich verstanden werden kann.

Octopussys Rolle im Film wandelt sich vom unnahbaren Oberhaupt einer dubio-
sen Organisation zur Verbündeten Bonds. In informativen Gesprächen mit ihm, bei
dem sie ihm zunächst ihre Motive darlegt und anschließend Gemeinsamkeiten zu
ihm ausmacht, bauen beide eine Beziehung zueinander auf, die nur dadurch getrübt
wird, dass Bond sich weigert, in ihre Geschäfte (s. o.) einzusteigen. Ihre Wut darüber beschwichtigt Bond mit einem nicht ganz freiwilligen Kuss. In abgeschwächter
Form erinnert die Szene an die „Zähmung" Pussy Galores 20 Jahre zuvor, an der
sich ebenfalls die Geister scheiden. Auch Octopussy landet nach der Anwendung
von sanfter Gewalt neben dem Agenten im runden Wasserbett. Der erste Schritt zur
Bekehrung von der Gegenspielerin zur Verbündeten ist mit dieser Szene getan. Ihre
Loyalität zu Bond beweist Octopussy wenige Minuten später, als sie gemeinsam mit
diesem von Kamal Kahn gesandte Killer bekämpft. Octopussy kann einen von ihnen
betäuben.[284]

Im Finale des Films klärt Bond Octopussy über die betrügerischen Absichten
Kamal Kahns auf und warnt sie, dass dieser eine Bombe in ihrem Zirkus deponiert
hat, die in kürze explodieren werde. Ihr erschließt sich nun, dass in Wirklichkeit
Kahn (gemeinsam mit dem russischen General Orlov) der Drahtzieher ihres jüngs-
ten Schmuggels war und sie und ihre Kontakte nur ausgenutzt hat. Als Einzige
glaubt sie daher auch Bond, als dieser versucht, die Bombe zu entschärfen und hilft
ihm dabei sehr entschlossen.[285] Auf Rache sinnend, leitet Octopussy die Erstürmung
von Kamal Kahns Domizil ein – unterstützt von ihren Zirkusartistinnen, denen
auch Magda angehört. Als Bauchtänzerinnen lenken einige die männlichen Wachen
ab, damit die anderen Damen mit artistischen Meisterleistungen in das Anwesen

---

282 Kulbarsch-Wilke 2009, Anhang 13, Sq. 10.
283 Ebd., Anhang 13, Sq. 12.1.
284 Ebd., Anhang 13, Sq. 13.2.
285 Ebd., Anhang 13, Sq. 19.2.

gelangen können. Die Frauen arbeiten nahezu lautlos, sehr effektiv und lassen den Wachen keine Chance. Zwar wird Octopussy im Showdown noch einmal von Kamal Kahn entführt, setzte sich davor jedoch erfolgreich durch den Einsatz eines Säbels zur Wehr. Auch ihre Artistinnen konnten in der Zwischenzeit ihre männlichen Gegner überwältigen, so dass es jetzt nur noch an Bond ist, die gekidnappte Octopussy zu retten, was ihm natürlich auch gelingt.[286]

Octopussy wird als starke und selbstbewusste Frau dargestellt, die beinahe an eine Holly Goodhead heranreicht, wobei sich die brüske Verführung durch Bond leider nicht in dieses Bild fügt. Auch wenn sie es am Schluss ist, die von Bond gerettet werden muss und sich als Betrugsopfer Kahns und Orlovs herausstellt, ist sie dennoch weit vom stereotypen Bond-Girl entfernt. Auch eine entsprechende Entwicklung[287] ist nur marginal zu erkennen, bzw. schmälert nicht den Gesamteindruck einer starken Frau, der noch von dem unter ihrer Leitung und von den von ihr ausgebildeten Artistinnen geführten Angriff auf Kahns Residenz unterstrichen wird.

Octopussy ist in vielen Punkten mit Pussy Galore zu vergleichen – bei der Namensgebung angefangen. Beide Charaktere wurden darüber hinaus (im Vergleich zu anderen Bond-Girls) von verhältnismäßig älteren Schauspielerinnen verkörpert (Honor Blackman – Pussy Galore: 39 und Maud Adams – Octopussy: 38), was den Terminus der Bond-*Woman* angebrachter erscheinen lässt. Sie arbeiten für ihre Selbstverwirklichung – Galore möchte sich auf eine einsame Insel zurückziehen, Octopussy betreibt zahlreiche Unternehmen. Sie stehen dem Agenten weiterhin zunächst als Antagonistin gegenüber, wechseln nach dessen mehr oder weniger charmanten Überzeugungskünsten die Seite, wobei Octopussy sich treu bleibt und vermutlich auch in Zukunft die Schmugglerkarriere nicht an den Nagel hängen wird. Galore und Octopussy treten dabei überdies sehr erfolgreich als Mentorinnen einer Gruppe junger Frauen auf (Octopussy bildet sie zu Artistinnen aus, Galore zu Pilotinnen in ihrem „Flying Circus").[288]

Mit „Octopussy" bewegte sich die Frauenrolle wieder auf das Level der späten 70er Jahre zu und kulminierte 1985 mit „Im Angesicht des Todes" in einem Frauenbild, das erstmals eine weibliche Akteurin körperlich stärker als James Bond werden ließ. An May Day, die von ihrer physischen Stärke beinahe schon dem „Beißer" ähnelt, scheitert selbst James Bond. Gleichzeitig beinhaltet „Im Angesicht des Todes" das genaue Gegenteil: Stacey Sutton ist zwar als ausgebildete Geologin durchaus fachlich qualifiziert, in der Welt von James Bond jedoch mehr als unbeholfen. Eingeführt wird sie als vermeintliche Geschäftspartnerin von Bonds Gegenspieler Max Zorin, die einen Scheck von über fünf Millionen Dollar von ihm annimmt (ihn aber nicht einlöst). Bond gegenüber gibt sie sich kühl. Eine Möglichkeit, sich beim ersten Treffen näher zu kommen bietet sich für Bond vorerst nicht an, da Sutton

---

286 Ebd., Anhang 13, Sq. 20.

287 Ergebnis einer früheren Analyse. Kulbarsch-Wilke 2009, S. 75 f. Siehe auch: Mannsperger S. 135 f.

288 Ebd., S. 73 f. Siehe auch: Mannsperger 2003, S. 135.

von Zorins Partnerin May Day fortgeführt wird.[289] Sutton taucht dann im weiteren Handlungsgeschehen längere Zeit nicht auf, bis sie zur Mitte des Films erneut in den Fokus gerückt wird. Bond bricht bei ihr ein, ist aber nicht der einzige, der sich Zutritt zu ihrem Haus verschafft. Handlanger Zorins versuchen, Bond und Stacy zu töten. Während der Kampfszene ist Sutton keine große Hilfe, aber immerhin überwältigt sie einen der Angreifer mit den „Waffen" einer Frau: Sie zerschlägt eine Porzellanvase auf dessen Kopf.[290]

Nachdem er die Angreifer in die Flucht geschlagen hat, stellt Bond im Gespräch mit ihr fest, dass Sutton keineswegs eine Verbündete seines Feindes ist, sondern selber durch diesen wirtschaftlich in den beinahe-Ruin getrieben wurde. Zorin versuchte, sich in ihre Ölfirma einzukaufen, die ihr durch den Vater vererbt wurde. Durch kostspielige Klagen konnte Stacy dies verhindern und ihre Firmenanteile retten. Die will nun Zorin kaufen, um an die Piplinerohre zu gelangen, die der Sutton-Öl-Kompanie gehören. Sein Plan, Silicon-Valley zu überfluten, ist maßgeblich davon abhängig, dass Zorin durch Suttons Pipline genügend Wasser pumpen kann. Doch Sutton möchte ihr Familienerbe auch für fünf Millionen Dollar nicht abtreten: „Eher schlafe ich irgendwo auf der Straße, bevor ich den Kampf aufgebe"[291]. Sie wird hier durchaus willensstark präsentiert, kann jedoch einem Vergleich mit Amasova, Goodhead oder Octopussy nicht standhalten. Ihr Vermögen ist geerbt, nicht wie bei Octopussy eigenständig aufgebaut und die Firmenübernahme war der Wille ihres Vaters.

Interessant an dieser zweiten Begegnung Bonds und Suttons ist wieder die beinahe väterliche Rolle, die Bond in Grundzügen schon bei Melina Havelock zeigte. Er bekocht Sutton (sie selber hält sich für eine „miserable Köchin")[292], deckt sie am Abend umsichtig zu, nachdem sie müde aufs Bett gesunken ist und verbringt die Nacht im Sessel. Die Tatsache, dass Bond sich an den Herd begibt, ist ein Novum in der Geschichte der Bond-Serie. James Bond, der als Dauerreisender stets auswärts isst, als Hausmann? Diese Vorstellung könnte sich aus der sich in den 1980er Jahren ganz allmählich anpassenden Rollenverteilung von Männern und Frauen erklären. Die Hausarbeit, früher wie heute eine Frauendomäne, wurde mit zunehmender Emanzipation der Frauen auch von Männern ausgeübt. Soziologische Studien der 1980er und 1990er Jahre weisen darauf hin, dass vor allem aus Sicht der jüngeren, mit einer berufstätigen Frau verheirateten Männer, die „klassische geschlechtsspezifische Arbeitsteilung an Selbstverständlichkeit verloren"[293] habe. Auch wenn der Anteil der Männer an diesen Tätigkeiten stieg, Frauen übernahmen immer noch das Gros an der Hausarbeit.

---

289 Ebd., Anhang 14, Sq. 6.3 und 6.4.

290 Kulbarsch-Wilke 2009, Anhang 14, Sq. 13.2.

291 Ebd., Anhang 14, Sq. 13.3.

292 Ebd. Siehe auch: Greve 2012, S. 98.

293 Maihofer, Andrea/Böhnisch, Tomke/Wolf, Anne.: Wandel der Familie. Literaturstudie. (Arbeitsblatt der Hans Böckler Stiftung, Nr. 48). Düsseldorf 2001. S. 24. Siehe auch: Ebd., S. 23–26.

Als vorbildliche Hausfrau zeichnet sich Sutton nicht aus, sie ist in der Hinsicht ganz als 8oer-Jahre-Karrierefrau gezeichnet. Als Bond-Girl wirkt sie jedoch eher wie Tiffany Case, die zum Gelingen von Bonds Auftrag auch nicht viel beisteuerte. Sutton erweist sich als ängstlich und panisch in kritischen Situationen, ziert sich, als sie das Steuer des von Bond gestohlenen Löschzugs übernehmen soll („Ich kann doch nicht …" – „Sie können! Fuß auf's Gas!")[294], stößt schon beim Anblick einiger Ratten einen spitzen Schrei aus[295] und erweist sich im Finale als weitestgehend hilfloses Opfer (immerhin startet sie einen Befreiungsversuch) von Zorins Entführung, das am Ende von James Bond gerettet werden muss.[296] Auch Chapman merkt hierzu an: „[T]he main Bond Girl [...] represents a throwback to the worst excesses of 1970s bimboism."[297]

So einseitig Stacy Sutton im Film präsentiert wird, so selbstbewusst geben sich die anderen Bond-Girls in „Im Angesicht des Todes", allen voran May Day. Aber auch die russische Agentin Pola Ivanova, die einen kurzen Auftritt im Whirlpool hat, ist (dem kurzen Eindruck nach, den man von ihr bekommt) deutlich zäher als Stacy Sutton. Ebenso wie Bond ist auch Ivanova auf der Spur von Max Zorin, nur arbeitet sie für den sowjetischen KGB. In dessen Auftrag nimmt sie ein Gespräch zwischen Zorin und seinen Mitarbeitern auf. Bond greift sie am Strand an, nachdem er Zorins Ölpumpstation ausgekundschaftet hat und sie als feindlichen Taucher einstuft. Ivanova setzt sich erfolgreich zur Wehr und ist bereit für eine Fortsetzung des Kampfes. Dazu kommt es nicht, da sich beide plötzlich als Kontrahenten eines früheren Falls wiedererkennen. Als alte Bekannte kommen Bond und Ivanova schnell auf Tuchfühlung. Nach dem erwähnten gemeinsamen Bad schleicht Ivanova hinaus, um die von ihr aufgenommene Kassette ihrem Vorgesetzten (General Gogol) zu überbringen, muss jedoch feststellen, dass Bond ihr zuvor gekommen ist und die Kassetten ausgetauscht hat.[298] In dieser humoristischen Sequenz wird ein typisches Element in Bond-Filmen aufgezeigt: das stete Wechselspiel zwischen Täuschung und Rücktäuschung, bei dem in der Regel Bond als Gewinner hervorgeht.

In seiner Beziehung zu May Day muss Bond hingegen zurückstecken. Schon im Vorfeld des Films warben Filmplakate mit der Überlegenheit May Days. Unter der Überschrift: „Has James Bond finally met his match?" wurden Grace Jones und Roger Moore Rücken an Rücken abgebildet – sie lässig eine Zigarette anzündend, er mit gezückter Waffe (siehe Abb. 38). Im Laufe des Films bestätigt May Day ihre im Vorfeld angepriesene Stärke mehrfach – sie ist die erste Frau, die James Bond dominiert und ihm auch physisch überlegen ist.

Eingeführt in die Filmhandlung wird May Day direkt zu Beginn des Films, als James Bond gemeinsam mit M, Q und Moneypenny sowie dem Reitexperten Tibbett ein Pferderennen verfolgt, an dem ein Pferd des verdächtigen Zorin teilnimmt.

---

294 Kulbarsch-Wilke 2009, Anhang 14, Sq. 14.3.
295 Ebd., Anhang 14, Sq. 16.1.
296 Ebd., Anhang 14, Sq. 17.
297 Chapman 2007, S. 193.
298 Kulbarsch-Wilke 2009, Anhang 14, Sq. 12.

Abb. 38:
Plakat, entnommen aus: Museum Folkwang (Hrsg.): Bond, … James Bond. Filmplakate und Fotografien aus fünfzig Jahren, Göttingen 2012. S. 83.

May Day weicht als dessen Geliebte und Bodyguard nicht von seiner Seite und fällt Bond in dieser Szene vor allem durch ihr Outfit auf und wenig später noch einmal, als sie als einzige das scheuende Pferd Zorins bändigen kann.[299] In Paris treffen Bond und May Day ein zweites Mal aus der Ferne aufeinander. Sie ermordet in einem Restaurant den Kontaktmann Bonds, der dem Agenten mehr über Zorins Pferde berichten soll. Im Anschluss flieht sie via Fallschirmsprung vom Eiffelturm. In der darauffolgenden Verfolgungsszene kann Bond May Day zwar nicht einholen, dafür richtet er in Paris einen exorbitanten Sachschaden an und wird schließlich sogar festgenommen. May Days Überlegenheit wird hier zum ersten Mal eindrucksvoll in Szene gesetzt.[300]

Ähnlich wie schon zahlreiche (männliche) Handlanger vor ihr, besitzt sie scheinbar übermenschliche Kräfte. May Day reiht sich nahtlos in die Riege extrem starker Gegenspieler ein, der auch Oddjob (zerdrückt Golfball mit bloßen Händen), Beißer (zerbeißt sogar Stahlseile) oder Kamal Kahns Leibwächter Gobinda (pulverisiert mit seinen Händen zwei Würfel) angehören. Besonders eindrucksvoll stellt sie ihre Physis zur Mitte des Films vor, als sie einen Kontrahenten Zorins über ihren Körper hebt und anschließend achtlos auf den Boden wirft (Abb. 39). Unterstrichen wird ihr bedrohliches Auftreten durch ihre extravagante Kleidung, das großzügig aufgetragene Make-up, die auffälligen Hutkreationen und ausgefallenen Frisuren. Auch

---

299 Kulbarsch-Wilke 2009, Anhang 14, Sq. 4.2.
300 Ebd., Anhang 14, Sq. 5.

Abb. 39:
May Day, Screenshot „Im Angesicht des Todes" (DVD Ultimate Edition) 00:53:15. Bild wurde zugeschnitten.

ihre Taten lassen May Day kaltblütig und gewissenlos erscheinen. Ohne Skrupel ermordet sie hinterrücks mit Tibbet und Chuck Lee zwei von Bonds Helfern, tötet Zorins Geschäftspartner und versenkt ohne Zögern Bonds Auto mit dem bewusstlosen Agenten darin in einem See.[301]

May Days einzige Schwäche scheint ihre Liebe zu Zorin zu sein, die nach dessen Verrat an ihr in einen so starken Hass umschlägt, dass sie sogar bereit ist, sich selbst zu opfern. Nicht Bonds Charme (wie noch bei Pussy Galore oder Octopussy) ist es zu verdanken, dass sie die Seiten wechselt, sondern ihrer Enttäuschung über Zorin: „Und ich dachte, dieser Mistkerl liebt mich!"[302] Dieser hatte sie zuvor gemeinsam mit hunderten seiner Arbeiter und Bond in einer überfluteten Mine zurückgelassen, die kurz vor der Zerstörung durch eine Bombe stand. May Day hilft Bond diese zu bergen – alleine hätte er es mangels fehlender Körperkräfte nicht geschafft. Als die Lore, mit der der Explosivkörper aus der Mine heraus transportiert werden soll, blockiert, opfert sich May Day und steuert das Gefährt eigenhändig hinaus. Bonds Warnungen, abzuspringen, ignoriert sie – stattdessen fordert sie quasi als letzten Willen, kurz bevor die Bombe explodiert und sie mit in den Tod reißt, nur eines von Bond: „Sie dürfen Zorin nicht entkommen lassen!"[303] Mit May Days Tod sterbe, so Chapman, auch die Möglichkeit für Bond, seine durch May Day bedrohte Männlichkeit in einem finalen Kampf gegen sie doch noch unter Beweis zu stellen.[304] Damit bleibt nach dem Abspann tatsächlich nur noch eines zu konstatieren: In May Day hat Bond eine überlegene Gegnerin und tatsächlich „his match" gefunden.

Die von Grace Jones dargestellte May Day fiel nicht nur durch ihre gewaltige Physis auf, sondern war auch modisch die schillerndste Bond-Frau. Mit ihren ex-

---

301 Kulbarsch-Wilke 2009, S. 91. Siehe auch Ebd., Anhang 14, Sq. 8.2; Sq. 14.1 und Sq. 8.3.
302 Ebd., Anhang 14, Sq. 16.2.
303 Ebd.
304 Chapman 2007, S. 192 f.

travaganten Kleidern und Hüten spiegelte sie einen Teil der Mode des Jahrzehnts wider. Jones wurde übrigens für „Im Angesicht des Todes" bei der Wahl ihrer Kostüme freie Hand gelassen – sie brachte teilweise sogar eigene Kreationen ein und fand Unterstützung von ihrem persönlichen Designer Azzedine Alaia.[305] Nicht nur im Bond-Film stand Jones für einen außergewöhnlichen Stil, auch in der Modewelt der 80er repräsentierte sie wie kaum eine andere die Kombination aus 70er Jahre Glamour-Look und der 80er Jahre „Frauenpower".[306] Generell hoben sich die 80er Jahre modisch von anderen Jahrzehnten ab – Frauen drangen immer weiter ins Berufsleben vor und besetzten erstmals Managerposten, so dass auch der Kleidungsstil sich der neuen Zeit anpassen musste. „Dress for Success war das Zauberwort"[307], der schultergepolsterte Blazer in Kombination mit schmal geschnittenen Röcken oder Bundfaltenhose bestimmte das Straßenbild des Jahrzehnts. Aber auch Frauen wie Madonna prägten den Stil ihrer Zeit massiv mit. Ihre freizügigen und hochsexualisierten Bühnenoutfits im trainierten Körper stellten zur Schau, was mit genügend Training und Disziplin von jedermann erreicht werden könne: ein perfekt modelliertes Äußeres.[308] Die Aerobic und Fitness-Welle unter Federführung Jane Fondas sorgte für einen ganz neuen Körperkult, der sich abseits der 60er Jahre Magerwelle bewegte.[309] Körperlich fügten sich die Bond-Girls nahtlos in dieses Bild, wobei sie (wie bereits in Kapitel 4.2 erwähnt) mit wenigen Ausnahmen über alle Jahrzehnte hinweg diesem Typ entsprechen.

Nachdem mit „Im Angesicht des Todes" und May Day eine übernatürlich starke Frau Einzug in das Bond-Franchise gehalten hatte, gab „Der Hauch des Todes" zwei Jahre später wieder eine zurückhaltende Marschrichtung vor. Bis auf die burschikose Rosika Miklos, die Bond hilft, den vermeintlichen russischen Überläufer Georgi Koskov durch die Rohre einer Pipeline zu befördern, wirken die Frauen eher durchschnittlich. Miklos ist die erste (und vermutlich einzige) Frau jenseits der 90–60–90-Maße, die pro Bond arbeitet. Ihre üppigen Formen sagen dem Aufseher der Pipeline glücklicherweise so zu, dass sie ihn mit erotischen Avancen von dem durch Bond ausgelösten Alarm ablenken kann. Nach Bonds gelungener Mission stößt sie den verwirrten Aufseher wieder von sich.[310]

Die Anzahl der Damenbegegnungen Bonds ist in „Im Angesicht des Todes" überschaubar. Zur Dekoration dienende Mädchen finden sich lediglich am Pool des Feindes und bis auf eine marginal angedeutete Liebesszene in der Vortitelsequenz, in der Bond buchstäblich vom Himmel und auf das Bootsdach einer frustrierten Frau fällt, die ihr Leid telefonisch einer Freundin klagt („Ich brauch' jetzt mal einen

<hr>

305 Hobsch/Morgenstern (Band 1) 2006, S. 731.
306 Seeling, Charlotte: Mode. Das Jahrhundert der Designer. 1900–1999, Köln 2000, S. 487.
307 Lehnert 2000, S. 87.
308 Ebd., S. 85
309 Mueller-Stindl, Eleonore: Mode, Macher, Märkte. Von der Haute couture auf die Straße – 50 Jahre Mode von 1946 bis 1996, Frankfurt a. M. 1997. S. 175.
310 Kulbarsch-Wilke 2009, Anhang 15, Sq. 4.3.

richtigen Mann …“)[311], verhält sich Bond im Film monogam. Die Filmemacher reagierten damit laut Cork und d'Abo auf die aufkommende Angst vor Aids und dem HI-Virus Mitte der 80er Jahre. In den Filmen der 1990er ist dieser Einfluss nicht mehr erkennbar – Bond hat hier ähnlich viele sexuelle Kontakte wie in den 60er und 70er Jahren.[312] Das einzige Haupt-Bond-Girl ist Kara Milovy, eine hochgelobte Cellistin, die ansonsten aber ähnlich wie Stacy Sutton in der Welt des James Bond unbeholfen wirkt.

Eingeführt wird sie als vermeintliche Scharfschützin im Auftrag der russischen Regierung, die den Überläufer Koskov erschießen soll. Bond wiederum soll Koskov vor möglichen Attentätern schützen und bemerkt in diesem Zusammenhang Kara, die auf Koskov zielt. Gleichzeitig erkennt er ihre Unprofessionalität an der Waffe, verschont ihr Leben und schießt ihr nur die Waffe aus der Hand.[313] Später wird sich herausstellen, dass Kara und Koskov ein Paar sind und sie die Attentäterin nur aus Liebe zu ihrem Freund gemimt hat. Es bestand nie eine ernsthafte Absicht, Koskov zu erschießen, genauso wenig, wie dieser ernsthaft in den Westen überlaufen wollte.[314]

Kara Milova definiert sich etwa bis zur Hälfte des Films nur über ihre Beziehung zu Georgi Koskov. Ohne zu wissen, welches falsche Spiel ihr Geliebter spielt, vertraut sie sich James Bond an, der sich ihr gegenüber als Freund Koskovs ausgibt. Während einer romantischen Kutschfahrt in Wien fällt Karas Abhängigkeit von Koskov im Gespräch mit Bond besonders auf:

Milovy: „Wien ist wunderschön! Genau, wie Georgi es erzählt hat."
Bond: „Sie mögen ihn sehr, nicht wahr?"
Milovy: „Ich verdanke ihm so viel. Meine Ausbildung am Konservatorium, meine Stradivari."
Bond: „Ihr Cello ist von Stradivari?"
Milovy: „Ein ganz berühmtes […]. Georgi hat es aus New York."
Bond: „Was für ein Geschenk."
Milovy: „Vielleicht spiele ich eines Tages dort in der Carnegie Hall. Georgi glaubt, dass
    ich es schaffe!"
Bond: „Ich glaube, er hat recht."
Milovy: „Können wir jetzt zu ihm fahren?"[315]

Bond ist während Koskovs Abwesenheit Karas einzige Bezugsperson, was sich in ersten Gefühlen für den Agenten äußert. Während eines Ausflugs zum Prater kommt es zwischen beiden zu einem Kuss, dennoch gilt ihr erster Gedanke, nachdem auf

---

311 Ebd., Anhang 15, Sq. 2.2.
312 Cork/d'Abo 2003, S. 70. Siehe auch: Kulbarsch-Wilke 2009, S. 50 und Greve 2012, S. 88.
    Wobei Greve zusätzlich anmerkt, dass die Affären des Agenten generell über die Jahrzehnte erstaunlich konstant blieben.
313 Kulbarsch-Wilke 2009, Anhang 15, Sq. 4.2.
314 Ebd., Anhang 15, Sq. 9.3 und 16.2.
315 Kulbarsch-Wilke 2009, Anhang 15, Sq. 11.

Bonds Kollegen ein Anschlag verübt wurde, wieder ihrem Partner. Der Wunsch, diesen so schnell wie möglich wieder zu sehen, scheint sich dennoch relativiert zu haben. Als Bond aufbrechen will, zögert sie:

Milovy: „Wann müssen wir hier weg?"
Bond: „So schnell wie möglich. Ich habe Georgi versprochen, dich schnellstens zu ihm zu bringen."
Milovy: „Ich würde gerne noch einige Tage hier sein …"
Bond: „Nein. Wir fahren morgen früh!"[316]

Kara wirkt insgesamt sehr leichtgläubig. Sie nimmt Bond, ohne zu hinterfragen, dessen Behauptung ab, ein Freund Koskovs zu sein und begibt sich ganz unter seine Führung. Nachdem ihr Koskov dann genau das Gegenteil erzählt und Bond als KGB-Spion entlarven will, glaubt sie ihrem Geliebten und ist sogar bereit, Bond in eine Falle zu locken und zu vergiften. Im letzten Augenblick kurz vor seiner Bewusstlosigkeit beweist Bond Koskovs Lügen, was Kara wiederum dazu bringt, Bond zu vertrauen.[317] Ihre Naivität wird eindrucksvoll in Afghanistan unterstrichen. Koskov lässt Bond und Kara in das Gefängnis eines russischen Militärstützpunktes verfrachten, woraus sich Bond jedoch befreien kann. Ohne sich einer Gefahr bewusst zu sein, feiert sie gegenüber dem irritierten Agenten den Ausbruch:

Milovy: „Du warst phantastisch! Wir sind frei!"
Bond: „Kara. Wir sind auf einem russischen Luftwaffenstützpunkt mitten in Afghanistan … […]"
Milovy: „Das Wichtigste ist, wir sind zusammen."
Bond: „Großartig. Komm!"[318]

Erst im Finale des Films scheint Kara kurzfristig über sich hinauszuwachsen. Energisch greift sie ein, als Bond ungeplant in einem feindlichen LKW auf dem Weg zurück zum russischen Militärstützpunkt festsitzt und sich seine neuen Verbündeten weigern zu helfen. Sie stiehlt die Waffe eines der Mujaheddin und reitet mit dieser dem LKW hinterher. Kara setzt alles daran, zu Bond zu gelangen und schafft es schließlich auch, nachdem sie sich mehrerer Gegner erwehrt hat. Gemeinsam können sie fliehen, wobei sich Kara nicht als besonders geschickte Helferin beweist. Ähnlich wie Stacy Sutton während der Verfolgungsjagd im Feuerwehrauto bringt auch Kara Bond während einer brenzligen Kampfszene in einem Transportflugzeug in Schwierigkeiten.[319] Insgesamt ist also Kara Milovy das zweite Haupt-Bond-Girl seit Octopussy, das eher zu einem der frühen 70er-Jahre-Filme passen würde. Ein Wandel zeigte sich erst im nächsten Abenteuer, als mit Pam Bouvier ein neuer Bond-Girl-Typ entstand,

---

316 Ebd., Anhang 15, Sq. 13.2.
317 Ebd., Anhang 15, Sq. 16.2.
318 Ebd., Anhang 15, Sq. 17.2.
319 Ebd., Anhang 15, Sq. 19–20.

der sich auch in den 1990er Jahren etablieren sollte. Chapman spricht hier von der „fighting woman"[320], Bond-Girls also, die sich aktiv in das Kampfgeschehen einmischen und dem Agenten gleichgestellt sind. Als ihre Vorläuferinnen können Anya Amasova und Holly Goodhead gesehen werden, die jedoch nicht in dem Maße in Kampfhandlungen involviert waren, wie Pam Bouvier („Lizenz zum Töten") oder die „fighting women" der 1990er.

Erstmals begegnet Bond Pam Bouvier auf der Hochzeitsfeier seines Freundes Felix Leiter, mit dem sie geschäftlich zu tun hat. Bouvier ist eine von Leiters Informantinnen, mit der sich Bond nach der Ermordung seines Freundes durch den Drogenbaron Franz Sanchez trifft. In einer anrüchigen Hafenkneipe stellen sich Bond und Bouvier erstmals einander vor, wobei sie sich besorgt um seine Sicherheit zeigt. Seiner zu ihrer Beruhigung präsentierten Waffe hält sie nur spöttisch eine Pump-Gun entgegen. Mit dem gut gemeinten Rat, er solle sich im Falle einer Schießerei auf den Boden werfen und flach liegen bleiben, erhebt sich Bouvier in die aktive Rolle der Beschützerin, während sie Bond einen passiven Status zuschreibt. In der folgenden Kampfszene folgt Bond ihrem Ratschlag natürlich nicht, stattdessen gehen beide gemeinsam gegen die Männer von Sanchez vor. Bouvier, der dabei in den Rücken geschossen wird, überlebt den Angriff unverletzt dank ihrer kugelsicheren Weste.

> Bouvier: „Ohhh!" (stöhnt, richtet sich langsam auf)
> Bond: „Nicht bewegen!"
> Bouvier: „Ganz ruhig. Ich trage eine kugelsichere Weste. Kevlar-Westen sind toll!"
> Bond: „Sie haben nur Glück gehabt, sonst wären Sie tot!"
> Bouvier: „Das ist kein Glück, das ist Erfahrung."
> Bond: „Ein bisschen höher und Sie hätten die Kugel im Kopf!"
> Bouvier: „Hören Sie, ich hab' Ihnen vorhin das Leben gerettet. Wär' ich nicht da gewesen,
>   hätten die Ihren Arsch an die Wand genagelt!"
> Bond: „Sie haben mein Leben gerettet?!"
> Bouvier: „Ja!"
> Bond: „Das ist ein verdammt gefährliches Geschäft, Miss Bouvier. Überlassen Sie das
>   den Profis!"
> Bouvier: „Jetzt hören Sie mal gut zu! Ich war Pilot bei der Army! In Südamerika bin ich
>   jeden Tag durch die Hölle geflogen! Also muss ich mir von Ihnen keine Predigt über
>   Profis anhören!"[321]

Beeindruckt von ihrem Temperament bittet Bond Bouvier, ihm bei seinem Vorhaben, Sanchez dingfest zu machen, zu helfen. Was folgt ist eine Diskussion über den Preis, den Bond ihr dafür zahlen soll, die in einen Flirt und schließlich in einen Kuss übergeht. Die Initiative geht hierbei von Bouvier aus.

Auch während des gemeinsamen Aufenthaltes in der fiktiven Stadt Isthmus arbeiten Bond und Pam Bouvier erfolgreich zusammen, wenngleich sie sich in der

---

320 Chapman 2007, S. 225.
321 Kulbarsch-Wilke 2009, Anhang 16, Sq. 9.3.

Öffentlichkeit als seine Chefsekretärin ausgeben muss. Darüber ist Bouvier wenig erfreut, was sich in einem wütenden Kommentar gegenüber Bond entlädt: „Warum eigentlich ich? Warum können Sie nicht der Chefsekretär von mir sein?!"[322] Die Antwort hat der Agent schon parat: „Wir sind hier südlich der Grenze. Hier hat der Mann das Wort."[323] Diese Sequenz wird in der Literatur vereinzelt kritisch als Hinweis auf die untergeordnete Stellung des Bond-Girls gesehen. So würden laut Brunckhorst nicht ohne Zufall Teile der Filmhandlung in einer patriarchalisch geprägten Gesellschaft spielen. Das für die Bond-Filme typische Rollenklischee könne dadurch gewahrt bleiben und die Frau weiterhin als Untergebene (Sekretärin) agieren. Brunckhorst argumentiert, dass es „ohne logischen Verlust für einen Bond-Film möglich [wäre], ein Land zum Schauplatz des Abenteuers zu machen, in dem es eine völlig gleichberechtigte Gesellschaft gibt".[324] Das wäre insofern korrekt, wenn die Filmhandlung nicht als sinngebenden Bestandteil die Drogenherstellung und den Drogenhandel, in diesem speziellen Falle von Kokain, hätte. Da die Kokainproduktion hauptsächlich in den Staaten der Andenregion[325] angesiedelt ist, ist es in der Tat nur logisch, dass sich Bond auf der Suche nach einem Kokainlabor ebenfalls dorthin begibt. Das Kokainlabor nach Schweden oder Dänemark zu verlegen, um den Film in einem Land der Gleichberechtigung spielen zu lassen, wäre hingegen recht abwegig.

Darüber hinaus wird Bouvier (bis auf ihre Tarnung als Sekretärin, die aber aus logischen Gründen gewählt wurde) als gleichberechtigte Partnerin Bonds präsentiert. Eine Waffe (mindestens) hat sie immer griffbereit und nur ihrer Hilfe (und der Unterstützung Qs, der in diesem Film einen Ausbau seiner Figur erfährt) ist es zu verdanken, dass Bonds Pläne gelingen. Im großen Finale des Films ist Bouvier diejenige, die Bond das Leben rettet und gemeinsam mit ihm die flüchtigen Drogenhändler stellt. Bond verfolgt Sanchez und seine Männer dabei auf und mit einem LKW, Bouvier deckt sein Vorhaben aus der Luft mit einem kleinen Motorflugzeug.[326]

Nur in der Schlussszene zeigt sich Bouvier verletzlich. Hier sieht sie Bond eine andere Frau (Sanchez ehemalige Geliebte Lupe Lamora) küssen. War Pam Bouvier von Bond ursprünglich als Pilotin engagiert, entwickelte sie offenbar stärkere Gefühle für den Agenten. Diese brechen sich nun am Ende Bahn, als sie tränenüberströmt die Szene zwischen Bond und Lamora beobachtet und fortläuft. Es ist schließlich Bond, der Lamora abweist und Bouvier folgt.[327] Die These, in dieser Sequenz würde deutlich werden, dass Pam Bouvier nur die Aufmerksamkeit des Helden bekäme, weil sie sich letztlich doch von ihrem emanzipiertem Verhalten lossage und „in

---

322 Ebd., Anhang 16, Sq. 11.1

323 Ebd.

324 Brunckhorst 2009, S. 78 f. Siehe auch: Ebd., S. 58.

325 Hauptsächliche Kokaanbauländer sind Bolivien, Kolumbien und Peru. Siehe hierzu: UNODC: World Drug Report 2014, Tabelle: „Coca cultivation, production and eradication", http://www.unodc.org/wdr2014/en/maps-and-graphs.html, Zugriff: 05.04.2015.

326 Kulbarsch-Wilke 2009, Anhang 16, Sq. 9.2, Sq. 12, Sq. 17.2.

327 Ebd., Anhang 16, Sq. 19.

die patriarchalische Ordnung"[328] einfüge, halte ich für nicht zutreffend. Vielmehr spricht die Szene dafür, dass sich der Bond des Jahres 1989 für eine ihm ebenbürtige, starke Frau entscheidet, als auf die Avancen der schutzbedürftigen Lamora einzugehen, die jahrelang in der Abhängigkeit eines brutalen Mörders stand.[329]

Tatsächlich ist Lupe Lamora mit Domino Dervall, Solitaire oder Andrea Anders zu vergleichen, wobei diese sich aktiver gegen ihren Unterdrücker Sanchez auflehnt, als beispielsweise Andrea Anders gegen Scaramanga. Schon Lamoras erste Szene zeigt sie mit einem anderen Mann im Bett – ein Hinweis darauf, dass sie sich noch versucht, gewisse Freiheiten zu nehmen. Sanchez überrascht das Liebespaar unglücklicherweise und rächt sich an dem Unbekannten mit dessen Ermordung und bei Lupe mit Folter (er peitscht sie aus). Später von Bond auf die Striemen an ihrem Rücken angesprochen, schreibt sie sich selber die Schuld zu: „Es war meine Schuld. [Sanchez] war wütend, weil ich was falsch gemacht habe."[330]

Diese offensichtlich unreflektierte Einstellung Lamoras führt dazu, dass sie keinen weiteren Versuch macht, sich von ihrem Peiniger zu trennen. Auf der anderen Seite arbeitet sie auch nicht für ihn. So verrät Lupe Lamora gegenüber niemandem, dass es sich bei Bond um den von Sanchez gesuchten Mörder einiger seiner Männer handelt, was Bond ermöglicht, seine Tarnung als neuer Mitarbeiter Sanchez beizubehalten. Ihr scheint an der Sicherheit des Agenten gelegen zu sein, denn Lamora warnt Bond eindringlich vor ihrem Geliebten und legt Bond nahe, das Land zu verlassen, solange Sanchez Bond noch nicht identifiziert habe. Als dieser diese Ratschläge nicht annehmen will, hilft sie ihm stattdessen, unbemerkt das Anwesen Sanchez zu verlassen.[331] Im Gegensatz zu Andrea Anders wird sie vom Gegenspieler Bonds nicht als Verbündete des Agenten enttarnt und entgeht daher ihrer Ermordung.

Lupe Lamora wird als Opfer eingeführt, erfüllt dieses Klischee aber aufgrund ihrer hilfreichen Beiträge nicht zur Gänze. Im direkten Vergleich zu Pam Bouvier zeigt sich Lamora hingegen deutlich unterlegen. Sie ist es, die Bouvier um Hilfe bittet, Bond zu retten.[332] Danach tritt Lamora erst wieder in der Schlusssequenz in Erscheinung, als Gastgeberin einer Party und sichtlich erleichtert über den Tod ihres Peinigers. Pam Bouvier hingegen trägt aktiv zur Rettung Bonds bei und erweist sich somit stärker und eigenständiger als Lamora. Laut Chapman geht mit Pam Bouvier die Darstellung der Frauenrolle in der Bond-Serie in eine neue Richtung, die sich nicht mehr den Einflüssen zeitgenössischer feministischer Fortschritte verschließen könne: „The character of Pam is an illustration of how far the bond series has gone towards incorporating discourses of feminism into its representation of women

---

328 Brunckhorst 2009, S. 79.

329 Ähnlich scheint es auch Greve zu sehen: „[Lamora] kriegt Bond nur einfach nicht, obwohl – oder doch eben: *weil* – sie entschieden weniger Widerworte gibt." Greve 2012, S. 99.

330 Kulbarsch-Wilke 2009, Anhang 16, Sq. 2 und 8.2.

331 Ebd., Anhang 16, Sq. 11.3 und Sq. 14.2.

332 Ebd., Anhang 16, Sq. 16.2.

[…]"[333]. Sie ebnete damit den Weg für die Bond-Girls der 1990er Jahre, die nun endgültig die reaktionären Bond-Girls der frühen 1970er Jahre hinter sich ließen.

4.5 Kompetenz und Kampferfahrung – Bond-Girls der Brosnan-Ära

Nicht nur in den Bond-Filmen der 1990er Jahre werden Frauen noch stärker präsentiert als sie es bereits in den späten 70er und 80er Jahren wurden, auch die reale Situation von Frauen in der Gesellschaft profitierte immer mehr von den Errungenschaften der feministischen Bewegung. Durch die Zunahme sich ausdifferenzierender Lebensstile, den erweiterten Bildungs- und Berufschancen von Frauen und Mädchen sowie der Neudefinition geschlechterorientierter Arbeitsteilung, ist vor allem für das Individuum ein „Mehr an Freiheit und Emanzipation"[334] zu spüren:

„Der Erfolg der neuen Frauenbewegung ist nicht ohne weiteres messbar, aber unzweifelhaft. In einem bisher in der Geschichte nicht gekannten Ausmaß haben Frauen Zugang zu Wissen, Bildung und Ausbildung erlangt, und sie sind dabei, dieses Wissen kritisch und konstruktiv zu nutzen. […] Für eine große Zahl von Frauen […] hat die Veränderung der Lebensformen und Lebensentwürfe zumindest partiell eine Veränderung der geschlechtsspezifischen Arbeitsteilung bewirkt bzw. bereits Freiräume der Selbstbestimmung eröffnet, von denen frühere Frauengenerationen nur träumen konnten."[335]

Auch außerhalb der „ersten Welt" wurden in den 90er Jahren die Frauenrechte international thematisiert. Die seit Mitte der 70er Jahre von der UNO abgehaltenen Weltfrauenkonferenzen sorgten zunehmend für die Verbreitung frauenrechtlicher Themen in Entwicklungsländern. Auf der 1993 abgehaltenen Weltkonferenz für Menschenrechte thematisierte das Center for Women's Global Leadership in großem Rahmen die in vielen Ländern weltweit vorherrschende Gewalt gegen Frauen. Die damit einhergehende Veröffentlichung internationaler Menschenrechtsverletzungen an Frauen trug in Peking auf der Weltfrauenkonferenz zwei Jahre später dazu bei, die Thematik der Women's Human Rights wieder in den Fokus der gesamtgesellschaftlichen Aufmerksamkeit zu rücken.[336]

Die Errungenschaften zur neuen Stellung der Frau in der westlichen Welt und die ersten kleinen Schritte hin zur Verbesserung der Situationen von Frauen auch in der „dritten Welt" werden ein Faktor für den Ausbau der „fighting women" in den Filmen der Brosnan-Ära gewesen sein. Ein weiterer Punkt, der hiermit (vor allem mit der steigenden Anzahl weiblicher Berufstätiger) korreliert, ist auch der in der Bond-Produktion gestiegene Frauenanteil. Vor allem befindet sich seit Mitte der 1990er – kurz vor dem Tod ihres Vaters 1996 – mit Barbara Broccoli eine Frau

---

333 Chapman 2007, S. 208 f.
334 Ehmsen 2008, S. 267.
335 Zitiert nach: Ebd., S. 266 f.
336 Gerhard 2009, S. 123 f.

an der Spitze der Produktion. Zum weiteren Frauenanteil äußerte sich der zweite Produzent Michael Wilson:

„Half of my executives are women. My mother is the chairman of the company. Our chief financial officer is a woman and our chief publicity officer is a woman. We also have a lot of input from women in our scripts."[337]

Barbara Broccoli war es auch, die sicherstellte, dass mit Judi Dench eine Frau gecastet wurde, welche die Rolle der weiblichen M überzeugend vertreten und dem Charakter die nötige Tiefe geben würde.[338] Mit M erstmals als Frau (siehe Kapitel 4.7) und einer neuen, noch schlagfertigeren Moneypenny (Kapitel 4.6) gewann das Bond-Franchise ab 1995 zwei weitere starke Frauen hinzu. Und auch die Frauen im Film „GoldenEye", die außer Moneypenny und M mit dem Agenten interagieren, knüpfen an die Stärke von Pam Bouvier sechs Jahre zuvor an.

Vor allem Bonds Gegenspielerin, die von Famke Janssen verkörperte Xenia Onatopp, setzt dem Agenten merklich zu. Sie wird direkt nach dem Vorspann als Fahrerin eines Ferraris eingeführt, mit der sich Bond ein rasantes Rennen liefert. Onatopp steht hierbei als deutlicher Kontrast zu Bonds weiblicher Begleitung Caroline, die dem Wettfahren rein gar nichts abgewinnen kann. Caroline ist Psychologin und von M beauftragt, um Bonds charakterliches Profil zu bewerten. Sie dient als humoristischer Hinweis darauf, dass Bond auch den 1990ern auf einige Frauen die Wirkung als begehrenswerter Verführer ausüben wird. Die gesamte Szene ist auf Komik ausgelegt, was sich auch im Dialog zwischen der panischen Psychologin und Bond zeigt:

Caroline: „James, bleib steh'n! Bleib steh'n! Ich weiß, warum du das machst."
Bond: „Wirklich? Warum denn, Liebling?"
Caroline: „Du willst mir nur imponieren, mit der Größe deines … äh, deines …"
Bond: „Motors?"
Caroline: „Egos."
Bond: „Wir machen 'ne kleine, gemütliche Spazierfahrt und du fängst mit Psychologie an."
Caroline: „Ja, es ist nun mal meine Aufgabe, dich zu beurteilen."
Bond: „Dann sollten wir das aber schnell hinter uns bringen."[339]

Obwohl oder gerade weil Bond auf ihr Bitten, die schnelle Fahrt zu stoppen, nicht eingeht und erst, nachdem er seinen Spaß ausgekostet hat, abrupt bremst, verfällt sie seinem Charme („James, du bist unverbesserlich!")[340]. Anstatt einen kritischen Bericht zu verfassen, lässt sie sich mit Bond auf ein Glas Champagner ein, der griff-

---

337 Zitiert nach: Cork/d'Abo 2003, S. 75.
338 Ebd., S. 177.
339 Kulbarsch-Wilke 2009, Anhang 17, Sq. 4.1.
340 Ebd.

bereit im Auto verstaut ist. Bond schlägt vor, auf ihre Beurteilung zu trinken, „auf eine sehr tiefgehende Beurteilung"[341] wie er ergänzt.

Xenia Onatopp trifft Bond schon am Abend im Kasino wieder, wo sie Zigarre rauchend Baccara spielt. Gegen Bond verliert sie jedoch, was ihr einen wütenden Fluch entlockt. Sofort hat Onatopp sich aber wieder unter Kontrolle und rät Bond halb als Drohung, halb als Kompliment: „Genießen Sie es, so lange es geht." Der Agent sieht darin nur seine eigene Devise bestätigt: „Ich lebe genau nach diesem Motto …"[342]. Onatopp verlässt, gefolgt von Bond, den Spieltisch. Ihrem vorangegangenen Schlagabtausch folgt nun ein zweideutiger Dialog mit erotischer Konnotation. Doch statt mit Bond, wie diese Szene zunächst suggeriert, verbringt Onatopp die Nacht mit einem kanadischen Admiral, den sie nicht nur verführt, sondern während des Aktes auch tötet. Ihre Methode ist dabei äußerst kreativ und unter den Bond-Girls einzigartig: sie stranguliert den Mann mit ihren Oberschenkeln, was sie gleichzeitig zum Orgasmus führt.[343] Onatopp tötet also nicht nur aus Sadismus oder Pflichtbewusstsein, für sie ist Töten gleichbedeutend mit hohem Lustgewinn und sexueller Erregung. Diese alternative Art der Befriedigung erlebt sie auch wenig später im Film, nachdem sie zahlreiche Mitarbeiter der Weltraumwaffenkontrollstation in Severnaja erschossen hat. Ihr lustvolles Aufstöhnen sorgt dabei sogar für irritierte Blicke bei ihrem Auftraggeber General Ourumov.[344]

Famke Janssen spielt Onatopp als gewissenlose Killerin, von der gleichzeitig eine große erotische Ausstrahlung ausgeht. Ihre extravaganten Kleider und Kostüme lassen sie dabei wie eine klassische femme fatale wirken, aber auch Assoziationen einer „schwarzen Witwe" kommen bei ihrem Anblick im Kasino in den Sinn.[345] Ihre physische Kraft ähnelt der May Days, wobei Onatopp im direkten Zweikampf mit Bond das Nachsehen hat. Allerdings setzt sie ihm sehr zu, beinahe gelingt es ihr auch, ihn zu vergewaltigen, und nur mit größter Mühe kann Bond sie von sich befreien.[346] Onatopp ist eine würdige und ebenbürtige Gegnerin für Bond und ihr Tod am Ende des Films zeugt mehr vom Glück des Agenten als von seiner körperlichen Überlegenheit. Nachdem sie sich von einem Hubschrauber abgeseilt hat, überwältigt sie Bond und versucht, 007 mit ihrer herkömmlichen Methode zu ersticken. In einem kurzen Moment gelingt es Bond, die von einem Verteidigungsversuch des Haupt-Bond-Girls abgelenkte Onatopp wieder in ihr Sicherheitsseil einzuhaken, das immer noch mit dem Hubschrauber verbunden ist. Diesen schießt er ab und Onatopp wird unsanft in die Höhe gerissen. Sie findet ihr makaberes Ende vom eigenen Bauchgurt stranguliert in einer Astgabel.[347]

---

341 Ebd.

342 Ebd., Anhang 17, Sq. 4.2.

343 Ebd., Anhang 17, Sq. 4.4.

344 Ebd., Anhang 17, Sq. 6.2. Siehe auch: Mannsperger 2003, S. 139.

345 Mannsperger 2003, S. 139.

346 Kulbarsch-Wilke 2009, Anhang 17, Sq. 13.2.

347 Ebd., Anhang 17, Sq. 19.2.

Zehn Jahre nach May Day erlebte das Franchise also wieder eine dem Agenten körperlich gleichberechtigte, beinahe überlegene Gegenspielerin. Aber auch das Haupt-Bond-Girl Natalya Simonova zeigt ihre Überlegenheit, die bei ihr eher auf Fachwissen beruht. Simonova ist Programmiererin und damit für Bond in diesem Film eine unschätzbare Hilfe. Eingeführt wird sie als gewissenhafte Computerexpertin, die sich wenig beeindruckt zeigt von den sexistischen Kommentaren ihres Kollegen Boris Grishenko, diesen aber wegen seines illegalen Hacks ins US-amerikanische Verteidigungsministerium zur Vorsicht aufruft. Sie überlebt zudem als einzige (neben Grishenko, der sich als Verräter herausstellt) das von Onatopp und Ourumov ausgeführte Attentat auf die Weltraumwaffenkontrollstation.[348]

Ihr erstes Zusammentreffen mit Bond findet unter ungewöhnlichen Umständen statt. Beide wurden von ihren Widersachern in einen kurz vor seiner Zerstörung stehenden Helikopter gesperrt und gefesselt. Natalya weckt den bewusstlosen Bond durch lautes Schreien, der dann die Lage schnell überblickt und beide aus ihrer misslichen Lage befreien kann. Noch bevor sie sich einander vorstellen können, werden sie vom russischen Militär gefangen genommen und verhört.[349] Hierbei unterbricht Natalya ein hitziges Wortgefecht zwischen Bond und dem sowjetischen Verteidigungsminister erfolgreich und sehr bestimmt: „Ach hören Sie doch alle beide auf! Schluss jetzt! Jungs. Und ihre Spielzeuge …“[350], um dann den Namen des gesuchten Verräters (Ourumov) preiszugeben.

Simonova tritt generell sehr bestimmt auf, was man dem äußeren Erscheinungsbild nach nicht vermuten würde. In Strickjacke, Bluse und braunen Rock gekleidet wirkt sie (vor allem im Kontrast zu Onatopp) optisch eher bedeckt. Dass sie aber auch in der Lage ist, sich zu wehren, zeigen die Ohrfeige[351], die sie den Zudringlichkeiten Trevelyans entgegensetzt, sowie ihre verbale Schlagfertigkeit, mit der sie Bond mehr als einmal zurechtweist. Im Zug Trevelyans, der kurz vor der Explosion steht, hält sie Bond an, zu ihrer Befreiung beizutragen („Was stehen Sie so da? Sie sollen uns hier rausholen!“)[352], während sie durch einen Computerhack den Aufenthaltsort von Trevelyans Mitarbeiter Boris Grishenko herausfinden will. Am eindrucksvollsten ist aber vielleicht ihre kritikgeladene Rede über Bonds Einstellung zum permanenten Töten. Sie lässt dabei nicht nur den Agenten kaum zu Wort kommen, sondern greift aktiv Kritikpunkte auf, die seit dem Bestehen der Bond-Serie immer wieder laut wurden:

> Simonova: „Glaubst du, ich bin beeindruckt?! Ihr mit Euren Waffen, Euren Morden, Eurem Tod! Für was? Damit Du ein Held bist? Alle Helden die ich kenne, sind tot.“
> Bond: „Natalya hör‘ mal …“
> Simonova: „Wie kannst Du Dich nur so aufführen? Wie kann man bloß so kalt sein?“

---

348 Ebd., Anhang 17, Sq. 6.
349 Ebd., Anhang 17, Sq. 14.2, Sq. 15.
350 Ebd., Anhang 17, Sq. 15.
351 Ebd., Anhang 17, Sq. 17.1.
352 Ebd., Anhang 17, Sq. 17.2.

Bond: „Nur deshalb bleibe ich am Leben.“
Simonova: „Nein, darum bleibst Du allein!“[353]

Mit dieser Szene wird nicht nur Natalyas Charakter als starke Persönlichkeit gezeichnet, sondern auch möglichen Kritikern im Vorfeld der Wind aus den Segeln genommen. GoldenEye weist mehrere solche Szenen auf, die in punkto Selbstkritik innerhalb der Serie einzigartig sind. Besonders Ms Monolog zu Bonds Charakter (siehe Kap. 4.7) ist hierbei hervorzuheben.

Trotz ihres unscheinbaren Äußeren beweist Natalya über den gesamten Film hinweg mindestens so viel Courage wie James Bond. Zwar ist sie körperlich unterlegen, gleicht dieses Defizit aber durch ihre Schlagfertigkeit und vor allem ihre Expertise als Programmiererin aus: „Natalya's competency with programming, not her sexuality, gives her value within the film.“[354] Diese Fähigkeiten unterschätzt ihr früherer Kollege Grishenko bei ihr. Gegenüber Trevelyan brüstet er sich, seine Codes seien angriffssicher und Natalya, die sich zuvor am Hauptcomputer betätigt hatte, sei nicht in der Lage, die Weltraumwaffe GoldenEye zu deaktivieren: „Sie ist zu dämlich dafür! Eine zweitklassige Programmiererin. Sie arbeitet doch nur im Steuerungssystem.“[355] Tatsächlich konnte Natalya GoldenEye deaktivieren, was für Entsetzen bei Grishenko sorgt. Ähnlich hilfreich wie bei der Umprogrammierung GoldenEyes zeigt sich Natalya im Finale des Films, in dem sie den eigentlich für Trevelyans Flucht gedachten Helikopter kapert und damit Bond aus der explodierenden GoldenEye-Steuerungszentrale rettet.

Natalya und auch Onatopp zeigen die Fortführung der neuen Bond-Girl-Richtung, die die Produzenten 1989 mit Pam Bouvier eingeschlagen hatten. Lediglich Bonds Psychologin am Beginn des Films zeigt untergeordnete Züge, die Frauen der Hauptrollen sind ihm hingegen ebenbürtig. Schon im nächsten Film sollte erneut ein gleichberechtigtes Bond-Girl für Aufsehen sorgen. „Der Morgen stirbt nie“ wartet aber auch wieder mit einem Bond-Girl in einer (wenngleich selbstbewussten) Opferrolle auf. Es handelt sich um die Ehefrau des Medienmoguls Elliot Carver, die vor etlichen Jahren die Geliebte Bonds war. Diese Affäre ist auch M bekannt, die Bond nahelegt, seine früheren guten Kontakte bei Paris Carver einzusetzen, um dann „ein paar Informationen aus ihr raus [zu quetschen].“[356]

Paris Carver ist beim ersten Aufeinandertreffen nicht begeistert, James Bond wiederzusehen. Sie begrüßt ihn mit einer Ohrfeige inmitten der Party ihres Mannes und der Frage, was es bedeuten würde, wenn Bond zu einer Frau sage „Ich bin gleich wieder da.“[357] Bond gibt sich wenig reumütig: Ihm sei damals lediglich „was dazwi-

---

353 Ebd., Anhang 17, Sq. 18.2.

354 Amacker/Moore, in: Becker, Jack/Weiner, Robert G./Whitfield, Lynn (Hrsg.) 2010, S. 149.

355 Kulbarsch-Wilke 2009, Anhang 17, Sq. 20.3.

356 Ebd., Anhang 18, Sq. 5.3.

357 Ebd., Anhang 18, Sq. 7.2

schen gekommen"[358]. Auch im weiteren Verlauf der Szene zeigt sich Paris Carver noch als selbstbewusste Frau, die in einer Abwandlung des Bar-Dialogs zwischen Bond und Anya Amasova 1977 gegenüber Bond ihre Schlagfertigkeit demonstriert:

> Kellner: „Etwas zu trinken, Mrs Carver?"
> P. Carver: „Mr Bond möchte einen Wodka-Martini. Geschüttelt, nicht gerührt."
> Bond: „Mrs Carver möchte einen Tequila. Ohne alles."
> P. Carver: „Nein, Mrs Carver möchte ein Glas von Mr Carvers Champagner."[359]

Paris Carver zeigt hier nicht nur ihre Weiterentwicklung seit dem letzten Treffen mit Bond, sondern drückt ihre Loyalität gegenüber ihrem Mann aus. Auch im darauf folgenden Dialog gibt sie sich abweisend gegenüber Bond, verteidigt ihren Mann und demonstriert gleichzeitig ihre gute Kenntnis von Bonds Person und seiner üblichen Vorgehensweise:

> P. Carver: „Tja, ich nehme an, du bist nicht zum Vergnügen hier."
> Bond: „Dein Mann könnte in Schwierigkeiten stecken."
> P. Carver: „Der Mediengigant? Falls du dich mit ihm anlegen willst, steckst du in Schwierigkeiten."
> Bond: „Schon möglich. Er könnte diese Krise ausgelöst haben."
> P. Carver: „Ah, verstehe! Mit deinem Charme willst du jetzt die Wahrheit aus mir rausquetschen."
> Bond: „Nein. Das war nicht meine Absicht."
> P. Carver: „Gut. Denn wenn ich zwischen dir und Elliot wählen müsste, ich habe mein Bett gemacht. Und du schläfst nicht mehr darin."[360]

Ihren Stolz, den sie zu Beginn noch so eindrucksvoll präsentiert, lässt sie jedoch ebenso schnell fallen wie ihre Vorsätze, mit Bond nicht das Bett zu teilen. Gegenüber ihrem Mann lügt sie, was die wahre Identität Bonds anbelangt und sucht Letzteren in der Nacht in seinem Hotelzimmer auf. Carver, der in einem Gesprächsmittschnitt zwischen Bond und Paris heraushört, dass sie den Agenten intensiver kennt, als sie ihrem Mann gegenüber zugegeben hat, setzt einen Killer auf seine Frau an. Diese scheint nach der Nacht mit Bond bereits zu ahnen, dass auf Betrug an ihrem Mann die Todesstrafe steht und resigniert, als der Agent ihr anbietet, sie außer Landes zu bringen: „Ich habe keine Wahl. Keiner kann mich vor ihm schützen. Auch du nicht."[361] Wenige Stunden später wird sie von Bond tot aufgefunden und fungiert somit als klassisches „sacrificial lamb"[362], wie schon Tilly und Jill Masterson, Aki, Plenty o'Toole, Andrea Anders oder Corinne Dufour vor ihr. Wie Domino Derval, Solitaire, Andrea Anders oder Lupe Lamora, steht Paris Carver in der Abhängigkeit

---

358 Ebd.
359 Ebd.
360 Ebd.
361 Kulbarsch-Wilke 2009, Anhang 18, Sq. 8.2.
362 Rye 1999, S. 116.

eines gewaltbereiten Mannes, aus der sie sich nicht alleine befreien kann. Für solche Frauen blieben bis heute innerhalb der Bond-Serie nur zwei Möglichkeiten:

1. Sie werden durch den Agenten gerettet oder
2. Sie werden von ihrem Unterdrücker getötet.

Das Haupt-Bond-Girl Wai Lin wird als krasser Gegenentwurf zu Paris Carver präsentiert. Ihre Fähigkeiten sind denen Bonds ebenbürtig. Sie ist schlagfertig und kampferfahren und stellt eine Erweiterung des in Pam Bouvier eingeführten Typs der „fighting women" dar. Wai Lin betritt den Film nahezu zeitgleich wie Paris Carver auf der von Elliot Carver ausgerichteten Party für Medienschaffende. Hier gibt sie sich als Mitarbeiterin einer chinesischen Nachrichtenagentur aus, die als großer Fan Carvers diesen schon immer einmal hätte treffen wollen.[363] Später begegnet ihr Bond beim Einbruch in Carvers geheimes Labor wieder. Als der Alarm ausgelöst wird, entkommt sie den Häschern Carvers deutlich eleganter als Bond (sie läuft an einem Seil gesichert die Gebäudewand hinunter)[364]. Dass Wai Lin keine Journalistin ist, wird spätestens jetzt deutlich. Sie arbeitet für den chinesischen Geheimdienst, lehnt eine Zusammenarbeit mit Bond zunächst aber ab. Nachdem beide aus der Gefangenschaft Carvers entkommen konnten und eine Verfolgungsjagd über (und durch) die Dächer von Ho-Chi-Minh-Stadt auf einem Motorrad unverletzt überstehen, lehnt sie Bonds Vorschlag einer Kooperation ab: Sie fesselt ihn mit Handschellen an einer Wasserleitung und verlässt die Szene („[…] [I]ch arbeite alleine!")[365].

Dass sie dazu mehr als geeignet ist, beweist die nächste Szene, in der sie alleine gleich mehrere männliche Angreifer überwältigt (Abb. 40). Bond, der sich mittlerweile vom Wasserrohr befreien konnte, kommt nur noch hinzu, um den letzten Angreifer niederzuschlagen. Er kann Lin davon überzeugen, ihre Kräfte zusammenzulegen, beide Regierungen vor Elliot Carvers Kriegsplänen zu warnen und den Schurken gemeinsam auszuschalten.[366] Wai Lin arbeitet dabei stets gleichberechtigt zu Bond, entwirft gemeinsam mit ihm den Schlachtplan und trägt entscheidend zum Gelingen desselben bei.

Es ist kein Zufall, dass die Produzenten die Rolle der Wai Lin mit der durch das Hongkong-Action-Kino bekannt gewordenen Michelle Yeoh besetzten. Regisseur Roger Spottiswoode legte Wai Lin bewusst als Bond-*Woman* und nicht als Bond-*Girl* aus.[367] Besonders in Kampfszenen spielte die Schauspielerin ihre Stunts selber, was zu einer noch realistischeren Darstellung ihres Charakters führte. Unterstrichen wird dieses auch durch das Fehlen der sonst im Bond-Film üblichen erotischen Note zwischen Bond und der Frau. Eine Liebesszene wird erst am Ende des Films

---

363 Kulbarsch-Wilke 2009, Anhang 18, Sq. 7.1
364 Ebd., Anhang 18, Sq. 9.1 und 9.2.
365 Ebd., Anhang 18, Sq. 14.1.
366 Ebd., Anhang 18, Sq. 14.2.
367 Cork/Scivally 2002, S. 267 f.

Abb. 40: Wai Lin kämpft, Screenshot „Der Morgen stirbt nie" (DVD Ultimate Edition) 01:22:48. Bild wurde zugeschnitten.

durch einen vorsichtigen Kuss zwischen den Protagonisten angedeutet[368] – Wai Lin erreicht ihre Ziele durch Können, nicht durch äußere Attribute: „Wai Lin's sex appeal comes from her abilities and her confidence and not just her physical beauty."[369]

Wieder körperbetont und auf visuelle Reize ausgelegt ist im Gegensatz dazu das Haupt-Bond-Girl Dr. Christmas Jones in „Die Welt ist nicht genug", die von Denise Richards verkörpert wird. In ihr könnte wieder ein Emanzipationsrückschritt gesehen werden, der sich vor allem in ihrer Kleidung äußert – der für promovierte Atomphysikerinnen eher unüblichen Uniform mit Hotpants und bauchfreien Tops. Doch ist das wirklich ein Alleinstellungsmerkmal für eine rückschrittliche Frauenrolle? Nicht ihre zu kurzen Hosen[370] (die sie übrigens nur in ihrer Einführungsszene trägt) sind der Grund allen Übels. Was Jones eher mit Stacy Sutton anstatt mit Wai Lin vergleichbar macht, ist ihre überwiegend passive Haltung im Film. Zwar ist sie (wie Sutton auch) bestens ausgebildet und als Atomphysikerin in ihrem Fachgebiet dem Agenten überlegen, dennoch trägt sie wenig zu einem Vorankommen der Handlung bei. Bei dem Versuch, eine vom Gegenspieler Renard platzierte Bombe zu entschärfen, fällt Bond ein besserer Plan ein, und er gibt die Kommandos.[371] Diese Attitüde Bonds in Bezug auf Jones zieht sich durch ihre gesamte Zusammenarbeit. Er gibt ihr die Anweisungen: Dass sie schnell laufen soll, um sich vor dem Wassereinbruch im U-Boot zu schützen, welchen Knopf sie wann drücken soll, wenn er das U-Boot verlässt oder wohin *sie* klettern soll, um das U-Boot zu verlassen. Auch im finalen Kampf zwischen Bond und Renard bleibt sie passiv und zeigt nur einen halbherzigen Versuch, einzugreifen. Es ist Bond, der die kritische Situation alleine klärt.[372] Auch an der Schlagfertigkeit einer Anya Amasova, Holly Goodhead oder

---

368 Kulbarsch-Wilke 2009, Anhang 18, Sq. 20.2.
369 Cork/d'Abo 2003, S. 78.
370 Erwähnt u. a. bei: Chapman 2007, S. 230, Greve 2012, S. 100, Tesche (A) 2006, S. 287.
371 Kulbarsch-Wilke 2009, Anhang 19, Sq. 11.4.
372 Ebd., Anhang 19, Sq. 16.

Pam Bouvier fehlt es ihr, stattdessen ist es Bond, der am Ende des Films während der Bettszene einen Namenswitz macht, was sie sich eigentlich verbeten hatte[373]:

Bond: „Ich hab' mich in dir getäuscht."
Jones: „Ach ja? Inwiefern"
Bond: „Ich dachte, Christmas kommt nur einmal im Jahr ..."[374]

Unübersehbar ist bei Christmas Jones auch die äußere Ähnlichkeit zu Lara Croft, der Hauptfigur der PC-Spielserie *Tomb Raider*, die sich nicht nur unter Gamern der 90er Jahre zu einer Kultfigur entwickelte.[375] Mit überdimensionierter Oberweite kämpft Lara Croft sich durch ihren Abenteuerdschungel. Der sich in Fantasiefiguren wie Lara Croft, aber auch realen Personen wie Pamela Anderson in den 1990er Jahren zeigende Trend zur Brustvergrößerung[376] ist auch an Christmas Jones bzw. der Schauspielerin Denise Richards nicht vorbeigegangen. Die Echtheit ihrer Lippen darf bezweifelt werden, der künstliche Busen ist auch Jahre später noch Thema der Klatschpresse.[377] Jones' knapper Dress (Abb. 41) bei ihrem ersten Aufeinandertreffen mit Bond erinnert darüber hinaus auch an den „Girlie-Look" der 1990er Jahre, der sich ebenfalls durch kurze Röcke oder Hosen sowie knappe bis bauchfreie Oberteile auszeichnete.[378] Im Kontrast hierzu stand in den 90ern auch der minimalistische Modestil, der Understatement atmete: „Schnäppchen gelten als schick und Basics als gesellschaftlich in Ordnung, denn sie sind – ganz im Sinne der Zeit – zweckmäßig, unauffällig und nicht protzig."[379]

Von den gezeigten Bond-Girls ist wohl der bereits oben erwähnte unscheinbare Stil Natalya Simonovas (Abb. 42) am ehesten als Beispiel für den Minimalismus der 90er Jahre zu sehen. Andere Stilrichtungen der 1990er Jahre, wie Grunge, Techno oder Retro-Mode[380] finden sich eher weniger, dafür warten auch einige der Bond-Girls dieser Dekade mit teuren (Abend-)Kleidern auf (Abb. 43–44), die vermutlich

---

373 Ebd., Anhang 19, Sq. 9.2 („[...] Christmas Jones. Und bitte keine Witze, ich kenne sie alle!").

374 Ebd., Anhang 19, Sq. 17.

375 Dworschak, Manfred: STRG drücken – und Lara Croft geht die Wand hoch. Schon wird sie als „Sexgöttin" verehrt. Was hat sie, das wir nicht haben?, in: Die Zeit Nr. 51/1997 vom 17.12.1997. http://www.zeit.de/1997/51/laracr.txt.19971212.xml, Zugriff: 18.03.15. Siehe auch: Rauscher, Andreas (A): Im Angesicht der Postmoderne. James Bond und der postklassische Actionfilm, in: Krüger, Cord u. a. (Hrsg.) 2007, S. 102–121, S. 117.

376 Generell stieg die Zahl der Schönheits-OPs in den 80er Jahren, in den 90ern fielen dann Idole wie Michael Jackson oder die schon erwähnte Pamela Anderson mit künstlichen Körperveränderungen auf. Siehe hierzu: Seeling 1999, S. 572.

377 N.N.: Denise Richards beichtet Brust-OP, in GoFeminin.de vom 05.06.2009. http://www.gofeminin.de/news-stars/denise-richards-beichtet-brust-op-s809565.html, Zugriff 18.03.2015.

378 Lehnert 2000, S. 106.

379 Seeling 1999, S. 550.

380 Lehnert 2000, S. 105 f.

Abb. 41:
Girlie-Stil von Christmas Jones,
Screenshot „Die Welt ist nicht
genug" (DVD Ultimate Edition)
00:55:46. Bild wurde zugeschnitten.

Abb. 42:
Minimalistischer Stil Simonovas,
Screenshot „GoldenEye" (DVD
Ultimate Edition) 00:27:21. Bild
wurde zugeschnitten.

eher auf der Fashion Week anzutreffen wären, als im Alltagsleben. Auch der zeitweilig bei den Models auf den Laufstegen der Welt beliebte „Heroin-Chic"[381] (aus-
gemergelt, blass, kränklich) findet sich im Universum der Bond-Filme nicht wieder.
Wie schon für die 60er, 70er und 80er Jahre gilt auch in den 90er Jahren in den
Bond-Filmen der gleichbleibend sportlich-gesunde Frauentyp.

Diesem Typ gehört auch das unbenannte „Cigar-Girl"[382] an, das Bond zu Beginn
von „Die Welt ist nicht genug" bei seinem Treffen mit Schweizer Bankiers auffällt.
Sie überreicht (wie der Name schon sagt) den anwesenden Gesprächspartnern Zigarren und Vertragswerke zur Unterschrift. Als Bond gerade den Namen desjenigen

---

381 Seeling 1999, S. 549.
382 Rye 1999, S. 130.

214

Abb. 43:
Elektra King im Abendkleid,
Screenshot „Die Welt ist nicht
genug" (DVD Ultimate Edition)
01:40:58. Bild wurde zugeschnitten.

Abb. 44:
Xenia Onatopp im Abendkleid,
Screenshot „GoldenEye" (DVD
Ultimate Edition) 00:19:05. Bild
wurde zugeschnitten.

erfahren soll, der für den Mord an einem MI6-Agenten verantwortlich ist, tötet sie den Informanten mit einem Messerwurf.[383] Später ist sie es dann, die nach der für Elektra-Kings Vater tödlichen Explosion im MI6-Gebäude über die Themse flieht. Bond verfolgt sie in einer spektakulären Speedboot-Szene und kann sie schließlich am Londoner Millennium-Dom einholen. Von dort startet die Auftragsmörderin mit einem Heißluftballon, an dessen Seilen sich Bond festhält. Er versucht, sie mit dem Versprechen des umfassenden Zeugenschutzes zur Einsicht zu bewegen und ihre Hintermänner preiszugeben. Doch auch ihr Vertrauen in die Fähigkeiten des

---

383 Kulbarsch-Wilke 2009, Anhang 19, Sq. 2.1.

Agenten, sie zu schützen, ist ähnlich wie bei Paris Carver nicht besonders groß. Mit den Worten „Vor ihm kann mich niemand schützen!"[384], sprengt sie lieber ihr Fluggefährt in die Luft, als Bond den Namen ihres Auftraggebers zu offenbaren. Bond kann sich noch auf das Dach des Millennium-Doms retten, die Killerin stirbt. Ihre Rolle ist nicht besonders groß, aber Bestandteil einer bemerkenswerten Verfolgungsjagd, bei der sie ähnlich wie Wai Lin agiert und somit auch in die Kategorie der „Fighting Women" einzuordnen ist.

„Die Welt ist nicht genug" weist eine ähnliche Szene wie schon in „GoldenEye" auf, in der Bond die Psychologin Caroline verführt, um ein positives psychologisches Gutachten zu erhalten. Vier Jahre später ist es die Ärztin Molly Warmflash, mit der Bond schläft, um von ihr ein Attest zu bekommen. Der eigentlich an der Schulter verletzte Bond dürfte noch nicht wieder arbeiten, wird von ihr jedoch aufgrund seines „bemerkenswerten Stehvermögens"[385] wieder für diensttauglich erklärt. Solche Szenen zeigen: Trotz der nicht erst seit Aids und HIV von einigen Kritikern gestellten Forderung nach verantwortungsvollerem Umgang mit Sex[386] wird es wohl in den Bond-Filmen immer kleinere Szenen geben, die Bonds Liebe zum weiblichen Geschlecht und die Liebe des weiblichen Geschlechts zu Bond unterstreichen.

Obwohl Christmas Jones das Haupt-Bond-Girl des Films ist, ist die eigentliche weibliche Hauptrolle mit der von Sophie Marceau verkörperten Elektra King besetzt. Elektras Charakter durchläuft im Film mehrere Metamorphosen: Zunächst als Entführungsopfer des psychopatischen Renard gesehen, wird sie dann von Bond verdächtigt, Renards Handlangerin zu sein, bis sich herausstellt, dass sie der eigentliche Haupt-Gegenspieler des Films ist. Elektra stellt somit vom psychologischen Profil her erstmals seit Tracy di Vicenco eine hochkomplexe Frauenfigur dar.[387] Elektra ist darüber hinaus die erste und (bislang) einzige wirkliche weibliche Gegenspielerin, die nicht als ausführende Instanz eines Auftraggebers agiert (wie z.B. Fiona Volpe, Helga Brandt oder May Day), sondern geschickt getarnt in der Opferrolle im Hintergrund die Fäden zieht. Sie ist auch von Octopussy abzugrenzen, die zunächst als Gegenspielerin eingeführt wird, sich dann aber als „Mittel zum Zweck" für General Orlovs Invasionspläne entpuppt. Tatsächlich verläuft die Entwicklung der Figur Elektras im Film also entgegengesetzt zu der Octopussys.

Eingeführt wird Elektra bei der Beerdigung ihres Vaters, auf der sie die trauernde Tochter glaubwürdig und für alle sichtbar verkörpert. Bond will mehr über sie und ihre Entführung durch den Terroristen Renard vor einigen Jahren erfahren. M berichtet ihm dazu, die vom Entführer geforderte Geldsumme sei nicht sofort gezahlt worden, stattdessen habe man Elektra als Köder benutzt, um Renard zu fassen. Den auf ihn verübten Anschlag durch 009 überlebte Renard jedoch und scheint sich nun mit der Ermordung von Elektras Vater zurückgemeldet zu haben. Aus Sorge um

---

384 Ebd., Anhang 19, Sq. 2.6. Siehe auch: Ebd., Anhang 19, Sq. 2.5.
385 Ebd., Anhang 19, Sq. 4.3 und 4.6.
386 Cork/Scivally 2002, S. 224.
387 Siehe auch: Chapman 2007, S. 230.

Elektra, aber auch um diesmal den Terroristen fassen zu können, kommandiert M ihren Agenten zu Elektras Schutz ab[388]:

> M: „Suchen Sie Elektra auf, 007. Sie führt die Arbeit ihres Vaters, den Bau einer Ölpipeline am Kaspischen Meer, fort. [...] Wenn Ihr Instinkt Sie nicht trügt, kommt Renard zurück. [...]"
> Bond: „Sie darf also wieder den Köder spielen?"
> M: „Sagen Sie ihr nichts von unserer Vermutung, dass der Mann immer noch hinter ihr her ist, das wär' zu erschreckend."
> Bond: „Ich werde Miss Kings Schatten?"
> M: „Aber beachten Sie: Schatten sollten vor oder hinter einem sein. Und nie obenauf ..."[389]

Diesen letzten Hinweis Ms wird Bond (natürlich) nur zu Anfang befolgen – in der Filmmitte verfällt er dann schließlich Elektras Charme. Bis dahin lernt er sie als selbstbewusste Frau kennen, die trotz des Trauerfalles den Bau der Pipeline bewahrt. Sie zeigt sich nicht nur als Verfechterin des Familienerbes („Vor 100 Jahren haben die Vorfahren meiner Mutter das Öl hier entdeckt. Nach Gründung der Sowjetrepubliken gaben sich die Kommunisten 70 Jahre lang alle Mühe, dieses schöne Land auszuplündern.")[390] sondern gibt sich auch traditionsbewusst, indem sie den Abriss einer historischen Kirche verhindert und die Pipeline umleiten lässt: „Die neue Pipeline soll unsere Zukunft sichern. Aber es wäre ein Verbrechen, die Überbleibsel unserer Vergangenheit zu zerstören."[391]

Ein erster Verdacht, dass Elektra und Renard Komplizen sein könnten, kommt Bond während seiner ersten direkten Konfrontation mit dem Terroristen. Dieser zitiert in seinem Eifer Bond zu verhöhnen das Lebensmotto Elektras, das Bond von dieser noch kurz zuvor bei einem Kasinobesuch gehört hatte: „Wenn man nicht fühlt, dass man lebt, wird das Leben sinnlos."[392] Bond diagnostiziert Elektra das Stockholm-Syndrom, eine psychische Erkrankung, bei der sich das Opfer einer Entführung oder Geiselnahme nach einer gewissen Zeit beginnt, mit dem Peiniger zu sympathisieren (bzw. in Elektras Fall, sich zu verlieben). Als er Elektra mit seinem Verdacht konfrontiert, reagiert sie empört und nutzt Bonds Argwohn dazu, sich erneut in eine Opferposition zu bringen. Anstatt sie als Opfer zu schützen, würde er sich in haltlosen Verdächtigungen ergehen und schlimmer noch – sie seinerseits belügen: „[...] Du hast mich benutzt, als Köder für das Monster. Du warst mit mir im Bett. Wieso? Um dir die Zeit zu vertreiben, während du auf deinen Gegner wartest?"[393] Ihre Entrüstung ist so glaubwürdig vorgetragen, dass beim Zuschauer Zweifel aufkommen, ob Bonds Verdacht sich erhärten könnte.

---

388 Kulbarsch-Wilke 2009, Anhang 19, Sq. 4.
389 Kulbarsch-Wilke 2009, Anhang 19, Sq. 4.6.
390 Ebd., Anhang 19, Sq. 5.1.
391 Ebd.
392 Ebd., Anhang 19, Sq. 6.2 und Sq. 10.1. Siehe auch: Mannsperger 2003, S. 141.
393 Ebd., Anhang 19, Sq. 11.2.

Nur kurze Zeit später stellt sich heraus: Der Agent hatte Recht, Elektra arbeitet
mit der Gegenseite zusammen. Sie entführt M (die Elektra bis dato deutlich unterschätzt hatte) aus Rache für ihre mangelnde Unterstützung während Elektras Entführung. Renard, der kurz darauf eintrifft, zeigt sie stolz ihre „Beute" und kündigt M
ihre baldige Ermordung an. Renard und Elektra sieht man anschließend gemeinsam
im Bett, wobei sich Renard eifersüchtig auf Bond zeigt.[394] Insgesamt wirken Elektra
und Renard in diesen Szenen wie ein gleichgestelltes Verbrecherpaar, in dem jeder
in der Abhängigkeit des anderen steht. Dass Elektra aber in Wirklichkeit Renard
geschickt manipuliert[395], er also ihr Handlanger ist, zeigt sich zum Ende des Films,
als der von ihr mittlerweile auf eine Garotte gekettete Bond sie noch einmal auf ihr
vermeintliches Stockholm-Syndrom anspricht:

> Bond: „Und das alles, nur weil du Renard verfallen bist."
> King: „[…] Ich hatte schon immer Macht über die Männer. Als mir klar wurde, dass mein
> Vater mich nicht aus der Gewalt der Entführer befreien würde, war ich gezwungen,
> ein neues Bündnis einzugehen."
> Bond: „Du hast Renard benutzt!"
> King: „Genau wie dich. Nur, dass es bei dir noch leichter war [...]."[396]

Letztendlich geht es Elektra darum, ihr Ölimperium auszubauen, indem durch die
radioaktive Verseuchung Istanbuls und damit des Bosporus (Kapitel 3.2.2) die Wege
für andere Öllieferanten in den Westen blockiert werden. Sie zeigt keinerlei Gewissen und weicht deutlich von dem Bild des verletzlichen Entführungsopfers zu
Beginn des Films ab, als Bond versucht, ihr den Mord an acht Millionen Menschen
auszureden. Zu Elektra Kings pathologischem Machthunger gesellt sich schließlich
ein ungesunder Größenwahn, der einem klassischen männlichen Bond-Bösewicht
in nichts nachsteht. Ein letzter pathetischer Monolog gegenüber dem immer noch
gefesselten Bond unterstreicht genau diesen Punkt:

> „Es ist mein Öl! Meins! Und das meiner Familie! Es strömt durch meine Adern, dicker
> als Blut. Ich verändere den Atlas wie es mir gefällt. Und wenn mein Werk vollendet ist,
> kennt die Welt meinen Namen. Den Namen meines Großvaters, der für die Ehre meiner
> Familie steht!"[397]

Elektra endet, wie jeder Bond-Gegenspieler früher oder später: Sie wird von Bond
getötet. Nur diesmal scheint der Agent hierbei einen Anflug von Bitterkeit zu ver-
spüren, als er sich über die Tote beugt und ihr eine Strähne aus dem Gesicht streicht.

---

394 Ebd., Anhang 19, Sq. 11.3; Sq. 11.5 und Sq. 12.

395 Krüger spricht hier von einer „perfiden Inversion des Stockholm-Syndroms", bei dem
„nicht Elektra [...] ihrem Entführer Renard verfallen [ist], sondern er [...] ihr.". Krüger,
Cord: „Mr. Bond, I expect you to die!". 007s Widersacher und die Transnationalisierung
des Bösen, in: Ders. u. a. (Hrsg.) 2007, S. 122–149. S., 138.

396 Kulbarsch-Wilke 2009, Anhang 19, Sq. 14.4.

397 Ebd.

Ihre verhöhnenden Worte klingen noch nach: „Du schießt nicht. Eine Frau wie mich triffst du nie wieder."[398] Ob Bond tatsächlich nie wieder auf eine zweite Elektra treffen wird, werden zukünftige Filme zeigen. Bis heute (2016) stellt diese Figur einen bemerkenswerten Bruch im Bond-Girl-Schema dar.

Mit weniger komplexer Psyche als Elektra und ähnlich wie Wai Lin zeigen sich die Bond-Girls im 2002 erschienenen „Stirb an einem anderen Tag". Zwei Damen sind hier tonangebend: das Anti-Bond-Girl Miranda Frost, die als Doppelagentin eine Ausweitung von Fiona Volpe oder Helga Brandt darstellt und die von Halle Berry verkörperte Jinx Johnson[399], die wie Wai Lin eine Kämpfernatur ist, jedoch deutlich mehr Sexappeal aufweist. Dies wird schon in Jinx' Einführungsszene auf Kuba deutlich, in der sie als Hommage an Ursula Andres' Honey Ryder im Bikini aus dem Meer steigt und schon kurz darauf in einem Flirt mit dem Agenten einsteigt. Schon kurz darauf sieht man Bond und Jinx im Bett – sie werden damit so schnell intim, wie Bond selten zuvor mit einer Frau intim wurde. Eine weitere Besonderheit: im Gegensatz zu den sonst nur angedeuteten Sexszenen (Bond und die Frau sinken auf das Bett, Schnitt; anschließend liegen Bond und die Frau halbnackt nebeneinander und trinken ein Glas Champagner o. ä.) zeigt diese Szene Bond und Jinx *während* des Aktes, was den erotischen Flair noch einmal unterstreicht. Ein wenig erinnert die Szenerie an den Anfang der Liebesnacht zwischen Bond und Fiona Volpe in Feuerball (Kapitel 4.2), die auch ungewöhnlich freizügig war, wenngleich in ihrer Intensität schwächer.[400] Jinx trennt klar Vergnügen von Arbeit. Während Bond noch schlafend im Bett liegt, begibt sie sich in eine verdächtige Schönheitsklinik. Dort erschießt sie einen der Ärzte und richtet unabhängig von Bond (der inzwischen auch eingetroffen ist) einen hohen Sachschaden in der Klinik an.[401] Spätestens hier wird klar: Jinx ist kein einfacher Flirt für den Agenten und auch keine interessierte Patientin der Klinik, sondern in einem ähnlichen Metier wie Bond tätig.

Jinx Johnson besitzt neben Intelligenz und Selbstsicherheit auch sämtliche weiteren Eigenschaften Bonds: sie ist technisch versiert (verhindert Flugzeugabsturz)[402], sportlich (springt rückwärts von Klippe ins Meer[403] und seilt sich aus großer Höhe in Graves/Moons Labor ab)[404], weiß ihre Schusswaffe zu gebrauchen (erschießt vom Boden aus einen Mann in fliegendem Helikopter)[405], hält ihre zwischenmenschlichen Beziehungen eher kurz („Ich hab' nun mal keine Lust auf feste Bindungen")[406], ist skrupellos (schneidet mit Laser den Arm eines Toten ab, um sich Zutritt zu

---

398 Ebd., Anhang 19, Sq. 15.2. Siehe auch: Ebd., S. 96.
399 Im Deutschen Jinx „Jordon".
400 Kulbarsch-Wilke 2009, Anhang 4, Sq. 18.1
401 Ebd., Anhang 20, Sq. 7.1 und Sq. 7.2.
402 Ebd., Anhang 20, Sq. 19.1
403 Ebd., Anhang 20, Sq. 7.2.
404 Ebd., Anhang 20, Sq. 14.2.
405 Ebd., Anhang 20, Sq. 7.2.
406 Ebd., Anhang 20, Sq. 11.

einem via Handscanner gesicherten Bereich zu schaffen)[407], zeigt sich versiert im Nahkampf (tötet Gegnerin bei Kampfszene in Flugzeug)[408] und gibt sich schließlich auch in der Folter noch so gelassen, dass sie ihren Peiniger beleidigt:

> Zao (versetzt Jinx Elektroschock): „Wieso wollten Sie mich töten?“
> Johnson: „Ich dachte, ich würde Ihnen damit einen Gefallen tun.“
> Zao (versetzt ihr erneut Elektroschock): „Wer schickt Sie?“
> Johnson: „Ihre Mama. Und ich soll Ihnen bestellen, dass sie wirklich schwer enttäuscht von Ihnen ist.“[409]

Brunckhorst kritisiert, Jinx sei nur auf den ersten Blick dem Agenten ebenbürtig, zeige aber auf den zweiten Blick (nämlich dem der feministischen Filmtheorie) deutliche Hinweise darauf, dass auch 2002 patriarchale Vorstellungen im Bond-Film dominierten: „[…] Kameraführung und die ästhetische Bildgestaltung [inszenieren] Jinx noch immer als Objekt männlicher Begierde […]. Die Auflösung […] patriarchale[r] Machtpotentiale wird im James-Bond-Film nicht angestrebt.“[410] Das ist so nicht korrekt. Das Argument, Jinx würde durch den voyeuristischen Blick Bonds zum „Objekt männlicher Begierde“ degradiert werden, wird zumindest teilweise dadurch entkräftet, dass Bond durchaus auch selber als Objekt *weiblicher* „Begierde“ inszeniert wird (etwa wenn er halbnackt am Morgen im Bett aufwacht)[411]. Zwar wird Jinx auch (vor allem in ihrer Bikini-Einführungssequenz) erotisch-weiblich gezeigt, trägt aber in den entscheidenden Schlussszenen des Films Tarnuniform[412] und schon zuvor einen hochgeschlossenen Lederdress[413]. Auch überwiegen ihre Taten und ihre Charakterisierung, die sie als hochqualifizierte NSA-Agentin ausweisen, den „Tatbestand“ der physischen Attraktivität. Schauspielerin Berry sah ihr Alias ähnlich: „To be a strong woman and to be taken seriously today doesn't mean that you have to lose your sense of femininity.“[414]

Gleiches gilt für das zweite Bond-Girl in „Stirb an einem anderen Tag“. Miranda Frost wird zunächst als PR-Agentin des Gegenspielers Gustav Graves und als Fechtschülerin von Bonds ehemaliger Lehrerin Varety (verkörpert von Madonna) eingeführt. Im Gespräch mit M entpuppt sie sich dann als undervover-MI6-Agentin mit dem Auftrag, Gustav Graves zu untersuchen. M macht Frost darauf aufmerksam, dass sowohl Frost als auch 007 zur gleichen Zeit in Island auf einem großen Empfang Graves weilen werden.[415] Frost sorgt sich um ihre Tarnung, versichert aber

---

407 Ebd., Anhang 20, Sq. 14.3.

408 Ebd., Anhang 20, Sq. 19.2.

409 Ebd., Anhang 20, Sq. 14.3.

410 Brunckhorst 2009, S. 80 f.

411 Kulbarsch-Wilke 2009, Anhang 20, Sq. 6.4.

412 Z. B. hier: Ebd., Anhang 20, Sq. 17 und Sq. 18. Siehe auch: Brunckhorst 2009, S. 62 f.

413 Kulbarsch-Wilke 2009, Anhang 20, Sq. 14.2 und 14.3.

414 Cork/d'Abo 2003, S. 183.

415 Kulbarsch-Wilke 2009, Anhang 20, Sq. 9.2 und Sq. 10.3.

auch ihre professionelle Einstellung, als sie von M auf die Gefahr einer möglichen Affäre mit Bond angesprochen wird:

> M: „In den drei Jahren, in denen Sie bei der Kryptologie waren, haben Sie Arbeit und Vergnügen immer strikt getrennt. Sie haben mit keinem Ihrer Kollegen eine Affäre gehabt. Obwohl Sie viele Angebote hatten …“
> Frost: „Ich bin der Ansicht, dass es dumm wäre, mit Kollegen intime Beziehungen einzugehen. Besonders mit James Bond.“[416]

Tatsächlich fungiert Frost jedoch als Doppelagentin: Augenscheinlich mimt sie die korrekte Agentin, der eine Affäre mit jemandem wie Bond wie reine Utopie vorkommt, doch tatsächlich ist und war sie stets eine Komplizin Graves. Ihre Abneigung gegenüber Beziehungen mit Arbeitskollegen gegenüber M ist genauso gespielt wie ihr Verlangen nach Bond gegenüber dem Agenten. Beinahe ehrfürchtig haucht sie in der gemeinsamen Liebesnacht: „Das ist Wahnsinn! Ein Doppel-Null-Agent!“[417]; wohl einerseits um Bond zu schmeicheln und ihn andererseits in Sicherheit zu wiegen. Dass diese trügerisch ist, zeigt sich wenig später im Film, als Bond Gustav Graves Tarnung aufdeckt. Frost kommt hinzu und bedroht erst Graves, dann aber Bond mit der Waffe. Sein Magazin hatte sie bereits nach ihrer gemeinsamen Nacht entfernt, sodass Bonds Versuch, sie zu erschießen erfolglos bleibt.[418]

Während Bond durch einen Trick fliehen kann und von Graves und dessen Männern gejagt wird, befasst sich Miranda Frost mit Jinx Johnson. Ab hier weist der Film zwei Konfrontationspotentiale auf: den Konflikt zwischen Bond und Graves sowie die Auseinandersetzung zwischen Jinx und Miranda. Letztere bricht sich am Ende des Films in einer Kampfszene zwischen den Frauen Bahn, die parallel zum Kampf Bond vs. Graves stattfindet. Eine direkte Konfrontation zwischen Pro-Bond-Girl und Anti-Bond-Girl ist in „Stirb an einem anderen Tag“ erstmals zu sehen.[419] Es ist also nicht mehr der Agent, der für den Tod der Einen und die Rettung der Anderen zuständig ist, diese Aufgabe wird nun in die Hände der betroffenen Frauen selbst gelegt. In Emanzipationsfragen liegt „Stirb an einem anderen Tag“ mit gleich zwei „fighting women“ somit an vorderster Stelle. Da fällt es auch weniger ins Gewicht, dass Bond Jinx einmal mehr das Leben rettet als sie ihm, ist sie doch (ebenso wie Miranda oder schon Wai Lin) eine ebenbürtige Verbündete. In welche Richtung könnte sich die Genese des Bond-Girls noch entwickeln? Schon der erste Film mit Daniel Craig wartete 2006 mit einem neuen alten Frauentyp auf: einer Variation von Tracy di Vincenco.

---

416 Ebd., Anhang 20, Sq. 10.3.
417 Ebd., Anhang 20, Sq. 14.2.
418 Ebd., Anhang 20, Sq. 15.1.
419 Kulbarsch-Wilke 2009, Anhang 20, Sq. 16.1 und Sq. 19.2.

4.6   Rückschritt oder Neuorientierung? – Bond-Girls bis „Skyfall"

Nach „Stirb an einem anderen Tag", der von der Kritik nicht besonders gut angenommen wurde (siehe Kapitel 5.2.3), wollten die Produzenten wieder bodenständiger werden. Sie gingen damit einen Weg, den sie schon nach „Moonraker" 1979 gegangen waren, als der Eindruck erweckt wurde, der Zenit an Action und Spezialeffekten sei erreicht. So kehrte man 1981 mit „In tödlicher Mission" zurück zu schlichterem Spezialeffektedesign. Auch „Casino Royale" 2006 sollte nun das Franchise wieder zurück zu den Wurzeln und weg von überzogenen Spezialeffekten bringen.[420] Eine dementsprechende Anpassung der Frauenrolle ist dadurch ebenfalls zu erkennen. Eine Frau wie Xenia Onatopp wäre im vergleichsweise ursprünglichen Film unpassend gewesen. Dass Vesper Lynd dennoch kein Emanzipationsrückschritt ist, beweist ihre Darstellung auf anderem Niveau.

Lynd erscheint im Film erstmals nach etwa 50 Spielminuten und damit vergleichsweise spät für ein Bond-Girl. Sie wird als Buchhalterin im Dienste des britischen Schatzamtes eingeführt, die dafür Sorge tragen soll, dass Bond mit den von seiner Regierung für die Teilnahme an LeChiffres Pokerspiel bereitgestellten 10 Millionen US-Dollar sorgsam umgeht. Lynd ist von einer kühlen Aura der Unnahbarkeit umgeben, als sie sich dem Agenten knapp vorstellt: „Ich bin das Geld."[421] Mit ihren schwarzen, zusammengebundenen Haaren, dem ebenso schwarzen Hosenanzug und dem dezenten Make-up erscheint sie als moderne Karrierefrau, unabhängig und fest im Leben stehend. Von den Komplimenten Bonds zeigt sie sich unbeeindruckt und punktet im folgenden Schlagabtausch mit einem Zynismus, den man sonst eher vom Agenten gewohnt war. Vesper Lynd macht mehr als deutlich, wie wenig sie von Bond, seinen fragwürdigen Methoden und dem Pokerspiel mit einem Terroristen hält:

> Lynd: „Sie sagen mir also, dass es eine Frage der Wahrscheinlichkeit sei. Ich war schon besorgt, es bliebe dem Zufall überlassen."
> Bond: „Davon ausgehend, dass der Spieler mit dem besten Blatt gewinnt."
> Lynd: „Das nennt man dann wohl ‚bluffen', nicht?"
> Bond: „Sie kennen den Ausdruck! Dann wissen Sie ja Bescheid. Man spielt beim Poker nicht seine Karten aus, man spielt sein Gegenüber aus."
> Lynd: „Und Sie sind gut im Lesen von Menschen."
> Bond: „Ziemlich. Deswegen bin ich auch im Stande, in ihrer Stimme einen unterschwelligen Sarkasmus auszumachen."
> Lynd: „Jetzt bin ich mir sicher, dass mein Geld in guten Händen ist."
> Bond: „Sie halten es für keinen guten Plan, oder?"
> Lynd: „Ach, es gibt einen? Ich hatte die Befürchtung, dass wir Millionen von Dollar und hunderte von Leben in einem Glücksspiel riskieren ... […]"[422]

---

420 Duncan (Hrsg.) (B) 2012, S. 113.
421 Kulbarsch-Wilke 2009, Anhang 21, Sq. 12.
422 Ebd.

Noch schlagfertiger zeichnet sich Lynds Charakter im weiteren Verlauf des oben
begonnenen Dialogs, in dem sie sich auch nicht durch die sehr verletzende Kritik
Bonds aus der Fassung bringen lässt. Sie lässt sich stattdessen auf das verbale Kräftemessen, das der Agent anzustreben scheint, ein und zeigt sich dabei überlegen. Lynd
begegnet Bond mit einer Vielschichtigkeit und Eloquenz, an der sogar eine Anya
Amasova oder Holly Goodhead scheitern. Die persönlichen Angriffe des Agenten
gegen ihre Person beantwortet sie im selben Tonfall. Sachlich nüchtern vorgetragen,
aber inhaltlich ebenso tiefgehend. Ihre zynisch-sarkastische Art bleibt dabei den
ganzen Dialog über bestehen:

> Lynd: „[…] Was haben Sie sonst für Mutmaßungen, Mr. Bond?“
> Bond: „Über Sie, Miss Lynd? Ihre Schönheit ist ein Problem. Sie befürchten, dass man Sie
> nicht ernst nimmt.“
> Lynd: „So wie jede attraktive Frau, die halbwegs bei Verstand ist.“
> Bond: „Stimmt, aber diese versucht es mehr als wettzumachen, indem sie maskuline
> Kleidung trägt, aggressiver agiert als ihre Kolleginnen. Sie wirkt deshalb ein bisschen
> verbissen. Und paradoxerweise mindert das ihre Chancen von ihren männlichen
> Vorgesetzten akzeptiert und befördert zu werden, die ihre Unsicherheit als Arroganz
> fehldeuten. Ich hätte normalerweise auf Einzelkind getippt, nur so wie Sie kleine
> Sprüche über Ihre Eltern übergehen, komme ich zwangsläufig auf Heimkind.“
> Lynd: „Na schön. Ihrem Anzug nach waren Sie in Oxford oder sonst wo. Und glauben
> wirklich, Menschen würden sich so kleiden. Aber Sie tragen ihn mit einer solchen
> Verachtung, dass ich vermute, Sie kommen nicht aus reichen Verhältnissen. Das
> haben Ihre Studienfeunde Sie immer spüren lassen. Was bedeutet, dass Sie Ihr Stu-
> dium bloß der Mildtätigkeit Dritter verdanken, daher Ihr Minderwertigkeitsgefühl.
> Und da Ihre Einschätzung meiner Person auf Heimkind hinauslief, vermute ich, Sie
> sind selbst eines. (längere Pause) Oh, es ist wahr?! […] Und es erscheint mir absolut
> schlüssig. Der MI6 sucht labile junge Männer ohne soziale Bindungen, die andere
> über die Klinge springen lassen ohne nachzudenken, um Krone und Vaterland zu
> schützen. […].“[423]

Lynd scheint sich gerade erst warmgeredet zu haben und greift im Folgenden Bonds
umtriebiges Sexualleben an. Gleichzeitig verdeutlicht sie ihr Desinteresse an seiner
Person und besteht damit den Vergleich zwischen Pussy Galore oder Holly Goodhead, die Bond zunächst ebenfalls keine gemeinsame erotische Geschichte in Aussicht stellten:

> „Da wir uns heute Abend erst kennen gelernt haben, würde ich nicht so weit gehen zu sa-
> gen, dass Sie ein kaltschnäuziges Schwein sind. Aber es ist bestimmt keine abwegige Vor-
> stellung, dass Frauen für Sie eher austauschbares Vergnügen bedeuten, denn ernsthaftes
> Engagement. Also egal, wie charmant Sie sind, Mr. Bond, ich werde mein Augenmerk auf
> das Geld meiner Behörde richten, statt auf Ihren perfekt geformten Hintern.“[424]

---

423 Ebd.
424 Ebd.

Vesper Lynd beendet kurz darauf die Konversation und lässt einen sichtlich beeindruckten Bond zurück, der diese indirekte Herausforderung Lynds nur zu gerne annehmen wird. So geschehen im nächsten Filmabschnitt, der Ankunft in Montenegro. Einem bissigem Dialog im Taxi (Bond: „Sie sind nicht mein Typ." – Lynd: „Klug?" – Bond: „Single")[425], folgt ein Kräftemessen im Hotel. Zum großen Ärger Vespers gibt Bond dort schon an der Rezeption seine Tarnung ab und stellt sich mit seinem Realnamen vor – Lynd verurteilt dieses Vorgehen als Leichtsinn und nimmt den herankommenden Aufzug alleine: „Nehmen Sie den nächsten. Hier ist nicht genug Platz für mich und ihr Ego."[426]

Dieser „Kampf der Geschlechter" wird von Bond und Lynd auch am Abend im Hotelzimmer fortgeführt, als Frage nach dem geeignetsten Outfit für das kommende Pokerspiel sowohl für *sie* als auch *ihn*.[427] Kommentarlos will Bond Vesper ein Kleid an ihre Badezimmertür hängen, die darüber jedoch verwundert reagiert: „Bringen Sie mir das, damit ich es trage?"[428] Der Agent begründet sein Handeln als geplantes Ablenkungsmanöver (dem Bond jedoch später selber zum Opfer fällt)[429]: „Sie sollten fabelhaft aussehen. Wenn Sie hinter mich treten und mir einen Kuss aufdrücken, dürfen die Spieler mir gegenüber nicht mehr an ihre Karten denken, bloß noch an Ihr Dekolleté. […]"[430] Dieser Bevormundung begegnet sie auf ähnliche Weise. Entrüstet betritt Bond erneut Lynds Zimmer, diesmal nicht mit einem Kleid, sondern einem Jackett in der Hand: „Ich hab' ein Dinnerjacket!" Lynds Erwiderung, ganz im Sinne von Bonds vorheriger Kleiderempfehlung für sie, folgt umgehend: „Es gibt Dinnerjackets und Dinnerjackets. Das da ist letzteres. Sie sollten aussehen, wie ein Mann, der an diesen Tisch gehört, Bond."[431]

Diese vorherrschende Souveränität Vesper Lynds, die sich im ersten Drittel ihrer Beziehung zu Bond etabliert, erfährt einen jähen Einbruch, als sie Zeugin einer brutalen Kampf- und Tötungsszene zwischen Bond und zweier Gegner wird. Nach dieser setzt sie sich geschockt vom Erlebten komplett angezogen in die Dusche des Hotelzimmers und versucht zitternd, die Szene zu verarbeiten. Hier zeigt sie eine Verletzlichkeit, die auch 007 berührt, der sich zum Trost zu ihr unter die laufende Dusche setzt und sie umarmt.[432] Schließlich gewinnt sie die Fassung zurück und schafft es wieder zum Pokerspiel, in dessen zweiten Teil Bond Le Chiffre hohe Sum-

---

425 Kulbarsch-Wilke 2009, Anhang 21, Sq. 13.1.

426 Ebd., Anhang 21, Sq. 13.2

427 Böger, in: Föcking, Marc/Böger, Astrid (Hrsg.) 2012, S. 183. Siehe auch: Kulbarsch-Wilke 2009, Anhang 21, Sq. 14.1.

428 Kulbarsch-Wilke 2009, Anhang 21, Sq. 14.1.

429 Anstatt dass Bonds Mitspieler verunsichert werden, lässt sich der Agent selber derart von ihrem Anblick ablenken, dass er seinen nächsten Spieleinsatz beinahe verpasst. Auch hier zeigt sich Lynds subtiler Humor: sie hat den Raum „versehentlich" aus der falschen Richtung betreten. Ebd., Anhang 21, Sq. 14.3.

430 Kulbarsch-Wilke 2009, Anhang 21, Sq. 14.1.

431 Ebd.

432 Ebd., Anhang 21, Sq. 16.

men abtrotzt. Dessen Begleitung greift daher zum drastischen Mittel des Giftanschlags auf Bond. Bond, der versucht, sich selber mit seinem mobilen Defibrilator zu retten, scheitert jedoch im letzten Moment und fällt in die Bewusstlosigkeit. Nur Vespers rechtzeitigem Eintreffen (und dass sie den fehlerhaften Defibrilator in Gang setzt) ist es zu verdanken, dass er überlebt.[433]

Die anfangs von Spott und Machtkämpfen durchzogene Beziehung zwischen Bond und Lynd wandelt sich zu einem vertrauensvolleren Verhältnis. Eine gemeinsam durchlebte Entführung, bei der Bond schwerste Misshandlungen erlebt (er wird nackt auf einen Stuhl ohne Sitzfläche geschnallt und mit Schlägen auf seine Genitalien gefoltert) und die Sorge um Bond lässt Lynd sich ihm annähern. Während seiner Rehabilitationsphase kommen sich beide näher und verlieben sich. In einem emotionalen Dialog, der für Bond-Verhältnisse ein Novum darstellt, offenbart der Agent nach anfänglichen Versuchen, Vespers Ernsthaftigkeit durch sexuell konnotierte humorige Anspielungen zu neutralisieren, selbst seine verletzliche Seite:

> Lynd: „Ich wollte dir nur eins sagen. Wenn nichts von dir übrig wäre, außer deinem Lächeln und deinem kleinen Finger, dann wärst du immer noch mehr Mann, als alle vor dir zusammen genommen.“
> Bond: „Weil du weißt, was ich mit meinem kleinen Finger alles machen kann.“
> Lynd: „Nein, das weiß ich nicht.“
> Bond: „Aber du bist scharf darauf, es rauszufinden.“
> Lynd: „Du lässt mich nicht an dich ran, oder? Du hast deinen Schutzpanzer wieder an. So ist das.“
> Bond: „Ich habe keinen Schutzpanzer mehr. Weil du ihn mir abgenommen hast. Und was von mir übrig ist, einfach alles, was von mir übrig ist, was ich bin, gehört bloß dir.“[434]

Bond beginnt, seinen Beruf kritisch zu reflektieren und kommt zu dem Schluss, für Vesper seine Tätigkeit beim MI6 aufgeben zu wollen: „Wenn man meinen Job zu lange macht, bleibt nicht mehr genug Seele übrig, um sie zu retten. Ich verschwinde mit dem Bisschen, was mir noch bleibt. Reicht das für dich aus?“[435] Lynd bejaht mit einem Kuss. Im Anschluss sieht man das Paar in Venedig bei zahlreichen romantischen Unternehmungen. Ein wenig erinnert die Szene an die Sequenz zwischen Bond und Tracy in „Im Geheimdienst ihrer Majestät“, in der die neue Liebe auch durch Einblendungen gemeinsamer Aktivitäten unterstrichen wurde[436]. In „Casino Royale“ kündigt Bond sogar seine Anstellung, Vesper vertröstet ihren Chef auf den nächsten Monat und beide planen ihre gemeinsame Auszeit.

Ihr neues Leben mutet glücklich an, wäre da nicht Vespers Verrat, den sie an Bond verübt. Es stellt sich heraus, dass Lynd von Anfang an von der Organisation hinter Le Chiffre erpresst wurde. Als einzigen Ausweg aus ihrer Lage sieht sie den Weg des (aus dessen Sicht) Verrats an Bond (sie überweist das Geld an Le Chiffres

---

433 Ebd., Anhang 21, Sq. 19.
434 Kulbarsch-Wilke 2009, Anhang 21, Sq. 22.2.
435 Ebd., Anhang 21, Sq. 23.1.
436 Ebd., Anhang 6, Sq. 8.

Hintermänner) und ihren anschließenden Selbstmord.[437] Die Versicherung Ms, dass Lynds Gefühle für Bond trotz allem echt gewesen sein müssen (sie ging während Bonds Entführung und Folter einen Deal mit ihren Hintermännern ein: das Geld gegen sein Leben), nimmt Bond am Ende kaum noch wahr und sein Bild auf sie scheint hasserfüllt: „Die Schlampe ist tot.“[438] Dieser Satz stellt nicht etwa ein Beispiel für eine „anti-feminist Retoric“[439] dar, sondern verdeutlicht die tiefsitzende Wut Bonds über Vespers Tat, aber auch seine Gefühle für sie. Trauerbewältigung kennt viele Gesichter. Bei Bond manifestiert sie sich offensichtlich im Gebrauch des oben genannten Kraftausdrucks, um seiner emotionalen Verletzung Herr zu werden. Auch Bonds Suche im nächsten Film nach Vespers indirekten Mördern zeigt, dass er sie nicht so schnell vergessen kann, wie von ihm behauptet.

Vespers handlungstragende Rolle in „Casino Royale“ und ihre Leinwandpräsenz sorgen dafür, dass der Auftritt des ersten Bond-Girls im Film beinahe in Vergessenheit gerät. Solange wird sie als Ehefrau eines von Le Chiffres Handlangern eingeführt. Bond, der sie das erste Mal am Strand entlang reiten sieht, scheint sofort fasziniert.[440] Später treffen sich beide im Kasino wieder, wo Bond gegen ihren Ehemann im Poker gewonnen hat. Bond lädt Solange auf einen Drink ein. Alles scheint auf einen romantischen Abend hinzudeuten. Doch statt der gemeinsamen Nacht muss sie Kaviar und Champagner alleine verzehren. Bond lässt sie alleine im Hotelzimmer zurück, nachdem er von ihr erfahren hat, dass ihr Mann, dem Bond auf der Spur ist, gerade auf dem Weg ist, das Land zu verlassen. Bei seiner Rückkehr ist Solange schon tot – ihre Leiche wurde am Strand gefunden.[441]

Während mit Solange also das klassische „Opfer-Bond-Girl“ im Film vorhanden ist, ist Vesper Lynd eine Erweiterung Tracys – noch vielschichtiger, noch komplexer und genauso wie diese in der Lage in Bond wahre Gefühle für eine Frau zu wecken. Sie ist keine „fighting woman“ im physischen Sinne Pam Bouviers, Wai Lins, Miranda Frost oder Jinx Johnson, sondern Bond in noch stärkerem Maße als die genannten Damen, auf verbalem und intellektuellem Niveau gleichgestellt. Wie Tracy stirbt auch Lynd am Ende des Films.

Der von Bond psychologisch nicht verarbeitete Tod von Lynd setzt ihn in „Ein Quantum Trost“ von 2008 auf die Spur der Hintermänner Le Chiffres. Damit ist dieser Bond-Film erstmals eine Fortsetzung des vorangegangenen, was sich auch in Bonds Verhältnis zu Frauen spiegelt. Zwar gibt er vor, den Tod Vespers überwunden zu haben, seine Taten sprechen jedoch dagegen. So entwendet er M das Foto von Vespers Verlobtem und sucht diesen am Ende des Films auf. Am auffälligsten ist jedoch der sich in „Quantum“ abzeichnende Wandel der Frauenrolle. Brachten die Macher mit Vesper Lynd noch eine spannende Neuerung ins Bond-Girl-Universum,

---

437 Ebd., Anhang 21, Sq. 25.
438 Ebd., Anhang 21, Sq. 26.
439 Amacker/Moore, in: Becker, Jack/Weiner, Robert G./Whitfield, Lynn (Hrsg.) 2010, S. 142. Siehe auch: Greve 2012, S. 162 (Anmerkung Nr. 79).
440 Kulbarsch-Wilke 2009, Anhang 21, Sq. 7.2.
441 Ebd., Anhang 21, Sq. 8 und Sq. 11.

die auch ohne Waffengebrauch und ausgeklügelte Kampftechniken ihre Gleichstellung zum Agenten demonstrierte, findet in „Ein Quantum Trost" ein kleiner und später in „Skyfall" ein größerer Rückschritt statt. Das Haupt-Bond-Girl Camille im Film ist als Mitarbeiterin des bolivianischen Geheimdienstes immerhin ähnlich ausgebildet wie Bond, agiert überwiegend selbstständig und auch mutig, bleibt aber dennoch hinter vorangegangenen Bond-Frauen zurück. Die zweite Frau in „Ein Quantum Trost" (Strawberry Fields) fungiert schließlich nur noch als klassisches „Opfer-Bond-Girl", wie schon Solange in „Casino Royale".

Agentin Strawberry Fields soll den abtrünnigen Bond, der sich entgegen anders lautender Befehle in Bolivien aufhält, in Gewahrsam nehmen und zurück nach London bringen. Zunächst gibt sie sich unnahbar und scheint tatsächlich nicht auf die üblichen Sprüche des Agenten hereinzufallen:

> Bond: „[…] Fields, wann geht der nächste Flug nach London?"
> Fields: „Morgen früh."
> Bond: „Dann haben wir noch die ganze Nacht."
> Fields: „Versuchen Sie zu fliehen, werde ich sie verhaften, ins Gefängnis stecken und in Ketten zum Flugzeug schaffen, verstanden?"[442]

Doch schon bei der Ankunft an einem drittklassigen Hotel, das Fields gebucht hat, verliert sich ihre Rolle in einem Paradebeispiel für Inkonsequenz und Unterordnung. Bond weigert sich, das Hotel zu beziehen, ignoriert ihren Einwand der Tarnung (sie seien als Lehrer auf Studienreise unterwegs) und übernimmt das Kommando. Bond bucht das (vermutlich) teuerste Hotel am Platz und benötigt nur kurze Zeit, um Agentin Fields von ihrer ablehnenden Haltung ihm gegenüber abzubringen.[443] Ihre Zuneigung zu Bond wird Fields zum Verhängnis: ähnlich wie Jill Masterson 1964 in „Goldfinger", wird Fields von Bonds Gegnern mit diesmal „schwarzem Gold" (Öl) überzogen und als Warnung tot auf Bonds Hotelbett gelegt.[444]

Fields bleibt in diesem Film die einzige Affäre Bonds, was den Agenten erneut seit „Diamantenfieber" (auch hier lebte Bond – ungewollt – enthaltsam, nachdem Plenty o'Toole vorzeitig aus dem Hotelfenster bugsiert wurde)[445] und „Der Hauch des Todes" (wobei die Andeutung in der Vortitelsequenz auf eine zweite Gespielin hindeutet) wieder monogam leben lässt.

Das nicht verführte Haupt-Bond-Girl ist die von Olga Kulylenko verkörperte Camille Montes Rivera und verwechselt Bond bei ihrer ersten Begegnung mit einem Informanten, von dem sie sich Hinweise auf das illegale Treiben ihres vermeintlichen Liebhabers Dominic Greene erhofft. Der Informant Camilles, ein Geologe, von Greene bereits als Verräter identifiziert und getötet, wurde jedoch durch einen Auftragskiller ersetzt, der auch Camille umbringen soll. Bond, der den Mann aus

---

442 „Ein Quantum Trost" (DVD 2-Disc Special Edition, Steelbook) 00:50:54–00:51:03.
443 Ebd., 00:51:42–00:54:10.
444 Ebd., 01:15:30–01:16:10.
445 Greve 2012, S. 97.

anderen Gründen suchte (und ohne Verhör tötete), befindet sich nun im Besitz von dessen Koffer, samt Waffe und Auftragsbeschreibung, was Camille annehmen lässt, Bond sei ein auf sie angesetzter Mörder. Sie versucht Bond zu erschießen und flieht, als das misslingt, vor dem Agenten zurück zu Greene, den sie zur Rede stellt. Nicht sie habe ihn verraten wollen, sondern der getötete Geologe. Camille muss ihren ganzen Charme einsetzen, um Dominic Greene wieder für sich zu gewinnen.[446]

Sie zeigt sich in dieser Szene auf den ersten Blick leichtsinnig, vielleicht auch naiv, geht sie doch zu dem Mann zurück, in dessen Augen ihr Leben keinen Wert mehr hatte. Dieser Eindruck scheint sich zu bestätigen, da Greene ihr nach wie vor nicht traut, wie er ihr zu verstehen gibt: „Ich werde das Gefühl nicht los, dass du nur mit mir geschlafen hast, um an General Medrano heranzukommen."[447] Besagtem General übergibt Greene dann kurze Zeit später Camille, als „süße Abrundung für unser Geschäft" mit der Bitte, sie „über Bord zu werfen"[448], wenn Medrano mit ihr fertig sei. Dieser verwerfliche Handel mit Camille scheint jedoch genau das gewesen zu sein, was Camille wollte. Den zu ihrer Rettung herbeieilenden Bond verflucht sie und fordert von ihm, sie wieder zurück auf Medranos Schiff zu bringen.[449] Hier wird klar: Hinter Camille Montes Riveras zunächst naiv wirkender Rückkehr zu Greene steht ein weitergehender Plan und ihre „Entführung" durch General Medrano war von ihr ebenso beabsichtigt.

Diesen Plan erfahren Bond und der Zuschauer erst spät im Film: Mit seiner Vermutung, Camille hätte nur mit ihm geschlafen, um Kontakt zu General Medrano herzustellen, lag Greene richtig. Medrano vergewaltigte Camilles Schwester und Mutter und tötete dann die Familie, als Camille noch ein junges Mädchen war. Bond gegenüber gibt sie zu, dass sie seit Jahren versuche, sich an dem General zu rächen.[450] Ihr gesamtes Handeln ist auf diesen Wunsch nach Vergeltung ausgelegt. In diesem Sinne ähnelt sie Melina Havelock aus „In tödlicher Mission", deren Rachefeldzug auch dem Mörder ihrer Familie galt. Wie bei Melina gelingt auch Camilles Plan schließlich, als sie gemeinsam mit Bond das Hotel aufsucht, in dem Greene und Medrano ihr Geschäft abwickeln. Sie kann Medrano ablenken, der gerade im Begriff ist, ein Zimmermädchen zu vergewaltigen. Nach einem brutalen Kampf mit ihm erschießt Camille den General. Mit dieser Erfüllung ihrer langgehegten Rache scheinen Camille jedoch sämtliche Kräfte zu verlassen. Sie verharrt im Schockzustand und starrt in das zwischenzeitlich durch Bond verursachte Feuer (schon Camilles Familie kam in einem Feuer um). Es liegt nun an dem Agenten, Camille in letzter Minute aus dem brennenden Hotel zu retten.[451]

Die Verabschiedung zwischen Bond und Camille erfolgt nicht wie üblich durch ein inniges Liebesspiel an einem romantischen Ort bei Champagner und Kaviar,

---

446 „Ein Quantum Trost" (DVD 2-Disc Special Edition, Steelbook) 00:19:30–00:24:34.
447 Ebd., 00:24:28–00:24:34.
448 Ebd., 00:27:00–00:27:22.
449 Ebd., 00:27:47–00:29:15.
450 Ebd., 01:09:36–01:11:50.
451 Ebd., 01:25:39–01:31:05.

sondern relativ unspektakulär nach getaner Arbeit und noch gezeichnet von den Ereignissen, im Auto.[452] Über mehr als einen Kuss kommen beide nicht hinaus, was wohl den auf beiden Seiten noch zu lebhaft präsenten Erinnerungen an die Vergangenheit geschuldet ist. Camille ist demnach das erste Haupt-Bond-Girl, das weder am Ende des Films noch zu einem anderen Zeitpunkt seinen Weg in die Arme des Agenten findet.

Dieser Linie, die neuen Bond-Filme nicht mit dem klassischen Happy-End schließen zu lassen, die in „Casino Royale" ihren Anfang nahm und sich in „Ein Quantum Trost" fortsetzte, blieben die Filmemacher auch in „Skyfall" treu. Ein Haupt-Bond-Girl im typischen Sinne ist hier nicht zu finden. Severine, die in den Credits als solches geführt wird, ist eine zu kurze Zeit vertreten, um ernsthaft als Haupt-Bond-Girl zu funktionieren. Auch die Neueinführung Moneypennys, die noch am ehesten als Bond-Girl fungiert, macht die Definition schwieriger. Die dritte Dame im Bunde steht für einen One-Night-Stand mit dem in eine Art depressive Phase gefallenen Helden, der sich nach seinem vermeintlichen Tod mit Alkohol, Spiel, Tabletten und Sex die Zeit vertreibt.[453] Diese Frau hat keinen Dialog und auch keinen Namen, sie unterstreicht lediglich die Rastlosigkeit Bonds, den weder seine Tabletten, noch der Alkohol oder das Spiel, geschweige denn der Sex wirklich befriedigen.

Aus der Ferne sehen sich Bond und Severine erstmals in Shanghai, persönlich gegenüber treten sie sich in einem Spielcasino in Macao. Severine gibt sich zunächst geheimnisvoll und unnahbar – doch schnell bemerkt Bond, dass ihre mystische Aura nur Fassade ist und sie in Wirklichkeit in voller Abhängigkeit zu Bonds Gegner Silva steht. Wie Bond herausfindet, wurde Severine als Teenager von Mädchenhändlern in Macao entführt – und Silva half ihr aus der Szene heraus, nur um sie fortan für sich zu beanspruchen. Ihre vermeintlichen Bodyguards sind Bewacher – von Silva auf sie angesetzt, um sie an einer möglichen Flucht zu hindern.[454] Severine erweitert die Liste derjenigen Frauen um Domino Derval, Solitaire, Andrea Anders, Lupe Lamora oder Paris Carver, die sich früh in die Abhängigkeit eines Mannes gegeben haben und dieser nicht entkommen können. Auch der sich auf diese Thematik beziehende Dialog mit Bond führte der Agent schon mit mehr als einer verzweifelten Frau vor Severine. Mit mäßigem Erfolg: Einige der Frauen, die er zu retten versprach, endeten als Leiche:

> Severine: „Was wissen Sie über Angst?"
> Bond: „Alles."
> Severine: „Die hier ist anders ... Er ist anders ..."
> Bond: „Ich kann Ihnen helfen."
> Severine: „Das bezweifle ich."
> Bond: „Lassen Sie es mich versuchen."
> Severine: „Und wie?"

---

452 Ebd., 01:32:41–01:33:55.
453 „Skyfall" (DVD) 00:20:46–00:23:31.
454 Ebd., 00:55:35–01:00:35.

Bond: „Bringen Sie mich zu ihm."
Severine: „Können Sie ihn töten?"
Bond: „Ja."
Severine: „Werden Sie es tun?"
Bond: „Irgendjemand stirbt immer …"
Severine (hoffnungsvoll): „Vielleicht können Sie es wirklich … […]"[455]

Nach einer gemeinsamen Nacht mit Severine bringt diese Bond zu Silva, der sie auf brutale Art als eine Art Schießbudenfigur missbraucht. Ein Glas Scotch auf dem Kopf Severines soll Bond und ihm als Zielscheibe dienen. Wer ihr zuerst das Glas vom Kopf holt, gewinnt. Bond schießt mit Absicht daneben – Silva trifft. Aber nicht das Glas, sondern Severine, die tot zusammensackt. Bond gelingt es unmittelbar darauf, Silvas Männer außer Gefecht zu setzen und den Bösewicht festzunehmen.[456] Für das Bond-Girl kam hierbei jede Hilfe zu spät.

In ihr ist tatsächlich aus emanzipatorischer Sicht ein Rückschritt zu erkennen. Wenn Amacker und Moore schreiben, dass die Craig-Bond-Filme „Casino Royale and Quantum of Solace, seem to be populated with female charakters designed to be undermined […]"[457], ist diese Aussage zwar so nicht korrekt (vor allem „Casino Royale" repräsentiert eine starke Frauenrolle), würde aber immerhin auf Teile von „Skyfall" zutreffen.

In gegenteiliger Hinsicht vielversprechend ist die Geheimdienstkollegin Eve (siehe Kapitel 3.2.6), die mehrere kurze Auftritte im Film hat und schon zu Beginn den Agenten während einer Verfolgungsjagd unterstützt und ihm später im Casino das Leben rettet. Doch ist der oben genannte Rückschritt tatsächlich so besorgniserregend, wie sich schon Greve in Bezug auf die jüngste Entwicklung in „Ein Quantum Trost" 2008 fragt?

> „Was sagt uns das über uns – oder, da wir ja *selbstverständlich* nicht verdächtig sein können, Frauen herabsetzend zu behandeln –, was sagt es wenigstens über unsere Zeit? […] Haben wir wirklich den ‚Bond, den wir verdienen'?"[458]

Vielleicht kann die Reduzierung der Frauenrolle mit der Stagnation um die Frauenbewegung erklärt werden. Eine gewisse „Es ist doch alles erreicht"-Stimmung mag hier hineinspielen, vielleicht kommt Greves Frage aber auch zum falschen Zeitpunkt. Generell unterscheiden sich Aufbau und Intention der ersten Craig-Filme von anderen. Hier sollte gezielt die Geschichte hinter dem Agenten erzählt werden – seine Verletzung durch Vesper Lynd und die anschließende Charakterwerdung des Agenten. Dass die auf Lynd folgenden Bond-Girls in den Hintergrund rücken, könnte mit diesen neuen Prioritäten erklärt werden. Auch Produzentin Barbara Broccoli bestätigt den auf Bond und seiner Geschichte liegenden Fokus der neues-

---

455 Ebd., 00:59:22–01:00:01.
456 Ebd., 01:14:14–01:17:34.
457 Amacker/Moore, in: Becker, Jack/Weiner, Robert G./Whitfield, Lynn (Hrsg.) 2010, S. 152.
458 Greve 2012, S. 110.

ten Abenteuer: „[Wir] konnten [...] „Casino Royale" endlich verfilmen und die sehr persönliche Geschichte von Bonds Bondwerdung erzählen."[459]

Es scheint, als sei dieser „Selbstfindungszyklus" Bonds mit „Skyfall" abgeschlossen worden. M ist wieder ein Mann (ob das ein „Rückschlag" für alle Kritiker aus den Reihen der Genderforschung ist, müssen diese für sich klären), Q taucht wieder auf, ebenso wie Moneypenny. Die logische Konsequenz, eine Rückkehr zu herkömmlichen Bond-Abenteuern welche der Formel, die seit Craig bekanntermaßen einige Brüche erfuhr, wieder mehr entsprechen, trat mit dem aktuellsten Film „Spectre" ein. Vor Erscheinen des Films stellte sich die Frage, ob sich die Frauen einen Weg durch Bonds Vergangenheitsbewältigung bahnen und wieder eine prominentere Rolle als noch in „Ein Quantum Trost" oder „Skyfall" würden einnehmen können. Dass dies tatsächlich der Fall ist, zeigt „Spectre" deutlich. Der Wille zu einer starken Frauenfigur wurde auch bereits im Vorfeld immer betont, was sich in der 2012 neu eingeführten Moneypenny zeigte, die die erste dem Agenten ebenbürtige Frau seit 2006 war. Barbara Broccoli bestätigt diese Tendenz in einem Interview Ende 2012:

> „[...] Moneypenny wollten wir auch wiederhaben, aber als zeitgemäßere Frauenfigur, nicht einfach nur als schmachtende Sekretärin [...]. Wir machten Moneypenny in „Skyfall" noch aktiver, noch stärker, noch selbstbewusster."[460]

4.7 Mehr als nur „schmachtende Sekretärin" – Miss Moneypenny

Der Weg von der „schmachtenden Sekretärin" (s. O.) hin zur Geheimdienstagentin war ein ebenso langer Weg wie die Entwicklung Bonds. Bis auf zwei Filme („Casino Royale" und „Ein Quantum Trost") tritt die Figur der Sekretärin im Geheimdienst Ihrer Majestät in jedem Bond-Abenteuer mal mehr, mal weniger intensiv auf. Louis Maxwell verkörperte die dauerflirtende und -feixende Moneypenny (je nach dem, mit welchem Bond sie interagierte) bislang am häufigsten. Von 1962 bis 1985 spielte sie die Sekretärin von zwei M-Darstellern und Begrüßungskomitee im Vorzimmer für drei Bond-Inkarnationen.

Vor allem zum connery'schen Bond pflegt Moneypenny ein inniges Verhältnis, das zwar nicht von beiderseitiger Liebe, aber großer Zuneigung geprägt ist. In kleinen Flirts und Zärtlichkeiten wird besonders in den ersten drei Filmen eine romantische Stimmung zwischen Bond und der Vorzimmerdame erzeugt, die jedoch nie mehr als ein Flirt sein wird. Vielleicht macht sie sich noch Hoffnungen, doch Connerys Bond zieht eine ernste Bindung mit ihr laut Greve nicht in Betracht.[461] Denn trotz des durch Connerys Bond am innigsten zur Schau getragenen Verhältnisses wehrt sein Bond jegliche Avancen Moneypennys ab – niemals verletzend, aber doch

---

459 Nicodemus, Katja: Bonds Chefin. Barbara Broccoli, in: Zeit Online vom 25.10.2012, http://
    www.zeit.de/2012/44/James-Bond-Produzentin-Barbara-Broccoli, Zugriff: 15.04.2015.
460 Ebd.
461 Greve 2012, S. 92.

deutlich. Ob es während einer Turtelei auf dem Bürostuhl ist (Bond: „Ich könnte mir nichts Schöneres denken [als mit Ihnen auszugehen], aber M würde mich vor ein Kriegsgericht stellen – wegen Missbrauch des Staatseigentums.“)[462], Bond ihre Bitte nach der Wiederholung des Erkennungscodes „Ich liebe dich“ ablehnt („Nicht nötig, Penny. Das kann ich singen“)[463] oder er ihr statt des von ihr erbetenen Diamantenringes aus Amsterdam lieber eine Tulpe mitbringen möchte (Bond: „Was soll ich dir aus Holland mitbringen?“ – Moneypenny: „Einen Diamanten. Auf einem Ring.“ – Bond: „Wärst du auch mit einer Tulpe zufrieden?“)[464], stets lässt Connerys Bond durchblicken, dass es von seiner Seite über eine platonische Beziehung zur Sekretärin seines Chefs nicht hinausgehen wird. Wer nun vermutet, ihre unerwiderten Avancen würden sich in Eifersüchteleien niederschlagen, täuscht. Moneypenny hat für den Agenten immer ein Lächeln übrig und schmollende Bemerkungen dienen nur dem Vorantreiben des Wechselspiels von Flirt und beruflicher Zusammenarbeit zwischen ihr und Connerys Bond.

Ähnlich flirtintensiv zeigen sich auch Moneypenny und Lazenbys Bond. Dieser wird noch körperlicher, indem er Moneypenny zuerst einen Klaps auf das Gesäß gibt und sich später bei ihr sogar mit einem Kuss auf den Mund verabschiedet (bei Connery gab es bestenfalls einen flüchtigen Kuss auf die Wange). Lazenbys Bond lädt sie auch erstmals zu sich nach Hause ein und sie lehnt ab:

Moneypenny: „James! Wo bist du gewesen?“
Bond: „Zu weit entfernt von dir, mein Schatz.“
Moneypenny: „Ach James, immer der gleiche Schmus … (Bond fasst ihr an das Gesäß) Huch! Das wird ja immer schlimmer! Du herzloser Mensch, du. Lässt mich hier schmachten und schreibst mir nicht mal eine Postkarte!“
Bond: „Von heute an wird nicht mehr geschmachtet. Heute Abend um acht gibt's Cocktails bei mir. Nur für uns beide.“
Moneypenny: „Wenn du wüsstest, wie gerne! Aber ich warne dich, ich kann nicht für mich garantieren.“
Bond: „Immer noch die alte Moneypenny. Großbritanniens letztes Bollwerk.“[465]

Hier ist es die Sekretärin, die mit gespielter Sorge um ihre Sittsamkeit dem Flirt die Spannung nimmt und so den Status Quo wieder herstellt. Dass ihr am Verbleib des Agenten im Dienste Ihrer Majestät dennoch sehr gelegen ist, ihr Interesse an ihm vielleicht doch nicht nur platonischer Natur ist, beweist Moneypenny, als sie ein nach einem Streit mit M als Kündigung formuliertes Diktat Bonds in einen Urlaubsantrag umformuliert. Bond, der diesen Schritt kurz darauf schon wieder

---

462 Kulbarsch-Wilke 2009, Anhang 1, Sq. 4.2. Siehe auch: Kulbarsch-Wilke 2009, S. 100. Siehe auch: Brabazon, in: Lindner, Christoph (Hrsg.) 2003, S. 206.
463 Kulbarsch-Wilke 2009, Anhang 5, Sq. 4.3. Siehe auch: Ebd., S. 100. Siehe auch: Brabazon, in: Lindner, Christoph (Hrsg.) 2003, S. 207.
464 Kulbarsch-Wilke 2009, Anhang 7, Sq. 5.1.
465 Kulbarsch-Wilke 2009, Anhang 6, Sq. 6.1. Siehe auch: Brabazon, in: Lindner, Christoph (Hrsg.) 2003, S. 207f.

bereut, verlässt dementsprechend konsterniert das Büro Ms, nachdem dieser seine vermeintliche Kündigung kommentarlos genehmigt hat. Als Moneypenny ihn über ihre eigenmächtige Abänderung aufklärt („Sie wollten doch nicht ernsthaft kündigen, nicht wahr James?“)[466] zeigt sich Bond sehr erleichtert („Moneypenny – was sollte ich ohne Sie anfangen?“)[467]. Auch M, der wohl über die Sprechanlage mitgehört hat, bedankt sich gleichermaßen bei seiner umsichtigen Sekretärin („Was sollte ich ohne Sie anfangen, Miss Moneypenny? Ich danke Ihnen.“)[468]. Es ist bewiesen: Moneypenny kennt ihre „Männer“ gut. Am Ende des Films bleibt ihr jedoch nur der Hut des Agenten, den dieser ihr in einer „romantischen Geste“[469] zuwirft. Der Hutwurf, vor allem in den Filmen der 1960er Jahre das Hauptankündigungszeichen des Agenten, symbolisiert die „ganze Übermütigkeit und Leichtigkeit“[470] in der Beziehung zwischen Bond und Moneypenny. Dass er ihr seine Kopfbedeckung nun quasi als letzten Gruß vor seiner Verabschiedung in den ehelichen Hafen zuwirft, sorgt bei der Vorzimmerdame für Tränen. Mannsperger bewertet diese Szene als „wunderschöne[n] Regieeinfall, durch den die wahre Wertschätzung zum Ausdruck kommt, die sich hinter all den Sprüchen und Spielchen“[471] verberge.

Von dieser Leichtigkeit und unterschwelligen Schwärmerei ist mit dem Darstellerwechsel zu Roger Moore als Bond kaum noch etwas zu spüren. Statt der potentiellen Geliebten ist sie nun vielmehr eine gute Freundin oder Schwester, die ohne jeden Anflug von Hohn oder Eifersucht die neue Eroberung des Agenten vor dem gemeinsamen Chef versteckt (siehe Kapitel 2.3.3). Greve erkennt in dieser Episode einen „nachhaltige[n] psychologische[n] Wendepunkt“[472] im Charakter der Moneypenny, der zeige, dass sich jegliche frühere „erotische Hoffnung [Moneypennys] oder romantische Sehnsucht in platonische Freundschaft verwandelt“[473] habe. Auf die Spitze getrieben wird diese neue Darstellung in „Octopussy“, als die gealterte Moneypenny ihre neue Kollegin einführt und mit einer Mischung aus Bitterkeit aber auch Selbstironie den ansetzenden Flirt Bonds mit der Jüngeren kommentiert:

> Bond (zu Penelope Smallbone, die ihm den Rücken zukehrt): „Ich muss sagen, Sie werden von Monat zu Monat reizvoller, Moneypenny!“
> Moneypenny (hinter der Tür): „Hier drüben bin ich.“
> Bond: „Der Anblick ist mir ein Vergnügen.“
> Moneypenny: „Das ist Ms Penelope Smallbone, meine neue Assistentin.“

---

466 Kulbarsch-Wilke 2009, Anhang 6, Sq. 6.3. In der deutschen Übersetzung fällt übrigens auf, dass Moneypenny den Agenten zunächst duzt und in der Schlussszene wieder ins „Sie“ übergeht – offenbar konnte sich bei der Synchronisierung nicht auf eine einheitliche Linie geeinigt werden.

467 Kulbarsch-Wilke 2009, Anhang 6, Sq. 6.3.

468 Ebd.

469 Greve 2012, S. 92.

470 Mannsperger 2003, S. 146.

471 Ebd.

472 Greve 2012, S. 93.

473 Ebd.

Bond (nickt der Neuen zu): „Ms Smallbone. Was soll ich dazu sagen, Moneypenny? Ich
finde, sie ist genauso attraktiv und charmant wie …"
Moneypenny: „… wie ich es einmal war?"
Bond: „Und noch sind."[474]
Moneypenny: „Ah, Sie sind wirklich ein Schmeichler, James."
Bond: „Nein, Moneypenny. Sie wissen, es gab nie jemanden und es wird auch nie jeman-
den geben, außer Ihnen."
Moneypenny: „Ein hübscher Spruch."
Bond (überreicht Moneypenny eine Blume und Smallbone den restlichen Strauß): „Will-
kommen bei Universal Exports!"
Moneypenny: „Nehmen Sie sie, meine Liebe. Mehr werden Sie von ihm nie bekommen."[475]

Generell erfährt die Darstellung Moneypennys im Zusammenspiel mit dem Bond
Roger Moores eine Änderung bis hin zu einer Persiflage ihrer selbst. Ihr fortschrei-
tendes Alter wird betont durch den geschickt im Aktenschrank getarnten Schmink-
koffer, samt automatisch hochklappendem Spiegel und die modischen Kostüme
weichen einem albern wirkenden Rüschenkleid in blassrosa, das sie sich als Gar-
derobe für einen Ausflug zur Pferderennbahn auserkoren hat. Brabazon konstatiert
dieser Moneypenny nur noch den Charme einer „aged aunt"[476] statt einer sexuell
anziehenden Persönlichkeit. Es ist daher nicht verwunderlich, dass Luis Maxwell
ihren letzten Auftritt als Moneypenny in „Im Angesicht des Todes" hatte und mit
dem ebenfalls sichtlich gealterten Roger Moore die Bond-Familie verließ.

Ein jüngerer Bond-Darsteller erforderte eine jüngere Moneypenny, die mit Caroline Bliss Einzug in die Serie erhielt. Sie wirkt deutlich zurückhaltender als Maxwells Moneypenny und bietet kaum Möglichkeiten der üblichen Flirts. Lediglich in
„Lizenz zum Töten" fällt sie auf, als sie, aus Sorge um Bond, Tippfehler an Tippfehler
reiht und hinter dem Rücken ihres Vorgesetzten eigene Recherchen zum Verbleib
des als vermisst geltenden Agenten anstellt. Hier schimmert wieder die verliebte
Sekretärin durch, wenngleich sie in diesem Film keine gemeinsame Szene mit Bond
hat. Der einzige direkte Flirt mit Bond findet im Film zuvor statt und ist eher de-
zent angedeutet: Ihre Brille, die sie zuvor abgenommen hatte, setzt er ihr wieder
auf (schief natürlich) und macht auch hiermit deutlich, dass es für mehr als einen
harmlosen Flirt nicht reichen wird.[477] Mit Dalton verließ auch Bliss die Serie und
machte Platz für die Moneypenny der 1990er Jahre.

Die neue Moneypenny (auch namentlich stimmig von der Schauspielerin Samantha Bond verkörpert) zeigt sich ungleich emanzipierter, als ihre Vorgängerinnen.

---

474 Hier verfälscht die deutsche Synchronisation ein wenig. Im englischen Original wirkt
Bonds Kommentar („I didn't say that") weniger als Kompliment, sondern mehr als
unterschwellige Bestätigung von Moneypennys vorangegangenem Kommentar. Ihre
anschließende Bemerkung über Bond Schmeichelei ist daher eher ironisch zu verstehen.
475 Kulbarsch-Wilke 2009, Anhang 13, Sq. 4.3. Siehe auch: Mannsperger 2003, S. 146 f.
476 Brabazon, in: Lindner, Christoph (Hrsg.) 2003, S. 208.
477 Mannsperger 2003, S. 147. Siehe auch: Brabazon, in: Lindner, Christoph (Hrsg.) 2003,
S. 210.

Schon beim ersten Aufeinandertreffen mit Bond stellt Moneypenny klar, dass ihr Liebesleben nicht nur den Schwärmereien für Bond gewidmet ist. Vielmehr droht sie ihm scherzhaft mit einer Anzeige wegen sexueller Belästigung am Arbeitsplatz und klärt so die Fronten:

> Bond: „So in Zivil machen Sie eine hervorragende Figur, Moneypenny."
> Moneypenny: „Danke, James."
> Bond: „Wartet da noch ein größerer Auftrag auf Sie, sind Sie auf Männerjagd?"
> Moneypenny: „Ich weiß, Sie werden es niederschmetternd finden 007. Aber ich sitze nicht jeden Abend zu Hause und bete um irgendeinen internationalen Zwischenfall, damit ich hier aufgedonnert rumlaufen kann um James Bond zu beeindrucken. Ich hatte ein Rendezvous mit einem sehr netten Herrn. Wir waren im Theater."
> Bond: „Ach Moneypenny, ich bin untröstlich. Was würde ich nur ohne Sie machen?"
> Moneypenny: „Soweit ich mich erinnern kann, James, haben wir's noch nie gemacht."
> Bond: „Wahre Hoffnung erlischt niemals."
> Moneypenny: „Wissen Sie, dieses Verhalten könnte man als sexuelle Belästigung bezeichnen."
> Bond: „Wirklich? Welche Strafe steht darauf?"
> Moneypenny: „Irgendwann will ich mal sehen, was hinter diesen Sprüchen steckt."[478]

Samantha Bonds Moneypenny wurde in vielen Facetten dem Agenten ebenbürtig, das Image der „grauen Maus" (Bliss' Moneypenny) oder der zu Moores Zeit „aged aunt" (Maxwells spätere Moneypenny) wurde ersetzt durch die schöne *und* schlagfertige Karrierefrau der 90er. Allzu weit durfte die Entzauberung einer schmachtenden Moneypenny jedoch nicht gehen. In der Schlusssequenz des Jubiläumsfilms „Stirb an einem anderen Tag" sieht man sie daher in einer heißen Liebesszene mit Bond, die, wie sich herausstellt, nur in ihrer Fantasie spielt. Qs neues Hologramm-Projektions-Gadget ist für diese vermeintlich wahrgewordene Wunschvorstellung Moneypennys verantwortlich, in der sie und der Agent es gerade einmal in die Horizontale auf ihrem Schreibtisch schaffen, bevor sie die Leidenschaft überkommt.[479]

Mit dem neuen Bond-Darsteller und dem Reboot der Serie verschwand auch erst einmal Moneypenny von der Kinoleinwand. In „Casino Royale" befehligt M statt dessen einen Sekretär (eine interessante Neuerung, besonders in Anlehnung an die bereits 1989 von Pam Bouvier gestellte Forderung Bonds, er könne doch *ihr* Sekretär sein), dessen Auftritte aber nicht mit denen der vorangegangenen Moneypennys vergleichbar wären.

Erst zum 50-jährigen Jubiläum kommt die Sekretärin zurück, jedoch anders als erwartet. Moneypenny (verkörpert durch Naomie Harris) wird hier als unbekannte Geheimdienstkollegin Bonds eingeführt, die gemeinsam mit ihm den verdächtigen Terroristen Patrice durch die Straßen von Istanbul jagt. Bond kann Patrice stellen

---

478 Kulbarsch-Wilke 2009, Anhang 17, Sq. 7.1. Siehe auch: Brabazon, in: Lindner, Christoph (Hrsg.) 2003, S. 210 f.

479 Kulbarsch-Wilke 2009, Anhang 20 Sq. 20.1. Siehe auch: Ebd., S. 101 f. Siehe auch: Greve 2012, S. 94.

und gerät in einen Kampf, bei dem ein Überleben des Agenten unsicher ist. Moneypenny (via in-ear-Mikrofon von M angeleitet), soll schießen, weigert sich zunächst
(„Ich kann nicht, ich könnte Bond treffen!")[480], schießt dann aber doch und trifft
– Bond.[481] Dieser verschwindet wochenlang und Moneypenny wird in den Innen-
dienst versetzt.

Bei ihrem Wiedersehen in London deutet sich ein erstes Knistern zwischen der
Agentin und Bond an, was sich bei ihrem zweiten Treffen in Macao in tiefergehende
Erotik wandelt. Eve sucht Bond in seinem Hotelzimmer auf, offiziell, um ihn auf den
neuesten Stand zu bringen, inoffiziell aber, um für ihren Vorgesetzen ein Auge auf
Bond zu werfen. Bond, der gerade zu seinem altmodischen Rasiermesser greift, wird
von Moneypenny abgelöst. Im schummrigen Dämmerlicht des abendlichen Macaos
rasiert sie ihn im Hotelzimmer – ihr Gesicht nur Zentimeter von dem seinen entfernt.[482] Wie der Abend für beide schließlich endet, bleibt Spekulation, aber es ist
schwer vorstellbar, dass Eve Moneypenny den Agenten nach dieser intimen Szene
der Rasur ohne weiteres sich selbst überlassen hat.

Diese Sequenz ist nicht nur als erotischer Einspieler zwischen Bond und einem
beliebigen „Girl" zu verstehen. „Skyfall" erzählt hiermit jene Geschichte, die 50 Jahre
früher, vor der Produktion von „Dr. No", nur als Legende die Beziehung zwischen
Connerys Bond und Maxwells Moneypenny definierte. Beide orientierten sich in
der Darstellung ihrer Filmrollen an der vorgegebenen Hintergrundgeschichte, nach
der Bond und Moneypenny eine Liebesgeschichte in der Vergangenheit verbindet,
die aber beide in gegenseitigem Einvernehmen beendeten.[483] Es ist zu vermuten,
dass die Produzenten diese Legende aktiv in „Skyfall" aufgriffen und somit sehr gelungen in die Filmhandlung integrierten.

Harris' Moneypenny grenzt sich erneut von ihren Vorgängerinnen ab – zunächst
einmal optisch, denn sie ist die erste schwarze Schauspielerin, die die Vorzimmerdame Ms verkörpert. Auch in ihrer Beziehung zum Agenten stellt sie eine Erweiterung
der selbstbewussten Moneypenny Samantha Bonds dar, die zwar schlagfertig auftrat
und den Avancen des Agenten Paroli bot, aber nicht wie die neue Moneypenny als
Agentin im Feldeinsatz auftritt. Harris' Moneypenny kann (fast) genauso gut schießen wie James Bond, fährt ebenso rasant Auto[484], rettet ihm im Casino das Leben[485]
und scheint ihn mühelos verführen zu können. In eben diese Richtung entwickelte
sich Moneypennys Rolle auch in „Spectre" weiter. Der Film schreibt ihrer Rolle eine
größere Bedeutung zu und zeigt, dass sie statt einen tristen Büroalltag zu führen, für
Bond Job und Leben aufs Spiel setzt, um ihm zu helfen.[486]

---

480 „Skyfall" (DVD) 00:11:30–00:11:32.

481 Ebd. 00:02:15–00:12:00.

482 Ebd. 00:51:15–00:52:39.

483 Hobsch/Morgenstern 2006 (Band 2), S. 168 f.

484 „Skyfall" (DVD) 00:02:15–00:12:00

485 Ebd., 01:02:10–01:02:20.

486 Schon im Vorfeld war dieses in einer Featurette zu „Spectre" zu erahnen: https://www.
    youtube.com/watch?v=_YT7ZrjvNeE, Zugriff: 20.04.2015.

4.8 Vom Chef zur Chefin – M

Neben Moneypenny, Q und James Bond sorgt eine weitere Figur in den Bond-Filmen für die Kontinuität der Serie. Die Rede ist hier vom Chef des Agenten, M. M, bis 1989 von Männern verkörpert, wurde 1995 mit Judy Dench mit einer Frau besetzt. Die Filme passten sich damit der realen Entwicklung an (seit 1992 stand der MI5 unter weiblicher Leitung) und spiegelten den Geist der Zeit, in der Frauen immer häufiger in Führungspositionen rückten. Der erste M wurde von 1962 bis 1979 elfmal von Bernard Lee repräsentiert, der während der Dreharbeiten zu „In tödlicher Mission" verstarb, so dass in diesem Film auf einen M verzichtet wurde.[487] Sein Nachfolger Robert Brown trat 1983 in „Octopussy" erstmals an und spielte M viermal bis 1989, dem Einsetzen der ersten größeren Pause innerhalb der Bond-Produktion.[488]

Im Folgenden steht nun die neue Interpretation Ms durch Judy Dench im Fokus. Sie gilt als eine der angesehensten britischen Schauspielerinnen, die vor allem durch Charakterrollen wie Queen Elizabeth I in „Shakespeare in Love" oder der konservativen Lehrerin Barbara Covett in „Tagebuch eines Skandals", aber auch als Mitglied der Royal Shakespeare Company weltweite Bekanntheit und Auszeichnungen erreichte.[489] Dench verkörpert M als strenge, aber gerechte Chefin, die von Beginn an gegenüber dem Agenten ihre Abneigung gegen sein arrogantes und sexistisches Auftreten kommuniziert. Gleichzeitig hegt sie aber oft nur sehr unterschwellig gezeichnete, mütterliche Gefühle für ihn. Diese Dichotomie wird schon in „GoldenEye" in einem vielzitierten[490] Dialog zwischen M und Bond angesprochen, der nicht nur dazu dient, das Verhältnis zwischen den Protagonisten zu verdeutlichen, sondern gleichzeitig in einer ironischen Form der Selbsterkenntnis den Kritikern, die der Serie seit etwa drei Jahrzehnten Sexismus vorwarfen, den Wind aus den Segeln nimmt:

> M: „Sie mögen mich nicht, Bond. Sie mögen meine Methoden nicht. Sie halten mich für einfallslos. Sie glauben, ich würde mehr meinen Zahlen vertrauen, als Ihren Instinkten."
>
> Bond: „Der Gedanke hatte sich aufgedrängt."
>
> M: „Schön. Ich halte Sie für einen sexistischen, frauenfeindlichen Dinosaurier. Ein Relikt des Kalten Krieges, dessen aufgesetzter Charme, obwohl er auf mich nicht wirkt, offensichtlich dieser jungen Psychologin zusagte, die Sie beurteilen sollte."
>
> Bond: „Haben wir's jetzt hinter uns?"
>
> M: „Nicht ganz, 007. Falls Sie glauben sollten, ich hätte nicht genug Mumm, einen Mann in den Tod zu schicken, hat Ihr Instinkt Sie getäuscht. Ich hätte keine Skrupel, Sie in

---

487 Hobsch/Morgenstern 2006 (Band 2), S. 86 f.

488 Ebd. S. 87 f.

489 Hobsch/Morgenstern 2006 (Band 1), S. 365 f. Siehe auch: Mannsperger 2003, S. 148 f.

490 Z. B.: Brabazon, in: Lindner, Christoph (Hrsg.) 2003, S. 211. Rauscher (A), in: Krüger, Cord u. a. (Hrsg.) 2007, S. 108 f. Chapman 2007, S. 220. Kulbarsch-Wilke 2009, S. 97. Greve 2012, S. 91.

den Tod zu schicken. Aber ich würde es nicht tun. Jedenfalls nicht, um Sie für Ihre Arroganz zu bestrafen. Bringen Sie mir Informationen über GoldenEye. [...]" (Bond geht) „Bond? Kommen Sie lebend zurück."[491]

Die Rolle der weiblichen M geht auch über das reine Erteilen des Auftrags, durch das sich ihre männlichen Vorgänger auszeichneten, hinaus. Man sieht sie häufiger als diese bei Einsatzbesprechungen, in denen sie oft als einzige Frau ihren „Mann" stehen muss. Ob M sich dabei mit einem Admiral in „Der Morgen stirbt nie" auseinandersetzen muss, oder sich über die Empfehlungen des NSA-Chefs in „Stirb an einem anderen Tag" hinwegsetzt („Treffen Sie Ihre eigenen Entscheidungen. Ich werde Bond rüberschicken.")[492], Judy Denchs M zeigt sich schlagfertig und gewitzt. Auf den sexistischen Kommentar Admiral Roebucks, der statt zu verhandeln lieber Militärschiffe ins chinesische Krisengebiet schicken möchte, reagiert sie mit einer originellen Erwiderung:

Roebuck: „Bei allem Respekt, M. Ich glaube, Ihnen fehlt das, was ein Mann hat für diesen Job."
M.: „Schon möglich. Aber dafür muss ich nicht dauernd mit dem, was mir fehlt, denken."[493]

M ist nicht nur Chefin und größte Kritikerin Bonds, sondern gleichzeitig Mentorin und Verbündete. Besonders in den Filmen seit Daniel Craig wird ihre Beziehung zu dem Agenten auf ein anderes Level gehoben. In „Casino Royale" ärgert sie sich noch über ihn wie eine Mutter über ihren verhaltensauffälligen Teenager, will ihn wegen seines inakzeptablen Verhaltens (er sprengte ein ganzes Botschaftsareal) am liebsten den Journalisten „zum Fraß vor[...]werfen"[494] und verdeutlicht ihr Misstrauen, nachdem er in ihr Haus einbrach: „[...] Ich muss wissen, dass ich Ihnen vertrauen kann und dass Sie wissen, wem Sie trauen können. Und da ich das nicht weiß, will ich Sie nicht in meiner Nähe haben."[495]

Die Situation ist auch in „Ein Quantum Trost" noch angespannt, gleichzeitig aber sehr persönlich. Sie lässt Bond bei Nichtbeachtung ihrer Anordnungen die Kreditkarten sperren; bezeichnenderweise steht sie dabei im Bademantel vor dem Spiegel, lässt sich ein Bad einlaufen und trägt eine Gesichtscreme auf – M scheint eben immer im Dienst zu sein.[496] Gleichzeitig verteidigt sie ihn aber gegen Angriffe von außen und verhindert indirekt die Festnahme Bonds. Dieser wird vom amerikanischen Geheimdienst und dem britischen Verteidigungsminister für seine eigenmächtigen Ermittlungen gegen Dominic Greene verurteilt. M soll Bond von seinem Auftrag abziehen. Hierzu übergibt sie ihn auch zunächst den mitgereisten Agenten, die Bond jedoch überwältigen kann. Auf seiner Flucht begegnet er M, die sich weder

---

491 Kulbarsch-Wilke 2009, Anhang 17, Sq. 9.
492 Ebd., Anhang 20, Sq. 17.1
493 Ebd., Anhang 18, Sq. 5.2. Siehe auch: Ebd., S. 98.
494 Ebd., Anhang 21, Sq. 6.2
495 Ebd., Anhang 21, Sq. 6.2.
496 „Ein Quantum Trost" DVD (2 Disc Special Edition, Steelbook) 00:44:06–00:45:24.

erstaunt gibt, noch Anstalten macht, den Flüchtigen aufzuhalten. Stattdessen gibt sie ihrem Mitarbeiter Tanner den Befehl, mehr über Bonds Pläne herauszufinden, der offenbar eine Spur habe. Tanner, der Einwände aufgrund des Interesses der Amerikaner an Bond erhebt, wird rüde von M zurechtgewiesen: „Ich gebe einen Dreck auf die CIA und gefälschte Beweise. Er ist mein Agent und ich vertraue ihm! [...]"[497] Sie stellt sich damit vor James Bond, aber gegen die Amerikaner und sogar gegen die eigene Regierung.

Judy Denchs M verhält sich in vielen Sequenzen (nicht nur seit Craig Bond porträtiert) wie eine Mutter und spricht ihren diesbezüglichen Instinkt bereits in „Die Welt ist nicht genug" direkt an. Elektra King, die für sie wie eine Tochter gewesen sei, hätte sie wider besseren Wissens viel zu lange in der Gewalt ihrer Entführer gelassen und habe „entgegen [ihrer] Gefühle, [ihres] natürlichen Instinkts, der wohl in jeder Mutter steckt, [...] [Elektras Vater] von der Geldübergabe ab[geraten]."[498] In „Die Welt ist nicht genug" bricht Ms harte Schale erstmals deutlich auf und sie stellt sich schützend vor Elektra, die, Ms mütterliche Gefühle für sie ausnutzend, diese nach Baku lockt um sie gefangen zu nehmen. Erst hier realisiert M, was Bond schon zuvor angedeutet hatte: Elektra ist eine Verräterin, die für Ms vermeintlichen Betrug an ihr Rache üben will. Ms Enttäuschung über die fehlgeleitete „Tochter" entlädt sich in einer Ohrfeige gegen Elektra.[499]

Auch Craigs Bond ist Ms mütterliche Rolle nicht entgangen. In „Ein Quantum Trost" im Flugzeug von Camille gefragt, was seine Motivation sei, Greene zu verfolgen antwortet er ihr, dieser hätte eine ihm nahestehende Person umbringen wollen. Ob es sich um seine Mutter handeln würde? „Das hätte sie gerne."[500] Auch das vielfach vorgetragene „Ma'am" klingt (in der Synchronisation nicht zu bemerken) im englischen Original der Filme auffällig nach „Mum"[501]. Im britischen Englisch sind beide Aussprachemöglichkeiten ([mæm] oder [ma:m]) gegeben[502], was mich vermuten lässt, dass man sich bewusst für die nach „Mum" klingende Variante entschieden hat, um Ms mütterlichen Status zu unterstreichen. Gesichert ist diese Annahme jedoch nicht.

In „Skyfall" zeigt sich der Mutterbegriff für M noch in einer anderen Variation. Hier ist es der Aggressor und ehemalige MI6-Agent Silva, der von ihr gegenüber Bond als „Mami" spricht und in der direkten Konfrontation mit M diese als „Mutter" anredet. Diese zweite Szene ist umso bezeichnender, als das Silva mit den Worten „Sieh dir an, was du erschaffen hast, Mutter"[503], seinen künstlichen Kiefer entfernt und sein durch Zyankali verstümmeltes Gesicht enthüllt.

---

497 Ebd., 01:14:44–01:17:25.
498 Kulbarsch-Wilke 2009, Anhang 19, Sq. 4.5.
499 Ebd., Anhang 19, Sq. 11. Siehe auch: Mannsperger 2003, S. 150 f.
500 „Ein Quantum Trost" DVD (2 Disc Special Edition, Steelbook) 01:03:33–01:03:45.
501 Z. B. in: „Skyfall" (DVD) 00:36:41.
502 Langescheidt-Redaktion (Hrsg.): Langenscheidts Handwörterbuch Englisch. Teil I. Englisch – Deutsch. Berlin u. a. 2000, S. 391.
503 „Skyfall" (DVD) 01:21:14–01:21:19.

Wurde Ms Rolle mit jedem Film größer, erfuhr sie in „Skyfall" eine erneute Erweiterung. Hier liegt von Anfang an der Fokus des Films auf der Person Bonds und damit auch auf seiner Beziehung zu M. Sogar die eigentlichen Bond-Girls haben vergleichsweise wenig „Screentime" (siehe auch Kapitel 3.2.5). M wiederum kämpft in diesem Film an zwei Fronten. Sie muss sich einerseits gegen ihren drohenden Zwangsruhestand zur Wehr setzen und andererseits den persönlich gegen sie gerichteten Terrorattacken standhalten. Wie schon zu Brosnan-Zeiten lässt sich M auch hier keine Schwäche anmerken – gegenüber dem neuen Geheimdienstkoordinator Gareth Mallory bewahrt sie die Fassung, als sie von dessen Pensionierungsplänen für sie erfährt und weigert sich, ihm das Feld kampflos zu überlassen:

> M: „[I]ch gehe nicht, solange die Situation schlimmer ist, als bei meinem Antritt."
> Mallory: „M, Sie hatten viel Erfolg. Sie sollten in Würde abtreten."
> M: „Ich pfeife auf die Würde! Ich gehe, wenn die Arbeit getan ist."[504]

In Bezug auf Bond gibt sie sich ähnlich unnachgiebig und wirkt kompromissloser als noch in den vorigen Filmen. Sie strahlt eine noch stärkere „Auftrag über alles"-Mentalität aus als seinerzeit Connerys Bond (Siehe Kapitel 2.3.1). Statt Bond einen schwerverletzten Kollegen versorgen zu lassen, befiehlt sie ihm, die Verfolgung eines Attentäters fortzusetzen. Der betroffene Kollege wird später seinen Verletzungen erliegen. Auch den möglichen Tod Bonds nimmt sie ohne erkennbare Zweifel an ihrem Tun in Kauf. Trotz eines unklaren Schussfeldes soll Moneypenny auf den mit Bond kämpfenden Terroristen schießen. Den vermeintlichen Tod Bonds nimmt M hingegen betroffen zur Kenntnis. Als sie Bond (der – wieder einmal – in Ihr Apartment einbrach) gegenübersteht, begrüßt sie ihn mit einem trockenen Kommentar: „Wo zum Teufel waren Sie?"[505] Bonds Wohnung wurde verkauft, seine Sachen eingelagert („Die übliche Vorgehensweise beim Tod von ledigen Mitarbeitern ohne Angehörige [...].")[506].

Fast wäre man versucht zu glauben, Ms Einstellung zu Bond ist in „Skyfall" von Gleichgültigkeit, vielleicht sogar Antipathie, geprägt – doch vielmehr scheint ihr raues Verhalten gegenüber 007 eine Schutzmauer zu sein, um die in den vorangegangenen Filmen angeklungenen mütterlichen Gefühle nicht zu nah an sich heranzulassen. Dass sie tatsächlich Sympathien für Bond hegt, die ihr vielleicht selber noch nicht klar sind, stellt im Gespräch mit ihr dann Gareth Mallory fest. Bond, dessen Diensttauglichkeit knapp bestätigt wurde (zumindest behauptet M das gegenüber Bond und Mallory, wohlwissend, dass der Agent durchgefallen ist), hat in Mallorys Augen ausgedient. M hingegen stellt sich hinter Bond, der auf keinen Fall seinen Job aufgeben möchte:

504 Ebd., 00:18:29–00:18:41.
505 Ebd., 00:24:38–00:24:40.
506 Ebd., 00:26:23–00:26:27.

Mallory zu Bond: „Ich habe nur eine Frage: Warum bleiben Sie nicht tot? Ist der perfekte
Ausstieg. Genießen Sie irgendwo in Ruhe Ihr Leben. Nicht viele Agenten im Außen-
einsatz kommen so sauber raus.“
Bond: „Sind Sie oft im Außeneinsatz?“
Mallory: „Das ist nicht nötig, um das Offensichtliche zu sehen. Das ist ein Spiel für junge
Männer. […]“ […]
M: „Wenn [Bond] sagt, er ist bereit, dann ist er bereit.“
Mallory zu M: „Vielleicht sehen Sie es nicht, oder wollen es nicht sehen.“
M: „Was genau wollen Sie damit sagen?“
Mallory: „Sie hegen Sympathie für ihn.“
M: „Solange ich diese Abteilung führe, wähle ich auch meine Agenten aus!“[507]

Dass M 007 in den Einsatz schickt, obwohl seine Tauglichkeit abgelehnt wurde, könnte einerseits als Verrat (Bonds Gegenspieler Silva sieht es so), andererseits als Vertrauensbeweis gesehen werden. Möglicherweise ist es Ms Methode, wiedergutzumachen, dass sie Moneypenny in der Vortitelsequenz des Films auf ihn hat schießen lassen, statt an ihn zu glauben. Bond hegt darüber keinen Groll, auch wenn Silva ihn von seiner Loyalität zu M abbringen will. Silva hingegen hält nun seine persönliche Vendetta gegen M ab, um sich an ihr für sein erlittenes Leid zu rächen. Bond ist es schließlich, der gemeinsam mit Mallorys buchstäblicher Schützenhilfe (der sich entgegen des ersten Eindrucks als integrer Mann herausstellt) einen Mordanschlag Silvas auf M vereiteln kann.[508]

Um den flüchtenden Silva in eine Falle zu locken, fährt Bond mit M in sein Geburtshaus – M soll hier die relative Sicherheit des „Heimvorteils“ genießen, andererseits als Lockvogel dienen.[509] Es zeigt sich immer mehr: die Beziehung zwischen Bond und M ist in „Skyfall“ die komplizierteste der Serie. Beide Protagonisten sind auf den jeweils anderen angewiesen, empfinden auch familiäre Zuneigung, sind aber in ihren Rollen so gebunden, dass sie stets die Distanz wahren müssen. Erst in der Schlussszene werden diese Regeln gebrochen. Während des ersten Angriffs von Silvas Handlangern wird M schwer verletzt. Bond kommt später zwar noch rechtzeitig, um Silva zu töten bevor dieser sich und M erschießt, der Agent kann dann jedoch nichts mehr für M tun. Sie erliegt ihren Verletzungen in Bonds Armen. Hier schaut sie ihn noch einmal an: „Eins habe ich richtig gemacht.“[510] Mit diesen letzten Worten drückt sie ihre Zuneigung und mütterlichen Gefühle für Bond aus. Auch die Verzweiflung, die sich nach ihrem Tod in Bonds Gesicht spiegelt, wird klar erkennbar. Mit M ist Bonds letztes Ersatzfamilienteil gestorben.

Nach den Ereignissen auf dem Anwesen „Skyfall“ und wieder zurück in London nimmt Bond von Mallory, Ms Nachfolger, neue Order entgegen: „Bereit, die Arbeit wieder aufzunehmen?“ – „Mit Vergnügen, M. Mit Vergnügen.“[511] M ist seit „Skyfall“

---

507 Ebd., 00:34:20–00:35:11.
508 Ebd., 01:36:43–01:36:59.
509 Ebd., 01:38:20–01:43:45.
510 Ebd., 02:08:24–02:08:26.
511 Ebd., 02:11:58–02:12:08.

also wieder ein Mann – ein Rückschritt? Man wird sehen, immerhin verkörpert als Ausgleich die hochqualifizierte Moneypenny mit Erfahrung im Feldeinsatz eine starke wiederkehrende Frauenrolle. Auch in „Spectre" wirkt die neue männliche Rollenbesetzung nicht fehl am Platz – letzlich werden es jedoch die Folgefilme sein, die der Spekulation um die neue Marschrichtung der Bond-Filme ein Ende bereiten könnten.

5. Wie Bond wirkt –
Rezeption und Rückwirkung der Bond-Filme

5.1 Bond-Filme als Trendsetter –
Merchandise und Product-Placement

Aus dem Off erklingen die ersten langsamen Töne des bekannten James-Bond-Themas, auf einer dunklen Leinwand schimmern mit jedem neuen Akkord Bruchstücke einzelner Buchstaben auf, bis schließlich in großen Lettern ein Wort im Raum prangt: „SPECTRE". Ein knallender Pistolenschuss und ein Einschussloch inmitten des „C" beenden schließlich die Enthüllung des neuen Filmtitels von Bond Nummer 24. Die versammelten Vertreter der Presse applaudieren, der Regisseur betritt erneut die Bühne und stellt nacheinander die Besetzung des neuen Films vor, benennt erste Drehorte und den Drehbeginn. Zahllose Internetnutzer weltweit verfolgten am 04. Dezember 2014 dieses Spektakel via Live-Stream auf den Schirmen ihrer PCs.[1]

Das große Interesse und die aufwändige Machart einer eigentlich simplen Angelegenheit wie die Präsentation des neuen Filmtitels zeigen, welchen Stellenwert die Bond-Filme auch heute noch haben (nahezu jede Neuigkeit zum neuen Kinofilm wird von verschiedenen Medien rasch aufgegriffen)[2] und bringt uns zu dem eng mit der Rezeption verknüpftem Punkt der Rückwirkung der Filme. Der Frage also, wie Menschen allgemein auf Bond-Filme reagieren und auch wie einige Wirtschaftszweige sich das „Phänomen" Bond zu Nutze machen. Bond als „Marke" geht weit über die Filme hinaus. Firmen platzieren nicht nur im Rahmen von Product-Placement eigene Produkte in einem Bond-Film, sondern werben auch mit dem Agenten, ja sogar nur bestimmten Eigenheiten seiner Person, selbst wenn kein direkter Zusammenhang besteht. Das jüngste Beispiel aus der Radiowerbung der LIDL-Kette („Mein Name ist Samstag. Super-Samstag.") zeigt in ihrer exakt kopierten Diktion der Vorstellungsformulierung des Agenten, wie bestimmte Kennzeichen der Marke Bond im allgemeinen Bewusstsein verankert sind und offenkundig umsatzsteigernd wirken sollen.[3]

Der große Erfolg der Filme – am besten messbar durch die Einspielergebnisse[4] – hat sich nicht nur auf die Berichterstattung (Kapitel 5.2) oder diverse Werbemaß-

---

1 Aufzeichnung des Videostreams zur Titelbekanntgabe von „SPECTRE": http://www. filmstarts.de/kritiken/206892/trailer/19543336.html. Zugriff: 28.3.2015. Die oben beschriebene Szene beginnt etwa ab Minute 06:00.

2 Nur als ein Beispiel sei die Veröffentlichung des ersten Teaser Trailers am 28.03.2015 genannt. Schon Tage vorher wurde hierauf in sozialen Netzwerken Countdown-ähnlich hingewiesen. Auch zahlreiche Medien berichteten.

3 Siehe zum allgemeinen Bekanntheitsgrad bestimmter Phrasen des Agenten, auch: Greve 2012, S. 25f.

4 Die Angaben hierzu variieren von Quelle zu Quelle. Auch ob Einspielergebnisse Inflationsbereinigt wurden oder nicht, ist nicht immer kenntlich gemacht. Sicher ist jedoch,

nahmen (Kapitel 5.1.2) ausgewirkt, sondern fand vor allem in den 1960er Jahren seinen Niederschlag in einem regelrechten „Hype" um die Figur des Agenten (auch „Bonditis", „Bondomanie"[5] oder „Bondmania"), der mittlerweile zwar abgeklungen, aber nie völlig verschwunden ist. Merchandise-Artikel gibt es heute ebenso wie vor 50 Jahren, Bücher, DVDs und Soundtracks werden zahlreich verkauft und sogar spezielle Bond-Reisen finden sich im Angebot. Die Palette ist äußerst einfallsreich und vielfältig. Diese Form der Rückwirkung soll nun am Beispiel von Bondomanie und Merchandise zusammengefasst werden, denn sie zeigen nicht zuletzt den großen Erfolg der Filme auf.

5.1.1 Von Büstenhalter bis Brot – James-Bond-Merchandise

Aus heutiger Sicht sind Fanartikel jeder Art (sei es zu dem favorisierten Fußballverein, der Lieblingsserie oder –Band) nicht mehr wegzudenken und es ist angesichts der Massen an solchen Produkten, die mittlerweile den Markt beherrschen schwer vorstellbar, dass kommerzielles Merchandising erst noch „erfunden" werden musste.[6] Auch hier waren die Bond-Filme Vorreiter, zumindest haben sie, nach Cork und Scivally „die Art und Weise verändert, wie Filme gedreht und vermarktet wurden".[7] Ein Grund mehr, dieses Thema einer genaueren Analyse zu unterziehen.

Ähnlich der Begeisterung für die Beatles in den 1960er Jahren ist auch der „Bond-Wahn" etwa zur gleichen Zeit zu sehen. Beide wurden in dem Jahrzehnt zu den erfolgreichsten britischen „Produkten", im In- und Ausland gleichermaßen beliebt.[8] Die Bondwelle ergriff die USA ebenso wie Großbritannien, Deutschland oder Frankreich. Besonders die Franzosen entwickelten scheinbar ein besonderes Verhältnis zu Bond. Entstand ein erster zaghafter Bond-Boom in den USA und Großbritannien schon mit den Büchern, zeigten sich in Frankreich bis 1962 wenig Menschen an Ian Flemings Werken interessiert. Erst mit den Filmen begannen sich viele Franzosen für den Agenten zu begeistern und holten in wenigen Monaten das auf, wofür in den USA einige Jahre benötigt wurden. Alleine 1964 wurden 480.000 Ausgaben der ersten vier Fleming-Bände verkauft, ein Jahr später lasen schon 2 Millionen Franzosen die Bücher des britischen Schriftstellers, die dritte Million war in Aussicht. Zur neuen Liebe für die Bücher kam auch die Begeisterung für die Filme. „Liebesgrüße aus Moskau" wurde in Frankreich im ersten Monat von 500.000 Menschen gesehen. Es gab Bond-Specials im Fernsehen, ein Radioquiz mit 200 Zuschriften täglich und zahlreiche Stylingtipps für sie *und* ihn in französischen Magazinen. Auf den

---

    dass die Bond-Filme stets die Massen in die Kinos gelockt haben und dieses Wissen sollte an dieser Stelle genügen. Mehr Zahlen zu den Einspielergebnissen hat Greve aufgelistet: Greve 2012, S. 26–29.

5   Hobsch/Morgenstern (Band 1) 2006, S. 165.

6   Greve 2012, S. 30.

7   Cork/Scivally 2002, S. 9. Siehe auch: Greve 2012, S. 30.

8   Tesche (A) 2006, S. 388.

modischen Aspekt der Filme schien man in Frankreich generell besonderen Wert zu legen. Ob Bond-Trenchcoats, -Aktentaschen, -Hemden, Bond-Anzüge, -Schuhe, -Krawatten, -Manschettenknöpfe, -Handschuhe oder -Schlafanzüge – ganz Frankreich wurde von den bedeutendsten Textilherstellern mit Bond-Mode beliefert. Für Frauen gab es spezielle Büstenhalter, Lippenstifte, Unter- und Nachtwäsche oder den „Goldfinger"-Schuh. Über 6000 Geschäfte in Frankreich sicherten sich innerhalb weniger Jahre die Lizenzrechte zum Verkauf der 007-Artikel; in der Pariser „Galerie Lafayette" wurde eigens eine Bond-Boutique eingerichtet, die 1964 einen Umsatz von 15 Millionen DM mit Bond-Moden erreichte.[9]

Ebenso Bond-begeistert zeigten sich die Amerikaner in den 60er Jahren. In einem New Yorker Kino lief „Goldfinger" 24 Stunden am Tag, unterbrochen nur von kleineren Aufräumarbeiten im Vorführsaal, und sein Vorgänger „Liebesgrüße aus Moskau" spielte in der ersten Woche etwa ein Viertel der Produktionskosten wieder ein. Der Konsum von Bonds (vor allem in den Romanen) getrunkener Champagnermarke Taittinger ging um 40 Prozent in die Höhe, der von ihm bevorzugte Wodka konnte einen 30 prozentigen Importanstieg verzeichnen. Ein Diplomatenkoffer, wie ihn James Bond in „Liebesgrüße aus Moskau" mit sich führt, war 1964 das beliebteste Weihnachtsgeschenk für den amerikanischen Mann und Kinder erfreuten sich an Nachbildungen der James-Bond-Fahrzeuge.[10] Generell waren Bond-Artikel als Weihnachtsgeschenk sehr beliebt. Ein Marktforschungsinstitut ermittelte, dass auf 90 Prozent aller Gabentische in den USA 1965 mindestens ein Bond-Artikel zu finden sein würde. Auch in den USA fuhren Geschäfte mit James-Bond-Kleidung und Toilettenartikeln Millionengewinne ein, während unter Jugendlichen James-Bond-Partys äußerst beliebt waren.[11]

In Deutschland oder Großbritannien wurden Lizenzen für diverse Bond-Produkte verkauft, die dann an den Mann oder die Frau gebracht wurden. Vom Bond-Brot über Zahnpasta, Bettwäsche mit 007-Logo, einem Transistorradio in Gewehrform, Manschettenknöpfen, Rasierschaum- und Wasser, Eau de Cologne, Regenmänteln oder Herrenhemden, die Palette an Fanartikeln ließ auch in Deutschland keine Wünsche offen. Hier lief der Vertrieb vornehmlich über die Kaufhauskette „Horten".[12] Die London Times vermutete (ähnlich wie in den USA) den Bond-Boom als Auslöser für den massiv gestiegenen Wodka-Verzehr der Briten zwischen 1966 und 1968[13], während ein anderer Artikel von 1969 den gestiegenen Zigarettenkonsum junger Schüler unter anderem den Bond-Filmen zuschrieb: „[...]

---

9   Tornabuoni, in: Buono, Oreste del/Eco, Umberto (Hrsg.), S. 16–18. Siehe auch: Tesche (A) 2006, S. 391.

10   Tornabuoni, in: Buono, Oreste del/Eco, Umberto (Hrsg.), S. 15. Siehe auch: Cork/Scivally 2002, S. 82 f.

11   Tesche (A) 2006, S. 389 f.

12   Ebd., S. 392–394.

13   Beloe, W. G.: Vodka sales soar, in: The Times vom 08.10.1969, S. IV.

[S]choolboys began to smoke, because they thought it gave them a James Bond image of thoughness".[14]

Doch nicht nur an den Ladentischen spielte die „Bonditis" eine kaufkräftige Rolle – auch die Dreharbeiten des neuen Bond-Films „Feuerball" wurden von zahlreichen Fans besucht. Angeblich fanden sich auf den Bahamas sogar größere Menschenmassen ein, als zum kurz zuvor stattgefundenen Dreh des Beatles-Films „Help!". Über 200 junge Menschen sollen Sean Connery während einer Drehpause belagert und mit den Worten „Sprich zu uns! Du bist unser Anführer, und wir sind dein Volk!"[15] angesprochen haben. Dieser war von dem Ruhm und der Beliebtheit, die ihm plötzlich entgegenschlugen, weniger angetan (in Japan verfolgte ihn ein Reporter während der Dreharbeiten zu „Man lebt nur zweimal" angeblich bis auf die Toilette um ihn dort zu fotografieren):

> „Sie laufen hinter mir her wie die Feuerwehr. Ich wusste, dass Bond populär ist, aber das ist unglaublich. Niemand von uns hätte vorhersehen können, wie Bond einschlagen würde, ich am wenigsten. [...] Ich will nicht undankbar sein, aber stellen Sie sich vor, Sie würden seit vier Jahren jeden Tag dieselben Fragen gestellt bekommen. Ich habe die Nase von diesem James Bond wirklich voll. Wohin soll das noch führen? [...]"[16]

Der Zenit der „Bonditis" war schließlich 1967 überschritten. Mit dem Rücktritt Sean Connerys von der Rolle des Bonds ebbte das Interesse an entsprechenden Merchandise-Artikeln nahezu schlagartig ab. Im Umfeld der nächsten vier Filme kamen lediglich ein paar wenige Spielzeugautos auf den Markt, bis sich 1977 langsam ein erneutes Interesse an Bond als Marke zu entwickeln begann, was sich auch in einem Anstieg des Product-Placements zu dieser Zeit bemerkbar machte.[17]

Eine „Bondomanie" wie in den 1960er Jahren kam jedoch nicht noch einmal wieder auf, neue Merchandise-Artikel zu jedem Film gibt es aber bis heute. Besonders die neueste Technik, die Bond in den Filmen benutzt, wird parallel zum Film in TV- und Plakatwerbung angepriesen – in letzter Zeit nutzt der Agent in der Regel Sony-Produkte (siehe auch 5.1.2). In den 1980er Jahren kamen erste Computerspiele[18] auf den Markt. Bond-Soundtracks sind heute (wie früher) ebenso erhältlich wie Brettspiele, Sammel- und Spielkarten, Modellautos, Tassen, James-Bond-Gläser, Bond-Spielzeugpistolen, Verkleidungen oder Toilettenartikel (siehe Abb. 45). Auch Poster und Plakate, Grillschürzen („License to grill"), T-Shirts mit Agentensilhouette oder die schon in den 6oer Jahren vermarkteten Manschettenknöpfe findet man nach kurzer Suche in diversen Online-Shops.

---

14 Roper, John: Children smoke ,to be tough like James Bond', in: The Times vom 02.03.1969, S. 4.

15 Cork/Scivally 2002, S. 81. Siehe auch: Kocian 1991, S. 93. Siehe auch: Tesche (A) 2006, S. 388.

16 Zitiert nach: Tesche (A) 2006, S. 388f.

17 Ebd., S. 397f.

18 Zu den Bond-Computerspielen siehe: Rauscher, Andreas (B): Play it again, James. Die 007 Videospiele, in: Krüger, Cord u. a. (Hrsg.) 2007, S. 211–220.

Abb. 45:
James-Bond-Merchandise
(Lizensiert und unlizensiert),
Foto: Kulbarsch-Wilke.

Ein wachsender Trend unter besonders aktiven Bond-Fans scheint sich in speziellen Bond-Reisen widerzuspiegeln. Es geht hierbei nicht darum, wie noch in den 1960er Jahren, zu einem Filmdreh zu fahren, sondern Schauplätze und Drehorte früherer Filme zu besuchen. Prominentestes Beispiel ist die Insel Ko Tapu in Thailand, seit dem Film „Der Mann mit dem goldenen Colt" von 1974 und „Der Morgen stirb nie" von 1997 auch als „James-Bond-Insel" bekannt. Innerhalb weniger Jahre wurde der bis dato ruhige Flecken Erde zu einer der Top-Touristik Attraktionen in Thailand, mit über 1000 Besuchern täglich.[19] Im Rahmen einer Studie aus dem Jahr 2009 wurden 23 Bond-Reisende nach ihren Motiven und Zielen für einen solchen Trip befragt. Für fast alle stand dabei das Erlebnis im Vordergrund, zumindest kurzfristig das Gefühl zu bekommen, in die Fußstapfen des Agenten treten zu können und ihrem Idol so etwas näher zu kommen.[20] Immer mehr Reiseveranstalter bieten spezielle Bond-Touren an: vor allem in London, wo für James-Bond-Filme immer wieder gedreht wird, kann man die „James Bond Cab Tour", die „James Bond Bus Tour of London" oder den „James Bond Walk" buchen – geführte Fahrten oder Spaziergänge zu bekannten Schauplätzen der Filme.[21]

Ein besonderes Erlebnis (und dementsprechend kostenintensiv) ist die 240.000 Euro teure viertägige Reise „Operation Connery" durch Europa, mit Übernachtungen in den teuersten Luxushotels und Agententraining inklusive.[22] Wer nicht so viel Geld ausgeben und dennoch James-Bond-Atmosphäre schnuppern möchte, kann sich zu einem der anderen zahlreichen Bond-Ziele aufmachen. In der Schweiz wird stilecht am Piz Gloria (dem Schauplatz des Films „Im Geheimdienst Ihrer Ma-

---

19 Reijnders, Stin: On the trail of 007: media pilgrimages into the world of James Bond, in: Area Vol. 42, Nr. 3 vom September 2010, S. 369–377. S. 369.

20 Ebd., S. 375f.

21 Ebd., S. 369. Siehe auch: Britmovietours.com, http://britmovietours.com/bookings/spy-movie-london-tour/. Zugriff: 30.03.2015.

22 N.N.: Ist dieser James-Bond-Trip 240.000 Euro wert?, in: Travelbook.de vom 23.04.2014. http://www.travelbook.de/welt/Auf-den-Spuren-von-James-Bond-durch-Europa-277334.html. Zugriff: 30.03.2015.

Abb. 46:
James-Bond-Zimmer im
Landhotel Beverland, Foto:
Kulbarsch-Wilke.

jestät") ein James-Bond-Frühstück angeboten, in der Eiffel wartet ein Krimihotel
mit entsprechendem Bond-Themenzimmer auf und auch im Beverland findet sich
ein Themenhotel mit Bond-Zimmer in Anlehnung an „Octopussy" (Abb. 46). Der
Betreiber bezeichnete sich in der Email-Korrespondenz mit mir als Fan der Bond-
Filme und begründete unter anderem auch damit die Einrichtung des Zimmers:

> „Das Thema 007 ist ein Thema, dass sehr viele Menschen begeistert. Unter anderem bin
> ich selbst auch absoluter James Bond Fan. Das Zusammenspiel aus Abenteuer und Erotik,
> das sich bei 007 findet, passt sehr gut zu dem, was viele Gäste mit einem Hotelaufenthalt
> assoziieren."[23]

So wie Bond einst reiste, möchten auch viele Fans heute reisen und um sich so wie
Bond zu kleiden oder zu essen, waren und sind zahlreichen Menschen gewisse finanzielle Aufwendungen für Merchandise-Artikel wert. Doch auch über Produkte,
die gezielt in die Filmhandlung integriert wurden (und immer noch werden) lassen
sich für die platzierenden Firmen finanzielle Gewinne erzielen. Die damit einhergehende Werbemaschinerie ist oftmals immens und kann nicht zuletzt als Indikator
für einen sich ändernden Zeitgeist gesehen werden. Bezog sich Product-Placement
in den 1960er Jahren hauptsächlich auf Champagner- oder Uhrenmarken (und war
oft noch nicht einmal als solches gedacht), platzierten ab den späten 70er Jahren
diverse Firmen ihre Produkte in einem Bond-Film. Diese Produktpalette ist dem
Wandel der Zeit unterworfen – genauso wie die (zeitgeschichtlichen) Inhalte oder
die Frauenrolle bei Bond.

---

23   Email von Dirk Boll vom 18.11.2014.

5.1.2 „Was haben Sie denn da? Whiskas?" – Product-Placement

Schon in den Abenteuern des literarischen Bonds tauchen zahlreiche Markenartikel auf, die jedoch nicht mit einer werbenden Absicht des Autors Eingang in die Romane fanden, sondern der adäquaten Beschreibung eines luxuriösen Lebensstils dienen. In den Filmen übernehmen Markenprodukte über die reine Werbefunktion hinaus auch noch eine narrative Komponente. Ein Anzug von *Brioni* verdeutlicht beispielsweise die gediegene Lebenswelt des Agenten besser, als es das Ensemble eines Textildiscounters tun würde. Auch die Uhren, die Bond trägt, sind oft mehr als nur Zeitmesser; sie dienen in vielen Fällen (wie auch seine Handys) als hilfreiches Gadget und damit als ein die Handlung vorantreibendes Moment.[24] Darüber hinaus wird durch diese tatsächlich vorhandenen Produkte die Lebenswelt der Zuschauer in die Bond-Filme integriert, was diese dadurch realistischer erscheinen lässt.

Doch nicht jedes platzierte Markenprodukt dient auch einem Vorantreiben der Handlung. Bezeichnend für ein solches Placement ohne narrative Funktion ist eine Szene aus „Moonraker", in der der entführte Bond samt -Girl gefesselt in einem Krankenwagen eine kurvenreiche Straße in Rio de Janeiro entlang gefahren wird. Mit jeder Biegung passiert das Gefährt ein Plakat eines anderen Werbeträgers. Der Getränkefabrikant *7up*, der Uhrenhersteller *Seiko*, der Zigarettenkonzern *Marlboro* und die Fluggesellschaft *British Airways* werden hier verkaufsfördernd in aller Deutlichkeit beworben.[25] Sogar Katzenfutter (*Whiskas*) wurde in einer rein mündlichen Form des Product-Placements in „Im Angesicht des Todes" geschickt, aber wenig handlungsdienlich in einen Dialog zwischen Bond und Stacy Sutton integriert:

(Eine Katze miaut.) Sutton: „Ich muss ihn noch füttern – er hat sicher Hunger."
Bond: „Was haben Sie denn da? Whiskas?"
Sutton: „Selbstverständlich!"[26]

Mit diesen beiden Szenen wurden auch die zwei gängigsten Formen des Product-Placements (visuell oder auditiv) genannt. Hieraus ergeben sich diverse Unterformen des Product-Placements, wie das Historic Placement (das platzierte Produkt muss zur Zeit, in der der Film spielt, passen), das Generic Placement (hier wird lediglich eine Produktgattung ohne erkennbare Markenzugehörigkeit präsentiert) oder das Innovation Placement (ein noch nicht erschienener Artikel wird im Film erstmals verwendet, um dann nach dem Erscheinen des Films auf dem Markt angeboten zu werden).[27] Für die vorliegende Untersuchung ist jedoch folgende knappe Definition des Begriffs nach Asche (die neben Filmen auch andere Placementträger einschließt) ausreichend:

---

24 Eisenberg, Felix: James Bond als Global Player. Marken in James-Bond-Filmen, in: Grünkernmeier u. a. (Hrsg.) 2007, S. 159–172, S. 159–162. Siehe auch: Greve 2012, S. 30 f.
25 Kulbarsch-Wilke, S. 17 f. Siehe auch: Ebd., Anhang 11, Sq. 13.4.
26 Ebd., Anhang 14, Sq. 13.3.
27 Asche, Florian: Das Product-Placement im Kinospielfilm (Europäische Hochschulschriften. Reihe II Rechtswissenschaft. Band 1958), Frankfurt a. M. 1996, S. 33.

„Product-Placement ist eine vom Betrachter akustisch oder visuell wahrnehmbare Präsentation von ökonomischen Leistungen oder deren Anbietern in Darbietungen jeder
Art, die geeignet und bestimmt ist, den Absatz der Leistung zu fördern.“[28]

Die Bond-Filme waren und sind hierfür ein mehr als geeignetes Medium, da sie
bereits nach kurzer Zeit den oben genannten Boom auslösten. Schon bald war Bond
nicht mehr „in“, weil er eine bestimmte Automarke fuhr, sondern der Autohersteller
war es, da Bond sein Vehikel kutschierte.[29] Wie viel sich die werbenden Firmen den
Einsatz in einem Bond-Film kosten lassen, unterliegt der Spekulation – die wenigs-
ten Firmen geben dazu Informationen heraus oder bestreiten, dass Gelder geflossen
sind. Daher wird an dieser Stelle nicht auf mögliche Zahlungen eingegangen, auch
wenn hierzu immer wieder gemutmaßt wird[30].

Generell waren Autos und Uhren neben den von Bond konsumierten Alkoholika
die ersten sichtbar platzierten Markenartikel in den Bond-Filmen. Schon in „James
Bond jagt Dr. No“ trägt der Agent eine *Rolex* (die ursprünglich dem Produzenten
Broccoli gehörte – *Rolex* weigerte sich, eine Uhr kostenlos für den Dreh zur Verfügung zu stellen), trinkt *Dom Perignon* sowie *Smirnoff*-Wodka und fährt einen Wagen des Modells *Sunbeam Alpine*.[31] In „Liebesgrüße aus Moskau“ ist es dann nach
dem eher unbekannten *Sunbeam* ein *Bentley*, den 007 fährt. Doch auch dieses Fahrzeug blieb im Film eher unscheinbar und wurde in „Goldfinger“ schließlich durch
den bis heute berühmten und gemeinsam mit dem ersten „Batmobil“[32] teuersten
Filmauto, *Aston Martin DB5*, ersetzt. Der Wagen war mit allen Finessen ausgestattet,
die ein Agentenleben erleichtern würden (Schleudersitz, Öldüsen, Navigationsgerät,
kugelsicheres Schild oder Reifenschlitzer – um nur die wichtigsten zu nennen) und
zeichnet sich im Film durch hervorragende Fahreigenschaften aus, die er in diversen
Verfolgungsjagden (u. a. mit dem in den 1960er Jahren populärstem Massensportau-
to – dem *Ford Mustang Convertible*) zur Schau stellt.[33]

Die Reaktionen auf den *Aston Martin DB5* waren enorm. In einer Zeit, in der
Autos wie kaum ein anderes Produkt als Statussymbol galten, spiegelte der Aston
Martin einen gehobenen Lebensstil, Wohlstand und Eleganz wider. Ohne die ein-

---

28 Ebd., S. 26.

29 Tata, Nadja: Product-Placement in James-Bond-Filmen, Saarbrücken 2006, S. 100.

30 Laut „Guardian“ wurden für diverse Produktplatzierungen im Film „Der Morgen stirbt
    nie“ zwischen 40 und 45 Millionen Pfund gezahlt: Cassy, John: 007 stirs the marketing
    mix, in: The Guardian vom 22.11.2002, S. 31. Im Film „Skyfall“ sollen es bis zu 28 Millio-
    nen Pfund für „Heineken“-Werbung gewesen sein: Lodge, Guy: The Skyfall’s the limit on
    James Bond marketing, in: The Guardian vom 13.10.2012. http://www.theguardian.com/
    film/filmblog/2012/oct/23/skyfall-marketing-james-bond, Zugriff: 06.04.2015.

31 Tata 2006, S. 101 f., S. 105 und S. 151.

32 Laut der Süddeutschen Zeitung wurde das „Batmobil“ 2013 für umgerechnet 3,5 Mil-
    lionen Euro versteigert – genauso viel, wie die Auktion des Aston Marin DB5 2010
    einbrachte. Siehe hierzu: N.N.: Erstes Batmobil für 4,6 Millionen Dollar versteigert, in:
    SZ-Online vom 21.01.2013. http://sz.de/1.1578408, Zugriff: 01.04.2015.

33 Tata, 2006, S. 121 f.

gebauten Extras war der Wagen für vermögendere Bond-Fans käuflich, sogar Paul McCartney legte sich nach Erscheinen von „Goldfinger" einen *DB5* zu und gab sich als bekennender Bond-Fan aus.[34] Das Product-Placement des *Aston Martin* ist somit auch ein sichtbares Merkmal für den Zeitgeist der 60er Jahre und zeigt, wie früh die Produzenten auf Konformität bedacht waren:

> „[D]ie Filmemacher kultivierten das Image eines Autos, das sich mit seiner Epoche in so vollkommenem Gleichklang befand, dass es Trendsetter wie Bond ansprach, die unsere Wahrnehmung von populärer Kultur noch 40 Jahre später beeinflussen sollten."[35]

Etwa 30 Jahre später war es dann der bayrische Autohersteller *BMW*, der in „GoldenEye" 1995 einen großen Werbe-Coup landete. Der damals noch nicht auf dem Markt erhältliche *Z3 Roadster* wurde erstmals durch den Bond-Film eingeführt. Das Auto hatte einen verhältnismäßig kurzen Auftritt im Film und musste gegen den altbekannten *Aston Martin DB5* und *Ferrari* konkurrieren, dennoch war der wirtschaftliche Erfolg für *BMW* enorm. Die 35.000 vorproduzierten Autos waren direkt ausverkauft, es entstanden lange Liefer- und Wartelisten.[36] Ob das alleine dem Filmauftritt geschuldet ist, ist nicht bewiesen, dennoch lässt sich auch durch die im Vorfeld groß angelegte Werbekampagne *BMW*s, die auf „GoldenEye" abgestimmt war vermuten, dass der Bond-Film auf den Erfolg des *Z3* einen gewissen Einfluss hatte.

BMW und *Aston Martin* waren nur zwei von zahlreichen Automarken, die über die Jahre in den Bond-Filmen vertreten waren. Ein denkwürdiger Auftritt und nicht nur Bond-Fans in Erinnerung, wurde einem *Lotus Esprit* in „Der Spion, der mich liebte" in das Drehbuch geschrieben. Dieser schlägt sich erfolgreich gegen den Beschuss durch einen Helikopter, indem er buchstäblich ins Meer „abtaucht" und Bond und seine Begleiterin Anya Amasova unter Wasser mit Hilfe von kleinen Propellern an eine sichere Landestelle bringt. Zu nennen wäre als Marke außerdem *Rolls Royce* in „Goldfinger" und „Im Angesicht des Todes", in denen der Wagen beide Male für eine gewisse Dekadenz steht. In „Goldfinger" fährt der gleichnamige Gegenspieler einen *Rolls*, der ihm dazu dient, sein Gold über die Grenzen zu schmuggeln; in „Im Angesicht des Todes" lässt sich Bond als getarnter englischer Pferdeexperte und Gentleman mit einem *Rolls* chauffieren. Auffällig ist ebenso der *Renault 11*, ebenfalls aus „Im Angesicht des Todes", der selbst noch ohne Dach und Heck eine Verfolgungsjagd durch Paris meistert.[37]

Neben dem Statussymbol Auto werden mit Bond zahlreiche weitere Luxusgegenstände vom Anzug über Uhren hin zum „richtigen" Champagner für den entsprechenden Kaviar beworben. Auch hier ist es nahezu unmöglich, die Marken zu ermitteln, das Ergebnis würde mittlerweile vermutlich in die Hunderte gehen.

---

34 Cork/Scivally 2002, S. 67 f.
35 Ebd., S. 68.
36 Tata 2006, S. 125–127.
37 Ebd., S. 130–132.

Alleine in „Stirb an einem anderen Tag" aus dem Jahre 2002 zählte ein britisches Nachrichtenmagazin 20 platzierte Firmen.[38] Am treuesten ist Bond der Marke *Walther* – dem deutschen Hersteller seiner Waffen.

Neben Bonds Anzügen (seit 1995 von *Brioni*)[39] sind wohl seine Uhren die wichtigsten Luxusartikel, die in den Filmen regelmäßig beworben werden. Dominierten in den 1960er Jahren Uhren der Firma *Rolex* Bonds Handgelenk, wechselte der Agent ab 1973 in „Leben und Sterben lassen" zum ersten digitalen Zeitmesser. Was auf den ersten Blick unspektakulär erscheint, ist ein deutliches Indiz für eine weitere Adaption des Zeitgeistes durch die Filme. Digitaluhren kamen Anfang der 1970er Jahre neu auf den Markt und galten schnell als beliebte Prestigeobjekte. Die Vorgängerin der von Roger Moore in „Leben und Sterben lassen" getragenen *Hamilton Pulsar P2 2900* (Abb. 47), die *P1*, kostete zu Beginn des Jahrzehnts um die 4.000 Dollar – mehr als ein Kleinwagen.[40] Angeblich sorgte der Anblick der teuren und (noch) hochmodernen Uhr für ein Raunen beim Kinopublikum – und soll einer der Gründe für den späteren Massenansturm auf Digitaluhren gewesen sein, als diese bezahlbar wurden.[41] Von 1973 bis 1985 trug Bond die digitalen Zeitmesser, ab 1977 jedoch von der Firma Seiko. In „Der Spion, der mich liebte" (1977) kann die *Seiko Quartz LC Chronograph* beispielsweise kurze Textnachrichten ausdrucken (Abb. 48) und die *Seiko G757 Sports 100* aus „Octopussy" (1983) dient dem Agenten als Peilsender zum Auffinden eines Fabergé-Eies. In diesem Feld waren die Bond-Filme der technischen Entwicklung sogar weit voraus – so wurde erst 1992, 15 Jahre nach „Der Spion, der mich liebte", die erste SMS[42] verschickt. Der digitale Trend ging so schnell wie er kam und so führt Bond seit Timothy Dalton wieder eine analoge Uhr mit sich, wobei die Marke 1995 von *Rolex* zu *Omega* wechselte.[43]

Größere Markenvielfalt als bei der Wahl seiner Uhren zeigt Bond (und damit das Product-Placement) in den Getränken. Bevorzugte 007 in den 60er Jahren Champagner von *Dom Perignon* und einmal *Taittinger*, favorisierte er ab den 70er Jahren (mit zwei *Dom-Perignon* „Rückfällen") *Bollinger*.[44] Aber auch Wodka (z. B.

---

38 N.N.: New Bond film ‚a giant advert', in: BBC-News vom 18.11.2002. http://news.bbc.co.uk/2/hi/business/2488151.stm., Zugriff: 01.04.2015. Siehe auch: Tata 2006, S. 133.

39 Tata 2006, S. 103.

40 Marek, Leo: Geschichte der Digitaluhr: Space Age und Resterampe, in: Spiegel-Online vom 30.11.2013. http://www.spiegel.de/netzwelt/gadgets/digitaluhren-bilderstrecke-von-1973-bis-heute-von-pulsar-bis-pebble-a-935584.html. Zugriff: 01.04.2015. Zum Preis eines Kleinwagens 1973 (der *Alfasud* von *Alfa Romeo* kostete damals 8000 DM) siehe: N.N.: Kleinwagen mit Image. In Spiegel Nr. 41/1973 vom 08.10.1973, S. 116.

41 Walbersdorf, Max Ernst: Digitaluhr. Die Vergangenheit der Zukunft, in: GQ.de vom 12.05.2009. http://www.gq-magazin.de/mode-stil/uhren/digitaluhr-die-vergangenheit-der-zukunft. Zugriff: 01.04.2015.

42 Iken, Katja: 20 Jahre Kurznachricht. HB2U liebe SMS, in: Spiegel-Online vom 30.11.2012. http://www.spiegel.de/einestages/was-stand-in-der-ersten-sms-der-welt-a-947827.html, Zugriff: 01.04.2015.

43 Tata 2006, S. 151. Siehe auch: Ebd, S. 107–109.

44 Tata 2006, S. 151.

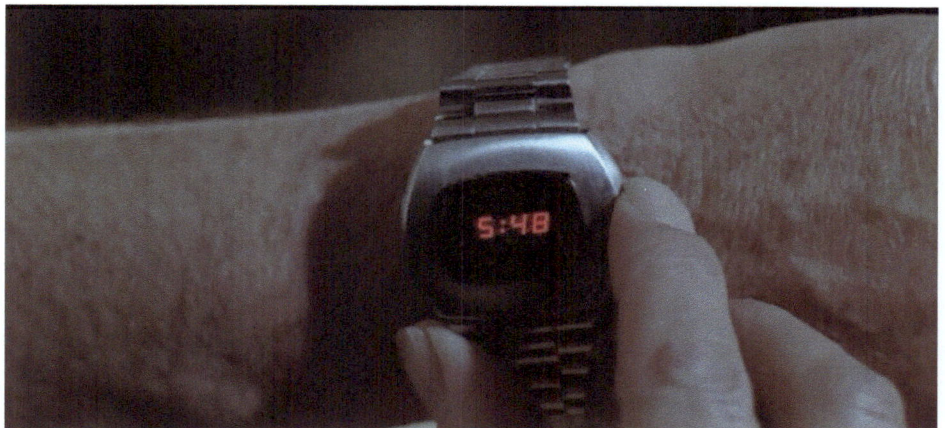

Abb. 47: *Pulsar* in „Leben und sterben lassen, Screenshot „Leben und sterben lassen"
(DVD Ultimate Edition) 00:07:34. Bild wurde zugeschnitten.

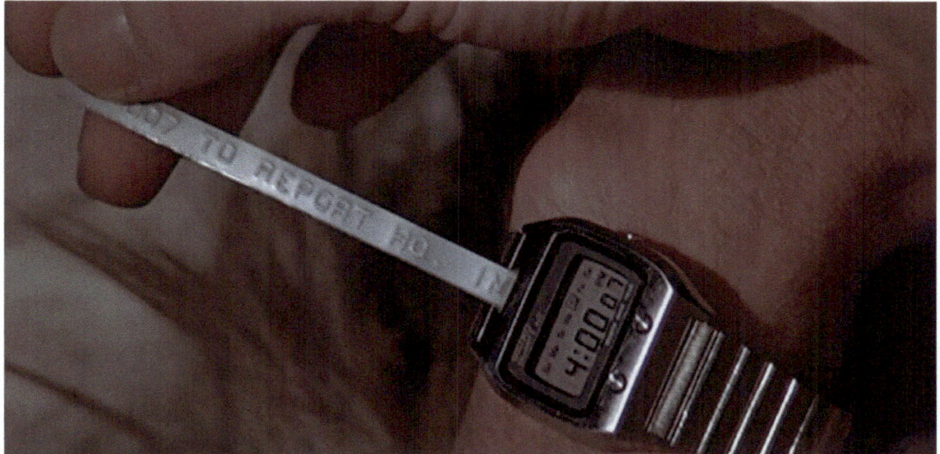

Abb. 48: *Seiko* in „Der Spion, der mich liebte", Screenshot „Der Spion, der mich liebte"
(DVD Ultimate Edition) 00:05:05. Bild wurde zugeschnitten.

Smirnoff, Finlandia, Absolut oder *Stolichnaya*), Whisky (z. B. *Talisker, Jack Daniels*)
oder Wein (z. B. *Mouton Rotschild*) flossen im Laufe der Jahre die Kehle des Agenten hinunter.[45] Im Fokus standen aber meistens Wodka-Martini und Champagner.
Seit Daniel Craig interessiert sich Bond nicht mehr übermäßig für seine Getränke
und trinkt neben einem Bier von *Heineken* („Skyfall") praktisch alles, was die (ge-
hobene) Bar hergibt. *Heineken* platziert in Bond-Filmen schon seit „Der Morgen
stirbt nie"; dass der Agent jedoch selber zu dieser Marke greift ist neu.[46] Daher löste

---

45 Ebd., S. 104–107.
46 Siehe Kulbarsch-Wilke 2009, Anhang 18, Sq. 13.2. Siehe auch: Jamesbondlifestyle.com,
    inoffizielle James-Bond-Fan-Seite, http://www.jamesbondlifestyle.com/product/heine-
    ken. Zugriff: 01.04.2015.

Bonds *Heineken*-Konsum in Skyfall unter einigen Fans Stürme der Entrüstung aus
(Bond sei nicht mehr authentisch); dass 007 laut „Tagesspiegel" nach wie vor auch
die „klassischen" Alkoholika wie *Bollinger* Champagner oder Martini konsumiert,
wurde dabei offenbar nicht beachtet.[47]

Haben sich Bonds Ess- und Trinkgewohnheiten nur marginal gewandelt (größte
Auffälligkeit das *Heineken*-Bier in „Skyfall"), ist der Wandel des Zeitgeists besonders
gut in den platzierten Multi-Media-Produkten zu erkennen. Das Thema Digitaluhr
wurde bereits behandelt, aber die Abteilung Q hielt und hält für den Agenten immer
wieder hochaktuelle oder vorgreifende technische Spielereien bereit, die häufig mittels Product-Placement in die Filme eingeführt wurden. In den 1960er und 1970er
Jahren zeigte man sich in dieser Hinsicht noch etwas zurückhaltender – sporadisch
nutzt Bond platzierte Markenprodukte – so fotografiert er mit einer Minikamera
der Firma *Minox* in „Im Geheimdienst Ihrer Majestät", stielt Blofeld eine Kassette,
welche dieser zuvor mit seinem *Philipps*-Rekorder in „Diamantenfieber" abspielte
oder brüht seinem Chef ein Heißgetränk mit einer *La Pavoni Europiccola* Espresso-
maschine in „Leben und Sterben lassen" auf.[48]

Seit den 1980er Jahren erkannten zunehmend mehr Marketingspezialisten das
Potential eines geschickt platzierten Objektes in einem Bond-Film. Vor allem *Philips*
platzierte in den Filmen, am augenfälligsten wird dies in „Im Angesicht des Todes"
1985. Hier werden ein *Philips*-Fernseher, ein Rasierapparat, ein Diktiergerät, eine
Tastatur und eine Kassette der Marke *Philips* gezeigt. In „Der Hauch des Todes" von
1987 kommt neben einem Autorradio der Firma *Philips*, ein Schlüsselanhänger zum
Einsatz, dessen Fähigkeiten sowohl das Öffnen von nahezu allen gängigen Schlössern
als auch das Freisetzen von Betäubungsgas sind. Auch in „Stirb an einem anderen
Tag" hilft *Philips* dem Agenten. Mit einem elektrischen Rasierer befreit sich Bond
von einem Vollbart.[49] In „Skyfall" greift der Agent (bzw. die ihn rasierende Moneypenny) übrigens zu einem klassischen Rasiermesser ohne erkennbare Markenzugehörigkeit. Das Ergebnis: Die auf Rasierutensilien spezialisierten (Online-)Händler
The Shaving Shack und *The Executive Shaving Company* verzeichneten innerhalb
einer Woche nach Premiere des Films einen rapiden Umsatzanstieg (zwischen 50
und 400 Prozent) beim Verkauf von althergebrachten Rasiermessern.[50] Hier zeigt
sich, dass auch ein nicht explizit als solches erkennbares Product-Placement unge-
ahnte Wirkungen haben kann und könnte darüber hinaus ein Hinweis darauf sein,

---

47 Mortsiefer, Henrik: Von James Bond zu James' Bier, in: Tagesspiegel.de vom 28.10.2012.
    http://www.tagesspiegel.de/wirtschaft/werbung-und-film-von-james-bond-zu-james-
    bier/7311844.html. Zugriff: 01.04.2015.

48 Jamesbondlifestyle.com, inoffizielle James-Bond-Fan-Seite, http://www.jamesbondlife-
    style.com/gadgets, Zugriff: 02.04.2015.

49 Tata 2006, S. 115–117.

50 N.N.: James Bond and male grooming. Getting stroppy, in: The Economist.de vom
    08.12.2012.   http://www.economist.com/blogs/blighty/2012/11/james-bond-and-male-
    grooming, Zugriff: 25.03.2015.

dass die Nachfrage nach gewissen „Retro"-Artikeln durch die Bond-Filme spürbar steigerbar ist.

Interessanterweise beugen sich die Bond-Filme offensichtlich nicht dem *Apple-* und *I-Phone-*Trend, was bei genauerer Betrachtung jedoch einen offensichtlichen Grund hat. Seit 2005 gehören Teile der Produktionsfirma MGM zu einer Tochterfirma *Sonys*. Dass man hier lieber Werbung in eigener Sache macht, ist also folgerichtig. Der japanische Elektroriese platzierte jedoch auch schon „In der Spion, der mich liebte" einen unscheinbaren Bildschirm, die Intensität nahm dann vor allem in den Filmen seit 1995 zu. In „Der Morgen stirbt nie" ist ein *Ericson-Handy* (später zu *Sony* gehörend) gemeinsam mit dem *BMW 750iL* das technische Dream-Team des Films. Der nahezu einbruchssichere Wagen lässt sich via *Ericson* fernsteuern – die Verwirrung bei den Gegnern des Agenten ist perfekt.[51] Auch in „Stirb an einem anderen Tag" wirbt *Sony* und in „Casino Royale", „Ein Quantum Trost" und „Skyfall" fallen dem Betrachter das Notebook der Marke *Vaio SX*, das *Sony Ericson K800I* (beide „Casino Royale"), das *Sony Ericson C902 Cyber-Shot*-Handy („Ein Quantum Trost"), das Handy *Sony Xperia T* („Skyfall") oder das von Moneypenny genutzte *Vaio*-Notebook auf.[52] Es ist daher nicht verwunderlich, dass auch im neuesten Film „Spectre" wie schon in den drei Vorgängern auf *Sony*-Handys gebaut wurde. Ob man je eine *Apple-Watch* auf der mit einem Bond-Film bespielten Kinoleinwand sehen wird, ist hingegen vor dem Hintergrund der aktuellen Besitzverhältnisse fraglich.

Was die Frauenrolle angeht, legt das Product-Placement übrigens wenig Wert auf Gleichberechtigung. Artikel, die explizit Frauen ansprechen sollten, sind in den Bond-Filmen älteren Datums beinahe völlig vernachlässigt worden (Ausnahme ist das Hochzeitskleid, das Diana Rigg als Tracy trug – dieses wurde in Großbritannien nach Erscheinen des Films überall verkauft), in neueren Filmen wurden Kampagnen für Nagellack und Make-up (*Yves Saint Laurant* in „GoldenEye", *Revlon* in „Stirb' an einem anderen Tag" und *OPI* in „Skyfall") gestartet.[53]

Dass nach einem Bericht der „Welt" Product-Placement auch unerwünschte Folgen haben kann und somit vermutlich besser nicht als solches bezeichnet werden sollte, zeigt sich in „Skyfall". In diesem Film sind Bond und Moneypenny an einer actiongeladenen Verfolgungsjagd beteiligt, die den Agenten auf einen Güterzug führt. Hier zerstört er mit einem Bagger mehrere Autos, die anschließend vom Zug fallen. M, die via Funk zuhört, wundert sich über den Lärm: „Was war das?"[54] Moneypenny antwortet seufzend: „Zwei VW Beetle. Nagelneu."[55] Bei VW war man über diese Darstellung der Marke weniger zufrieden: „Wir sind nicht glücklich darüber, wie unsere Fahrzeuge in diesem Film präsentiert werden [...] Hätte man uns

---

51 Tata 2006, S. 118.
52 Jamesbondlifestyle.com, inoffizielle James-Bond-Fan-Seite, http://www.jamesbondlifestyle.com/gadgets, Zugriff: 02.04.2015. Siehe auch: „Skyfall" (DVD) 00:51:15–00:52:39.
53 Tata 2006, S. 111f. Zu „Skyfall" siehe: http://www.vampyvarnish.com/2012/10/opi-skyfall-collection-swatches-photos-review/. Zugriff: 02.04.2015.
54 „Skyfall" (DVD) 00:08:02–00:08:06.
55 Ebd.

um Erlaubnis gefragt, wäre das abgelehnt worden."[56] Es ist nicht davon auszugehen, dass VW für diese zweifelhafte Produktwerbung gezahlt hat – und falls doch, würden sich die Verantwortlichen vermutlich in Schweigen hüllen.

An den unterschiedlichen Variationen von Product-Placement und der Vielfalt der sich vor allem im technischen Bereich wandelnden Artikel, erkennt man ebenso wie am Bond-Boom der 60er Jahre, deutliche Marker für den Wandel des Zeitgeistes einerseits und die Rückwirkung der Filme auf Wirtschaft und Gesellschaft andererseits. Doch auch in der direkten, auf die unterschiedlichen Bond-Epochen bezogenen Beschäftigung mit den Filmen ist dieser Zeitgeist zu spüren. Anhand mannigfacher Rezensionen zahlreicher Kritiker und einer erheblichen Menge an Berichten über das Phänomen James Bond über fünf Jahrzehnte hinweg, soll nun ein Blick auf diese direkte Rezeption geworfen werden.

5.2   Bond im Spiegel der Medien – Rezeption

Ob es in den 1960er Jahren der Bond-Boom war oder 2012 zum 50-jährigen Jubiläum der Bond-Serie, stets fand und findet James Bond seinen Weg in die Feuilletons großer Tageszeitungen oder in Reportagen bekannter Nachrichtenmagazine. Dabei war der Agent besonders in seiner Anfangszeit nicht bei allen Medien beliebt. Insbesondere die „Elite" der Filmkritiker, ging mit den Bond-Filmen oft mehr als kritisch um. Der Fokus der Berichterstattung lag und liegt in erster Linie auf den Inhalten der Filme, einbezogen werden Handlung und/oder Spezialeffekte. Playboy legt(e) naturgemäß darüber hinaus seinen Schwerpunkt auf Bildstrecken leichtbekleideter Bond-Girls und Interviews mit den Bond-Darstellern. Aber auch zur Wirkung der Filme in wirtschaftlicher Hinsicht (Product-Placement) oder als Massenphänomen (Bondomanie) gaben und geben die Artikel Auskunft.

5.2.1   Bond-Boom – Rezeption in den 1960er Jahren

Der erste Bond-Film wurde 1962 von den untersuchten Medien noch nicht so intensiv wahrgenommen, bei seinem Erscheinen widmeten ihm dennoch die britische „Times" und der „Guardian" sowie der US-„Playboy" und das „Time-Magazine" zumindest kürzere Besprechungen. „Der Spiegel" und „Die Zeit" berichteten nicht, bzw. erst rückblickend auf „James Bond jagt Dr. No". Die britischen Zeitungen zeigten sich insgesamt zwar nicht überschwänglich, aber doch wohlwollend mit der ersten Adaption des Fleming-Romans. Laut „Guardian" sei „Dr. No" eine „crisp and well tailored adaption of one of Ian Flemings books"[57] und trotz seiner Schwächen (der

---

56   Zitiert nach: Doll, Nikolaus: Insider bricht sein Schweigen über Blockbuster Deals, in: Welt.de vom 18.11.2012. http://www.welt.de/wirtschaft/article111248436/Insider-bricht-sein-Schweigen-ueber-Blockbuster-Deals.html., Zugriff: 02.04.2015.
57   N.N.: James Bond v. Dr. No. Ian Fleming thriller, in: The Guardian vom 08.10.1962, S. 17.

hohe Gewaltanteil wird hier immer wieder betont) ein „neat and gripping thriller.“[58]
Auch die „Times“ übte nur leichte Kritik (wie im „Guardian“, bezogen auf ein Zuviel
an Gewalt). Dieser Bond-Film sei „up-to-date“[59] und eine „carefully expertly made
[…] exercise in violence and sadism.“[60] Irritiert zeigten sich beide Zeitungen von
der Darstellung Connerys als Bond. Er hätte zwar das korrekte Aussehen, aber der
Akzent sei dennoch gewöhnungsbedürftig und würde den weitestgehend positiven
Eindruck des Films trüben: Connery „very nearly looks right [but] sounds all wrong
(with his slightly Irish, slightly American accent).“[61] Auch die „Times“ bemängelte
Connerys „faint Irish-American look and sound, [which] spoils the image.“[62]

In den USA, wo der Film knapp ein halbes Jahr später Premiere feierte, zeigte
man sich zurückhaltender als in Großbritannien. „Playboy“ war nicht begeistert
und hinterfragte, ob dieser Film es schaffen möge, ein breites Publikum (einschließlich des US-Präsidenten Kennedy, einem bekennenden Fan der Bücher)
anzulocken. Die Frauen seien zwar „nubile knockouts“[63], aber das „farfetched, far-
from-super script make one sadly shake his head, No.“[64] Ein ähnliches Wortspiel
mit dem Filmtitel fand auch das „Time Magazine“ ein halbes Jahr zuvor, das bereits
kurz nach der Filmpremiere in London titelte: „No, No, A Thousand Times No“[65]
und sich anschließend fragte, wie Kennedy als bekennender Bond-Fan den Film
bewerten würde. Man kam zu dem Schluss, dass er vermutlich nicht begeistert sei,
aber auch kein körperliches Leid empfinden würde: Kennedy „may groan, but he
will not be physically hurt.“[66] Eine ausführlichere und wohlmeinendere, wenngleich
nicht überschwängliche Rezension, brachte „Time“ einige Monate später zur US-
Premiere: Bond treffe zwar den Geschmack der Zeit, wirke aber allgemein in diesem
Film (auch aufgrund des nicht so guten Drehbuchs) teilweise albern:

> „But somehow the poor chap [Bond] almost always manages to seem slightly silly – he
> can hardly help in a story like this: Sent to Jamaica to investigate the disappearance of
> a British agent there, 007 in less than 24 hours finds himself 1) abducted by a Chigro
> (Chinese Negro) chauffeur, 2) attacked by a furry Caribbean tarantula, 3) rammed a hit-

---

58 Ebd.

59 N.N.: The Shadow of the Condemned Cell. From our Film Critic, in: The Times, Nr.
55514 vom 05.10.1962, S. 18.

60 Ebd.

61 N.N.: New films in London. By our Film Critic, in: The Guardian vom 06.10.1962, S. 5.

62 N.N.: The Shadow of the Condemned Cell. From our Film Critic, in: The Times, Nr.
55514 vom 05.10.1962, S. 18.

63 N.N.: Movies, in: Playboy, Vol. 10, Nr. 05 vom Mai 1963, S. 44–47, S. 46.

64 Ebd.

65 N.N.: Movies Abroad: No, No, A Thousand Times No, in: Time Magazine vom
19.10.1962. http://content.time.com/time/magazine/article/0,9171,827883,00.html. Zugriff: 08.08.2014.

66 Ebd.

and-run Cadillac hears, 4) waylaid by a sinister Chinese cutie, 5) smershed by the six-gun of a sneaky geologist [...]. "[67]

Hier ist im Subtext leichter Spott herauszulesen und es scheint fast, als würde sich das amerikanische Magazin über den britischen Agenten amüsieren. Gerade in diesen ersten Rezensionen des „Time Magazine" wird der Eindruck erweckt, James Bond würde mehr als Karikatur („just a great big hairy marshmallow")[68] gesehen. Die Britishness der Figur wurde zwar schnell als Markenzeichen akzeptiert[69], hier sieht man jedoch noch anfängliche Skepsis.

In Deutschland ging man nach anfänglichem Ignorieren des ersten Films zumindest bei der „Zeit" deutlich kritischer mit dem Agenten ins Gericht. Im Rahmen der Kritik zu „Liebesgrüße aus Moskau", wurde von „Zeit"-Redakteur Peter H. Schröder zunächst die erste Verfilmung Flemings besprochen. Hier bezog sich der Hauptkritikpunkt auf den hohen Gewaltanteil („er füllt seine Opfer regelrecht mit Blei an [...] eine weitergehende Begründung wird nicht gegeben")[70] aber auch auf den Umgang Bonds mit Frauen: „Die Frauen in diesem ersten Film werden konsumiert, Liebe heißt bei 007 nur noch schneller Genuss, dann verliert das Objekt seinen Reiz und Wert."[71] Diese Entrüstung Schröders dürfte auch im Sinne vieler Konservativer in den 1960er Jahren gewesen sein – die Idee der sexuellen Unabhängigkeit der Frauen war längst nicht überall en vogue. An dieser Stelle ist gleichzeitig zu hinterfragen, ob man 1962 schon daran dachte, die Frauen im Bond-Film als „sexuell befreit" zu interpretieren, oder ob diese Sichtweise nicht erst ein Produkt späterer Analysen (wie beispielsweise dieser) ist. Nach diesem schlaglichtartigen, zeitgenössischen Blick auf die Bond-Kritik des Jahrzehnts schienen (wie Schröder schrieb) die Frauen in der Kritik eher als Opfer und eben „schneller Genuss" gegolten zu haben. Weniger kritisch zeigten sich im Übrigen die untersuchten amerikanischen und britischen Medien. Häufiger Sex in den Filmen wurde zwar notiert, spielte in den Kritiken jedoch nur eine Nebenrolle.

Gleichzeitig äußerte sich Schröder besorgt über die Richtung, die die Gesellschaft (und vor allem die Jugend – eine wohl typische Sorge der Elterngeneration, nicht nur in den 60ern) einschlage. Flemings Werke seien nichts weiter als eine unreflektierte und überspitzte Darstellung des Zeitgeistes, dessen Entwicklung der Rezensent offenbar skeptisch betrachtete:

„[D]ie Romane, mehr noch als die Filme [...] sind das Produkt eines kaltblütigen und kenntnisreichen Rechners, der die latenten Strömungen des gesellschaftlichen Lebens lediglich beim Namen nennt, sie summiert und geschmackvoll zum Strauß des glatten

---

67 N.N.: Cinema: Hairy Marshmallow, in: Time Magazine vom 31.05.1963. http://content. time.com/time/magazine/article/0,9171,896851,00.html. Zugriff: 06.09.2014.

68 Ebd.

69 Bilkau 2007, S. 115.

70 Schröder, Peter H.: Film in der Nähe des Faschismus. James Bond oder Sex und Sadismus, in: Die Zeit Nr. 12 vom 20.03.1964, S. 16.

71 Ebd.

Geschäfts bindet. [...] Dem fehlt jedoch auch noch das geringste kritische Element [...]. Flemings Welt [...] ist die Projektion ins Irrationale, weil sich dort alles wie von selbst zur perfekten Unterhaltung verfilzt. Der Zuschauer verliert zuerst die Kontrolle über das Geschehen, sodann über sich selbst. Wer einer Nachmittagsvorstellung beigewohnt und die Zustimmungsschreie des vorwiegend jugendlichen Publikums an den sadistischen Folter- und brutalen Prügelszenen nicht aus den Ohren verloren hat, weiß, was gemeint ist. [...]"[72]

„Die Zeit" war in ihren Anfängen sehr kritisch mit James Bond: Schröder ordnete die Bond-Filme in dieser zusammengefassten Kritik zu „James Bond jagt Dr. No" und „Liebesgrüße aus Moskau" in die „Nähe des Faschismus"[73] ein und auch Nettelbeck äußerte sich in seiner Kritik zu „Feuerball" ein Jahr später in eine ähnliche Richtung:

„Wer hier sagt, das sei komisch, und es ist gesagt worden, denn Kino bleibt Kino, und das fröhliche Morden gehöre halt dazu, [...] [der] macht [...] sich jener faschistischen Neigung verdächtig, den Totschlag zum ästhetischen Vergnügen zu sublimieren."[74]

Ähnlich kritisch wie die „Zeit" äußerten sich von den untersuchten Medien vor allem in Bezug auf die Frauenrolle nur noch indirekt der „Guardian" und die „Times". Im Rahmen eines Artikels über die internationale Versammlung 300 junger Methodisten zitierten die Blätter die Predigt Reverend Edward Rogers, der in James Bond einen Verfall der Moral sehe, was sich besonders in dem in den Filmen präsentierten Umgang Bonds mit Frauen manifestiere:

„007 takes his women where he finds them and he finds them pretty well anywhere. The woman isn't really a woman at all. She is just a rather pleasantly scented plaything to be used for an hour or two in a context of violence that borders on sadism. And that is accepted. There, in my judgment, is the measure of our contemporary standard of morality."[75]

Generell spielt die Bewertung der Frauenrolle in den Bond-Filmen aber keine übergeordnete Rolle in den Rezensionen der 1960er Jahre. Zwar findet sich im Großteil der Artikel auch immer ein Verweis auf das oder die Bond-Girl(s), viel Raum wurde den Damen jedoch nicht eingeräumt. Da wurde beispielsweise im „Guardian" Ursula Andress' „erweiterter Bikini" betont, der mit einer Art britischem „soldier belt"[76] ausgestattet sei oder von der „Times" bedauert, dass es nur ein nennenswertes Bond-Girl in „Liebesgrüße aus Moskau" gegeben habe. Meistens beschränkten sich die Magazine jedoch darauf, die Damen im Nebensatz zu erwähnen oder unter die Ka-

---

72 Ebd.

73 Ebd.

74 Nettelbeck, Uwe: Das feine Leben und der flinke Totschlag. James Bonds bunte Badeabenteuer – Zur Feuerball-Premiere, in: Die Zeit Nr. 52 vom 24.12.1965, S. 16.

75 N.N.: Bond and Drummond seen as symbols of morality change, in: The Guardian vom 16.08.1966, S. 3.

76 N.N.: James Bond v. Dr. No. Ian Fleming thriller, in: The Guardian vom 08.10.1962, S. 17.

tegorie „sex and violence“ fallen zu lassen (die nicht immer negativ konnotiert ist). Lediglich Lotte Lenya als Rosa Klebb (und damit kein klassisches Bond-Girl) war sowohl dem „Guardian“, der „Times“ und dem „Playboy“ eine lobende Erwähnung wert. So hinterließe laut „Guardian“ die deutsche Schauspielerin einen bleibenden Eindruck: „[B]ut then, there is Lotte Lenya. As Doktor Rosa Klebb, former head of the Russian secret service, she is superbly tough [...].“[77] Und auch für die „Times“ wies der Film mit Lotte Lenya eine besonders bemerkenswerte („a memorably bizarre villainess in the shape of Lotte Lenya's Colonel Klebb“)[78] Figur auf. Auch Pussy Galores Wandel von der Homosexualität hin zur „happy heterosexuality“[79] fiel den Kritikern in unterschiedlicher Ausprägung auf.

Anders als man vermuten könnte, brachte übrigens Deutschlands größtes Frauenmagazin, die „Brigitte“ innerhalb des untersuchten Zeitraumes keinen Artikel zu den Bond-Girls oder Schmink-/Modetipps, wie beispielsweise die „Elle“ (siehe Kapitel 4.2). Lediglich eine Art Fotoroman, der offensichtliche Anspielungen auf die James-Bond-Spielfilmreihe enthielt, zeigte, dass der Bond-Boom auch an der „Brigitte“ zumindest nicht völlig vorüber gegangen war.[80] Dennoch berichtete „Brigitte“ überraschend wenig bis gar nicht über den Agenten und „seine“ Frauen.

Wirklich intensiv befasste sich nur der „Playboy“ mit den Bond-Girls und nutzte hierbei (was wenig verwunderlich ist) ausschließlich einen männlichen Blickwinkel bei gleichzeitiger Reduzierung des Bond-Girls auf seine Körperlichkeit (ebenfalls kaum überraschend). Die ersten drei Bond-Filme wurden jedoch auch vom Männermagazin eher stiefmütterlich behandelt – die erste große Bilderstrecke erschien erst zur Premiere von „Feuerball“ im November 1965 (im Juni gab es ein kleineres Pictorial von Ursula Andress), auf der Höhe des Bond-Booms. Auf über zehn reichbebilderten Seiten berichtete Drehbuchautor Richard Maibaum über seine Lieblings-Bond-Girls, „those sensuous cinema sirens with whom secret agent 007 has to put up and bed down.“[81] Weniger was Maibaum schrieb, ist hierbei von Interesse (Honey Ryder ist seine Favoritin, Pussy Galore würde von Bond bekehrt werden, Fiona Volpe sei die erste richtige Femme Fatale), sondern ins Auge fällt die Aufmachung des Artikels. Hier wurden neben den Haupt-Bond-Girls auch zahlreiche Nebendarstellerinnen nackt oder halbnackt präsentiert und unter der Rubrik „Bond-Girl“ zusammengefasst, selbst wenn ihr Auftritt im Film nur kurz war oder eine Begegnung mit Bond nie stattgefunden hat. Es ging dem „Playboy“ (ganz offensichtlich) in seinen Fotostrecken in erster Linie um die Nacktheit (verkauft unter

---

77 Round, Richard: New Films. In The Guardian vom 11.10.1963, S. 11.

78 N.N.: Four Just Men Rolled into One. From our Film Critic. in: The Times, Nr. 55828, vom 10.10.1963, S. 17.

79 N.N.: An Immensely Successful Film Formula, in: The Times, Nr. 56119 vom 17.09.1964, S. 15.

80 N.N.: Brigittes große Faschingsstory mit vielen Kostümen zum Nachmachen: James Blond jagt die schöne Maske, in: Brigitte Nr. 01/1966 vom 04.01.1966, S. 4–15.

81 Maibaum, Richard: James Bond's Girls, in: Playboy, Vol. 12, Nr. 11 vom November 1965, S. 132–141, S. 144 und S. 205–206, S. 133.

dem Label „Bond-Girl"), weniger um die Darstellung der wichtigsten Frauen.[82] Dieses Muster zeigt sich des Öfteren, wenn Fotostrecken von kleinen Nebenrollen eines Bond-Films im „Playboy" mit „Die neuen Mädchen des James Bond"[83] beworben werden.

Die eigentliche Filmkritik zu „Feuerball" verdeutlichte diese Tendenz des Männermagazins, die Bond-Girls als ansprechendes Produkt zu stilisieren, indem die Frauen mit schmackhaftem Essen (aus dem Heimatland ihrer Darstellerin) verglichen wurden. Schon Maibaum beschrieb Sylvia Trench aus „Dr. No" als „cool brunette dish"[84], die Bond-Girls aus „Feuerball" sah Playboy als „italienische Vorspeise" oder „französisches Gebäck":

> „Since a good deal of the story takes place in the Caribbean, there's much carnival in evidence, but even more scuba-doings, which give us a chance to see a lot of a lot of lovelies. Chief among them are Luciana Paluzzi, a spicy Italian antipasto, and Claudine Auger, a tasty French pastry."[85]

Keine der Damen sei darüber hinaus zu angezogen: „The film also features a fetching plethora of pretties, none of them overdressed […]."[86] Laut Bilkau zeige sich hier die Festlegung der Bond-Girls in ihrer Wesensart „auf die Erfüllung eines männlichen heterosexuellen Begehrens".[87] Unterstrichen wird Bilkaus These von dem im Juni 1967 erschienenen Artikel von Roald Dahl zur Frauenrolle im neuen Bond-Abenteuer „Man lebt nur zweimal". Besonders hervorgehoben wurde in dem Bericht die Fähigkeit Bonds, jede Frau verführen zu können, sogar die Agentin der Gegenseite, Helga Brandt. Brandt, die Bond töten sollte, würde nun, kaum dass sie sich in seiner unmittelbaren Nähe befände, vor Verlangen („the poor girl begins to twitch and dribble with desire")[88] vergehen. „[To] be able to melt a woman in this manner", wäre der „dream of every heterosexual male […]".[89] Wider besseren Wissens (Dahl schrieb immerhin das Drehbuch), wurde hier eine eigentlich starke Frau zum reinen Lustobjekt für Bond reduziert. Dass Helga Brandt den Agenten eher für *ihre* Zwecke nutzt und *ihn* nach der gemeinsamen Nacht alleine und gefesselt dem sich im Sinkflug befindenden Flugzeug überlässt, erwähnt „Playboy" nicht. Auf eine Weise, die durchaus nicht frei von Ironie ist, ähnelt die im „Playboy" angeführte Darstellung

---

82 Ebd. Siehe hierzu auch: Hines, in: Becker, Jack/Weiner, Robert G./Whitfield, Lynn (Hrsg.) 2010, S. 169 f.

83 Playboy (DE) Nr. 8 vom August 1979, Titelblatt.

84 Maibaum, Richard: James Bond's Girls, in: Playboy, Vol. 12, Nr. 11 vom November 1965, S. 132–141, S. 144 und S. 205–206, S. 144.

85 N.N.: Movies, in: Playboy, Vol. 13, Nr. 03 vom März 1966, S. 22–24, S. 22. Siehe hierzu auch: Bilkau 2007, S. 81 f.

86 Ebd.

87 Bilkau 2007, S. 80.

88 Dahl, Roald: 007's Oriental Eyefuls, in: Playboy, Vol. 14, Nr. 06 vom Juni 1967, S. 86–91, S. 90.

89 Ebd.

der Frauenrolle in den Bond-Filmen der 1960er Jahre sogar der üblichen Rhetorik von James Bonds Kritikern – bevorzugt aus Reihen der Genderforschung (oder eben der „Zeit"). Auch diese ignorieren starke Frauenrollen im Bond-Film und sehen sie im Regelfall nur als Opfer männlicher Begierde. Dies zeigt aber auch, welchen vielseitigen Interpretationsspielraum die Bond-Filme lassen – je nach Adressat können einzelne Szenen diametral gedeutet werden.

Generell kann man bereits für die 6oer Jahre konstatieren, dass die Nähe zwischen James Bond und dem Playboy nicht von der Hand zu weisen ist und sogar als symbiotisch bezeichnet werden kann. Während ab Mitte der 6oer Jahre der „Playboy" in der Regel sehr ausführlich über den neuen Bond und vor allem die Girls berichtet, wirbt Bond im Gegenzug in den Filmen für das Magazin. In „Im Geheimdienst Ihrer Majestät" liest er den „Playboy" genüsslich, während er darauf wartet, dass sich der Safe eines Gegners öffnet[90] und in „Diamantenfieber" wird beim Blick auf Bonds Brieftasche der Playboyclub-Mitgliedsausweis sehr prominent in Szene gesetzt[91]. Vermutlich handelt es sich hierbei um eine Form des gegenseitigen Product-Placements, wovon sowohl „Playboy" als auch die Bond-Produzenten profitierten durften.

Der Agent mit der Codenummer 007 fand nicht nur Kritiker innerhalb der westlichen Welt, besonders in sozialistisch regierten Staaten war James Bond den Machthabern ein Dorn im Auge. Der Kalte Krieg fand seinen Niederschlag also nicht nur in den Handlungen der Filme selbst, sondern auch in deren Rezeption. Gelegentlich berichteten auch die „Times" oder der „Spiegel" über diese ablehnende Haltung. Hieraus geht hervor, dass besonders die Mitgliedsstaaten der Sowjetunion oder des Warschauer Paktes die Bond-Romane und Filme auf den Index setzten. So stand man in Bulgarien dem britischen Agenten nicht wohlgesonnen gegenüber. Der Spiegel berichtete 1966 von einem Roman, dessen Held James Bond tötet (der Name James Bond durfte aus rechtlichen Gründen dabei nicht verwendet werden): „Gegen 007" nannte sich das Werk des Schriftstellers Andrej Guljaschki. Ganz offensichtlich wurde der Bond-Boom in der kommunistischen Welt mit Misstrauen begutachtet. Trotz Film- und Buchverbot schafften es die Werke Flemings immer wieder (durch westliche Touristen) in die Sowjetunion. Laut Spiegel hätten sowohl bulgarische, als auch rumänische oder sowjetische Zeitungen ihre Ablehnung des Agenten deutlich kundgetan. Auch der Autor des Anti-007-Romans sah sein Werk als dringend notwendig an: „,Bondismus' ist seit langem zu einem Synonym für moralische Entartung und Anti-Humanismus geworden."[92] Eine weitere Verbreitung Bonds in den Osten betrachteten viele kommunistische Organe als Gefährdung der Jugend.

---

90 Kulbarsch-Wilke 2009, Anhang 6, Sq. 9.

91 Ebd., Anhang 7, Sq. 5.5. Siehe auch: N.N.: Bunnies of 1972, in: Playboy, Vol. 19, Nr. 10 vom Oktober 1972, S. 136–146 und S. 200–202, S. 137.

92 Zitiert nach: N.N.: Bond: Neuer Staatsfeind, in: Der Spiegel, Nr. 31/1966 vom 25.07.1966, S. 63.

So berichtete bereits 1965 die „Times" über einen Artikel in der Prawda, der damals größten russischen Tageszeitung und Parteiorgan der KPdSU, die in James Bond ein Synonym für die verkommene westliche Welt sähe. So ordnete die Prawda laut „Times" den Agenten in das rechte politische Lager und sähe ihn als Nachfolger der Nationalsozialisten: „James Bond came under heavy fire here today from one of the Soviet Unions main political commentators as the ‚successor' of Nazi war criminals."[93] Ganz im Sinne manches „Zeit"-Redakteurs dürften auch die folgenden Aussagen der „Prawda" geklungen haben: „Prawda" sah laut „Times" in Bond einen „unthinking murderer and rapist"[94] der ausschließlich die Interessen der Bourgeoisie vertreten würde. In seiner Welt würden Vergewaltigung und Missachtung von Frauen als Heldentum zählen und Mord zu einem Spiel verharmlost: „In the ‚nightmare world' of Bond ‚the law is written with the end of a pistol: rape and scorn for women's honour were considered valour, and murder an amusing game'."[95] Sogar das sozialistische Syrien setzte Bond 1966 auf den Index und sah gar eine Verschwörung des amerikanischen Geheimdienstes hinter Fleming, „whose works [...] adding insult to injury, were being peddled by the American Central Intelligence Agency."[96]

Die Bond-Macher ließen sich von dieser Polemik wenig beeindrucken – die Bondomanie war bereits in aller Munde. Erkennbar ist dies besonders eindrucksvoll am Verlauf der Berichterstattung über die Bond-Filme. Wurden die ersten beiden Werke zwar besprochen (und auch nicht immer negativ), waren es doch nur kurze Filmkritiken, die sich des Agenten annahmen. Dann setzte mit „Goldfinger" eine Welle der Begeisterung ein (ausgenommen die „Zeit"), nach der Connery „better than ever"[97] („Guardian") gewesen sei und „Ian Fleming would have enjoyed it"[98] („The Times"). Äußerst positiv bewertete auch das „Time Magazine" den Film, indem er als Thriller der Extraklasse bezeichnet wurde:

> „A bit much? Yes, but it's meant to be. Like Dr. No and From Russia with Love, the two previous Bond bombshells, this picture is a thriller exuberantly travestied. [...] In scene after scene Director Guy Hamilton has contrived some hilariously horrible sight gags."[99]

Nach diesem Erfolg von „Goldfinger" Ende 1964 fand eine erweiterte Berichterstattung zu James Bond statt. Seitenlange Berichte über die neuesten Bond-Girls oder die Dreharbeiten zu „Feuerball" füllten die Hefte. Man mag sich hierbei natürlich

---

93 N.N.: James Bond under Moscow fire, in: The Times, Nr. 56440 vom 30.09.1965, S. 10.

94 Zitiert nach: Ebd.

95 Ebd.

96 N.N.: Hand of C.I.A. seen behind ‚007'. Syria puts James Bond on hate chart. in: The Times, Nr. 56727 vom 03.09.1966, S. 7.

97 N.N.: At the cinemas: The most exciting Bond: two hours of unmissable fantasy, in: The Guardian vom 05.10.1964, S. 5.

98 N.N.: An Immensely Successful Film Formula, in: The Times, Nr. 56119 vom 17.09.1964, S. 15.

99 N.N.: Cinema: Knocking Off Fort Knox, in: Time Magazine vom 18.12.1964. http://content.time.com/time/magazine/article/0,9171,876515,00.html, Zugriff: 06.09.2014.

HEROES OF OUR TIME
1. Winston S. Churchill
2. Nikita S. Khrushchev
3. Lyndon B. Johnson
4. James Bond

Abb. 49:
James Bond Liste, N.N.: Werbeanzeige in: The Times, Nr. 56773 vom 27.10.1966, S. 17. Das Bild wurde zugeschnitten.

ganz im Sinne des Henne-und-Ei-Problems fragen, ob die Medien diesen Hype erst verursachten oder ob sie ihm sich anschlossen. Nach der oben beschriebenen sporadischen Berichterstattung über die ersten drei Filme zu urteilen, scheint letzteres der Fall zu sein. Erst die sprunghaft gestiegenen Zahlen der Kinobesucher (in Verbindung mit wahrscheinlich größer angelegten Werbekampagnen der Filmverleihfirmen) ließen die Medien offenbar ihren Stil ändern.

Interessant ist, dass von den untersuchten Medien eher in den USA und Deutschland als in Großbritannien[100] ein Bond-Hype zu spüren ist. „Time" berichtete, der „Playboy" startete Bildergalerien mit Bond-Girls, das US-Magazin „Saturday Evening Post" brachte einen langen Artikel, ebenso wie der „Spiegel". Die um Bond herum ausgebrochene Begeisterung ist deutlich in diesen Berichten zu bemerken. Auf einer (nicht ganz ernst gemeinten) Werbeanzeige der Times für ihre Beilage „The Times Literary Supplement" wurde James Bond 1966 in einer Liste der beliebtesten aktuellen Helden („Heroes of our Time") hinter Winston Churchill, Nikita Chruschtschow, und Lyndon B. Johnson auf Platz vier geführt (siehe Abb. 49).

Auch kürzere Berichte über den Ansturm und Ausverkauf der neuesten Bond-Fan-Artikel sind bezeichnend. So zeigt ein Artikel über Bond-Mechandise und seinen Erfinder vom 26.02.1965 im „Time Magazine", dass die Vielfalt der Produkte und die Idee dazu in den 6oern noch relativ neu waren. Time berichtete über das Merchandise recht neutral, vielleicht mit einem leicht ironischen Unterton, der die (übertriebene) Vielfalt der Produkte karikierte. Der Merchandise-Wahn wurde dabei scherzhaft als „international conspiracy" bezeichnet, deren „mastermind"[101] der 42-jährige Brite Mervyn Brodie gewesen sei. Alles zum Thema Bond hätte er

---

100 Dass für Großbritannien im „Guardian" oder der „Times" weniger Bond-Boom-spezifische Titel gefunden wurden, kann natürlich auch mit der Art des Mediums zusammenhängen. Es handelt sich hierbei um Zeitungen, die ein anderes Klientel ansprechen und einen anderen Informationsauftrag als Nachrichten- oder Spartenmagazine wie der „Spiegel" oder „Playboy" haben. Die Folgerung, in Großbritannien wäre der Bond-Boom schwächer ausgefallen, ist demnach nur als ungesicherte Vermutung anzusehen.

101 N.N.: Merchandising: The Bond Market, in: Time Magazine vom 26.02.1965. http://content.time.com/time/magazine/article/0,9171,833529,00.html. Zugriff: 09.09.2014.

mittlerweile zu Geld gemacht, alle Altersgruppen angesprochen – fehlte nur noch Flemings Kinderbuch „Chitty-Chitty-Bang-Bang":

> „Brodie plans to use the Bond image to attract nearly all age groups. He figures that young fans, the six-twelve group [...], buy the toys and clothes because of Bonds way with guns and fast cars. The older fans, called the ‚kiss-kiss' group, are sold by the suave man-of-the-world-Bond. So far, Brodie has been too busy to figure out how to exploit Chitty-Chitty-Bang-Bang, Ian Fleming's Bond-like book for children. Give him time."[102]

Der „Guardian" wusste gegen Ende des Jahres 1965 zu berichten, dass das neu entwickelte Bond-Modellauto, offiziell für Kinder konzipiert, inoffiziell aber von deren Vätern gekauft, bereits ausverkauft gewesen wäre und man sich auf lange Wartezeiten hätte einstellen müssen. Der Erfolg des „Bond-Minicar" war sogar für den Hersteller des Spielzeugs eine Überraschung:

> „Mr Katz, managing director of Mettoy's Swansea toy factory, admitted that he has been overwhelmed by the response to the company's special line for Christmas: ‚After the Success of Goldfinger we expected a big demand, but nothing like this', he said. Most shops have a waiting list of up to eight weeks for delivery, and at the factory the 2000 employees have been performing Bond-like feats in an effort to cope with demand."[103]

Muten die herkömmlichen Spielzeugautos und Bond-Gadgets für den Hausgebrauch aus heutiger Sicht noch verhältnismäßig gewöhnlich an, kamen andere Firmen auf recht skurrile Gedanken, ihre Produkte zu vermarkten. In ihrem ausführlichen Report über die Bondomanie berichtete die „Saturday Evening Post" beispielsweise von einem Radiospot der Firma „Prince Macaroni", in dem der Bösewicht „Goldnoodle" bei dem Versuch gefangen wird, Supermärkte mit qualitativ schlechter Pasta zu überschwemmen.[104] Auch dem „Spiegel", der in seiner Berichterstattung bis 1965 nur wenig über die Bond-Filme zu sagen wusste, waren nun ähnlich abstruse Geschichten eine Erwähnung wert. In seinem über zehn Seiten langen Artikel gesellt sich zu Informationen über die ersten Bond-Filme, die Schauspieler, die Bücher, ihren Autor, den neuen Film und einer Aufzählung der neuesten Fan-Artikel wie Pyjamas, Taschentücher oder Alkoholika auch eine Liste verworrener Anekdoten über und um die Bondomanie.[105] So kam in Detmold vermeintlich ein Mensch ums Leben, dessen Freund (ein Soldat) wie James Bond versuchte, mit Waffen zu hantieren. Und in Oberhausen hätte ein Fensterputzer seine Frau erwürgt, als sich beide

---

102 Ebd.

103 Road, Alan: Bond Minicar, in: The Guardian vom 15.12.1965, S. 7.

104 Zinsser, William K.: The big Bond Bonanza, in: Saturday Evening Post vom 17.07. 1965, S. 76–81. Siehe auch: Tesche (A) 2006, S. 391.

105 N.N.: „Laster: Trinkt, aber nicht exzessiv, und Frauen". Spiegel-Report über James Bond, Bonditis und Bondomanie, in: Der Spiegel, Nr. 42/1965 vom 13.10.1965, S. 124–138.

während eines Streites nicht darüber einigen konnten, ob „James Bond im Film der echte Bond sei oder nur der Schauspieler Connery."[106]

Ergingen sich die Einen in Vorfreude über das kommende Bond-Abenteuer, reagierte die „Zeit" erst nach Erscheinen des Films mit einer vernichtenden Kritik (s. o.). Sogar auf den Bond-Boom und die damit verbreiteten Produkte wurde hierbei eingegangen: „Perfide"[107] daran, dass man sich zwecks besserer Identifikation mit seinem Helden nun auch Rasierwasser kaufen könne, wäre, dass „mit diesem Modevorschlag für jedermann weniger harmlose Vorschläge gekoppelt sind, vor allem der, es auch an Skrupellosigkeit und Gewalttätigkeit mit dem Agenten aufzunehmen."[108] Der Tonfall der „Zeit" sollte sich erst in den 1970er Jahren ändern – als andere Filmkritiker den Part übernahmen.

Den besten Eindruck, was Mitte der 1960er Jahre für eine Begeisterung für die Bond-Filme geherrscht hat, bietet aber vielleicht der einleitende Text William K. Zinssers zu seinem bereits erwähnten Artikel über Bond und die Bondomanie in den USA. Wenn man Zinssers Schilderung der zahlreichen Pressevertreter, die nur über die Dreharbeiten zu „Feuerball" berichten wollten, liest und dabei vernimmt, dass Zinsser die Geschichte dazu als „seine größte Story" betitelt, definiert sich der Begriff „Bondomanie" erst wirklich:

„There was a photographer from Italy with assignments to shoot a cover for 14 different European magazines. There was a French writer-photographer team from Paris *Match* and another from *Elle* and *France-Soir*. There were Germans from *Bildzeitung* and *Stern* and *Neue Illustrierte*, and Englishmen from the *Daily Mail* and the *News of the World*, Swedes from *Expressen* and *Se*, an Austrian from *Revue*, and a varied assortment of Australians and Canadians. There were reporters and photographers from *Life, Time, Sports Illustrated, Playboy, Look, True, Vogue, Glamour, Cosmopolitan, This Week, The New York Times Magazine*, a dozen Southern newspapers, the UPI and several smaller syndicates. There were TV units making films for NBC and ABC and the BBC. There was Ed Sullivan. There was – calling on the phone from Tokyo – the editor of Japan's biggest magazine. Oh, it was a big story, all right. The biggest story I've ever been on, and it wasn't any mere Dominican uprising or Cuba blockade. It was even bigger than that – the new James Bond movie was being filmed in the Bahamas!"[109]

Es lässt sich erahnen, dass nach der großangelegten Pressekampagne und den Vorfreude weckenden Berichten über die Dreharbeiten die Meinungen über das fertige Endprodukt „Feuerball" enttäuscht ausfielen. Die Spezialeffekte, die noch in „Goldfinger" und „Liebesgrüße aus Moskau" so ansprechend gewesen wären, würden nun den Film zum Nachteil der Handlung überlagern. Geradezu auffällig einig waren

---

106 Ebd., S. 136. Siehe auch: Tesche (A) 2006, S. 382.

107 Nettelbeck, Uwe: Das feine Leben und der flinke Totschlag. James Bonds bunte Badeabenteuer – Zur Feuerball-Premiere, in: Die Zeit Nr. 52 vom 24.12.1965, S. 16.

108 Ebd.

109 Zinsser, William K.: The big Bond Bonanza, in: Saturday Evening Post vom 17.07. 1965, S. 76–81, S. 77. Siehe hierzu auch Tesche (A) 2006, S. 387.

sich die Kritiker vom „Guardian", der „Times", dem „Spiegel", dem „Time Magazine" und der „Zeit", was die Qualität des so vielversprechenden Films anbelangte. So wirkte aus Sicht des „Guardian" der Plot generell zu konstruiert und auf die Gadgets bezogen:

> „[T]he scenario writers seem to have sat down, thought up a bundle of gimmicks [...] and then built the script around them. [...] One thing happens after another, seemingly without rhyme or reason, and certainly without excitement or interest. Perfunctory, listless and tired are the three best adjectives to describe the film."[110]

Auch die „Times" sah ein Nachlassen der Handlung („The plot [...] has been thinned out at times almost to vanishing point [...]")[111], ebenso wie „Time" („Thunderball spreads a treasury of wish-fulfilling fantasy over a nickel's worth of plot")[112] oder der „Spiegel", der argumentierte, Bond sei unfreiwillig zur Parodie geworden. Die Frauen kämen und gingen zu schnell, bei der Action sei übertrieben worden – alles in Allem befand der „Spiegel", James Bond sei „nur noch eine Null"[113]. Lediglich der „Playboy" gab sich begeistert von „Feuerball". Wären Action und Humor in früheren Filmen geringer dosiert gewesen und hätten als „Sicherheitsventil" gedient, zeigte sich „Feuerball" nun als Leinwand-Abenteuer der Extraklasse: „Now it's less private eye and more like a Panavision comic book with nobody expecting anybody to be seriously scared or shook up – just tongue-in-cheekily whiz-bam-zoomed [...]"[114] und am Ende: „All in all, it's not only the funniest and farthest out but also the biggest and the best of the Bond bombshells."[115]

Die überwiegend schlechten Kritiken konnten jedoch nicht verhindern, dass „Feuerball" der bis dato (und bis 2012) erfolgreichste Bond-Film war. Auch der Nachfolger „Man lebt nur zweimal" füllte die Kassen der Bond-Produzenten, man merkt aber anhand der Berichterstattung, dass zumindest auf Seiten der Medien eine gewisse Bond-Lethargie einsetzte, die sich Parallel zu Sean Connerys Weigerung, einen weiteren Film zu drehen, entwickelte. Auch wenn „Man lebt nur zweimal" nicht mehr ganz so negativ gesehen wurde wie sein Vorgänger (die „Times" befand sogar regelrecht euphorisch, dass der Film ein „distinct return to form" sei und schloss: „Sean Connery [...] just *is* James Bond")[116], wurden erste Töne laut, dass man Sean Connery seinen geplanten Abschied anmerkte: „It may just be an off year for 007

---

110 Round, Richard: Thunderball in London, in: The Guardian vom 29.12.1965, S. 5.

111 N.N.: Of Super Human Bondage. From Our Film Critic, in: The Times, Nr. 56515 vom 29.12.1965, S. 10.

112 N.N.: Cinema: Subaques Spy, in: Time Magazine vom 24.12.1965. http://content.time.com/time/magazine/article/0,9171,834870,00.html, Zugriff: 06.09.2014.

113 N.N.: Bond: Am Himmelshaken, in: Der Spiegel, Nr. 53/1965 vom 29.12.1965, S. 80.

114 N.N.: Movies, in: Playboy, Vol. 13, Nr. 03 vom März 1966, S. 22–24. S. 22.

115 Ebd.

116 Taylor, John Russel: A superlatively well produced film, in: The Times, Nr. 56968 vom 15.06.1967, S. 8.

[…]. But it could also be that the monumental Bond issue is at long last beginning to deflate.“[117] Am amüsantesten fasste jedoch der Spiegel diese Meinungen zusammen:

> „Der Bauch beult vor, das Haar wird schütter und die vorgelegten Girls zieht er eher väterlich aus. Britanniens Agent James Bond (Sean Connery) ist reif für einen Verwaltungsposten. […] In einer ungewöhnlich schlichten Handlung […] trabt Bond durch ein Reisebüro-Japan, bedient mancherlei Meuchel-Mechanik und kraxelt schließlich bei Nacht mit einer Bikini-Exotin in Blofelds Krater. […] Fleming hatte sich die Bond-Filme ‚spannend, amüsant und erotisch‘ gewünscht, und ‚Goldfinger‘ war auch so geraten. Die jüngste Bondiade wirkt dagegen, trotz technischer Eskalation und mancher Bond-Mots, als mattes Faksimile.“[118]

Tatsächlich flachte die Berichterstattung so schnell ab, wie sie gekommen war. Über den neuen Bond-Film mit George Lazenby wurde kaum noch berichtet, der „Guardian“ und die „Times“ widmeten „Im Geheimdienst Ihrer Majestät“ (trotz einiger auf die Wissenschaft der Heraldik bezogenen Vorberichte) keine Kritik mehr und nur noch der „Playboy“ und der „Spiegel“ rezensierten. Hierbei äußerten sich die Magazine genau entgegengesetzt: „Playboy“ meinte, Lazenby ließe den Zuschauer direkt vergessen, dass nicht Sean Connery den neuen Bond spiele („Not only is the film one of the best in the Bond series, it’s so visually appealing and well written that by the end you’ve ceased to notice that Lazenby isn’t Connery.“)[119]; während der „Spiegel“ dem Darsteller Unglaubwürdigkeit in der Rolle bei einer „konfuse[n] und naive[n] Handlung“ konstatierte: „James Bond, dargestellt von Lazenby, ist wirklich eine doppelte Null.“[120]

Von dieser Lazenby-Lücke in der Berichterstattung ist 1971 in Bezug auf „Diamantenfieber“ kaum noch was zu bemerken – lediglich die „Zeit“ widmete dem Film um den zurückgekehrten Sean Connery keinen Artikel. Dennoch änderten sich Tonfall und in erster Linie Intensität der Rezeption. Der große Bond-Boom war abgeflaut, was sich auch in den untersuchten Medien spiegelt.

5.2.2 Bond-Müdigkeit – Rezeption in den 1970er und 1980er Jahren

Noch relativ zuversichtlich berichteten die Medien 1971/72 von der Premiere von „Diamantenfieber“ und verliehen ihrer Freude darüber Ausdruck, dass nun wieder der „echte“ James Bond zurück gekehrt war; denn, wie „Time“ resümierte: „whether [Connery] likes it or not, he is the perfect, the only James Bond.“[121] Lediglich die

---

117 N.N.: Cinema: 006–3/4, in: Time Magazine vom 30.06.1967. http://content.time.com/
    time/magazine/article/0,9171,837071,00.html, Zugriff: 06.09.2014.
118 N.N.: Film: Kraxeln zum Krater, in: Der Spiegel, Nr. 41/1967 vom 02.10.1967, S. 193.
119 N.N.: Movies, in: Playboy, Vol. 17, Nr. 03 vom März 1970, S. 32–42, S. 38.
120 N.N.: Film: Kommt wieder, in: Der Spiegel, Nr. 53/1969 vom 29.12.1969, S. 83.
121 Cocks, Jay: Cinema: Looney Tune, in Time Magazine vom 10.01.1972. http://content.
    time.com/time/magazine/article/0,9171,877586,00.html, Zugriff: 06.09.2014.

deutsche „Zeit" hielt sich bedeckt und der „Spiegel" zeigte sich kritisch. Man sah in den Bond-Filmen nur noch Tristesse, die Serie würde immer nach denselben Mustern arbeiten und die Handlung zum reinen Slapstick verkümmern:

> „Wenn gutgefederte Limousinen plötzlich aufs Dach knallen oder die Kotflügel verlieren, wenn Polizisten auf Bond-Verfolgung ihre Streifenwagen serienweise in Klump fahren und in der Sahnetorte eine Zeitbombe tickt, dann zeigt sich, was aus Ian Flemings ‚faschistoiden' Roman-Vorlagen mit der Zeit im Kino geworden ist: Slapstick, nichts weiter."[122]

Sogar der „Playboy", dessen Filmkritik zu „Diamantenfieber" ansonsten äußerst positiv ausfiel, bemerkte ein nachlassendes Interesse an Bond und vermisste den Reiz des vergangenen Bond-Wahns: „[…] but somehow Bondomania isn't quite as gripping as it used to be."[123] Diese Worte sollten bald Bestätigung finden, denn in den Jahrzehnten der Roger Moore-Ära machte sich bis auf einige „Ausbrecher" (1973: neuer Bond-Darsteller Moore; 1983: Connery und Moore traten parallel als Bond auf; 1987: 25-jähriges Jubiläum und neuer Darsteller Dalton) in den britischen, amerikanischen und deutschen Medien eine regelrechte Bond-Müdigkeit breit. Diese zeigte sich nicht in erster Linie im Nachlassen oder Wegfallen der Berichterstattung, sondern vielmehr in einem erkennbar resignierten Tonfall innerhalb der Filmbesprechungen, vor allem ab dem zweiten Moore-Film. Moores erster Auftritt 1973 in „Leben und Sterben lassen" fand noch Interesse bei den Kritikern, die den Film jedoch nicht besonders positiv aufnahmen. Hervorhebung fand die Ähnlichkeit von „Leben und Sterben lassen" mit den in den 70er Jahren aufkommenden Black-Movies. Nahm die „Times" diese Tatsache einfach hin und konstatierte, dass der Versuch, einen Black-Movie zu produzieren (sollte es tatsächlich einer gewesen sein) fehlgeschlagen sei, wurde im „Time-Magazine" der Vorwurf des Rassismus deutlich, der sich darin manifestiere, dass alle Bösen im Film schwarz seien:

> „As for Bond's new character as a racist pig, there is a dubious rationale for it. Through the years he has kicked and chopped his way through most of the other races of man, so it could be argued that it is just a matter of equal rights to let blacks have their chance to play masochists to his pseudo-suave sadist. Not surprisingly, this strained justification fails to relieve the queasiness Live and Let Die induces. Why are all the blacks either stupid brutes or primitives deep into the occult and voodooism? Why is miscegenation so often used as a turn-on? Why do such questions even arise in what is supposed to be pure entertainment?"[124]

Im Gegensatz hierzu vermutete der „Playboy", dass die Vielzahl an schwarzen Bösewichten im Film eine Gegenreaktion auf den seit Beginn der 70er Jahre in vielen

---

122 N.N.: Zünder im Törtchen, in: Der Spiegel, Nr. 53/1971 vom 27.12.1971, S. 98.
123 N.N.: Movies, in: Playboy, Vol. 19, Nr. 03 vom März 1972, S. 28–36, S. 34.
124 Schickel, Richard: Cinema: Dirty Trick, in: Time Magazine vom 09.07.1973. http://content.time.com/time/magazine/article/0,9171,907516,00.html, Zugriff: 06.09.2014.

Filmen herrschenden „umgekehrten Rassismus" (in denen die Schwarzen die Guten und die Weißen die Bösen waren) gewesen sein könnte:

> „As a footnote, trend spotters will note an unusual number of blacks among the baddies, which must signify something, perhaps a put-down of the inverted racism (black for good, white for evil) that's been all too prevalent in action movies lately."[125]

Diese Deutung des „Playboy" könnte eine rassistische Konnotation („too prevalent") enthalten – um eine solche zu verifizieren, müssten Informationen über den Autor der Rezension vorliegen, der jedoch unbekannt ist. Vielleicht ist es aber auch zu weit hergeholt, der Rezension des „Playboy" Rassismus vorzuwerfen – möglicherweise ist sie lediglich Ausdruck eines subjektiv empfundenen Überangebotes an Black-Movies. Ähnlich sah es zumindest der „Spiegel", der ebenfalls die negative Rolle der Schwarzen in „Leben und Sterben lassen" konstatierte, dies aber vielmehr als ironische Antwort auf eben diese Black-Movies der 70er Jahre verstand:

> „Dass nach Chinesen, Russen, Deutschen jetzt die Schwarzen Amerikas die Bösewichter abzugeben haben, die man im Dutzend billiger abmurkst [...] belegt weniger den Rassismus der Fleming-Vorlage: Es ist im Film auch eine nur scheppernd komische Antwort auf die Ideal- und Kraftgestalten der Black Movies."[126]

Noch einen Schritt weiter weg vom Rassismusvorwurf gegen „Leben und Sterben lassen" ging der britische Filmkritiker Dilys Powell, der in dem Film bestenfalls einen Rassismus gegen die Weißen sah, die von den Schwarzen vorgeführt würden. Diese seien darüber hinaus auch als Gegenspieler die spannenderen Charaktere, die den Film aufwerteten. Die dunkelhäutige Rosie Carver wirke beispielsweise viel reizvoller als die weiße Solitaire. Er formulierte damit eine genau diametral zur Interpretation des „Time Magazine" stehende Deutung des Films:

> „Racist? Nonsense, unless you mean anti-white racialism, for it is true the film is slanted against the incompetence of the whites, who let the blacks run rings around them and so far as I can see would founder without trace if it were not for our old friend James Bond. [...] It is the blacks, though, whom one watches most eagerly. I know they are generally designated as the enemy in the film (not always: Bond is glad of a hand from a black CIA man in New York, and he would never have got to the sinister Caribbean island without his faithful black boatman). But such charming enemies, so well-mannered, sometimes so pretty (don't you find the black decoy played by Gloria Hendry more appealing than the statuesque Tarot-card dealer played by Jane Seymour?). [...]"[127]

Dass derselbe Film genau gegensätzliche Deutungen in der Frage nach seinem rassistischen Gehalt zulässt, sage laut Chapman weniger über den Film als solchen aus, sondern spiegele vielmehr die Anfang der 70er Jahre vorherrschende Haltung in

---

125 N.N.: Movies, in: Playboy, Vol. 20, Nr. 10 vom Oktober 1973, S. 33–42, S. 36.
126 N.N.: Böse Schwarze, in: Der Spiegel, Nr. 40/1973 vom 01.10.1973, S. 197–198, S. 198.
127 Zitiert nach: Chapman 2007, S. 142 f.

Großbritannien und den USA bezüglich dieser Thematik wider.[128] In den USA, wo die Einwohner durch die Geschichte der Sklaverei eine größere Sensibilität für Konflikte zwischen Menschen dunkler und heller Hautfarbe entwickelten, wurde zumindest vom „Time Magazine“ ein kritischer Standpunkt vertreten. In Deutschland oder Großbritannien waren vergleichbare Rassismusprobleme Anfang der 1970er Jahre noch weitestgehend unbekannt, eine kritische Beschäftigung hiermit im Sine des „Time Magazine“ also eher unwahrscheinlich.

Nach der lebhaften Debatte um „Leben und Sterben lassen“ verfielen die Kritiker in die oben beschriebene Bond-Lethargie. Die Abenteuer um Ian Flemings Romanfigur waren längst in das Kulturgut integriert, was dazu führte, Bond scheinbar als Normalität im Kinogeschäft zu betrachten. Der „Playboy“ artikulierte 1975 in seiner Rezension zu „Der Mann mit dem goldenen Colt“ dieses beginnende Desinteresse an 007 und an entsprechenden Kritiken folgendermaßen: „At this point in history, a James Bond movie is not something to quibble over; you take it or leave it.“[129] Ähnlich früh Bond-müde gab sich auch das „Time Magazine“. Roger Moore sei nicht der richtige Darsteller für die Serie, den Filmen würde es an neuen Ideen fehlen und insgesamt sei Bond bereit für den Ruhestand:

> „Although the final screen credits promise that Bond will return in The Spy Who Loved Me, it is time to retire him. He should be packed off to a sanatorium, where he can give his liver a rest and wait in leisure for his moment to come again. Right now, Bond has been around too long to be fresh, but not long enough to qualify as a genuine antique.“[130]

Außer dem „Playboy“, dessen Kritiken in der Regel positiver ausfielen (wenig überraschend, nachdem, was man über die „Playboy“-Bond-Symbiose weiß) wurde fast nur noch aus einer Mischung aus Resignation („There is no longer any tension – merely a parade of innocent fun in the course of a more or less pleasant experience.“[131] – „Guardian“ über „Moonraker“) und Ablehnung berichtet. So goutierte der „Spiegel“ zwar die ansprechenden Drehorte des elften offiziellen Bond-Abenteuers, befand den gesamten Film aber für monoton:

> „Derartige Harmlosigkeit verdankt der Film im Wesentlichen dem Bond-Darsteller Roger Moore, der, verglichen mit seinem Vorgänger, dem viril brustbehaarten Sean Connery, den Sex-Appeal eines Edeka-Filialleiters verströmt.“[132]

Solche Connery-Moore-Vergleiche waren kennzeichnend für die Rezensionen der späten 70er und 80er Jahre und mündeten in der Regel in dem Ergebnis, dass

---

128 Ebd, S. 143.

129 N.N.: Movies, in: Playboy, Vol. 22, Nr. 03 vom März 1975, S. 26–34, S. 30.

130 Cocks, Jay: Cinema: Water Pistols, in: Time Magazine vom 13.01.1975. http://content.time.com/time/magazine/article/0,9171,917047,00.html, Zugriff: 06.09.2014.

131 Radford, Tim: Couth, kith and kin, in: The Guardian vom 28.06.1979, S. 10.

132 Limmer, Wolfgang: Film: James Bond – ab ins All, in: Der Spiegel, Nr. 35/1979 vom 27.08.1979, S. 178–179. S. 178.

Connerys Bond die positiveren Bewertungen bekam. Das mag im Rahmen alltagspsychologischer Deutungen mit der Neigung des Menschen zur Verklärung vergangener Ereignisse und dem Wunsch, das haben zu wollen, was man gerade nicht hat, zusammenhängen. Denn mit genauem Blick auf die Connery-Ära fielen die Rezensionen damals auch selten überschwänglich aus. Während also der „Spiegel" 1979 Roger Moore den sexuellen Charme eines „Edeka-Filialleiters" zuschrieb, drückte es der „Guardian" zwei Jahre später ähnlich, aber in typisch britischem Understatement etwas taktvoller aus: „Roger Moore has replaced [Connerys] glowering sexuality with discreetly beddable good manners."[133] Deutlicher ging die „Times" ein Jahr zuvor mit Moores Bond im Vergleich zu Connery um. Waren die Bond-Filme in den 60er Jahren noch „stylish pop"[134], handele es sich bei den Moore-Filmen lediglich um „costly rubbish".[135] Der Agent sei in den 70er Jahren nur noch eine „emasculated marionette, a dummy with moveable parts who merely acts as the central detonator for a slapstick world of combustible hardware [...]."[136] Darüber hinaus wurde nicht nur die Amerikanisierung der Filme an sich und die Verlagerung der Schauplätze in die USA bei den Briten (zumindest in der „Times") negativ wahrgenommen, auch dass Bond durch Moore nun zu einer Parodie aller Englishness geworden sei, wurde kritisch angemerkt:

> „[T]he Bond character became superciliously English and the movies tried to find themselves American playlands. The far west of ‚Diamonds are forever' was followed by another giddy American spin in ‚Live And Let Die', with such hot United States concerns as black power and narcotics being given a kind camp English overkill."[137]

Als 1983 beide Darsteller schließlich nahezu parallel mit konkurrierenden Bond-Filmen in den Kinos zu sehen waren, fand der Connery-Moore-Vergleich zu einem neuen Höhepunkt. Fast alle der untersuchten Zeitungen und Magazine widmeten diesem Konkurrenzkampf (wobei nur einige Medien hieraus einen „Kampf" machten, Moore und Connery waren und sind im realen Leben Freunde)[138] ausführliche Artikel und spekulierten darüber, wer nun der bessere Bond sei. So titelte das „Time Magazine": „James Bond Meets His Match"[139] und merkte süffisant an, dass die eingefleischten Bond-Kenner nun die schwerwiegende Frage zu diskutieren hätten, welcher Bond nun der „Wahre" sei: „Exegetes of the Bond canon can debate

---

133 Malcolm, Derek: The Bond wagon rolls on, in: The Guardian vom 25.06.1981, S. 9.

134 Rissik, Andrew: James Bond: from action man to a slapstick puppet hero, in: The Times, Nr. 60540 vom 02.02.1980, S. 12.

135 Ebd.

136 Ebd.

137 Ebd.

138 Moore 2012, S. 156.

139 Corliss: Richard: Show Business: James Bond Meets His Match, in: Time Magazine vom 01.11.1982. http://content.time.com/time/magazine/article/0,9171,923067,00.html, Zugriff: 06.09.2014.

Abb. 50:
Witze über das Alter der Bonds,
Bild entnommen aus: Moore
2012, S. 154–155.

the weighty matter of which movie is gospel and which apocrypha.“[140] Auch der „Spiegel“ gab sich in dieser Frage ironisch. Seit bekannt war, dass zwei Bond-Filme parallel laufen würden, hieße „das weltbewegende Rätsel nicht mehr: Hat Gott die Welt geschaffen oder ist sie ihm bloß passiert? […] Nein, es heißt: Ist Connery oder Roger Moore der bessere James Bond?“[141] Der „Playboy“ hielt sich in dieser Frage bedeckter und brachte zum doppelten Bond-Auftritt statt eines ausführlichen Vergleichs der Hauptdarsteller eine Bilderstrecke mit den schönsten Bond-Frauen einschließlich eines Quiz’, mit dem der Leser sein Wissen über Bonds Frauenbegegnungen testen konnte.[142] In den Rezensionen zu den Filmen ging die Tendenz in den untersuchten britischen Medien und im amerikanischen „Time Magazine“ in Richtung Unentschlossenheit der Rezensenten in dieser Frage. Beide Filme wurden weder sehr positiv bewertet noch verrissen[143], wobei immer wieder Anspielungen auf das Alter beider Schauspieler auftauchten (siehe Abb. 50).

---

140 Ebd.

141 Karasek, Hellmuth: Film: Der einzig Wahre, in: Der Spiegel, Nr. 3/1984 vom 16.01.1984, S. 157.

142 N.N.: The spy they love to love, in: Playboy, Vol. 30, Nr. 07 vom Juli 1983, S. 86–95. S. 94 f.

143 Siehe hierzu beispielsweise die Rezension zu „Sag niemals nie“ im „Guardian“. Derek Malcolm schrieb hier: „I can’t honestly say that I preferred the new film or Octopussy. Or that either of them came very near to matching Dr. No or From Russia With Love […]“ Malcolm, Derek: True to his Bond, in: The Guardian vom 15.12.1983, S. 16. Weitere Rezensionen hierzu: Robinson, David: Cinema: For children of an uncertain age, in: The Times, Nr. 61555 vom 10.06.1983, S. 17. Oder auch: Schickel, Richard: Cinema: Ranking Up the Autumn Leavings, in: Time Magazine vom 17.10.1983. http://content.time.com/time/magazine/article/0,9171,952223,00.html, Zugriff: 10.09.2014.

Im „Playboy" fielen die Rezensionen beider Filme zugunsten Roger Moores aus („Who says Moore is less?")[144], da die erste „Feuerball"-Verfilmung mit Connery besser und schneller sei, als die Neuauflage „Sag niemals nie." Die untersuchten deutschen Medien neigten dazu, Connerys Film „Sag niemals nie" den Vorzug zu geben. Der Spiegel war regelecht angetan vom neuen/alten Bond – er sei zynisch und menschenverachtend wie früher, aber genau das mache den Reiz aus.[145] Die „Zeit" vertrat eine ähnliche Ansicht und ließ kein gutes Haar an Connerys Konkurrenz: „Nach dem unseligen Roger Moore, der zwischen 1973 [...] und 1983 [...] die Anzüge vorführen musste, in denen die Stuntmen dann ihre Shows veranstalteten, ist James Bond nun wieder ein Held mit Kontur und Charakter."[146] George Lazenby wurde im Rahmen der vergleichenden Artikel übrigens bestenfalls als Randnotiz wahrgenommen – die „Lazenby-Lücke" wirkte also auch hier nach.

Nach dem kurzen Intermezzo des doppelten Kinoauftritts der beiden Bond-Darsteller Moore und Connery machten sich die untersuchten Medien keine großen Mühen einer längeren Rezension. „Time": „It is exhausted and exhausting, an old joke retold once too often."[147] Und der Spiegel konstatierte, dass „der Zahn der Zeit an Bond genagt"[148] habe und die Rolle des „Sex-Leistungssportlers"[149] dem gealterten Roger Moore auch immer schwerer fiele. Die „Zeit" schlug mit „Im Angesicht des Alters"[150] statt „Im Angesicht des Todes" einen aus ihrer Sicht passenderen Titel für den letzten Film Moores vor. Bondmüdigkeit auch hier: Man hoffte (nicht zum ersten und nicht zum letzten Mal), dass sich der Agent nach den noch vier verbliebenen Kurzgeschichten Flemings, die Broccoli zu verfilmen gedachte, endlich „in den wohlverdienten Ruhestand"[151] würde zurückziehen können. Genau das tat zumindest Roger Moore, der den Staffelstab an Timothy Dalton weitergab. Neben der Tatsache, dass die Filme 1987 ihr 25-jähriges Jubiläum feierten, war dies ein weiterer Grund für diverse Medien, wieder ausführlicher über die erfolgreiche Kino-Serie zu berichten. Über die „Kreativität" verschiedener Medien im Hinblick auf die Formulierung ihrer Artikelüberschriften wies im Übrigen die „Zeit" durchaus selbstironisch hin (siehe Abb. 51).

Sogar der „Brigitte" war der neue Bond-Darsteller einen Bericht wert – sie brachte zum Erscheinen des zweiten Dalton-Films 1989 ein Portrait von ihm, der angeblich

<hr>

144 Williamson, Bruce: Movies, in: Playboy, Vol. 31, Nr. 01 vom Januar 1984, S. 50 und S. 54, S. 54.

145 Karasek, Hellmuth: Film: Der einzig Wahre, in: Der Spiegel, Nr. 3/1984 vom 16.01.1984, S. 157.

146 Grob, Norbert: Im Kino: Sean Connery als 007. Keine Angst vor Haien, in: Die Zeit Nr. 04 vom 20.01.1984, S. 38.

147 N.N.: Cinema: Rushes a View to a Kill, in: Time Magazine vom 10.06.1985. http://content.time.com/time/magazine/article/0,9171,958516,00.html, Zugriff: 09.09.2014.

148 Karasek, Hellmuth: Nummer 14, in: Der Spiegel, Nr. 32/1985 vom 05.08.1985. S. 134–135. S. 134.

149 Ebd.

150 Seidl, Claudius: Altersgeschwächt, in: Die Zeit Nr. 33 vom 09.08.1985, S. 39.

151 Ebd.

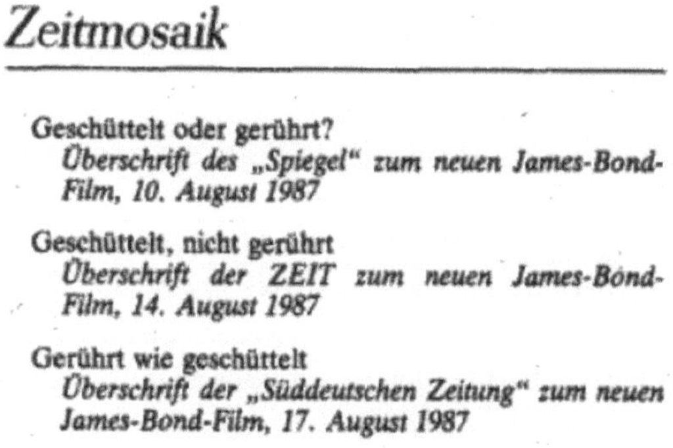

Zeitmosaik

Geschüttelt oder gerührt?
Überschrift des „Spiegel" zum neuen James-Bond-Film, 10. August 1987

Geschüttelt, nicht gerührt
Überschrift der ZEIT zum neuen James-Bond-Film, 14. August 1987

Gerührt wie geschüttelt
Überschrift der „Süddeutschen Zeitung" zum neuen James-Bond-Film, 17. August 1987

Abb. 51: Verblüffend ähnliche Schlagzeilen, N.N.: Zeitmosaik, in: Die Zeit Nr. 35 vom 21.08.1988, S. 30.

dafür verantwortlich sei, dass aus „James Bond ein richtiger Romantiker geworden [ist]. Auch im neuen Thriller ‚Lizenz zum Töten'."[152] „Brigitte" kam nach dem Interview zu dem Schluss, dass Dalton aus Bond „einen romantischen Liebhaber statt eines zynischen Frauenhelden, einen netten Geheimdienstler, der keiner Fliege etwas zuleide tun möchte"[153], gemacht hätte. Dass ein Mann wie Dalton, der „so verdammt freundlich [sei und] so ohne Arg, so lieb, dass nicht mal Bonds Erzfeinde etwas gegen ihn haben könnten"[154], den britischen Geheimdienstagenten 007 verkörperte, war für die „Brigitte"-Redakteurin ein schwer zu begreifender Fakt. Der Tonfall des Berichtes legt seinen Schwerpunkt klar auf die Romantik. Völlig ausgeblendet wurde offenbar, dass auch Daltons Bond tötet; auch im hier so hochgelobten, vermeintlich friedlichen ersten Film – vom zweiten, dem bis dahin brutalsten der Serie, ganz zu schweigen.

Indem „Brigitte" auf den „Romantiker" Bond anspielte, referierte sie auf den monogamen, nur einem Bond-Girl treu bleibenden Agenten des ersten Dalton-Films, „Der Hauch des Todes". Diese Sachlage blieb auch den britischen, amerikanischen und anderen deutschen Medien nicht verborgen (wobei streng genommen Bond in der Vortitelsequenz mit einer Dame anbandelt), die ihre Erkenntnis sodann mit der aufkommenden Aids-Panik Ende der 80er Jahre erklärten: „And in the age of Aids, even Bond must bend to serial monogamy; this time, for reasons of plot and propriety, he's a one-gal guy."[155] Bonds vermeintliche Monogamie war auch im „Spiegel" Thema, der die Spekulationen um die vorherrschenden Ängste in diesem Zusammenhang aufgriff. Bemängelt wurde dann auch prompt eine negative Entwicklung des neuen Bonds in die biedere Richtung. Statt zu viel Sex (für das Magazin noch ein Problem in „Feuerball"), war es für den „Spiegel" im Aids-Zeitalter nun zu wenig:

152 Groß, Sabine: Gefährlich ist nur sein Lächeln, in: Brigitte Nr. 16/89 vom 26.07.1989, S. 98–102, S. 98.

153 Ebd.

154 Ebd.

155 Corliss, Richard: Cinema: Bond Keeps Up His Silver Streak, in: Time Magazine vom 10.08.1987. http://content.time.com/time/magazine/article/0,9171,965173,00.html, Zugriff: 06.09.2014.

„Man hat gesagt, Bonds neue Treue und melodramatische Innerlichkeit sei eine Folge der neuen Aids-Ängste. Promiskuität sei nicht mehr in, nicht mal als infantiler Wunschtraum im Bond-Kino. Mag sein. Jedenfalls wird die Kamera nach scheuen Kussszenen so von dem hold-keuschen Liebespaar weggeschwenkt und auf die Tapete daneben gefahren, dass man denkt, man sei im Kino der Fuffziger. Das ist man auch.“[156]

Die Anpassung an den durch HIV-bedingten vorsichtigeren Umgang mit Sex und damit an den Zeitgeist der späten 80er, wurde in diesem Fall als Rückschritt in längst vergangene (Kino-) Zeiten bewertet. Ebenfalls als Anachronismus, wenngleich nicht durch HIV begründet, wurde der neue Bond auch 1987 von Claudius Seidl in der „Zeit“ gesehen. Zwei Probleme würden sich dem Agenten in den Weg stellen. Das erste sei Aids (als Vorschlag für den nächsten Film unterbreitete die „Zeit“ die Erfindung eines „Spezialkondom[s] [...] [d]enn 007 ohne Sex ist wie eine Walther ohne Patronen“)[157] und das zweite Problem sei der Zeitgeist. Statt sich ihm anzupassen, würde Bond in die alten Muster der 60er Jahre zurückfallen:

„[S]ein neuer, sein gemeinster Feind ist der Zeitgeist. Unser Lieblingsagent hat es aufgegeben, sich mit den neuesten Helden aus Hollywoods Retorte messen zu wollen. Statt dessen besinnt er sich auf seine alten und bewährten Qualitäten. [...] Die sechziger Jahre kehren zurück. James Bond, einst seiner Zeit um zwei Schritte voraus, ist heute ein Nostalgiker [...].“[158]

Mit dieser Argumentation widersprach Seidl sich zum einen selbst (immerhin war die Reaktion auf die Aids-Problematik eine deutliche Anpassung an den Zeitgeist) und schätzte die Bond-Serie zum anderen falsch ein. Wie bereits „Zeit“-Kollege Blumental 1973 in seiner Besprechung zu „Leben und Sterben lassen“ vermerkte, hatten sich die Bond Filme seit ihrem Bestehen an die veränderten gesellschaftlichen und politischen Gegebenheiten angepasst und den ideologisch gefärbten Einschlag der fleming'schen Romanvorlage abgelegt:

„In den elf Jahren zwischen ‚Dr. No‘ und ‚Leben und Sterben lassen‘ haben die Produzenten [...] ihren Helden so nachdrücklich der gewandelten historischen Situation angepasst, dass der 1964 verstorbene Fleming es vermutlich bedauert hätte, sein ideologisch überfrachtetes Erbe nicht zu treueren Händen hinterlassen zu haben.“[159]

Später implizierte Karasek in seiner Rezension von „Der Spion, der mich liebte“ für den „Spiegel“ 1977 ebenfalls eine Anpassung der Bond-Filme an die zeitgenössische Politik. Karasek bedauerte dabei den fehlenden Esprit der Romanvorlage und

---

156 Karasek, Hellmuth: Geschüttelt oder gerührt? Spiegel-Redakteur Hellmuth Karasek über den neuen James Bond, in: Der Spiegel, Nr. 33/1987 vom 10.08.1987, S. 151–152, S. 152.
157 Seidl, Claudius: Geschüttelt, nicht gerührt. James Bond kehrt zurück: „Der Hauch des Todes“ von John Glenn, in: Die Zeit Nr. 34 vom 14.08.1988, S. 38.
158 Ebd.
159 Blumenberg, Hans C.: Der weiße Riese geht um, in: Die Zeit Nr. 39 vom 21.09.1973, S. 19.

bescheinigte dem Helden (und vor allem den Produzenten) eine katzbuckelnde Mentalität:

> „Ein Wahnsinniger […] klaut in schöner Ausgewogenheit der Sowjetunion und den USA je ein Atom-U-Boot samt Raketen. Nun will er […] New York und Moskau auslöschen, um den großen Weltenbrand auszulösen. Aber Amerika, England und Russland stellen gemeinsam Bond und seine Genossin ab, um das Schlimmste zu verhüten. Bei dieser lammfromm vor allen Großmächten kuschenden Geschichte wird die Welt nur noch von privaten Verrückten bedroht […]. James Bond hat nun, sehr zu seinem Nachteil, den ungehemmten Antikommunismus und den ebenso unverhüllten Rassismus seines Erfinders Flemming abgelegt: […] James Bond gibt Pfötchen.“[160]

Obwohl in „Der Spion, der mich liebte“ dieses neue, positivere Bild von den Beziehungen zwischen dem Westen und der Sowjetunion gezeichnet wurde, waren die Regierungen der Ostblockstaaten kritisch. Der „Guardian“ berichtete 1977 über die immer noch ablehnende Haltung Moskaus zu James Bond und ging nicht davon aus, dass in naher Zukunft die Bond-Filme die Sowjetunion erobern könnten: „Though he is now actively collaborating with the KGB to prevent New York and Moskau blown up, James Bond shows no signs of becoming persona grata in the Eastern block.“[161] Zwei Jahre später, als die Entspannung weiterhin vorhielt (freilich nur bis zum russischen Einmarsch in Afghanistan), spricht der Artikel eines britischen Reisereporters für ein mögliches Umdenken in der russischen Bond-Film-Frage. Er berichtete von seiner Kreuzfahrt auf einem sowjetischen Schiff, die 1979[162] stattfand. Unter anderem bemerkte der Autor, dass „Der Spion, der mich liebte“ einer der beliebtesten Filme im Bord-Kino war und die russische Crew begeisterte:

> „One of the most popular films shown during the cruise – repeated ‚by popular demand‘ in fact – was the James Bond thriller *The Spy Who Loved Me*, whose plot has the Soviet and British secret services co-operating to defeat the forces of evil. The crew, in particular, enjoyed it.“ [163]

Offenbar schien sich die sowjetische Haltung zu James Bond ein wenig entspannt zu haben (wie auch die weltpolitische Lage allgemein Ende der 70er), wenngleich für Kreuzfahrtschiffe andere Maßgaben gegolten haben mochten. Auch ist dies kein Beweis dafür, dass die Bond-Filme nun auch in sowjetischen Kinos liefen. Dennoch zeigen diese Randnotizen, wie eng die Bond-Filme und die über sie berichtenden Medien mit dem Zeitgeist verknüpft waren. Denn drei Jahre später wendete sich das Blatt erneut: Die „Times“ berichtete 1983 über einen empörten „Prawda“-Ar-

---

160 Karasek, Helmuth: Pfötchengeber 007, in: Der Spiegel, Nr. 36/1977 vom 29.08.1977, S. 156.

161 Barker, Dennis: The spy Russia won't love, in: The Guardian vom 11.07.1977, S. 11.

162 Der Reisebericht erschien im Frühjahr 1980 und der Autor erzählt von der Reise, die im letzten Jahr stattgefunden habe – also sehr wahrscheinlich noch vor dem russischen Einmarsch in Afghanistan.

163 Carter, John: Travel I: Cruising in a Soviet showcase, in: The Times, Nr. 60570 vom 08.03.1980, S. 11.

tikel zu einem Statement des US-amerikanischen Präsidenten Ronald Reagan.[164] Dieser hatte Bond kurz zuvor im Rahmen einer britischen TV-Dokumentation als „fearless, skilled, optimistic [...]"[165] bezeichnet, was die „Prawda" mit Irritation zur Kenntnis nahm. Hätte Reagan den Bond-Vergleich als Metapher für sein eigenes Trinkverhalten genutzt, wäre laut „Prawda" Reagans Bewunderung für den Agenten weniger Besorgnis erregend. Dass Reagan den Agenten jedoch als Vorbild betrachte, zeige des Präsidenten wahre Gesinnung: „What really lies behind Mr. Reagan's hero-worship of Bond, ‚Prawda' said, is his fellow-feeling for a man who shoots first and uses his brains afterwards."[166]

Der wieder aufkeimende Kalte Krieg wurde auch in solch kurzen Episoden der Berichterstattung deutlich, die zeigen, wie selbst eine vermeintlich reine Unterhaltungsserie für politische Statements instrumentalisiert wurde. Auch ohne Kenntnis der tagesaktuellen Schlagzeilen verrät dieser Teil der Bond-Rezeption mindestens genauso viel über die politische Lage, wie der besprochene Film („Octopussy") selbst.

Auch über die sich verändernde Wahrnehmung der Bond-Girls in den Medien geben die Rezensionen und weitergehenden Berichte einen Einblick. Wurden in den Artikeln der 60er Jahre die Frauen wenig beachtet und als Teil der Bond-Formel hingenommen oder gelegentlich Bonds Umgang mit ihnen kritisiert, bekam erstmals in den hier untersuchten Medien im Jahr 1973 in einem direkt auf die Bond-Filme bezogenen Interview[167] ein Bond-Girl eine Stimme.

Jane Seymour äußerte sich im „Guardian" offen über ihre Rolle der „Solitaire" in „Leben und Sterben lassen" und ihre Absage an den „Playboy" zu Nacktfotos. Seymour zeigte sich besorgt um ihr Image – nach Bond wollte sie vergleichbare Angebote ablehnen („I must break the image")[168]. Aus ähnlichem Grund wollte sie sich auch nicht barbusig vom bekanntesten Männermagazin ablichten lassen: „I told them they could have covered-up photos of me twice as sexy."[169] Die „Playboy"-Ausgabe, erschienen im selben Monat, zeigte sie dann tatsächlich sehr bedeckt. Immerhin hätte der „Playboy" trotz ihrer Weigerung, sich ganz auszuziehen, mit ihrer Bond-Girl-Kollegin Gloria Hendry einen „Werbekörper" gehabt: „She ripped hers off before [„Playboy"] even asked, so they do have a body to promote the film

---

164 Owen, Richard: Russians Gun for Bond's best friend, in: The Times, Nr. 61591 vom 22.07.1983, S. 5.

165 Zitiert nach: Brummer, Alex: Bondage has Reagan in knots, in: The Guardian vom 30.06.1983, S. 1

166 Owen, Richard: Russians Gun for Bond's best friend, in: The Times, Nr. 61591 vom 22.07.1983, S. 5.

167 Zwar wurden auch schon früher Honor Blackman im „Guardian" interviewt, jedoch auf eine andere Rolle bezogen. Auch eine 1965 erschienene Bildstrecke zu Ursula Andress im „Playboy" bezog sich nicht auf ihre Rolle im Bond-Film, sondern in „SHE" (dt.: „Herrscherin der Wüste").

168 Mills, Bart: Liberation for a Bondmaiden, in: The Guardian vom 04.07.1973, S. 9.

169 Ebd.

with.“[170] Aus Seymours Worten lässt sich leise Kritik am „Playboy“ und auch an der Bereitwilligkeit vieler Frauen, sich für das Magazin auszuziehen, heraushören. Auch gegenüber Bond gab sie sich skeptisch. Auf die Frage, ob ein weiterer Auftritt für sie in Frage kommen könnte, antwortete sie ausweichend und bezweifelte, dass Bond an ihr erneut Interesse hätte: „[…] I doubt if Bond will ever look me up again.“[171] Seymour gab sich in diesem Interview des „Guardian“ nicht als das Bond-Girl wie es z. B. im „Playboy“ besonders in den 60er Jahren gezeigt wurde, sondern als durchaus kritisch eingestellte Frau, die zwar ein Bond-Girl spielte und auch im „Playboy“ (bedeckt) posierte, aber dennoch das Image einer selbstbestimmten Darstellerin wahrte.

Generell lässt sich am Beispiel des „Playboy“ die Tendenz zum geänderten Umgang mit den Bond-Girls gut nachzeichnen. Schrieben hier 1965 und 1967 noch die Drehbuchautoren Maibaum und Dahl *über* die Frauen, kam 1977 Barbara Bach, die die Anya Amasova spielte, selbst zu Wort. Es schienen sich im „Playboy“ Veränderungen in der Wahrnehmung im Vergleich zu früheren Bond-Begleiterinnen abzuzeichnen. Die Fotos von Bach bestanden zwar immer noch aus den wie üblich auf die Körperlichkeit reduzierten Posen, der Text beschrieb Amasova aber als „a gorgeous Russian spy […] a female counterpart of 007.“[172] Sie selber sagte über sich, „I love independence.“[173] Wie in den Filmen und in der realen Entwicklung wurde den Frauen nun auch im „Playboy“ (wenngleich verhalten) mehr Raum eingeräumt. Und im „Time Magazine“ äußerte sich Bach zu Bond als „male chauvinist pig who uses girls to shield him against bullets“[174], ihre Rolle als „liberated-woman“[175] in „Der Spion, der mich liebte“ sage ihr daher mehr zu.

Auch 1979 berichtete der „Playboy“ sachlicher – vergessen waren die 60er Jahre-Formulierungen der „french pastry“ oder „italian antipasto“ (s. o.). Ende der 70er Jahre waren die Bond-Frauen auch im „Playboy“ „nur“ noch die „Texas-born Lois Chiles“[176] oder der „French film star Corinne Cléry“.[177] Beibehalten wurde jedoch, dass auch die kleinste Nebenrolle großformatig abgebildet und als „Bond-Girl“ tituliert wurde. Die einzelnen Bildunterschriften blieben erstaunlich sachlich. Hier wurde kurz die Rolle im Film vorgestellt und ein biografischer Blick auf die Schauspielerin geworfen. In der deutschen Ausgabe des „Playboy“[178] aus dem selben Jahr

---

170 Ebd.

171 Ebd.

172 Williamson, Bruce: Bonded Barbara, in: Playboy, Vol. 24, Nr. 06 vom Juni 1977, S. 106–109 und S. 218, S. 218.

173 Ebd.

174 N.N.: People, in: Time Magazine vom 20.09.1976. http://content.time.com/time/magazine/article/0,9171,946616,00.html, Zugriff: 22.09.2014

175 Ebd.

176 N.N.: „Moonraker“. New Perils for 007, in: Playboy, Vol. 26, Nr. 07 vom Juli 1979, S. 140–151, S. 143.

177 Ebd.

178 In Deutschland erschien das Magazin erstmals 1972.

fällt hingegen ein sexuell unterfütterter zweideutiger Ton auf, der versteckte sexuelle Anspielungen in den Beschreibungen der Bond-Girls aus „Moonraker" nicht von der Hand weisen kann. Erinnerungen an die Diktion der in Deutschland überaus erfolgreichen Erotikfilmserie der „Schulmädchen-Report"-Reihe kommen schon bei der Artikelüberschrift auf. Die US-Ausgabe titelt: „[…] New Perils for 007"[179], während die deutsche Ausgabe nicht die „Perils" („Gefahren") im neuen Bond-Film in den Vordergrund stellt, sondern den „Nachschub für James Bond."[180] Aber auch die Bildunterschriften sind zweideutig. Über die Filmrolle Corinne Clérys (Hubschrauberpilotin) schrieb der deutsche „Playboy", sie brauche eine ruhige Hand, „damit der Steuerknüppel nicht ausrutscht."[181] Oder in Bezug auf Catherine Serre, die in einem früheren Film eine Prostituierte spielte: „In ihrer ersten Rolle spielte die Französin eine Prostituierte. James Bond bietet sie ihre Dienste kostenlos an."[182]

Im Jahre 1987 war es dann Miryam D'Abo, der im Playboy nicht nur viel Platz für ihre obligatorische Bildstrecke eingeräumt wurde, sondern die auch im Interview selbstbewusst zu Wort kam und als Hommage an frühere Bond-Filme in ihren Posen an bekannte Filmszenen erinnerte.[183] Auch über das Bond-Girl als solches und seinen Wandel äußerte sie sich: „Despite some notable exceptions, most of the previous Bond girls were like puppets[184]. But it's 1987, and the girl I play is no longer just a sex object [...]. She's a real person, a musician. [...]."[185] Indem dieses Zitat D'Abos veröffentlich wurde, schien nun der Playboy (zumindest was die Bond-Girls betraf) immer stärker seine sexistische Sichtweise wenn nicht abzulegen, so doch der gewandelten Frauenrolle anzupassen. Erneut zeigte sich dieses 1989, als das Magazin zwar keines der Haupt-Bond-Girls vorstellte, aber eine Frau ablichtete, die bereits ein Jahr zuvor als Playmate posierte und über diesen Part an die Nebenrolle einer kampferfahrenen Undercover-Agentin der Gegenseite gelangte. Nicht nur die obligatorischen Nacktfotos sind von ihr zu sehen, sondern auch ihre Kampfposen im Filmeinsatz.[186]

Auch außerhalb des „Playboy" wurden zunehmend die Bond-Girls intensiver besprochen und ihre starken Seiten hervorgehoben, bzw. ein Wandel konstatiert. So schrieb 1979 der Guardian:

---

179 N.N.: „Moonraker". New Perils for 007, in: Playboy, Vol. 26, Nr. 07 vom Juli 1979, S. 140–151, S. 143

180 N.N.: Nachschub für James Bond, in: Playboy, Nr. 8 vom August 1979, S. 55–63.

181 Ebd., S. 58.

182 Ebd., S. 59.

183 So trägt sie auf einem Foto eine Augenklappe wie Emilio Largo in „Feuerball" und auf dem Arm eine weiße Perserkatze wie Blofeld. Ein weiteres Foto zeigt D'Abo in einem ähnlichen Dress wie May Day in „Im Angesicht des Todes", ein weiteres völlig mit Goldfarbe überzogen wie Jill Masterson in „Goldfinger".

184 Was per se so nicht zutrifft, wie bereits Kapitel 4.1 dieser Arbeit zeigt.

185 Williamson, Bruce: D'Abo, in: Playboy (US), Vol. 34, Nr. 09 vom September 1987, S. 132–139 u. S. 166, S. 133.

186 N.N.: Licence to thrill. Playmate Diana Lee takes the titles in the latest James Bond film, in: Playboy, Vol. 36, Nr. 08 vom August 1989, S. 126–133.

„Yes, the Bond series is sexist, racist and occasionally sadistic. On the other hand, the Bond women can often be surprisingly active in their own defence (or on the offence, as the marvelously agile kung fu beauties Bambi and Thumper showed in Diamonds Are Forever).“[187]

Und „Time“ konstatierte im selben Jahr im Rahmen eines Bond-Überblicks zum Jubiläum, dass der Agent zwar auch mit dem neuen Darsteller Timothy Dalton immer noch ein Chauvinist sei, der sich jedoch nun auch auf die Stärke und Intelligenz seiner Begleiterinnen verlassen können möchte: „The male chauvinist piggy is still susceptible to European beauties [...], but now he relies on their intelligence and independence. They can fight manfully; he can fall in love.“[188] Ähnlich äußerte sich die „Zeit“, nicht jedoch ohne zu einem weiteren Seitenhieb auf den mittlerweile in Rente geschickten Roger Moore auszuholen:

> „Auch Bonds Miezen, die berühmten ‚Bondinen‘, sind nicht mehr, was sie einst waren: Sie haben sich selbstständig gemacht, geben sich eigensinnig, trainieren Schießen und Bodybuilding. Als im letzten Film die Schlafzimmertür zufiel und ein deutlich geschwächter Bond (alias Roger Moore) allein blieb mit der muskulösen Grace Jones, da fürchteten wir schon um Leben und Gesundheit unseres Helden.“[189]

Die „Zeit“ war es 1989 auch, die Bond schon beinahe prophetisch (zumindest für die kommenden sechs Jahre) für tot erklärte und in einem „Nachruf auf James Bond“[190] seine „Lizenz [für] abgelaufen“[191] erklärte. Zwar würde die Serie vermutlich unendlich weitergehen, aber im Prinzip sei Bond von Indiana Jones abgelöst worden. Die Filme um den von Harrison Ford verkörperten Archäologen böten mit „Nepp, Unterhaltung, Ideologie, alles, was das Herz begehrt.“ [192] Im dritten Teil der Serie verbänden sich gewissermaßen die beiden Filmgiganten: „In ‚Indiana Jones und der letzte Kreuzzug‘ [...] spielt Sean Connery den Professor Henry Jones, den Vater des Helden. Damit ist der Kreis geschlossen.“[193]

---

187 Sigal, Clancy: Spy with a saving grace, in: The Guardian vom 25.06.1979, S. 8.

188 Corliss, Richard: Cinema: Bond Keeps Up His Silver Streak, in: Time Magazine vom 10.08.1987. http://content.time.com/time/magazine/article/0,9171,965173,00.html, Zugriff: 06.09.2014.

189 Seidl, Claudius: Geschüttelt, nicht gerührt. James Bond kehrt zurück: „Der Hauch des Todes“ von John Glenn, in: Die Zeit Nr. 34 vom 14.08.1988, S. 38.

190 Kilb, Andreas: Lizenz abgelaufen. Ein Nachruf auf James Bond, in: Die Zeit Nr. 33 vom 11.08.1989, S. 36.

191 Ebd.

192 Ebd.

193 Ebd.

5.2.3   Neu erwachte Begeisterung – Rezeption der Brosnan-Filme

Nach der sechsjährigen Bond-Pause war das Medieninteresse am britischen Agenten 007 ungleich größer als noch am Ende der 80er Jahre. Auch wenn sich der
Autor eines Vorberichtes im „Guardian" skeptisch über die die Wiederaufnahme
des Franchise äußerte (James Bond könne nur scheitern, da es den letzten guten
Film 1977 und letzten hervorragenden gar 1964 gegeben habe)[194], zeigte das gesamte
Medienecho, dass der oben beschriebene „Nachruf auf James Bond" in der „Zeit"
eindeutig verfrüht war. Vor allem die untersuchten britischen Medien brachten Vor-
abberichte, Nachberichte, Rezensionen und Kolumnen, die die Hintergründe zum
Film erläuterten und die Geschichte des Agenten darlegten. Da wurde begründet,
warum man ihn nicht mochte („Why I hate 007"[195]: die Kombination aus Sex und
Gewalt sei beunruhigend) oder auch, warum man ihn mochte (er passe wieder genau in die Zeit der 90er Jahre)[196]. Das Kostümdesign der zukünftigen Bond-Girls
war ebenso Thema wie zwei Bond-Conventions in London und auf Jamaica. Auf
der Veranstaltung in London fanden Vorträge rund um das Thema Bond statt; im
Rahmen des Events ausgestellt und besprochen wurden Stil, Technik, Architektur
und Bonds Ethik. Für 1500 Dollar konnte man sich die Teilnahme an einer vier Tage
dauernden Convention in Flemings Villa „GoldenEye" auf Jamaica erkaufen, um
ganz im Bond-Stil zu essen, leben und trinken und die Gaststars Ursula Andress
und George Lazenby persönlich zu treffen: „This wasn't designed as a sort of Trekkie
event [...] but for intelligent, sophisticated people who like eating and drinking and
James Bond."[197]

Die „GoldenEye"-Premiere wurde aber nicht nur in der westlichen Welt gefeiert, auch in Russland fand nach dem Zerfall der Sowjetunion erstmals eine Bond-
Premiere statt. Der „Guardian" berichtete hiervon und befragte Kinobesucher nach
ihren Eindrücken. Einige so interviewte Russen sahen den Film skeptisch. Der Jura-
Professor Nikolai Yegrow befand ihn für uninteressant: „It was very beautifully shot
and produced, but as far as the theme was concerned it just wasn't interesting."[198]
Andere meinten, die Russen würden für Zuschauer im Westen falsch dargestellt –
während Bond schöne Anzüge trüge, würden die meisten Russen in Uniform gezeigt werden: „The people in that so civilized West will get the impression we're
wild bears from the north pole."[199] Nachdem also noch zu Zeiten der Sowjetunion
die Bond-Filme verboten waren, wurden auch sie nach dem Zerfall des Ostblocks
in russischen Kinos gezeigt. Einige der Reaktionen zeigen, dass der Bond-Boykott
und die Propaganda gegen den Agenten (und generell gegen alles westlich-kapitalis-

---

194 Leedham, Robert: In the dock: James Bond, in: The Guardian vom 13.06.1994, S. A 8.

195 Malcolm, Derek: The critic: Why I hate 007, in: The Guardian vom 16.11.1995, S. A 11.

196 Hodgkinson, Tom: Bonding experiences, in: The Guardian vom 16.11.1995, S. A 10.

197 Glaister, Dan: This is no joking matter, Mr Bond, in: The Guardian vom 26.10.1996, S. 10.

198 Meek, James: Moscow Scetch: Spy who went into the cold, in: The Guardian vom
05.02.1996.

199 Ebd.

tische) über viele Jahre nachwirkten – James Bond wurde durchaus noch skeptisch betrachtet. Russische Zeitungen bewerteten den Film unterschiedlich. So schrieb laut „Guardian" die Wochenzeitung „Moscow News" über den Film: „[The] banality of dialogue and situation sets one's teeth on edge."[200] Ein anderes Magazin äußerte sich durchaus wohlwollend. Der Agent würde weder für noch gegen den Westen oder den Osten kämpfen, sein einziges Ziel sei „the preservation of the greatness of Britain."[201]

Diesem Ziel verschrieben sich auch einige britische Rezensenten, die in ihren Besprechungen auch regelmäßig die „Britishness" „ihres" Agenten in den Fokus nahmen. In einem Vorbericht des „Guardian" zu „GoldenEye" wurde (mit möglicherweise leicht selbstironischem Unterton) ein Mangel an bestimmten britischen Elementen innerhalb eines Bond-Films festgestellt. So trage Bond einen Anzug aus Italien, ein Auto käme aus Deutschland (den Aston Martin fahre er glücklicherweise aber noch), die Uhr sei aus der Schweiz, die Computer von IBM und damit aus den USA. Bonds Attribute wurden hervorgehoben und als „essentiell britisch"[202] bezeichnet, was vordergründig für ein gesundes Selbstverständnis stehen kann (oder aber auch wie eine Beschwörungsformel klingen mag): James Bond „must be tough and tender, suave and steely, possessed of a self-deprecating humour. In a phrase, he must be quintessentially British."[203]

In der „Times" erschien zur „GoldenEye"-Premiere ein ähnlich gearteter Artikel, der die Bond-Filme als ureigenes, britisches Kulturgut lobte und Bonds passende Rückkehr auf die Kinoleinwand herausstellte – in Zeiten, in denen das Hollywood-Kino fast ausschließlich britische Bösewichte präsentiere („If you want a professional killer or crime mastermind, current Hollywood thinking is ‚Buy British'.")[204]. Auch in diesem Artikel mag man ein leichtes Augenzwinkern herauslesen, wenn Bond, dem Ur-Briten, Unfehlbarkeit und eine die Nation stützende Funktion konstatiert wird:

> „But you would never know from Brosnan's Bond that the odds are against him. Whether diving from aircraft, giving chase in a tank, or casually revealing the Bollinger chilling under the dashboard, he is absolutely unflappable – a pillar of the Empire, supposing we still had one."[205]

In einer Zeit, in der sich Teile der britischen Bevölkerung noch immer in einer durch den Verlust der politischen Weltmachtstellung hervorgerufenen Identitäts-

---

200 Ebd.

201 Ebd.

202 Wilson, Mike: Really, Mr Bond, this sort of thing isn't very British, in: The Guardian vom 23.01.1995, S. 22.

203 Ebd.

204 Brown, Geoff: Have stiff upper lip, well travelled. From Drummond and Holmes to Bond, the British hero is an unchanging movie-stereotype, in: The Times (2) Nr. 65497 vom 17.11.1995, S. 38.

205 Ebd.

krise befanden (zudem stand die Rückgabe der letzten „Kolonie“ Hongkong bevor),
konnten die Britishness und die damit verbundene Größe des Agenten scheinbar
nicht oft genug betont werden.

Dass Bond ein britischer Held ist, nahm auch das „Time Magazine“ in seinem
Artikel zum 40-jährigen Bond-Jubiläum 2002 zur Kenntnis. Anders als aus britischen Medien gewohnt, wurde die Britishness des Agenten jedoch etwas widerwillig
zugegeben und gleichzeitig über die umgekehrte Darstellung der realen Beziehungen im Bond-Film gespöttelt. Die „wahre Weltpolizei“ seien bei Bond die Briten,
Amerikaner würden nur die Handlanger spielen: „In a Bond film, Britain is still a
superpower“[206], heißt es da und weiter:

> „In The Spy Who Loved Me [...] the villain [...] captures three nuclear submarines – one
> American, one Sowjet and one British – and only Britain, thanks to 007, can respond. [...]
> Tony Blair may be accused of being George W. Bush's lapdog, but in Bonds world [...]
> Americans [...] just play backup to the real global policeman who saves all in the name
> of Queen and Country.“[207]

Die Betonung auf Britanniens nur im Bond-Film dominante Rolle und der Hinweis
auf den „lapdog“ (Schoßhund) Tony Blair könnten als Erinnerung an die realen
politischen Verhältnisse interpretiert werden. Offenbar hätte man Bond auch gerne
als Amerikaner gesehen, zumindest die Aufzählung der durchweg amerikanischen
Parodien (Austin Powers, Casino Royale von 1967 oder eine Simpsons-Episode), die
neben Bond dafür Sorge tragen, dass der Held im kulturellen Gedächtnis verankert
bleibe, lässt diesen Rückschluss zu. Als übertriebenes Lob wurde im „Time Magazine“ scheinbar auch die Aussage des früheren MGM-Vize-Vorsitzenden Chris
McGurk gesehen, der in den Parodien auf Bond eine Bestätigung des großen Erfolgs
der Agentenserie sah. „Time“ zitierte McGurk, um ihm dann metaphorisch den
Mund zu verbieten, bevor er anfange, den Bond-Titelsong „Nobody Does It Better“
zu singen. Trotz allen herausklingenden Spotts für den britischen Nationalstolz in
Bezug auf James Bond musste auch „Time“ eingestehen, dass McGurks Einschätzung ein schlecht zu widerlegendes Argument sei:

> „‚XXX, Austin Powers, even The Bourne Identity are all homages to Bond‘, says MGM
> vice chairman Chris McGurk. ‚All these movies do is reinforce of Bond as the most ori-
> ginal, the biggest and the best.‘ Stop him before he belts Nobody Does It Better – but it's
> hard to argue with this point.“[208]

Schon früh deuteten sich erste Anzeichen einer neuen Bond-Euphorie an, die sich
zumindest in Großbritannien auch und gerade in der Berichterstattung wiederfand.
Etwas anders wurde von den untersuchten amerikanischen Medien der Bond-Start

---

206 Chu, Jeff: Movies: The Man With The Golden Run, in: Time Magazine vom 18.11.2002. http:
    //content.time.com/time/magazine/article/0,9171,1003690,00.html, Zugriff: 09.09.2014.
207 Ebd.
208 Ebd.

1995 wahrgenommen. Weder das „Time Magazine" und erstaunlicher, noch der „Playboy", berichteten ähnlich aufgeregt über „GoldenEye" wie die „Times" oder der „Guardian". Überboten sich diese mit Vorabberichten und Rezensionen zum neuen Bond, brachte der US-„Playboy" lediglich eine Fotostrecke mit typischen Bond-Anzügen, die der Agent im neuen Film trage. Statt einer der üblichen Bildstrecken mit den schönsten Bond-Girls gab der „Playboy" nun Styling-Tipps für den modernen Mann im Bond-Stil.[209] Das genaue Gegenteil vom US-„Playboy" zeigte sich in der deutschen Ausgabe vom Dezember 1995. Ein komplettes Heft („Bond. James Bond. Auf 180 Seiten alles über 007")[210] widmete die Zeitschrift dem Agenten und durchleuchtete die Figur von allen Seiten. Von den obligatorischen Bond-Girl-Fotos über Reportagen zu den Dreharbeiten, einem Bericht über die außergewöhnlichsten Bond-Fanartikel hin zu einem 007-Gewinnspiel, einem Interview mit Pierce Brosnan und Portraits von Bond-Größen wie Ken Adam (Set Designer), Desmond Llewelyn (Q) oder Samantha Bond (Moneypenny Nr. 3) zeigte der deutsche „Playboy" mehr denn je die enge Verbindung zwischen dem Männermagazin und der Bond-Serie. Eine ähnliche Bilderstrecke mit Modetipps für den interessierten Herren war auch im deutschen „Playboy" vertreten und weist auf ein offenbar sich wandelndes Männerbild hin.

Dieser Eindruck erhärtet sich nach der Lektüre der 1997 erschienenen Artikel zum Film „Der Morgen stirbt nie". Der Spiegel schrieb: „Sensibel und, wenn es darauf ankommt, trotzdem hart und männlich – so sieht das Klischee des Neunziger-Jahre-Mannes aus"[211] und ging damit auf den Stil von Brosnans Bond-Inkarnation ein. Passend zu diesem neuen Blick auf die Rolle Bonds als Mann, bzw. wie er sich zu kleiden habe, erschien 1997 das Buch „Dressed to kill", das von der „Zeit" ausführlich (und in der britischen Presse am Rande) besprochen wurde. Die Rezension eines solchen Buches, das „Fragen beantwortet, auf die wir nie gekommen wären"[212], nämlich die in Bezug auf Bonds passende Stilelemente, zeigten den damaligen Trend der Medien, auch männliche Schönheitsideale enger ins Visier zu nehmen. Zwar hielten schon in den 60er Jahren die Kaufhäuser der Welt James-Bond-Zubehör und passende Outfits bereit (Kapitel 5.1.1), in die Medien war das Thema jedoch bis auf wenige Hinweise nicht vorgedrungen. Styling- oder Modetipps, die über reine Werbeanzeigen hinausgingen, sucht man in den hier untersuchten Magazinen und Zeitungen der 60er bis 80er Jahre vergeblich. Sollte man meinen, solche Themen seien nur für die modebewusste Frau interessant, wurde man nun eines Besseren belehrt. Ein Buch, das sich ausschließlich mit den verschiedenen Kleidungsstilen

---

209 Wayne, Hollis: Bonding your wardrobe. „GoldenEye" shows off the new playboy look as suits trim down and power up for 1996, in: Playboy, Vol. 42, Nr. 12 vom Dezember 1995, S. 130–133.

210 N.N.: Playboy (DE), Nr. 12 vom Dezember 1995, Titelblatt.

211 Wellershoff, Marianne: Film: Im Reich des Bösen, in: Der Spiegel, Nr. 50/1997 vom 08.12.1997, S. 226–228, S. 228.

212 Pfannenschmidt, Christian: Bond im Anzug, in: Die Zeit Nr. 51 vom 12.12.1997. o.S. http://www.zeit.de/1997/51/Bond_im_Anzug, Zugriff: 05.04.2015.

der Bond-Damen im Wandel der Zeit befasst, existiert bis heute (2015) nicht. Dass ausgerechnet „Playboy" 1995 und zwei Jahre später auch die „Zeit" und der „Spiegel" eine andere Seite der Maskulinität beleuchteten, kennzeichnet auch in diesem Bereich des Zeitgeistes einen eklatanten Wandel.

Auch die Bond-Girls wurden in der Berichterstattung wie schon Ende der 80er Jahre nicht mehr belächelt oder als Lustobjekt betrachtet. Ganz deutlich wurde die Stärke von Frauen wie Michelle Yeoh gesehen, die als Wai Lin in „Der Morgen stirbt nie" ihre eigenen Stunts ausführt („With this movie, we're beginning a new generation of Bond girls.")[213]. Sogar im „Playboy" wurde rückblickend die Selbstständigkeit der ersten Bond-Damen betont, die das Magazin nun als „liberated females" betrachtete: „They are intelligent and courageous, and they use Bond for their own sexual pleasure every bit selfishly as he uses them."[214]

Im Jahr 2000 feierte der „Playboy" die 40-jährige Bond-Allianz, nicht ohne auch die Bond-Girls zu besprechen. Der Artikel stützt erneut die Beobachtung, dass die Bond-Girls vom „Playboy" als starke Frauen an 007s Seite gesehen wurden. „Playboy" zitierte mehrere Meinungen über Bonds Begleiterinnen, die sie jeweils als unabhängig und selbstbewusst darstellten: „They have to be able to do the action, wear the gown and be an equal match for Bond."[215] Ein weiterer Kommentar kam von der Medienwissenschaftlerin Camille Paglia, die im „Playboy" ebenfalls von den Bond-Girls als „fantastic images of women, very powerful, physically active and very sexy"[216] sprach.

„Playboys" Tonfall passte sich also weiterhin dem Wandel der Frauenrolle an und zeigt wieder einmal, wie sich die subjektive Wahrnehmung des Zeitgeistes ändern kann. Erst mit dem durch Emanzipations- und Feminismusdebatte erweiterten Blick der 90er Jahre konnte man die Bond-Girls der 60er Jahre in der Retrospektive als „befreit" interpretieren.

Im Rahmen der Rezeption der neuen Frauenrolle kam auch des Öfteren ein weiterer Begriff zur Sprache – der sich in den späten 80er Jahren zu etablieren beginnende Begriff der „Politischen Korrektheit" oder „Political Correctness". Besonders auffallend ist die Erwähnung des Begriffs im Zusammenhang mit „GoldenEye" (vermutlich wegen Ms „politisch korrekter" Kritik an Bonds sexistischer Ader). Positiv aufgenommen wurde diese neue „Korrektheit" jedoch nicht. Der Spiegel monierte: „So ist vor lauter Political Correctness nicht mehr viel übrig vom klassischen

---

213 Zitiert nach: Corliss, Richard: Cinema: Everybody say Yeoh! in, Time Magazine vom 05.05.1997. http://content.time.com/time/magazine/article/0,9171,986293,00.html, Zugriff: 09.09.2014.

214 Pfeiffer, Lee: Bond's little black book, in: Playboy, Vol. 45, Nr. 02 vom Februar 1998 S. 105–107, S. 106.

215 N.N.: The Bond files, in: Playboy, Vol. 47, Nr. 06 vom Juni 2000, S. 84–89 und S. 168, S. 88.

216 Ebd.

Filmmuster.“[217] Und auch „Time“ missfiel die vermeintlich neue Linie der Filme: „[I]n the age of sexual correctness they have cut back his double entendres [...]. What next? Sensitivity training? A condom in his wallet? [...]“[218] Der „Guardian“ brachte die Kritik schließlich auf den Punkt: „It's only when the film pays lip service to political correctnes that it falls flat.“[219]

Mit dem Product-Placement wurde ein weiteres, in den 90er Jahren noch relativ neuartiges Phänomen in den Rezensionen behandelt. Begonnen hatte die Beschäftigung mit diesem Thema bereits in den 80er Jahren, aber eher unauffällig und nicht im Rahmen seitenfüllender Artikel. Ein solcher tauchte 1997 im „Guardian“ als aufklärender Bericht auf, der ohne Wertung die Prinzipien des Product-Placements am Beispiel des neuen Bond-Films erläuterte. Noch seien Produktplatzierungen in Kinofilmen weniger prominent vertreten, die Autorin des Artikels griff aber vorweg, dass sich der Trend in den kommenden Jahren ändern und sich negativ auf das Kinoereignis auswirken könne:

> „Cross-fertilisation and product placement have not yet reached saturation point, nor, for most of us, have they become too tasteless to tolerate. But the wall between advert and art, once closely guarded, becomes a little lower by the year.“[220]

Die prophezeite Kritik traf dann im Jahre 2002 ein, als sich zum 40-jährigen Film-Jubiläum nicht nur die Kritiken an Bond häuften sondern auch an der im Film vorhandenen Werbung. Blieb der „Guardian“ noch relativ gelassen, sah die „Times“ das Product-Placement deutlich kritischer. „Times“ erinnerte beinahe wehmütig an den Charme gut platzierter Objekte in früheren Bond-Filmen, konstatierte für die Filme neueren Datums jedoch ein Nachlassen der Qualität und bemängelte den „Ausverkauf“ Bonds: „But over the years the lovingly assembled rollcall of signature Bond tastes (Beluga caviar, Dom Perignon '53) have either been updated or sold off to the highest bidder [...].“[221] Noch deutlichere Kritik kam aus den Reihen des US-Magazins „Time“, dass nach der Premiere von „Stirb an einem anderen Tag“ titelte „For your Wallet Only“[222] und bemerkte, dass der Film aufgrund seiner zahlreichen „Werbeeinblendungen“ besser den Titel „Buy another day“[223] tragen sollte. Den Rechtfertigungen der MGM-Verantwortlichen hielt „Time“ entgegen, dass der Film lediglich ein zwei Stunden dauernder Werbespot sei, für den man noch zahlen

---

217 N.N.: Motzende Miezen, in: Spiegel Extra. Das Kulturmagazin Nr. 12/1995 vom 27.11.1995, S. 27.

218 Schickel, Richard: Cinema: Shaky, not stirring, in: Time Magazine vom 27.11.1995. http://content.time.com/time/magazine/article/0,9171,983763,00.html, Zugriff: 09.09.2014.

219 Hodgkinson, Tom: Bonding experiences, in: The Guardian vom 16.11.1995, S. A 10.

220 Oakes, Pippa: Licensed to sell, in: The Guardian vom 19.12.1997, S. A 13.

221 Macaulay, Sean: The spy who plugged me, in: The Times vom 07.11.2002. http://www.thetimes.co.uk/tto/arts/film/article2433722.ece, Zugriff: 01.04.2015.

222 Chu, Jeff: Movies: For Your Wallet Only, in: Time Magazine vom 18.11.2002. http://content.time.com/time/magazine/article/0,9171,1003716,00.html, Zugriff: 10.09.2014.

223 Ebd.

müsse: „[W]hat could be more off-putting than a two-hour-long ad you're paying upwards of $10 to see?"[224]

Die Kritik zu „Stirb an einem anderen Tag" zog jedoch noch weitere Kreise. Wie bereits in Kapitel 3.2.2 angedeutet, sorgte der Film vor allem in Nordkorea für Entrüstung. Die Regierung des Landes fühlte sich durch diesen Film angegriffen und Diktator Kim Jong Il verlangte eine weltweite Sperre des Films.[225] Eine Zusammensetzung verschiedener Zitatfragmente aus Pressemitteilungen der KCNA (Korean Central News Agency) findet sich bei Landes u.a. und verdeutlicht die mehr als ablehnende Haltung der nordkoreanischen Führung gegenüber dem Bond-Film:

„It is a dirty and cursed burlesque aimed to slander North Korea and insult the Korean nation. It is a premediated act of mocking and it clearly proves that the United States is the root cause of all disasters and misfortune of the Korean nation and is an empire of evil. [The film describes North Korea] as part of an ‚axis of evil' incinting inter-Korean confrontation, groundlessly despising and insulting the Korean nation and malignantly desecrating even religion. The US is the headquarters that spreads abnormality, degeneration, violence and fin de siècle corrupt sex culture."[226]

Die Bond-Filme wurden nicht zum ersten Mal zu einem Politikum erhoben – man erinnere nur an Reagans Äußerungen zu „Octopussy" im Jahre 1983 und die entrüsteten sowjetischen Reaktionen darauf. Die Tragweite hier ist (wenngleich letzten Endes ohne messbare Folgen) eine größere. Nicht nur Nordkorea nahm Anstoß am neuen Bond-Film, auch die südkoreanische Regierung beklagte eine Falschdarstellung des Landes. Bemängelt wurde die Sexszene zwischen Bond und Jinx am Ende des Films in einem buddhistischen Tempel, die als Angriff auf die koreanische Kultur verstanden wurde. Auch impliziere der Film ein rückständiges Bild Südkoreas (ein Bauer mit Ochsenkarren am Ende des Films bestaunt Luxusautos), das mit den realen Verhältnissen nicht vereinbar sei.[227] Auch die Darstellung des direkten Nachbarn fand nicht bei allen Südkoreanern Zuspruch. Ein Student in Seoul argumentierte im „Guardian": „I don't want to see a movie where North Korea is depicted as a menace to peace on the Korean peninsula and the US is depicted as a hero that resolves the crisis."[228]

Die aus beiden koreanischen Staaten kommende Kritik brachte das „Time Magazine" dann sogar in eine direkte Verbindung zu realpolitischen Verwicklungen, namentlich der Wiederaufnahme von ursprünglich abgesagten Gesprächen Bushs mit der nordkoreanischen Führung: „To understand why the Bush administration backed down from it's refusal to talk to North Korea, a good starting point might

---

224 Ebd.

225 Kulbarsch-Wilke 2009, S. 63.

226 Zitiert nach: Landes/Jakob/Schatz, in: Barmeyer, Christoph/Scheffer, Jörg (Hrsg.) 2013, S. 71.

227 Ebd., S. 76.

228 N.N.: James Bond is public enemy number one for Koreans, in: The Guardian vom 03.01.2003. www.theguardian.com/film/2003/jan/03/news.jamesbond. Zugriff: 05.04.2015.

be the Bond film ‚Die Another Day‘.“[229] Argumentiert wurde, dass die ablehnende Haltung Südkoreas gegen den Film Druck auf die US-Regierung ausgeübt habe, Gespräche mit Nord-Korea wieder aufzunehmen. Wenngleich es sich hierbei um eine recht fragwürdige Interpretation handelt, darf eine weitere, wesentlich logischere politische Auswirkung des Films nicht unterschlagen werden. „Stirb an einem anderen Tag“ gelang, was Diplomaten seit Jahrzehnten versuchten – er einte Nord- und Südkorea in wenigstens einem Thema: „James Bond appears to be achieving what years of political and military brinkmanship have failed to do – unite North and South Korea in a common cause.“[230]

Was sich auch an diesem Teil der Rezeption der Bond-Filme aufzeigen lässt, ist nicht nur ein anhand der Artikel erkennbarer Wandel des Feindbildes bei James Bond (zu Zeiten des Kalten Krieges berichteten die Medien von empörten sowjetischen Reaktionen) sondern erlaubt darüber hinaus einen kleinen Rückschluss auf eine mögliche „Macht“ der Bond-Filme. Dass ein Film solche Reaktionen hervorruft und in den Medien als Echo aufgegriffen wurde um eigene Schlussfolgerungen daraus zu ziehen, ist selten und verdeutlicht aufs Neue die große Projektionsfläche der Bond-Reihe.

5.2.4 Ungebrochenes Interesse – Rezeption der Craig-Filme

Projektionsfläche bieten und boten auch die neuesten Bond-Filme mit Daniel Craig in der Hauptrolle. Kein Bond-Darsteller geriet schon im Vorfeld seines ersten Leinwandauftritts so in die Kritik wie der Engländer. Vor allem die Boulevard-Presse in Großbritannien, aber auch in Deutschland echauffierte sich über Craigs vermeintlich unpassendes Äußeres. Der „Guardian“ zitierte in einem Bericht zur Anti-Craig-Kampagne die Aussage einer gegen den Schauspieler gerichteten Homepage: „How can a short, blond actor with the rough face of a professional boxer […] pull off the role of a tall, dark, handsome and suave secret agent?“[231] Laut „Guardian“ nahm die „Sun“ ein Foto von Daniel Craig auf einem Marineschiff mit angelegter Rettungsweste zum Anlass, den Schauspieler ins Lächerliche zu ziehen: „[The Sun] accused him of ‚blowing 007’s macho image‘, and ‚looking distinctly seasick‘ […].“ Die deutsche „Bild“ war keineswegs moderater im Umgang mit Craig. Auch hier wurde im klassischen Boulevard-Stil vorab geurteilt: „Er wurde seekrank, verlor zwei Zähne, hat jetzt auch noch Sonnenbrand. James Blond – warum geht so viel

229 Karon, Tony: Why the U.S. Changed its North Korea Stance, in: Time Magazine vom 07.01.2003. http://content.time.com/time/world/article/0,8599,405876,00.html. Zugriff: 09.09.2014.

230 N.N.: James Bond is public enemy number one for Koreans, in: The Guardian vom 03.01.2003. www.theguardian.com/film/2003/jan/03/news.jamesbond. Zugriff: 05.04.2015. Siehe auch: Landes/Jakob/Schatz, in: Barmeyer, Christoph/Scheffer, Jörg (Hrsg.) 2013, S. 76f.

231 Pulver Andrew: The Spy Who Wasn’t Loved, in: The Guardian vom 10.03.2006. http://www.theguardian.com/film/mar/10/jamesbond.features, Zugriff: 06.04.2015.

schief?“[232], lautete die Überschrift zu einem Artikel, der sämtliche dem Schauspieler bis dato unterlaufene Pannen auflistete. Nur wenige Monate später (nach der Premiere) ruderten „Bild“ und auch die britische Boulevardpresse zurück: „Bild traf den neuen James Bond. Er ist besser und härter als alle alten Bonds zusammen.“[233] Im Gegensatz zur Boulevardpresse warteten andere Zeitungen bis zur Premiere, um ein Urteil über die schauspielerische Leistung Craigs abzugeben. Die Meinungen diesbezüglich waren überwiegend positiv: „Daniel Craig is a fantastic Bond [...]. He's easily the best Bond since Sean Connery“[234]; „Daniel Craig [...] ist, seiner Boxernase zum Trotz, der beste Bond für das frühe 21. Jahrhundert.“[235] oder: „Daniel Craig is the best thing that's happened to the 007 franchise for years“[236], waren nur einige Äußerungen bezüglich des neuen Darstellers.

Der gelungene Neuanfang der Serie wurde von den Medien in erster Linie der Person Craigs zugeschrieben. An ihm schieden sich im Vorfeld die Geister, nach seinem Debut als Bond wurde er als ein das Franchise wiederbelebendes Moment gefeiert. Sein Bond sei echter, realistischer. Besonderen Anklang diesbezüglich fanden ausgerechnet die in „Casino Royale“ vorhandenen brutalen Tötungsszenen, deren Anblick einen „Zeit“-Kritiker der 1960er Jahre vermutlich endgültig seinen Glauben an die Gesellschaft hätte verlieren lassen. In beinahe bewunderndem Unterton ob der Darstellung von Gewalt konstatierte die „Times“: „Craig brings a brutally efficient physicality to the role and a thrilling undercurrent of sadistic cruelty [...].“[237] Auch das „Time Magazine“ bemerkte: „The killing is grimly realistic, as if to suggest that this Bond operates in the real world of real pain and has wounds that may never heal.“[238] Und die „Zeit“ schrieb beinahe bewundernd: „Hier kommt der echte, schwitzende, brutale Bond. Ein Klo-Killer und Todesarbeiter. *The real thing.*“[239]

Die Szene, auf die sich diese Rezensionen beziehen (Bond prügelt den Feind halbtot, versucht ihn zu ertränken, erschießt ihn dann) wäre aufgrund ihrer Reali-

232 N.N.: Er wurde seekrank, verlor zwei Zähne, hat jetzt auch noch Sonnenbrand. James Blond – warum geht so viel schief?, in: Bild.de vom 01.03.2006. http://www.bild.de/leute/2006/james-bond-daniel-craig-pannen-157982.bild.html, Zugriff: 16.04.2015.

233 N.N.: Bild traf den neuen James Bond. Er ist besser und härter als alle alten Bonds zusammen, in: Bild.de vom 14.06.2006. http://www.bild.de/leute/2006/bond-blieswood-1022548.bild.html, Zugriff: 16.04.2015.

234 Bradshaw, Peter: Casino Royale, in: The Guardian, vom 10.11.2006. http://www.theguardian.com/film/2006/nov/10/jamesbond.danielcraig, Zugriff: 06.04.2015.

235 Wolf, Martin/Beier, Lars-Olav: Film: Wiedergeburt der Doppel-Null, in: Der Spiegel, Nr. 46/2006 vom 13.11.2006, S. 190–192, S. 192.

236 Ide, Wendy: Defying his critics, Daniel Craig is the best thing that's happened to the 007 franchise for years, in: The Times vom 16.11.2006. http://www.thetimes.co.uk/tto/arts/film/article2425199.ece, Zugriff: 06.04.2015.

237 Ebd.

238 Corliss, Richard: Movies: Um, Is That You, Bond?, in: Time Magazine vom 12.11.2006. http://content.time.com/time/magazine/article/0,9171,1558307,00.html, Zugriff: 09.09.2014.

239 Nicodemus, Katja: James Bond: Brutal und verschwitzt, in: Die Zeit Nr. 47 vom 16.11.2006. http://www.zeit.de/2006/47/Casino-Royale, Zugriff: 06.04.2015.

tätsnähe nach Maßstäben der 60er Jahre in einigen deutschen Medien durchgefallen. Besonders die frühen Rezensionen der „Zeit" verwiesen immer wieder auf den hohen Gewaltanteil der Filme, aber auch britische und US-amerikanische Zeitungen kritisierten (wenngleich nicht so oft wie die „Zeit") diesen Aspekt. Im Vergleich zur heutigen, den Realismus der Szenen lobenden Rezeption, lässt sich also eine Wahrnehmungsverschiebung in Bezug auf Gewalt im (Bond-)Film konstatieren. Kritik an den Gewaltszenen aus „Casino Royale" wurde in den hier untersuchten Medien nur von außen in Form eines Leserbriefes in der „Times" kommuniziert. Hier beanstandete ein Vater, der mit seinen minderjährigen Kindern den Film sah, die „explicit scenes of violence, a person drowning and various sexual advances"[240], was ihn an der Altersfreigabe ab 12 Jahren zweifeln ließ.

Im Zusammenhang mit der realistischeren Darstellung von Gewalt und dem allgemein härteren Auftreten Daniel Craigs kam sowohl von britischen („Guardian"), US-amerikanischen („Time Magazine") und deutschen („Spiegel") Medien der Hinweis auf einen weiteren (Anti-)Helden im Kinobusiness, den gebrochenen Ex-CIA-Agenten Jason Bourne auf der Suche nach seiner Identität, auf. Produzent Michael Wilson negierte im „Spiegel"-Interview Zusammenhänge dieser Art – vielmehr sei man, anstatt die Bourne-Reihe zu kopieren, zu den eigenen Wurzeln zurückgekehrt:

> „Ich liebe die ‚Bourne'-Serie. Aber statt das zu kopieren, sind wir zu unseren eigenen Wurzeln zurückgegangen. Wenn man sich die Kampfszene im Zug in ‚Liebesgrüße aus Moskau' ansieht, ist das ein sehr brutaler, realistischer Kampf. Als wir analysiert haben, wo wir stehen, haben wir gemerkt, dass wir dahin zurück müssen."[241]

Dass mit dieser Rückkehr zu den Wurzeln gleichzeitig eine Erweiterung des Charakters Bonds einherging, bemerkten nicht nur die Kritiker. Auch Produzentin Barbara Broccoli betonte im „Spiegel" nach einer Bemerkung ihres Kollegen Michael Wilson, der feststellte, mit dem neuen Bond auch mehr weibliche Zuschauer gewonnen zu haben, dass der neue Bond auch auf Männer anziehend wirken werde, da er eine neue Art Männlichkeit verkörpere:

> „Ich glaube, dass [Craigs Bond] auch Männer angezogen hat. Männer justieren doch im 21. Jahrhundert ihre Identität auch neu. Dazu gehört, dass sie ihre Gefühle anerkennen und Frauen ihnen auch erlauben, Gefühle zu zeigen. Der Reiz von Daniel Craigs Art, Bond zu spielen, liegt auch darin, dass er diese Gefühle zulässt. […]"[242]

Es rückte also zunehmend die Betrachtung dieser neuen Form von Männlichkeit in den Blickpunkt der untersuchten Medien, bei gleichzeitigem Beibehalten der Berichterstattung über die Bond-Girls. Hierbei kam allerdings ein neuer Aspekt hinzu,

---

240 Morrel, Tom: Bond takes too much licence (Leserbrief), in: The Times vom 23.11.2006. http://www.thetimes.co.uk/tto/opinion/letters/article2069220.ece, Zugriff: 06.04.2015
241 Hülsen, Isabell/Tuma, Thomas: Spiegel Gespräch: „Wir sind ein Alptraum", in: Der Spiegel, Nr. 43/2008 vom 20.10.2008, S. 172–174, S. 172.
242 Ebd., S. 173.

der sich bereits in der Berichterstattung zu den Brosnan-Filmen angekündigt hatte. Weiterhin wurde die Stärke der Bond-Frauen betont, „Time" und auch der „Playboy" bemerkten nun zusätzlich eine Umkehrung der Rollen. In seiner Besprechung von „Ein Quantum Trost" stellte Richard Corliss fest, dass Bond mittlerweile derjenige sei, der sich in den Filmen öfter entkleiden würde als seine Begleiterinnen.[243] Im „Playboy"-Interview war es Daniel Craig, der, nach seiner Sicht auf die Frauenrolle gefragt, zum selben Schluss kam:

> „In the past maybe they were just eye candy. Now they're integral and powerful in their own right. They're beautiful, but now things are almost reversed. In this movie I don't think we objectify women. I'm the one taking my clothes off most of the time."[244]

Generell wurden die Berichte im „Playboy" zu „Ein Quantum Trost" sowohl in der deutschen wie auch der US-amerikanischen Ausgabe durch Daten, Zahlen und Fakten zur Bond-Serie angereichert. Interessant ist in diesem Zusammenhang eine Liste mit den beliebtesten Bond-Girls, die 2012 zum 50-jährigen Jubiläum im deutschen „Playboy" nach einer Online-Umfrage veröffentlicht wurde. Die vier beliebtesten Frauen waren demnach (mit Ausnahme von Ursula Andress' Honey Ryder) die Bond durchaus ebenbürtigen Damen (1. Jinx Johnson, 2. Honey Ryder, 3. Elektra King, 4. Vesper Lynd)[245].

Ein ganz besonderes „Girl" wurde 2012 in diese Riege aufgenommen. Nachdem Daniel Craig als James Bond in einem Einspieler zur Eröffnungsfeier der Olympischen Spiele 2012 mit Queen Elizabeth einen Hubschrauber bestieg und (natürlich gedoubelt) mit Union-Jack-Fallschirm und begleitet vom klassischen Bond-Thema über dem Olympia-Stadion absprang, titelte der „Guardian": „[…] Elizabeth, the Bond girl"[246] Dass diese Szene nicht nur ein Ausdruck britischen Nationalstolzes ist, der hier durch Bond und die Queen verkörpert wurde (Kapitel 3.3), und auch mehr als eine ungleich große Werbekampagne für den Film „Skyfall" darstellen musste, wurde spätestens dann klar, als der „Spiegel" konstatierte: „[g]eschätzte vier Milliarden Fernsehzuschauer fragten [...]: Wer von den beiden ist eigentlich die größere Legende?"[247]

---

243 Corliss, Richard: Quantum of Solace: Bourne-Again Bond, in: Time Magazine vom 13.11.2008. http://content.time.com/time/magazine/article/0,9171,1858881,00.html, Zugriff: 09.09.2014.

244 Sheff, David: Playboy Interview: Daniel Craig, in: Playboy (US), Vol. 55, Nr. 11 vom November 2008, S. 57–64, S. 58.

245 Seitz, Sabrina: Die Top Ten der Bond-Girls, in: Playboy, Nr. 11 vom November 2012, S. 70–75.

246 N.N.: In praise of … Elizabeth, the Bond girl, in: The Guardian vom 29.07.2012. http://www.theguardian.com/commentisfree/2012/jul/29/in-praise-of-elizabeth-the-bond-girl, Zugriff: 06.04.2015.

247 Beier, Lars-Olav: Kino: Ein Mann wie eine Black Box, in: Der Spiegel, Nr. 40/2012 vom 01.10.2012, S. 124–132, S. 125.

Hier zeigt sich erneut, wie sehr die Bond-Filme mittlerweile im internationalen kulturellen Gedächtnis verankert sind. James Bond als britische Legende nimmt heute einen Stellenwert ein, wie es für einen fiktiven Charakter selten ist. Sein Stellenwert für Großbritannien ist daher enorm. Schon 2006 im Rahmen der Berichterstattung zu „Casino Royale" verdeutlichten britische Marketingexperten, zur Bedeutung Bonds gefragt, dass er in Zeiten, in denen es dem Land immer schlechter gehe, als letzter wirklicher britischer Export ein Zeichen setzen würde. Vor allem die in den Filmen projizierte Illusion einer immer noch vorherrschenden britischen Stärke sei hierbei zu betonen:

„In Bond we still have the best car in the world, even though we don't actually have a car industry; we lead the world in technology, even if in real life we definitely don't: we have the best looking man in the world and all foreign women just fall at his feet. Our need for that just gets bigger; it is growing, rather than diminishing. The crappier Britain becomes, the more we need Bond."[248]

Diese Wichtigkeit für das britische Nationalverständnis Bonds zeigte sich dann auch deutlich in „Skyfall", der international sehr positiv aufgenommen wurde, von der britischen Presse aber noch mal explizit für seine „Britishness" gelobt wurde: „Skyfall is a great British bulldog of a movie."[249] Nicht einmal am Product-Placement, dass 2002 noch sehr kritisch gesehen wurde, wurde großartig Anstoß genommen; für Interesse sorgte lediglich der Heineken-Deal, der mit angeblichen 28 Millionen Pfund ein Drittel der Produktionskosten ausmachte.[250] Das restliche Medienecho zum Film selbst war hingegen von erheblichem Umfang. Vor allem die Online-Portale der untersuchten Medien gaben unzählige Berichte, Rezensionen, Interviews, Specials, Dokumentationen oder Videos heraus. Die Masse der Artikel lässt sicherlich zum Teil darauf schließen, dass sich die Bond-Euphorie seit Brosnan zu einem erneuten Boom entwickelt haben könnte, ist aber vermutlich zu einem nicht unbeträchtlichen Teil auch der gewandelten Medienlandschaft geschuldet, in der das Internet einen immer größeren Stellenwert als Informationsmedium einnimmt.

Das 50-jährige Jubiläum veranlasste nicht nur die hier engmaschig untersuchten Zeitungen und Magazine zu umfassenden Berichten, auch die „Brigitte" veröffentlichte erstmals seit 1988 einen explizit auf Bond bezogenen Artikel. Die „Brigitte" gratulierte der Filmreihe zum 50-jährigen Bestehen und feierte „die Bond-Girls mit zwei filmreifen Make-up-Looks, gegen die der Super-Agent keine Chance gehabt

---

248 Zitiert nach: Keating, Matt: Licensed to make a killing, in: The Guardian vom 13.11.2006. http://www.theguardian.com/media/2006/nov/13/mondaymediasection3, Zugriff: 06.04.2015.

249 Muir, Kate: Review: Skyfall, in: The Times vom 13.10.2012. http://www.thetimes.co.uk/tto/arts/film/article3567490.ece, Zugriff: 06.04.2015.

250 Lodge, Guy: The Skyfall's the limit on James Bond marketing, in: The Guardian vom 13.10.2012. http://www.theguardian.com/film/filmblog/2012/oct/23/skyfall-marketing-james-bond, Zugriff: 06.04.2015.

hätte.“[251] Vorgestellt wurden dann verschiedene Schmink- und Stylingtipps, um dem Bond-Girl-Aussehen möglichst nahe zu kommen. In einem weiteren Artikel versuchte sich „Brigitte“ dann an einem historischen Überblick über die Rolle, bzw. den Wandel der Bond-Girls. Die mehr als abenteuerlichen Interpretationsansätze lassen aber vielmehr darauf schließen, dass das Wissen über die James-Bond-Filme eher oberflächlich vorhanden zu sein scheint. So wurde die unbeholfene Mary Goodnight als Paradebeispiel für die Entwicklung der Bond-Girls zu Frauen mit „zunehmend Profil“[252] gesehen und die IT-Expertin und intelligente Programmiererin Natalya Simonova als „machtbewusste[s] Luxusluder“[253] fehlinterpretiert. Die kampferfahrene und selbstbewusste Pilotin Pussy Galore hätte gar die „Biederkeit einer Doris Day ins nächste Jahrzehnt hinüber[ge]rettet[…].“[254] Immerhin Jinx als emanzipierte Kollegin wurde auch als solche wahrgenommen. Kein anderer Artikel über Bond oder die Bond-Girls bewies in den hier untersuchten Medien solche massiven Informationslücken und hinterlässt damit den faden Beigeschmack schlechter Recherche.

Nicht nur zu Zeiten des Kalten Krieges oder in Bezug auf Nordkorea stellten einige Bond-Filme ein Politikum in der Weltpresse dar, auch der Film „Ein Quantum Trost“ sorgte für Entrüstung auf russischer und Ablehnung auf britischer Seite. Das britische Außenministerium sah es als notwendig an, sich öffentlich von dem Film zu distanzieren, nachdem dieser eine Szene zeigte, die nicht Bond als Folteropfer präsentiert, sondern ihn und seine Vorgesetzte M als Täter, die dem Gefangenen, Mr. White, Folter androhen. Die „Times“ brachte diese Sequenz mit den Ereignissen in Guantanamo Bay in Verbindung, deren Folterskandal noch nicht lange zurück lag: „Never before though have the British been shown as perpetrators rather than victims of torture, a particularly incendiary subject matter in the age of Guantanamo Bay and Abu Ghraib.“[255] Auch britische Soldaten wurden von einigen Insassen irakischer Gefängnisse der Folter beschuldigt[256], daher reagierte man auch in der britischen Regierung sensibel auf dieses Thema. Ein Sprecher des Außenministeriums wurde von der „Times“ zitiert:

> „We do not condone or commit torture. We do not have a licence to kill. If they did make a film of the real MI6 it would not be very entertaining, or globally established – there's an awful lot of drafting and basic admin work.“[257]

---

251 Schöneck, Angela: Lizenz zum verführen, in: Brigitte Nr. 22/2012 vom 02.10.2012, S. 68–72., S. 68

252 Benda, Andrea: Der Welt ist's nie genug, in Brigitte Nr. 22/2012 vom 02.10.2012, S. 76.

253 Ebd.

254 Ebd.

255 Hoyle, Ben: Bond ans M annihilate a sacred cow, in: The Times vom 29.10.2008. http://www.thetimes.co.uk/tto/arts/film/article2435080.ece, Zugriff: 06.04.2015.

256 Bahr, Alexander: Folter im 21. Jahrhundert. Auf dem Weg in ein neues Mittelalter?, München 2009, S. 110

257 Hoyle, Ben: Bond ans M annihilate a sacred cow, in: The Times vom 29.10.2008. http://www.thetimes.co.uk/tto/arts/film/article2435080.ece, Zugriff: 06.04.2015.

Aus ganz anderen Gründen geriet der Film in Russland in die Kritik. Hier nahm man Anstoß am neuen Bond-Girl bzw. seiner Schauspielerin, der gebürtigen Ukrainerin Olga Kurylenko. Dem „Spiegel" zufolge wurde Kurylenko von der Kommunistischen Partei Russlands (auch nach ihrem Machtverlust noch zweitgrößte Partei in der Duma) als „‚Deserteurin der slawischen Welt' und ‚verirrte Tochter der unglücklichen Ukraine'"[258] bezeichnet. Die „Times" berichtete von weiteren Vorwürfen und Beleidigungen gegen Kurylenko. So schrieb die Partei auf ihrer Webseite: „The Soviet Union educated you, cared for you and brought you up for free but no one suspected that you would commit this act of intellectual and moral betrayal."[259]

Umso brisanter wurde die Kritik, als dass auch hier wieder Bezüge zu einem realen politischen Konflikt zwischen Russland und der Ukraine bezüglich der Schwarzmeerflotte vor der Krim gezogen wurden. Der pro-westlich eingestellte ukrainische Präsident Viktor Juschtschenko verlangte 2008 einerseits den Abzug der russischen Schwarzmeer-Flotte und stellte andererseits ein Beitrittsgesuch zur NATO in Aussicht. Die Kommunistische Partei sah diesem Streben Juschtschenko mit Ablehnung entgegen, würde er sich doch der westlichen Welt zuwenden und damit vermeinlich gegen Russland stellen. Dass nun eine gebürtige Ukrainerin in so einer Situation ihr Heimatland und die ehemalige Sowjetunion „verrate", indem sie mit dem britischen Spion James Bond „kollaboriere", nahm die Kommunistische Partei zum Anlass für scharfe (wenngleich wirkungslose) Kritik und Polemik. Der „Times" sagte der Vorsitzende der Partei:

> „Everyone knows that the CIS and MI6 finance James Bond films as a special operation of psychological warfare against us. This Ukrainian girl sleeps with Bond and that means that Ukraine is sleeping with the West."[260]

Spannend ist auch hier wieder, wie ein Unterhaltungsfilm in zwei so unterschiedlichen Kontexten für politische Reaktionen sorgen kann, die einmal mehr dem Zeitgeist entspringen. Dass der Film darüber hinaus wieder mit realpolitischen Ereignissen (Konflikt um die Stationierung der russischen Schwarzmeer-Flotte vor der Krim) in Verbindung gebracht und von der Kommunistischen Partei Russlands zum Anlass genommen wurde, den eigenen Standpunkt diesbezüglich zu untermauern, zeigt erneut die gesellschaftliche Relevanz der Bond-Filme und ihre größer als zu vermutende Bedeutungsmacht. Diese lässt sich auch daran ablesen, dass die Figur James Bond 2011 für ein bislang mit Bond weniger in Verbindung stehendes politisches Statement herangezogen wurde.

Im Jahre 2011 spielte Daniel Craig in einem Videoclip mit, der sich für die Verbesserung der Rechte von Frauen einsetzt (Abb. 52). Craig ist hier zunächst als Bond

---

258 N.N.: Personalien, in: Der Spiegel, Nr. 46/2008 vom 10.11.2008, S. 200.

259 Halpin, Tony: Soviet diehards see red over ‚betrayal' by 007 girl Olga Kurylenko, in: The Times vom 31.10.2008. http://www.thetimes.co.uk/tto/arts/film/article2429384.ece, Zugriff: 07.04.2015.

260 Ebd.

Abb. 52:
Daniel Craig 2011 im Clip für Frauenrechte, https://www.youtube.com/watch?v=aC8Ls-5nRxM, Zugriff: 23.04.2015. Screenshot 00:01:23. Bild wurde zugeschnitten.

zu sehen, der die Stimme seiner Chefin (Gesprochen von Judi Dench) aus dem Off vernimmt, die ihm Statistiken über die Benachteiligung von Frauen vorträgt. Es wird die Frage in den Raum gestellt, ob er als bekennender Frauenliebhaber nicht selber versuchen möchte, wie eine Frau zu leben („For someone with such a fondness for women, I wonder if you've ever considered what it might be like to be one?")[261]. Bond verlässt das Bild und kommt in Frauenkleidern zurück. Während M weitere Benachteiligungen aufzählt, unter anderem die immer noch vorherrschende häusliche Gewalt, zieht er demonstrativ Perücke und Ohrringe aus – unter diesen Umständen möchte auch James Bond keine Frau sein.

Ebenso bemerkenswert wie die Tatsache, dass die Figur Bonds für das Unterfangen dieses Werbespots ausgewählt wurde, ist der Imagewandel Bonds, der in der heutigen Zeit aber ohne Folgen für den Agenten bleibt. James Bond hat sich erneut dem Zeitgeist angepasst – er kann im Sommerkleid für Frauenrechte eintreten und trotzdem im nächsten Film als harter Killer auftreten, ohne sich der Lächerlichkeit preiszugeben oder an Glaubwürdigkeit zu verlieren.

---

261 Gibson, Megan: Daniel Craig Dresses in Drag for Women's Rights, in: Time.com vom 07.03.2011. http://newsfeed.time.com/2011/03/07/daniel-craig-dresses-in-drag-for-womens-rights/, Zugriff: 09.09.2014.

6.   Schlussbetrachtung

Schon 1965 beschrieben Oreste del Buono und Umberto Eco James Bond als „Phänomen unserer Zeit."[1] Heute, 50 Jahre später, ist das Interesse am Doppel-Null-Agenten immer noch ungebrochen. Die Gründe für den konstanten Erfolg sind in der Anpassung der Serie an den sich kontinuierlich wandelnden Zeitgeist zu finden. Der Zeitgeist als solcher ist, das wurde eingangs dargelegt, ein schwer fass- oder messbarer Begriff und kann auf vielfältige Lebensbereiche bezogen werden. Diese Untersuchung legte den Fokus auf den politischen und sozialen Zeitgeist und befasste sich mit der Frage, inwieweit die Bond-Filme zeitgeistliche Tendenzen aufgriffen und in die Filmhandlung integrierten. Im Rahmen einer mittels Filmbesprechungen und Zeitungsartikeln nachvollzogenen Rezeptionsgeschichte der Bond-Filme wurden auch hier solche Strömungen aufgespürt.

Die Filme, die 1962 ihr Debut feierten, waren ursprünglich als Adaption der Romanfigur Ian Flemings gedacht. Auffallend sind Kongruenzen zwischen den biografischen Stationen des Autors und seinem Protagonisten. Fleming besuchte – ebenso wie Bond – ein englisches Eliteinternat, das er – ebenfalls wie Bond – aufgrund einer Affäre verlassen musste. Beide haben eine Vorliebe für gutes Essen und Trinken, ebenso wie für Zigaretten und schnelle Autos. Und, was vermutlich die auffälligste Überschneidung ist, auch Fleming arbeitete während des Zweiten Weltkriegs beim britischen Geheimdienst. Schon die Bond-Bücher zeichneten sich durch einen großen Erfolg und geteiltes Medienecho aus. Für moralbewusste Kritiker galten sie als zu gewalttätig und sexuell konnotiert. Fürsprecher fanden sie hingegen in prominenten Persönlichkeiten wie US-Präsident John F. Kennedy oder dem ehemaligen CIA-Chef Allan Dulles. Die Romane verfolgten eine in der Regel gleichbleibende Erzählstruktur, die Mitte der 6oer Jahre von Eco untersucht wurde. Auch auf die Verfilmungen trifft das Vorhandensein einer Formel zu – viele Punkte aus den Romanvorlagen flossen dabei in die Konzeption der Kinofilme ein. Bestimmte Komponenten (wie die Erteilung des Auftrags, der erste Kontakt zum Gegner oder der Auftritt einer schönen Frau) finden sich sowohl in den Romanen wie auch den Filmen. Spezifische, dem Medium Film vorbehaltene Ergänzungen sind etwa die wiederkehrende Titelmusik, das Gunbarrel-Logo oder die Konstanz innerhalb der Vorspanne.

Weniger Konstanz als Anpassung wurde hingegen von den sich wandelnden Bond-Darstellern gefordert. Unter Beibehaltung bestimmter Charakteristika (Liebe zu Frauen, Spiel und Luxus) war es notwendig, den Protagonisten, der von sechs verschiedenen Darstellern verkörpert wurde, an den Zeitgeist anzupassen.

Den Grundstein für alle folgenden Interpretationen des Geheimagenten legte Sean Connery, der James Bond von 1962–1971 als harten Kämpfer spielte, der trotz seiner Liebe zu Frauen und einem gehobenen Lebensstil stets den Auftrag an erster

---

1   Buono, Oreste del/Eco, Umberto (Hrsg.) 1966, Titelblatt.

Stelle sieht. In seinem Umgang mit Frauen zeichnet sich teilweise noch ein rüder Ton ab, der offenbar als gegeben hingenommen wurde – auch Connery selber zeigte sich von dem Umstand in einem Playboy-Interview von 1965 keineswegs beeindruckt. Rezensionen aus den 1960er Jahren lassen ebenfalls nicht darauf schließen, dass von Kritikern an Bonds gewaltsamen Umgang mit Frauen Anstoß genommen wurde. Im Rahmen der für diese Studie untersuchten Medien rügte explizit lediglich die deutsche Wochenzeitung die „Zeit" den Umgang des von Connery porträtierten Bonds mit Frauen. Bei George Lazenby (1969) unterlief den Produzenten der Fehler, nicht auf seine mangelnde Schauspielerfahrung einzugehen und ihm eine Kopie des Connery-Bonds abzuverlangen. Hierdurch wurde eine unpassende Mischung aus Härte und Romantik kreiert, die in einem Folgefilm womöglich hätte korrigiert werden können. Roger Moores Bond (1973–1985) verkörpert einen gereiften Agenten, der sich selber nicht so ernst nimmt und das luxuriöse Leben genießt, das ihm sein Status bietet. Hier zeigt sich eine gewisse Leichtigkeit, die gut zur Disco-Welle der 70er Jahre passte und die Nachwirkungen des Zweiten Weltkrieges endgültig hinter sich zu lassen schien.

Timothy Dalton (1987–1989) brachte wieder mehr Ernst und Härte in die Rolle, sodass seine Darstellung der Romanvorlage am ähnlichsten war. Im beginnenden Zeitalter von Aids wurde es darüber hinaus wichtig, Bond den Umständen einer in sexuellen Fragen oftmals vorsichtigeren Gesellschaft anzupassen. Mit der Interpretation der Figur Bond durch Pierce Brosnan (1995–2002) wurden elegantes Aussehen, Humor und Härte aufs Neue vereint – so hätte, laut Spiegel, der „Neunziger-Jahre-Mann [...]"[2] zu sein. Daniel Craig (seit 2006) führt 007 erneut zu seinen literarischen Wurzeln zurück und interpretiert Bond zunächst als rebellischen Agenten voller Härte, aber auch starker Gefühle, die seinen Bond sogar verletzlich wirken lassen. Er verkörpert damit eine neue Männlichkeit, wie sie laut Barbara Broccoli charakteristisch für das 21. Jahrhundert sein sollte.

Die Analyse der Filme ergab, dass ihre Inhalte den steten Strömungen des politischen Zeitgeistes unterworfen waren. Trotz ihres Charakters als Unterhaltungsmedium und der ursprünglichen Doktrin sich unpolitisch zu zeigen, ist den Bond-Filmen auch inhaltlich der Zeitpunkt ihres Entstehens anzumerken. Die starke Fokussierung der Romane auf den Gegner Sowjetunion wurde weitestgehend entschärft. Statt Vertreter des sowjetischen Geheimdienstes als Gegenspieler zu präsentieren, etablierten die ersten Bond-Filme eine übergeordnete dritte Macht, die im Hintergrund agierend die Mächte der Welt gegeneinander ausspielt. Diese Organisation trägt die Kurzbezeichnung „SPECTRE", was für „Special Executive for Counter Intelligence, Terrorism, Revenge und Extortion" steht. In der deutschen Synchronisation wurde der englische Begriff übersetzt und „SPECTRE" zu „Phantom". SPECTRE rekrutiert seine Mitarbeiter oftmals aus dem Einflussbereich der Sowjetunion, wodurch die vermeintliche Neutralität der frühen Filme deutlich relativiert wird.

---

2   Wellershoff, Marianne: Film: Im Reich des Bösen, in: Der Spiegel, Nr. 50/1997 vom 08.12.1997, S. 226–228, S. 228.

Besonders Filme, deren Produktionszeitraum oder Drehbucherstellung in kritische Phasen des Kalten Krieges fielen, griffen diese Phasen auf. So ist der zweite Bond-Film „Liebesgrüße aus Moskau" deutlich von der Sorge um die Eskalation der Ost-West Problematik gezeichnet. Seine Drehbucherstellung (August 1962–März 1963) wurde sichtlich von der Kuba-Krise beeinflusst. Auch „Man lebt nur zweimal" (1967) ist als äußerst politisch einzustufen, wobei der Fokus auf der Gefahr eines möglichen Atomkrieges liegt. Bemerkenswert ist in diesem Fall jedoch die eingearbeitete Rolle Chinas. Explizit werden Mittelsmänner der chinesischen Regierung als Auftraggeber Blofelds genannt, russische und US-amerikanische Raumkapseln zu entführen, um einen Krieg auszulösen. Überraschend akkurat spiegelt sich in „Man lebt nur zweimal" das tatsächliche Dreiecksverhältnis zwischen den USA, der Sowjetunion und China, bei dem die chinesische Regierung Mitte der 60er Jahre auch in der realen Welt gegen die Großmächte polemisierte.

Die Filme der 1970er Jahre ließen den Kalten Krieg im Hintergrund. Die Weltpolitik befand sich in einer Atempause und die Bond-Filme persiflierten sich zum Teil selbst. Lediglich 1977, in „Der Spion, der mich liebte", lässt sich der politische Zeitgeist beispielhaft erkennen. Im Rahmen der auch in der realen Welt stattfindenden Entspannungspolitik arbeiteten Bond und die sowjetische Agentin Anya Amasova kooperativ an der Eliminierung des größenwahnsinnigen Stromberg.

Zwei Jahre später – mit dem russischen Einmarsch in Afghanistan Ende 1979 – begann eine erneute Phase der Konfrontation. Die Bond-Filme ließen nun keine pro-sowjetische Haltung mehr erkennen und zeichneten 1981 mit „In tödlicher Mission" ein negatives Bild der sowjetischen Regierung. Der darauffolgende Film „Octopussy", der 1983 erschien, siedelte sich im Kontext von NATO-Doppelbeschluss und den in Europa aufkommenden Friedensdemonstrationen an. Die Furcht der Menschen vor einem atomaren Krieg war wieder gestiegen; nicht zuletzt bedingt durch die anti-sowjetische Haltung des US-amerikanischen Präsidenten Reagan und seine auf sowjetischer Seite argwöhnisch beobachteten Pläne eines neuartigen Raketenabwehrsystems.

Auch auf den ersten Blick unpolitische Filme thematisierten politische Aspekte, wie die US-amerikanische Drogenproblematik der frühen 70er Jahre in „Leben und Sterben lassen", die Energiekrise in „Der Mann mit dem Goldenen Colt", den Afghanistan-Konflikt in „Der Hauch des Todes" oder erneut das Drogenproblem der USA in „Lizenz zum Töten". Nicht minder politisch präsentierten sich die Bond-Filme nach dem Zusammenbruch der Sowjetunion. Statt in den geopolitischen Konstrukten des Kalten Krieges zu verharren, passten sich die Filme der neuen Realität an. Neue, durch die Gegenspieler repräsentierte Themenfelder waren nun Terrorismus und wirtschaftsrelevante Entwicklungen. Zu nennen wäre hier zum einen das Beispiel der Rohölknappheit, das in „Die Welt ist nicht genug" die größenwahnsinnige Elektra King dazu verleitet, den Bosporus atomar verseuchen zu wollen. Zum anderen thematisiert „Ein Quantum Trost" den Wasserkrieg Boliviens und die fragwürdige Haltung der Westmächte (namentlich USA und Großbritannien) gegenüber den Machthabern des Andenstaates. Die Gefahr von Cyberterrorismus wurde in

„Skyfall" eindrucksvoll gezeigt. Besonders vor dem Hintergrund des Wirkens von Gruppen wie „Anonymous" oder den Hackerangriffen des „Islamischen Staates" erhält diese Komponente eine aktuelle Bedeutung.

In der Frage nach der „Britishness" der Bond-Filme scheiden sich die Geister einiger US-amerikanischer und britischer Kulturwissenschaftler, wie in Kapitel 3.3 dargestellt wurde. Ein genauer Blick auf diese Frage konnte ergeben, dass amerikanische Einflüsse nicht zu negieren sind und in den 1970er Jahren auch von einigen britischen Kritikern ein vermeintliches Übermaß an amerikanischen Themen bemängelt wurde. Dennoch wäre es grundfalsch, die Filme in einen US-amerikanischen Ursprungskontext setzen zu wollen. Vor allem die Betonung ur-britischer Symbole, aber auch die umfassende Präsentation Großbritanniens bzw. britischer Mentalitäten innerhalb der Filme zeichnen das Bild, das auch die meisten Briten von James Bond haben: Der Agent ist weder Superman noch Jason Bourne, sondern der britischen Krone treu ergeben. Dies kulminierte 2012 in der Einbeziehung Bonds als wesentlicher Bestandteil der Eröffnungszeremonie der Olympischen Spiele in London, als in einem eigens für die Feier produzierten Clip Daniel Craig in seiner Rolle als James Bond die britische Königin Elizabeth die Zweite zur Eröffnungsfeier geleitete. Die Queen wurde daraufhin von der britischen Presse als neues Bond-Girl gefeiert – und der britische Status des Agenten noch einmal untermauert.

Verdeutlichen die Filme eindrucksvoll, wie eng reale politische Ereignisse mit der Filmhandlung verwoben sind, so zeigte sich bei der Auseinandersetzung mit der Rolle des Bond-Girls zunächst eine Abweichung vom klassischen Rollenbild in der Gesellschaft. Schon der erste Film, „James Bond jagt Dr. No" (1962), präsentierte mit der von Ursula Andress verkörperten Honey Ryder eine nicht dem stereotypen Bild der Hausfrau und Mutter entsprechenden Frau an Bonds Seite. Ihre Vita präsentiert sie als unabhängig, ihren Lebensunterhalt verdient sie sich durch den Verkauf von selbst gesammelten Muscheln. Doch auch die beiden Damen in den Nebenrollen (Sylvia Trench und Miss Taro) zeigen sich dem Agenten durchaus gewachsen. Der zweite Bond-Film „Liebesgrüße aus Moskau" präsentierte mit der hilfsbedürftigen russischen Agentin Tatjana Romanova eine weniger selbstständige Frauenfigur – sie ist auch die erste, die von dem Agenten geschlagen wird. Generell sind in „Liebesgrüße aus Moskau" qualifizierte Frauen unterrepräsentiert – eine Ausnahme bildet die Gegenspielerin und Handlangerin Blofelds, Rosa Klebb (Lotte Lenya), die jedoch kein Bond-Girl im klassischen Sinne ist. Schon der dritte Film der Reihe („Goldfinger") zeigt das bis dahin stärkste Bond-Girl. Die von Honor Blackmann dargestellte Pussy Galore ist als ausgebildete Pilotin hochqualifiziert und gibt sich James Bond gegenüber unnahbar. Sie ist dabei innerhalb des Films als deutlicher Kontrast zu den mehr zu dekorativen Zwecken dienenden Bond-Girls Jill und Tilly Masterson sowie Dink gezeichnet. Ein Rückschritt aus emanzipatorischer Sicht in der Darstellung des Haupt-Bond-Girls war dann im vierten Film zu sehen, der mit Domino Dervall eine von ihrem Mentor Largo abhängige Dame zum Bond-Girl erhob. Im selben Film findet sich mit Fiona Volpe als Gegenspielerin aber auch eine dem Agenten gewachsene Frau.

Die inhomogene Darstellung der Bond-Girls schon in den ersten vier Filmen zieht sich durch die gesamte Reihe und macht es daher schwer, von bestimmten „Phasen", wie Caplen es tut, zu sprechen. Vielmehr zeigt sich im Zeitverlauf ein unbeständiges Auf und Ab innerhalb der Darstellung der Bond-Girls, vor allem in den Filmen der ersten drei Jahrzehnte. Endeten die 1960er Jahre mit einer starken und psychologisch tiefer gezeichneteren Begleiterin (und späteren Ehefrau) Bonds, begaben sich die ersten Filme der 70er Jahre auf ein deutlich geringeres Niveau als Tracy di Vincenzo. Plenty o'Toole, Tiffany Case, Rosie Carver, Mary Goodnight oder Andrea Anders sind Frauen, die entweder die Opferrolle innehaben oder in ihrem gesamten Habitus Unprofessionalität implizieren.

Gegen Ende der 70er Jahre wandelte sich die Rolle der Bond-Girls erneut und tiefgreifend. Die russische Agentin Anya Amasova in „Der Spion, der mich liebte" und die CIA-Agentin Holly Goodhead in „Moonraker" stehen mit Bond auf Augenhöhe, was sowohl die Schlagfertigkeit als auch die fachliche Qualifikation betrifft. Doch auch in diesen Filmen bilden die Damen in den Nebenrollen ein leichtes Gegengewicht zu den ansonsten starken Haupt-Bond-Girls. Die oben skizzierte wenig kohärente Darstellung findet sich also auch innerhalb ein- und desselben Films und nicht nur im Zeitverlauf mehrerer Filme.

Die Stärke Holly Goodheads oder Anya Amasovas konnte nur zum Teil in die 80er Jahre hinübergetragen werden, wenngleich Melina Havelock aus „In tödlicher Mission" (1981) immer noch weit davon entfernt ist, einem der wenig qualifizierten Bond-Girls zu Beginn der 70er Jahre zu ähneln. Erst Octopussy im gleichnamigen Film kann als eine dem Agenten annähernd ebenbürtige Persönlichkeit gesehen werden. Der Film „Im Angesicht des Todes" von 1985 zeichnet vermutlich zwei noch gegensätzlichere Frauenbilder als es noch in „Goldfinger" geschehen ist. Haupt-Bond-Girl Stacy Sutton arbeitet zwar als Geologin, ist ledig und unabhängig, agiert jedoch in Interaktion mit James Bond oftmals nachgerade inkompetent. Ein deutlicherer Kontrast zu Sutton, als die starke und Bond physisch überlegene Opponentin May Day, wäre kaum möglich gewesen. Ende der 80er Jahre bauten die Bond-Filme auch bezüglich der Haupt-Bond-Girls die in den 70er Jahren begonnene Ausrichtung hin zum Typ der konflikterprobten Frauen aus. In „Lizenz zum Töten" etablierte sich mit Pam Bouvier der Bond-Girl-Typus der „fighting woman" (Chapman).

Dieses Muster wurde ausgeweitet und in die 90er Jahre transportiert. Wai Lin und Jinx, ebenso wie Miranda Frost und Xenia Onatopp, gehören dieser Kategorie an. Sie zeichnet eine ebenbürtige Stellung zum Agenten aus, hinzu kommen die Eigenschaften Selbstständigkeit, Kampferfahrung und Schlagfertigkeit. Aber auch die Frauen ohne den Staus der „fighting woman" tragen in den Filmen der 90er Jahre maßgeblich zum narrativen Fortgang der Handlung bei und bringen sich durch ihre fachliche Kompetenz (Natalya Simonova und Christmas Jones) in das Geschehen ein. Dennoch gibt es auch in den 90er Jahren Damen in der Opferrolle (Paris Carver) oder als „Sidekick" fungierende Frauen (Caroline, Molly Warmflash).

Mit dem Darstellerwechsel von Pierce Brosnan zu Daniel Craig fand erneut eine Umstrukturierung in der konzeptionellen Gestaltung der Bond-Girls statt. Vesper

Lynd verkörperte in „Casino Royale" ein weniger physisch überlegenes, aber umso schlagfertigeres Gegenüber Bonds. In ihr findet 007 seinen ruhenden Pol, bis er von ihrem vermeintlichen Verrat enttäuscht und verletzt wird. Die folgenden Filme mit Daniel Craig berücksichtigen diese fast schon als traumatisch für Bond zu bezeichnende Episode mit Vesper Lynd und positionieren seine Beziehungen zu Frauen neu. Es sollte „Bonds Bondwerdung"[3] erzählt werden und weniger der Fokus auf seinen Affären liegen. Dies erklärt womöglich auch einen gewissen nachlassenden Fokus in der Charakterzeichnung der Frauen in den neueren Filmen („Ein Quantum Trost" und „Skyfall") und ihre dortige Unterrepräsentation.

Erklären lassen sich die oftmals von Film zu Film höchst unterschiedlichen Darstellungen der Begleiterinnen Bonds zu großen Teilen mit der Anpassung der Filme an den emanzipationsgeschichtlichen Zeitgeist. Gerade für die Bond-Girls der 60er Jahre trifft eine solche Anpassung an vorherrschende Geschlechterdarstellungen jedoch nicht zu. Keine der Damen verkörpert das damals vorherrschende Rollenbild der Hausfrau und Mutter. Auch die hier zelebrierte sexuelle Freiheit der Bond-Girls war in den 60er Jahren noch längst nicht en vogue, wenngleich die Einführung der „Pille" 1960 den Grundstein für ein solches Bild legte. Die Bond-Filme waren in ihren Anfängen also in Bezug auf die Frauenrolle dem Zeitgeist voraus. Mit beginnender Frauenbewegung Ende der 60er Jahre wurde auch das Haupt-Bond-Girl in „Im Geheimdienst Ihrer Majestät", Tracy di Vincenco, vielschichtiger – die Bond-Girls der frühen 70er Jahre stehen jedoch wieder hintenan. Dieser Rückschritt wird u. a. von Caplen als bewusste Positionierung des Bond-Girls gegen die wachsende Emanzipationsbewegung gesehen – die Bond-Filme hätten demnach ein Gegengewicht zu dem sich in der Realität entwickelnden starken Frauenbild geben sollen. Diese Ansicht teile ich nicht. Die frühen Filme der 70er Jahre zeichnen sich generell durch einen anderen Tonfall aus und nehmen weder sich selbst, noch den Agenten oder eben die Frauen sonderlich ernst. Unter diesem Gesichtspunkt ist auch die teilweise comichafte Zeichnung der Bond-Girls zu sehen. Dass die Produzenten zum Ende der 70er Jahre die Bond-Girls an den durch die feministische Bewegung geprägten Zeitgeist bewusst anpassten, bestätigte 1979 auch Albert Broccoli, der die Ansicht vertrat, dass der starke Standpunkt der realen Frauen in die Serie eingearbeitet werden musste. Die sich seit den 70er Jahren stets verbessernde Situation von Frauen spiegeln auch die Filme der 80er und 90er Jahre wider; ein „Rückfall" in die frühen 70er Jahre wäre nicht zeitgemäß gewesen. Zeitgemäß war hingegen in vielen Fällen die Mode der Bond-Girls, wenngleich manche (Abend-) Kleider eher zeitlos wirken. Unabhängig von Abendmoden oder Uniformen spiegelte die Kleidung der Bond-Girls oftmals aktuelle modische Trends. Lediglich dem vor allem in der Modeindustrie präferierten Körperbild der 60er (dünn, z. B. Twiggy) oder der 90er Jahre (ausgemergelt/„heroin chick") passten sich die Bond-Girls nicht an und erscheinen stets sportlich-schlank.

---

3   Nicodemus, Katja: Bonds Chefin. Barbara Broccoli, in: Zeit Online vom 25.10.2012, http://www.zeit.de/2012/44/James-Bond-Produzentin-Barbara-Broccoli, Zugriff: 15.04.2015.

Außerhalb der klassischen Bond-Girl-Szenerie bewegen sich darüber hinaus M und Moneypenny. Erstere fand 1995 als Chefin Bonds Einzug in die Serie, zuvor wurde die Rolle von männlichen Schauspielern repräsentiert. Mit M als Frau orientierten sich die Produzenten an den Entwicklungen im realen MI5, der von 1992 bis 1996 von Stella Rimington geführt wurde. Moneypenny wurde von bislang vier Schauspielerinnen verkörpert, wobei Louis Maxwell die Rolle von 1962 bis 1985 einnahm. Ihre Charakterzeichnung passt sich in Teilen dem aktuellen Bond-Darsteller an. So ergibt sich zwischen ihr und Sean Connerys sowie George Lazenbys Bond ein stets durch subtile Flirts bestimmtes Verhältnis; mit Roger Moore als Bond entwickelte sich daraus eher eine geschwisterliche Beziehung. Caroline Bliss trat kaum in Erscheinung und mit Samantha Bonds Moneypenny wurde der Charakter der neuen Frauenrolle der 90er Jahre angepasst. Sie bietet Bond Paroli, wo es sich ergibt und erweckt auch sonst den Eindruck einer unabhängigen Frau. Die aktuelle Inkarnation der Moneypenny führt die Rolle einen weiteren Schritt nach vorne. Im Film „Skyfall" tritt sie erstmals auf und wird als einzige der Frauen im Film als stark und kampferfahren inszeniert. Auch in „Spectre" nimmt sie aktiv am Geschehen teil. Moneypenny als „fighting woman" – die folgenden Filme werden zeigen, ob sich dieses Bild halten kann.

Die Analyse von Rezeption und Rückwirkung der Bond-Filme konnte zeigen, dass diese insbesondere in den 60er Jahren und ab den 90er Jahren großen Anklang fanden. Nach dem dritten Film „Goldfinger" wurde ein regelrechter Bond-Boom ausgelöst, der seinen Niederschlag in zahlreichen Merchandise-Artikeln und Zeitungsberichten fand. Aber auch in neueren Zeiten, das ergab die Recherche, findet auf James Bond bezogenes Zubehör Eingang in diverse Fan- oder Onlineshops. Darüber hinaus sind Bond-Reisen oder -Hotelzimmer beliebt. Hieran zeigt sich in erster Linie der große Erfolg der Serie, der sich nicht nur in der Filmindustrie niederschlug. Auch an der Bond-Serie nicht beteiligte Firmen wie beispielsweise der Discounter LIDL nutzen mittlerweile die Bond-Figur als Werbeträger („Mein Name ist Samstag, Super Samstag"). Dass offenbar die Diktion der klassischen Vorstellungsformulierung Bonds ausreicht, um als werbewirksam eingestuft zu werden, zeugt vom Eingehen der Begrüßungs-Formel in das allgemeine Kulturverständnis und damit erneut vom großen Bekanntheitsgrad der Bond-Filme.

Product-Placement in den Filmen war vor allem in den 60er Jahren auf ein Minimum beschränkt und bezog sich in der Regel auf Bonds konsumierte Getränke, seine Autos und die Uhren. Später vervielfachte sich die Anzahl der in den Filmen beworbenen Produkte und verdeutlichte das Interesse von werbenden Firmen an der Bond-Reihe. Anhand der Palette der platzierten Produkte lassen sich auch immer wieder Rückschlüsse auf den Zeitgeist (vor allem den technologischen) ziehen. Beispielhaft seien hier die von Bond in den 70er und 80er Jahren getragenen Digitaluhren zu nennen: Diese standen vor allem Anfang der 70er Jahre für den technischen Fortschritt und erhoben sich für kurze Zeit zum Statussymbol.

Abschließend wurde in einem Vergleich zwischen deutschen, britischen und US-amerikanischen Medien die Rezeption der Bond-Filme beleuchtet. Hierbei zeigte sich ein weitgehend homogenes Bild – größere Differenzen (wie eingangs vermutet) ließen sich über die Ländergrenzen in der Bewertung der Filme nicht ausmachen. In zwei Punkten differierten britische und amerikanische Medien jedoch relativ stark voneinander. Die erste „Meinungsverschiedenheit" wurde in der Wahrnehmung der rassistischen Komponente von „Leben und Sterben lassen" registriert. Das „Time Magazine" sprach hier von Bond als einem „racist Pig"[4], während der britische Filmkritiker Dilys Powell eher eine umgekehrte Form des Rassismus interpretierte. Der „Spiegel" hielt sich in seiner Meinung eher neutral, den rassistischen Unterton des Films nahm er jedoch eher als ironischen Querverweis auf die damals modernen Black Movies hin. Es ist anzunehmen, dass die Gründe für die unterschiedliche Wahrnehmung in der Geschichte der Länder zu suchen ist. Rassismusprobleme waren in Deutschland und Großbritannien Anfang der 70er Jahre noch weitestgehend unbekannt, in den USA hingegen herrschte bei dieser Thematik jedoch eine größere Sensibilität.

Auch in der Frage nach der „Britishness" waren sich US-amerikanische Zeitschriften und die britischen Medien nicht immer einig. Während von britischer Seite die Herkunft des Helden des Öfteren betont wurde, war von amerikanischer Seite gelegentlicher Spott zu bemerken (so in Bezug auf „James Bond jagt Dr. No" oder das 40-jährige Bond-Jubiläum 2002). In der Regel konnte aber keine nennenswerte Differenz festgestellt werden.

Interessant ist der Verlauf der Berichterstattung zu den Bond-Girls. Während sie in überwiegenden Teilen der Artikel der 60er Jahre ein Schattendasein fristeten, interessierte sich der „Playboy" schon früh für Bonds Begleiterinnen. Besonders an diesem Beispiel wurde ersichtlich, dass die Bond-Girls zunächst nur auf ihr Äußeres reduziert wurden, sich dann aber die Berichterstattung über sie schrittweise der sich wandelnden Frauenrolle anpasste. So berichtete der „Playboy" der 60er Jahre wenig objektiv – die Frauen wurden als Lustobjekt inszeniert. Später bekamen sie ihre eigene Stimme – in Interviews betonten sie die Charakterzeichnung „ihres" Bond-Girls und wurden auch vom „Playboy" immer häufiger als dem Agenten gleichgesetzt beschrieben. Bemerkenswert ist hierbei offenbar die subjektive Wahrnehmung von Zeitgeist: Das Frauenbild der 60er Jahre sah im allgemeinen Verständnis noch keine (sexuell) unabhängigen Frauen vor, wie man sie mit heutigem Blickwinkel in den frühen Filmen erkennt, daher wurden vermutlich auch Honey Ryder oder Sylvia Trench von der Kritik nicht als solche wahrgenommen. Erst die erweiterte Perspektive der 90er Jahre ließ die „Playboy"-Redakteure die ersten Bond-Girls in der Rückschau als sexuell unabhängig und stark interpretieren.

Generell wandelten sich der Ton und die Intensität der Berichterstattung nicht nur auf die Bond-Girls bezogen. Es konnte herausgearbeitet werden, dass vor allem Mitte der 60er Jahre mit regelrechter Begeisterung über die Filme geschrieben wurde. Dabei zeigten sich deutsche und US-amerikanische Medien überschwänglicher als die untersuchten britischen Zeitungen. In den 70er und 80er Jahren brach diese

---

4   Schickel, Richard: Cinema: Dirty Trick, in: Time Magazine vom 09.07.1973. http://content.time.com/time/magazine/article/0,9171,907516,00.html, Zugriff: 06.09.2014.

Begeisterung ein. Schon mit Connerys vorletztem Film „Man lebt nur zweimal" zeigten sich die Rezensenten Bond-müde und die „Eintagsfliege im Bond-Smoking"[5] George Lazenby wurde kaum besprochen. Lediglich 1973, beim Darstellerwechsel von Connery zu Moore, zeigten die hier untersuchten Medien mehr Interesse, dieses flaute jedoch bald wieder ab. Als nach langer Bond-Pause 1995 die Serie neu belebt wurde, nahm die Berichterstattung deutlich zu. Ein neuer Bond-Hype deutete sich an, der bis heute ungebrochen zu sein scheint. Die Masse der Artikel ist aber vermutlich zu einem nicht unbeträchtlichen Teil auch der gewandelten Medienlandschaft geschuldet, in der das Internet einen immer größeren Stellenwert als Informationsmedium einnimmt und die Gesamtzahl der publizierten Artikel stetig zunimmt.

Anhand der Rezeption ließen sich auch Hinweise auf den Wirkungsgrad der Bond-Filme gewinnen. Ihr Einfluss übertraf in einigen Fällen den eines reinen Unterhaltungsfilms bei weitem. Schon in den 60er und 70er Jahren sorgten die Abenteuer des britischen Geheimagenten für Unmut in der Sowjetführung; die Filme wurden verboten, die Bücher ebenso. In der Hochzeit der Entspannungsphase zwischen den Großmächten deutete sich in dieser Frage ein mögliches Umdenken an – ein Reisejournalist berichtete von großem Anklang des Films „Der Spion, der mich liebte" auf einem sowjetischen Kreuzfahrtschiff Anfang 1979. Nur vier Jahre später warb Ronald Reagan für die Bond-Serie und wurde im Zuge des wiederaufkeimenden Konflikts zwischen den Blöcken von der Sowjetregierung für seine Worte verurteilt.

Das Ende des Kalten Krieges war nicht das Ende politischer Rückwirkung der Bond-Filme. Ganz offensichtlich *gegen* ein Land richtete sich 2002 der Film „Stirb an einem anderen Tag", mit dem die Produzenten bewusst ein negatives Bild Nordkoreas zeichneten und eine Handlung um einen machtbesessenen nordkoreanischen General spannten. Die Reaktionen auf den Film waren einzigartig: Nicht nur die nordkoreanische Regierung fühlte sich angegriffen, auch viele Südkoreaner lehnten das im Film propagierte Negativbild des Nachbarstaates ab. In den britischen, deutschen und amerikanischen Medien wurden diese Reaktionen aufgegriffen und (mit leichtem Augenzwinkern) als seltenes Ereignis der Einigung von Nord- und Südkorea betitelt: „James Bond appears to be achieving what years of political and military brinkmanship have failed to do – unite North and South Korea in a common cause."[6]

Es zeigt sich, dass die Bond-Filme vielschichtiger sind, als es zunächst den Anschein hat. In ihnen lassen sich 50 Jahre Zeitgeschichte problemlos wiederfinden – das Besondere dabei: Die Filme bieten diesen Blick auf den internationalen, zumindest im Kalten Krieg überwiegend die westliche Welt betreffenden, Zeitgeist. Erstaunlich akkurat lässt sich auch der Verlauf der verschiedenen Phasen des Kalten Krieges anhand der Bond-Filme nachzeichnen. Aber auch Nischenthemen oder regional (noch) begrenzte Sujets werden immer wieder berücksichtigt, wie unter

---

5   N.N.: Die doppelte Rückkehr der 007, in: Der Spiegel Nr. 32/1983 vom 08.08.1983. S. 132–140. S. 133.

6   N.N.: James Bond is public enemy number one for Koreans, in: The Guardian vom 03.01.2003. www.theguardian.com/film/2003/jan/03/news.jamesbond. Zugriff: 05.04.2015.

anderem die Filme „Im Geheimdienst ihrer Majestät“ (Maul- und Klauenseuche),
„Der Mann mit dem goldenen Colt“ (Energiekrise), „Casino Royale“ (Kindersoldaten), oder „Ein Quantum Trost“ (Wasserknappheit) zeigen.

Die Studie untermauert somit die Rentabilität auch von Blockbuster-Filmen für
die (historische) Forschung. Gerade das von Historikern bislang eher stiefmütterlich behandelte Medium „Unterhaltungsfilm“ ist aufgrund seiner großen Popularität
ein lohnendes Forschungsobjekt, wenn vor allem Fragen nach zeitgeistlichen Strömungen einer Gesellschaft untersucht werden sollen. Dass sich hierfür vor allem
langlebige (Film-)Serien eignen, wurde am Beispiel James Bond in dieser Arbeit
aufgezeigt.

Gerade auch im Zusammenspiel mit dem schriftlichen Diskurs der Filme im
Rahmen von Zeitungsartikeln und Filmrezensionen bieten sich ausgiebige Unter-
suchungsfelder. An die hier erstmals in diesem Umfang gegebenen Analysen der
schriftlichen Berichterstattung zu den Bond-Filmen lassen sich nahtlos weitere Fra-
gestellungen anknüpfen. Sehr differenziert ließen sich beispielsweise die einzelnen
Themenkomplexe (z. B. Frauenrolle, Männerbild und politische Aspekte der Filme),
die in den Rezensionen mit verblüffender Regelmäßigkeit aufgegriffen werden, als
separate Aspekte untersuchen. Auch der Unterschied innerhalb verschiedener Me-
diengattungen im Umgang mit den Bond-Filmen mag eine Studie wert sein. Wie
bewerten klassische Männermagazine und als typisch geltende Frauenzeitschriften
die Filme? Überaus spannend wäre auch ein Blick auf sowjetische oder russische
Zeitungen. Die im Rahmen dieser Studie ausgwerteten Funde aus Drittquellen lassen interessante Ergebnisse vermuten. Es beibt festzuhalten: Das Themenfeld James
Bond bietet noch zahlreiche Forschungsmöglichkeiten – wenn vielleicht nicht mehr
nur auf die Filme als solche bezogen, so doch im nahen Umfeld der Rezeption oder
Wirkungsgeschichte.

Ziel der Untersuchung war es, die Bond-Filme in Beziehung zu dem sie prägenden und beinflussenden Zeitgeist zu setzen. Hierbei ergab sich, dass die Filme
den Zeitgeist nicht einfach nur widerspiegeln, sondern dass sie ihn auch regelrecht
*um*spielen. Teilweise sind die Filme ihm einen Schritt voraus (so z. B. in Bezug auf
die Frauenrolle in den 6oern oder technischen Errungenschaften), in anderen Bereichen hinken sie hinterher (so beim Thema Homosexualität), aber in den meisten
Fällen gehen sie mit ihm mit (z. B. in der Adaption politischer Inhalte). Die auf-
gezeigte Kombination aus medialem Interesse, einem weitgreifenden Marketing-
komplex und steter Reflexion gesellschaftspolitischer Themen bedingte den großen
Erfolg der Serie.

Dass das „Phantom“ des „Zeitgeistes“ nun auch den aktuellsten Bond-Film
„Spectre“ heimgesucht hat, war daher mehr als folgerichtig.

7. Abbildungen

8. Literatur

Amacker, Anna Katherine/Moore, Donna Ashley: "The bitch is dead": Anti-feminist Rhetoric in Casino Royale, in: Becker, Jack/Weiner, Robert G./Whitfield, Lynn (Hrsg.): James Bond in World and Popular Culture: The Films are Not Enough, Cambridge 2010, S. 142–153.

Amis, Kingsley: Geheimakte 007 James Bond, Frankfurt a. M./Berlin 1966 (Engl. 1965).

Arp, Robert/Decker, Kevin S.: "That Fatal Kiss": Bond, Ethics, and the Objectification of Women, in: Held, Jacob/South, James B. (Hrsg.): James Bond and Philosophy. Questions Are Forever, Chicago und La Salle 2006, S. 201–214.

Asche, Florian: Das Product-Placement im Kinospielfilm (Europäische Hochschulschriften. Reihe II Rechtswissenschaft. Band 1958), Frankfurt a. M. 1996.

Bahr, Alexander: Folter im 21. Jahrhundert. Auf dem Weg in ein neues Mittelalter?, München 2009.

Barmeyer, Christoph/Scheffer, Jörg (Hrsg.): The Spy Who Impressed Me. Zur kollektiven Wirkung und kulturellen Bedeutung von James-Bond-Filmen, Passau 2013.

Baur, Karl: Zeitgeist und Geschichte. Versuch einer Deutung, München 1978.

Becker, Jack/Weiner, Robert G./Whitfield, Lynn (Hrsg.): James Bond in World and Popular Culture: The Films are Not Enough, Cambridge 2010.

Bennet, Tony: The Bond Phenomenon: Theorizing a Popular Hero, in: Southern Review vol. 16, Nr. 2, Juli 1983, S. 195–225.

Bennett, Tony/Woollacott, Janet: Bond and Beyond. The Political Career of a Popular Hero, Houndsmills u. a. 1987.

Berg, Olaf: Film als historische Forschung: Geschichte in dialektischen Zeit-Bildern. Perspektiven für eine kritische Geschichtswissenschaft in Anschluss an Gilles Deleuze, Walter Benjamin und Alexander Kluge (mpz-materialien Nr. 9), Hamburg 2004.

Bernard, Christine: Frauen in Drogenszenen. Drogenkonsum, Alltagswelt und Kontrollpolitik in Deutschland und den USA am Beispiel Frankfurt am Main und New York City (Perspektiven kritischer Sozialer Arbeit Band 17), Wiesbaden 2013.

Bilkau, Kristine: Geschmeidig, brutal und sexy. James Bond als Beispiel für die Konstruktion von Männlichkeit in den Medien, Saarbrücken 2007.

Black, Jeremy: The Politic's of James Bond: From Fleming's Novel to the Big Screen, Lincoln und London 2005.

Böger, Astrid: Zum Sterben schön: Das Bond-Girl als modische Projektionsfläche, in: Föcking, Marc/Böger, Astrid (Hrsg.): James Bond – Anatomie eines Mythos (Beiträge zur neueren Literaturgeschichte Band 289), Heidelberg 2012, S. 169–184.

Boesch, Joseph u. a.: Weltgeschichte. Von 1500 bis zur Gegenwart. Zürich [20]2014.

Buono, Oreste del/Eco, Umberto (Hrsg.): Der Fall James Bond. 007 – ein Phänomen unserer Zeit, München 1966 (It. 1965).

Brabazon, Tara: Britain's last line of defence: Miss Moneypenny and the desperations of filmic feminism, in: Lindner, Christoph (Hrsg.): The James Bond phenomenon. A Critical Reader, Manchester und New York 2003, S. 202–214.

Briesen, Detlef: Drogenkonsum und Drogenpolitik in Deutschland und den USA. Ein historischer Vergleich. Frankfurt/New York 2005.

Brunckhorst, Inga: Gentleman's Girls and Guns. James Bond und die Frauen, Marburg 2009.

Brunsberg-Kiermeier, Stefanie/Greve, Werner (Hrsg.): Die Evolution des James Bond. Stabilität und Wandel, Göttingen 2014.

Caplen, Robert A.: Shaken and Stirred. The Feminism of James Bond, o. O. 2012.

Chapman, James: Bond and Britishness, in: Comentale, Edward P./Watt, Stephen/Willman, Skip (Hrsg.): Ian Fleming & James Bond. The Cultural Politics of 007. Bloomington 2005, S. 129–143.

Chapman, James: Licence to Thrill. A Cultural History of the James Bond Films, London u. a. ²2007.

Chapman, James: "Reflections in a Double Bourbon", in: Becker, Jack/Weiner, Robert G./ Whitfield, Lynn (Hrsg.): James Bond in World and Popular Culture: The Films are Not Enough, Cambridge 2010, S. 479–484.

Chiavacci, David: Das japanische Gesellschaftsmodell in der Krise: Fazit und Versuch eines Ausblicks am Ende des verlorenen Jahrzehnts, in: Pohl, Manfred/Wieczorek, Iris (Hrsg.): Japan 2006. Politik und Wirtschaft, Hamburg 2006, S. 185–220.

Colombo, Furio: James Bonds Frauen, in: Buono, Oreste del/Eco, Umberto (Hrsg.): Der Fall James Bond. 007 – ein Phänomen unserer Zeit, München 1966 (It. 1965), S. 120–144.

Comentale, Edward P./Watt, Stephen/Willman, Skip (Hrsg.): Ian Fleming & James Bond. The Cultural Politics of 007. Bloomington 2005.

Cork, John/d'Abo Maryam: Bond Girls Are Forever. The Women of James Bond, London 2003.

Cork, John/Scivally, Bruce: James Bond. Die Legende von 007, Bern, München, Wien 2002.

Dobson, Alan: Die „Special Relationship": Zur Entwicklung der britisch-amerikanischen Sonderbeziehung seit 1945, in: Kastendiek, Hans/Rohe, Karl/In Volle, Angelika (Hrsg.): Großbritannien. Geschichte – Politik – Wirtschaft – Gesellschaft. Bonn ²1999, S. 420–436.

Drummond, Lee: American Dreamtime. A Cultural Analysis of Popular Movies, and Their Implications for a Science of Humanity, Lanham, Md. 1996.

Duncan, Paul (Hrsg.) (A): The James Bond 007 Archives, Köln 2012.

Duncan, Paul (Hrsg.) (B): Das James Bond 007 Archiv (Beiheft zum englischsprachigen Original), Köln 2012.

Eco, Umberto: Die erzählerischen Strukturen in Flemings Werk, in: Buono, Oreste del/Eco, Umberto (Hrsg.): Der Fall James Bond. Ein Phänomen unserer Zeit, München 1966 (It. 1965), S. 68–119.

Ehmsen, Stefanie: Der Marsch der Frauenbewegung durch die Institutionen. Die Vereinigten Staaten und die Bundesrepublik im Vergleich, Münster 2008.

Eisenberg, Felix: James Bond als Global Player. Marken in James-Bond-Filmen, in: Grünkernmeier, Ellen u. a. (Hrsg.): Das Kleine Bond-Buch. From Cultural Studies with Love, Marburg 2007, S. 159–162.

Ernst, Tanja/Schmalz, Stefan (Hrsg.): Die Neugründung Boliviens? Die Regierung Morales (Studien zu Lateinamerika 1), Baden-Baden 2009.

Farneth, David (Hrgs.): Lotte Lenya. Eine Autobiographie in Bildern. Köln 1999.

Fleming, Ian: Casino Royale, Stuttgart 2012 (Engl. 1953).

Fleming, Ian (A): Dr. No, Stuttgart 2013 (Engl. 1958).

Fleming, Ian (B): Goldfinger. Ludwigsburg 2013 (Engl. 1959).

Fleming, Ian (C): Man lebt nur zweimal, Ludwigsburg 2013 (Engl. 1964).

Föcking, Marc/Böger, Astrid (Hrsg.): James Bond – Anatomie eines Mythos (Beiträge zur neueren Literaturgeschichte Band 289), Heidelberg 2012.

Frevert, Ute: Frauen-Geschichte. Zwischen Bürgerlicher Verbesserung und Neuer Weiblichkeit, Frankfurt a. M. 1986.

Gaines, Jane: Filmgeschichte als Kritik feministischer Filmtheorie, in: Das Argument Nr. 284/2009, S. 926–934.

Gamper, Michael/Schnyder, Peter (Hrsg.): Kollektive Gespenster. Die Masse, der Zeitgeist und andere unfaßbare Körper (Rombach Litterae Band 148), Berlin 2006.

Gellner, Winand: Medien im Wandel, in: Kastendiek, Hans/Rohe, Karl/Volle, Angelika (Hrsg.): Großbritannien. Geschichte – Politik – Wirtschaft – Gesellschaft. Bonn ²1999. S. 543–561.

Gerhard, Ute: Frauenbewegung und Feminismus. Eine Geschichte seit 1789, München 2009.

Gill, Rosalind: Postfeminist Media Culture: Elements of a Sensibility, in: European Journal of Cultural Studies, Nr. 10 (2) 2007, S. 147–166.

Green, Jean Paul: Liebesgrüße aus Brengland. Nationale Identität und James Bond, in: Grünkernmeier, Ellen u. a. (Hrsg.): Das Kleine Bond-Buch. From Cultural Studies with Love, Marburg 2007, S. 79–91.

Greve, Werner: James Bond 007. Agent des Zeitgeistes, Göttingen 2012.

Grünkernmeier, Ellen u. a. (Hrsg.): Das Kleine Bond-Buch. From Cultural Studies with Love, Marburg 2007.

Hampel, Susanne/Zillessen, Stefanie: „White Face in Harlem, Good Thinking Bond!". Der „westliche Blick": eine kritische Analyse des Bond-Films Live and Let Die, in: Barmeyer, Christoph/Scheffer, Jörg (Hrsg.): The Spy Who Impressed Me. Zur kollektiven Wirkung und kulturellen Bedeutung von James-Bond-Filmen, Passau 2013, S. 181–213.

Hausotter, Jette: Zwischen Emanzipation und Einpassung: postfeministische Verwicklungen in Politik und Popkultur, veröffentlicht am 19.10.2010, in: Feministisches Institut Hamburg, http://www.feministisches-institut.de/postfeministische-verwicklungen/, Zugriff: 25.02.2015.

Heideking, Jürgen: Geschichte der USA, Tübingen und Basel ³2003.

Heinke, Eva-Maria: Islamistischer Terrorismus in Deutschland. Formen und Bedrohungsausmaß einer transnationalen Bewegung, in: Schieren, Stefan (Hrsg.): Populismus, Extremismus. Eine Einführung, Schwalbach/Ts. 2014.

Helbig, Jörg: Geschichte des britischen Films, Stuttgart/Weimar 1999.

Held, Jacob/South, James B. (Hrsg.): James Bond and Philosophy. Questions Are Forever, Chicago und La Salle 2006.

Hickethier, Knut: Film- und Fernsehanalyse, Stuttgart ⁵2012.

Hilgert, Nora: Unterhaltung, aber sicher! Populäre Repräsentationen von Recht und Ordnung in den Fernsehkrimis „Stahlnetz" und „Blaulicht", 1958/59–1968, Bielefeld 2013.

Hines, Claire: For His Eyes Only? Men's Magazines and the Curse of the Bond Girl, in: Becker, Jack/Weiner, Robert G./Whitfield, Lynn (Hrsg.): James Bond in World and Popular Culture: The Films are Not Enough, Cambridge 2010, S. 167–175.

Hobsch, Manfred/Morgenstern, Dany: James Bond XXL. Das weltweit umfangreichste 007-Nachschlagewerk. Band 1: A–K, Berlin 2006.

Hobsch, Manfred/Morgenstern, Dany: James Bond XXL. Das weltweit umfangreichste 007-Nachschlagewerk. Band 2: L–Z, Berlin 2006.

Hohensee, Jens: Der erste Ölpreisschock 1973/74. Die politischen und gesellschaftlichen Auswirkungen der arabischen Erdölpolitik auf die Bundesrepublik Deutschland und Westeuropa (HMRG – Historische Mitteilungen Beiheft 17), Stuttgart 1996.

Hügel, Hans-Otto/Moltke, Johannes v. (Hrsg.): James Bond. Spieler und Spion. Begleit- und Lesebuch zur Ausstellung Die Welt des James Bond 007, Hildesheim 1998.

Isaacs, Jeremy/Downing, Taylor: Der Kalte Krieg. Eine illustrierte Geschichte. 1945–1991, München 1999.

Karner, Stefan: Zur zwangsweisen Übergabe der Kosaken an die Sowjets 1945 in Judenburg, in: Stadler, Harald/Steininger, Rolf/Berger, Karl C. (Hrsg.): Die Kosaken im Ersten und Zweiten Weltkrieg, Innsbruck 2008, S. 141–150.

Kastendiek, Hans/Rohe, Karl/Volle, Angelika (Hrsg.): Großbritannien. Geschichte – Politik – Wirtschaft – Gesellschaft. Bonn ²1999.

Koch-Mertens, Wiebke: Der Mensch und seine Kleider. Teil 2: Die Kulturgeschichte der Mode im 20. Jahrhundert, Düsseldorf, und Zürich 2000.

Kocian, Erich: Die James Bond Filme (Heyne Filmbibliothek Nr. 32/44), München ⁶1991.

Korte, Barbara: Bond und das Heroische – Von Flemings Romanen zu Skyfall, in: Brunsberg-Kiermeier, Stefanie/Greve, Werner (Hrsg.): Die Evolution des James Bond. Stabilität und Wandel, Göttingen 2014, S. 107–128.

Kulbarsch-Wilke, Julia: Frauen, Politik und Aktion. Das Phänomen der James-Bond-Spielfilmreihe im Spiegel der Zeit. Eine Analyse der Filme im Zeitraum von 1962 bis 2006, Hamburg 2009.

Kulbarsch-Wilke, Julia: Zwischen Konfrontation und Entspannung – James Bond im Kalten Krieg, in: Metzler Aktuell. Arbeitsblätter für Geographie und Zeitgeschichte, Wirtschaft und Politik, Nr. 2/2015, Braunschweig 2015, o. S.

Kracauer, Siegfried: Von Caligari zu Hitler. Eine psychologische Studie des deutschen Films, Frankfurt a.M. ⁴1999 (Engl. 1947).

Krüger, Cord: „Mr. Bond, I expect you to die!" 007s Widersacher und die Transnationalisierung des Bösen, in: Ders. u. a. (Hrsg.): Mythos 007. Die James-Bond-Filme im Fokus der Popkultur, Mainz 2007, S. 122–149.

Ladenson, Elisabeth: Pussy Galore, in: Lindner, Christoph (Hrsg.): The James Bond Phenomenon. A Critical Reader, Manchester und New York 2003, S. 184–201.

Landes, Andreas/Jakob, Nina/Schatz, Andreas: „Mr. Bond, you can't kill my dreams. But my dreams can kill you." Von der Fiktion in die Realität: Die politische Macht der James-Bond-Filme, in: Barmeyer, Christoph/Scheffer, Jörg (Hrsg.): The Spy Who Impressed Me. Zur kollektiven Wirkung und kulturellen Bedeutung von James-Bond-Filmen, Passau 2013, S. 57–81.

Langenscheidt-Redaktion (Hrsg.): Langenscheidts Handwörterbuch Englisch. Teil I. Englisch – Deutsch. Berlin u. a. 2000.

Lawrence, John Shelton: The American Superhero Genes of James Bond. in: Becker, Jack/Weiner, Robert G./Whitfield, Lynn (Hrsg.): James Bond in World and Popular Culture: The Films are Not Enough, Cambridge 2010, S. 324–342.

Leach, Jim: ‚The world has changed': Bond in the 1990s – and Beyond?, in: Lindner, Christoph (Hrsg.): The James Bond Phenomenon. A Critical Reader, Manchester und New York 2003, S. 248–258.

Lehnert, Gertrud: Geschichte der Mode des 20. Jahrhunderts, Köln 2000.

Lexikonredaktion des Verlages F. A. Brockhaus (Hrsg.): Weltgeschichte der Neuzeit (Bundeszentrale für politische Bildung, Schriftenreihe Band 486), Bonn 2005.

Lindner, Christoph (Hrsg.): The James Bond Phenomenon. A Critical Reader, Manchester und New York 2003.

Lindsey, Linda L.: Gender Roles. A Sociological Perspective, New Jersey ²1994.

Lünnemann, Ole: Vom Kalten Krieg bis Perestroika. James Bond – Ein Filmagent zwischen Entspannung und Konfrontation. Eine inhaltsanalytische Studie zur Reflex- und Kontrollhypothese (Beiträge zur Kommunikationstheorie Band 2), Münster 1993.

Maihofer, Andrea/Böhnisch, Tomke/Wolf, Anne: Wandel der Familie. Literaturstudie (Arbeitsblatt der Hans Böckler Stiftung, Nr. 48), Düsseldorf 2001.

Mannsperger, Georg: „James Bond will return": Der serielle Charakter der James-Bond-Filme. Wiederkehrende Elemente in 40 Jahren Action-Kino, Diss. Mainz 2003. http://ubm.opus.hbz-nrw.de/volltexte/2003/431/pdf/diss.pdf, Zugriff: 27.04.2015.

Mannsperger, Georg (A): Eine Nummer – sechs Darsteller. Die unterschiedlichen Typologien des 007, in: Krüger, Cord u. a. (Hrsg.): Mythos 007. Die James-Bond-Filme im Fokus der Popkultur, Mainz 2007, S. 36–59.

Mannsperger, Georg (B): „Die Wirklichkeit finde ich ziemlich langweilig". Ken Adam und das Set Design der Bond-Filme, in: Krüger, Cord u. a. (Hrsg.): Mythos 007. Die James-Bond-Filme im Fokus der Popkultur, Mainz 2007, S. 150–159.

Maurer, Michael: Kleine Geschichte Englands, Stuttgart 1997.

Medico international e. V. (Hrsg.): Der Stoff aus dem die Kriege sind. Rohstoffe und Konflikte in Afrika, Frankfurt 2005.

Meng, Lingqi: Der Wandel der chinesischen außenpolitischen Interessensstruktur seit 1949, Wiesbaden 2012.

Moore, Roger: Mein Name ist Bond … James Bond. Die Autobiografie, o. O. 2009.

Morgenstern, Danny: James Bond für Besserwisser. Der tiefe Einblick in die Welt des Geheimagenten 007, Braunschweig 2014.

Mueller-Stindl, Eleonore: Mode, Macher, Märkte. Von der Haute Couture auf die Straße – 50 Jahre Mode von 1946 bis 1996, Frankfurt a. M. 1997.

Mulvey, Laura: Visuelle Lust und narratives Kino, in: Weissberg, Liliane (Hrsg.): Weiblichkeit als Maskerade, Frankfurt a. M. 1994, S. 48–65.

Museum Folkwang (Hrsg.): Bond, … James Bond. Filmplakate und Fotografien aus fünfzig Jahren, Göttingen 2012, S. 83.

Nelson, Craig: The Age of Radiance: The Epic Rise and Dramatic Fall of the Atomic Era. New York 2014.

N.N.: Der große Ploetz. Die Daten-Enzyklopädie der Weltgeschichte. Daten, Fakten, Zusammenhänge. Freiburg [32]1998.

N.N.: Booklet zur DVD „Im Geheimdienst Ihrer Majestät" (Ultimate Edition), 2006.

N.N.: Booklet zur DVD „Lizenz zum Töten" (Ultimate Edition), 2006.

N.N.: Vor 20 Jahren: Homosexualität nicht mehr strafbar, veröffentlicht am 10.03.2014, in: Bundeszentrale für politische Bildung, http://www.bpb.de/politik/hintergrundaktuell/180263/20-jahre-homosexualitaet-straffrei, Zugriff: 20.04.2015.

Panagiotopoulos, Diamantis: Kreta in der Vorpalastzeit, in: Siebenmorgen, Harald (Hrsg.): Im Labyrinth des Minos. Kreta – die erste europäische Hochkultur. Katalog der Ausstellung im Badischen Landesmuseum Karlsruhe vom 27.1. bis 29.4.2001, München 2001, S. 45–55.

Paul, Gerhard: Visual History. Ein Studienbuch. Göttingen 2006.

Paulus, Julia, u. a. (Hrgs.): Zeitgeschichte als Geschlechtergeschichte. Neue Perspektiven auf die Bundesrepublik, Frankfurt/New York 2012.

Pohl, Manfred/Wieczorek, Iris (Hrsg.): Japan 2006. Politik und Wirtschaft, Hamburg 2006.

Petzel, Michael/Hobsch, (Hrsg.): Die Akte James Bond. Die Billy-Kocian-Fotocollection der klassischen James-Bond-Filme mit Sean Connery und Roger Moore, Berlin o. J.

Parker, John: Sean Connery. Die Biographie, München 2005.

Pankratz, Anette: Casino Globale: Wie Bond mit der Welt spielt, in: Föcking, Marc/Böger, Astrid (Hrsg.): James Bond – Anatomie eines Mythos (Beiträge zur neueren Literaturgeschichte Band 289), Heidelberg 2012, S. 145–169.

Pearson, John: James Bond. The Authorised Biography, London 2008.

Rauscher, Andreas (A): Im Angesicht der Postmoderne. James Bond und der postklassische Actionfilm, in: Krüger, Cord u. a. (Hrsg.): Mythos 007. Die James-Bond-Filme im Fokus der Popkultur, Mainz 2007, S. 102–121.

Rauscher, Andreas (B): Play it again, James. Die 007 Videospiele, in: Krüger u. a. (Hrsg.): Mythos 007. Die James-Bond-Filme im Fokus der Popkultur, Mainz 2007, S. 211–220.

Reijnders, Stin: On the Trail of 007: Media Pilgrimages into the World of James Bond, in: Area Vol. 42, Nr. 3 vom September 2010, S. 369–377.

Reitz, Torsten: James Bond. Genese einer Kultfigur, Marburg 2009.

Riederer, Günter: Film und Geschichtswissenschaft. Zum aktuellen Verhältnis einer schwierigen Beziehung, in: Paul, Gerhard: Visual History. Ein Studienbuch, Göttingen 2006, S. 96–113.

Riegraf, Birgit: Feminismus ist en vogue! Aber welcher Feminismus?, veröffentlicht am 17.12.2007, in: Feministisches Institut Hamburg, http://www.feministisches-institut.de/feminismus_riegraf/, Zugriff: 25.02.2015.

Rinke, Stefan: Geschichte Lateinamerikas. Von den frühesten Kulturen bis zur Gegenwart, München 2014.

Ritzer, Ivo: All the Time in the World. Modernität, Wissenschaft und Pop in den James-Bond-Filmen der 1960er Jahre, in: Krüger, Cord u. a. (Hrsg.): Mythos 007. Die James-Bond-Filme im Fokus der Popkultur, Mainz 2007, S. 198–210.

Rother, Rainer (Hrsg.): Bilder schreiben Geschichte. Der Historiker im Kino, Berlin 1991.

Rye, Graham: The James Bond Girls, Basingstoke und Oxford 1999.

Schieren, Stefan (Hrsg.): Populismus, Extremismus. Eine Einführung, Schwalbach/Ts. 2014.

Schild, Georg: 1983. Das gefährlichste Jahr des Kalten Krieges, Paderborn u. a. 2013.

Schildt, Axel/Siegfried, Detlef: Deutsche Kulturgeschichte. Die Bundesrepublik von 1945 bis zur Gegenwart, München 2009.

Schmidt, Johann, N.: Großbritannien 1945–2010. Kultur, Politik, Gesellschaft, Stuttgart 2011.

Schneier, Bruce: Beyond Fear. Thinking Sensibly about Security in an Uncertain World. New York 2003.

Schorr, Bettina: Klare Hierarchien? Bolivien unter der Präsidentschaft von Evo Morales und die Beziehungen zu den USA, in: Ernst, Tanja/Schmalz, Stefan: Die Neugründung Boliviens? Die Regierung Morales (Studien zu Lateinamerika 1), Baden-Baden 2009, S. 203–218.

Schwarz, Hans-Peter: Phantastische Wirklichkeit. Das 20. Jahrhundert im Spiegel des Polit-Thrillers, München 2006.

Seeling, Charlotte: Mode. Das Jahrhundert der Designer. 1900–1999, Köln 2000.

Sichtermann, Barbara: Kurze Geschichte der Frauenemanzipation, Berlin 2009.

Smoltczyk, Alexander: James Bond, Berlin, Hollywood. Die Welten des Ken Adam, Berlin 2002.

Sparrow, Giles: Abenteuer Raumfahrt, München 2011.

Spitzer, Helmut/Twikirize, Janestic M.: War-affected Children in Northern Uganda. No Easy Path to Normality, in: International Social Work Nr. 56 (I), 2012, S. 67–79.

Stadler, Harald/Steininger, Rolf/Berger, Karl C. (Hrsg.): Die Kosaken im Ersten und Zweiten Weltkrieg, Innsbruck 2008.

Stadler, Ulrich: Zeitgeisterbeschwörung um 1800. Geschichtskritik und Gegenwartsklage bei Herder Hendrich Hölderlin und Brandes, in: Gamper, Michael/Schnyder, Peter (Hrsg.): Kollektive Gespenster. Die Masse, der Zeitgeist und andere unfaßbare Körper (Rombach Litterae Band 148), Berlin 2006, S. 265–284.

Sweeney, John: North Korea Undercover. Inside the World's Most Secret State, London 2013.

Tata, Nadja: Product-Placement in James-Bond-Filmen, Saarbrücken 2006.

Tesche, Siegfried: Sean Connery. Die Biografie, Berlin 1999.

Tesche, Siegfried (A): James Bond – top secrets. Die Welt des 007, Leipzig 2006.

Tesche, Siegfried (B): „Mr. Kiss Kiss Bang Bang". Die Geschichte der James-Bond-Filmmusiken, Mainz 2006.

Tafoya, William L.: Cyber Terror, in: U.S. Department of Justice (Hrsg.): FBI Law Enforcement Bulletin, Vol. 80, Nr. 11, November 2011, S. 1–16.

Tolan, Metin/Stolze, Joachim: Geschüttelt, nicht gerührt. James Bond und die Physik, München²2008.

Tornabuoni, Lietta: James Bond – Eine Modeerscheinung, in: Buono, Oreste del/Eco, Umberto (Hrsg.): Der Fall James Bond. Ein Phänomen unserer Zeit, München 1966 (It. 1965), S. 7–36.

U.S. Department of Justice (Hrsg.): FBI Law Enforcement Bulletin, Vol. 80, Nr. 11, November 2011.

Vereinte Nationen (Hrsg.): Bericht der CTITF Arbeitsgruppe. Bekämpfung der Terrorismusfinanzierung, New York 2009.

Watt, Stephen: 007 and 9/11, Specters and Structures of Feeling, in: Comentale, Edward P./Watt, Stephen/Willman, Skip (Hrsg.): Ian Fleming & James Bond. The Cultural Politics of 007, Bloomington 2005, S. 238–259.

Weissberg, Liliane (Hrsg.): Weiblichkeit als Maskerade, Frankfurt a. M. 1994.

Wende, Peter: Das britische Empire. Geschichte eines Weltreichs, München 2008.

Willman, Skip: The Kennedys, Fleming and Cuba. Bond's Foreign Policy, in: Comentale, Edward P./Watt, Stephen/Willman, Skip (Hrsg.): Ian Fleming & James Bond. The Cultural Politics of 007, Bloomington 2005, S. 178–201.

Wolfrum, Edgar: Die 90er Jahre. Wiedervereinigung und Weltkrisen, Darmstadt 2008.

Zellmer, Elisabeth: Protestieren und Polarisieren. Frauenbewegung und Feminismus der 1970er Jahre in München, in: Paulus, Julia, u. a. (Hrsg.): Zeitgeschichte als Geschlechtergeschichte. Neue Perspektiven auf die Bundesrepublik, Frankfurt/New York 2012, S. 276–297.

Zettler, Jochen: „May I ask what motive our Russian friends would have for wishing to destroy American spacecraft?" James Bond zwischen Fiktion und Realität – Wie viel Wahrheit steckt in den Filmen von 007?, in: Barmeyer, Christoph/Scheffer, Jörg (Hrsg.): The Spy Who Impressed Me. Zur kollektiven Wirkung und kulturellen Bedeutung von James-Bond-Filmen, Passau 2013, S. 19–56.

Zimmer, Sonja: Bond's Women, in: Hügel, Hans-Otto/Moltke, Johannes v. (Hrsg.): James Bond. Spieler und Spion. Begleit- und Lesebuch zur Ausstellung Die Welt des James Bond 007, Hildesheim 1998, S. 43–47.

Presseartikel

The Times (GB, aus Online-Archiv ohne Seitenangabe)

Beloe, W. G.: Vodka sales soar, in: The Times, Nr. 57685 vom 08.10.1969, S. IV.

Brown, Geoff: Have stiff upper lip, well travelled. From Drummond and Holmes to Bond, the British hero is an unchanging movie-stereotype, in: The Times (2), Nr. 65497 vom 17.11.1995, S. 38.

Carter, John: Travel I: Cruising in a Soviet showcase, in: The Times, Nr. 60570 vom 08.03.1980, S. 11.

Fallowell, Duncan: Sex, Sadism and … shrewdness, in: The Times, Nr. 61714 vom 16.12.1983, S. 12.

Halpin, Tony: Soviet diehards see red over ‚betrayal‘ by 007 girl Olga Kurylenko, in: The Times vom 31.10.2008. http://www.thetimes.co.uk/tto/arts/film/article2429384.ece, Zugriff: 07.04.2015.

Hoyle, Ben: Bond and M annihilate a sacred cow, in: The Times vom 29.10.2008. http://www.thetimes.co.uk/tto/arts/film/article2435080.ece, Zugriff: 06.04.2015.

Ide, Wendy: Defying his critics, Daniel Craig is the best thing that's happened to the 007 franchise for years, in: The Times vom 16.11.2006. http://www.thetimes.co.uk/tto/arts/film/article2425199.ece, Zugriff: 06.04.2015

Macaulay, Sean: The spy who plugged me, in: The Times vom 07.11.2002. http://www.thetimes.co.uk/tto/arts/film/article2433722.ece, Zugriff: 01.04.2015.

Morrel, Tom: Bond takes too much licence (Leserbrief), in: The Times vom 23.11.2006. http://www.thetimes.co.uk/tto/opinion/letters/article2069220.ece, Zugriff: 06.04.2015.

Muir, Kate: Review: Skyfall, in: The Times vom 13.10.2012. http://www.thetimes.co.uk/tto/arts/film/article3567490.ece, Zugriff: 06.04.2015.

N.N.: New Fiction. In: The Times vom 26.03.1959, S. 15.

N.N.: The Shadow of the Condemned Cell. From our Film Critic, in: The Times, Nr. 55514 vom 05.10.1962, S. 18.

N.N.: Four Just Men Rolled into One. From our Film Critic. In The Times, Nr. 55828, vom 10.10.1963, S. 17.

N.N.: An Immensely Successful Film Formula, in: The Times, Nr. 56119 vom 17.09.1964, S. 15.

N.N.: James Bond under Moscow fire, in: The Times, Nr. 56440 vom 30.09.1965, S. 10.

N.N.: Of Super Human Bondage. From Our Film Critic, in: The Times, Nr. 56515 vom 29.12.1965, S. 10.

N.N.: Hand of C.I.A. seen behind ‚007‘. Syria puts James Bond on hate chart. From our Middle East correspondent, in: The Times, Nr. 56727 vom 03.09.1966, S. 7.

N.N.: Werbeanzeige, in: The Times, Nr. 56773 vom 27.10.1966, S. 17.

N.N.: Hand of C.I.A. seen behind ‚007‘. Syria puts James Bond on hate chart. in: The Times, Nr. 56727 vom 03.09.1966, S. 7.

Owen, Richard: Russians Gun for Bond's best friend, in: The Times, Nr. 61591 vom 22.07.1983, S. 5.

Rissik, Andrew: James Bond: from action man to a slapstick puppet hero, in: The Times, Nr. 60540 vom 02.02.1980, S. 12.

Robinson, David: Cinema: For children of an uncertain age, in: The Times, Nr. 61555 vom 10.06.1983, S. 17.

Roper, John: Children smoke ‚to be tough like James Bond‘, in: The Times vom 02.03.1969, S. 4.

Sturch, Elizabeth L.: Progress and Decay, in: Times Literary Supplement, 30. April 1954, S. 277.

Taylor, John Russel: A superlatively well produced film, in: The Times, Nr. 56968 vom 15.06.1967, S. 8.

The Guardian (GB)

Barker, Dennis: The spy Russia won't love, in: The Guardian vom 11.07.1977, S. 11.

Bradshaw, Peter: Casino Royale, in: The Guardian vom 10.11.2006. http://www.theguardian.com/film/2006/nov/10/jamesbond.danielcraig, Zugriff: 06.04.2015.

Brooke, David: "The exclusive Bond". Mr. Fleming on his hero, in: Manchester Guardian vom 05.04.1958, S. 4.

Brummer, Alex: Bondage has Reagan in knots, in: The Guardian vom 30.06.1983, S. 1.

Cassy, John: 007 stirs the marketing mix, in: The Guardian vom 22.11.2002, S. 31.

Glaister, Dan: This is no joking matter, Mr Bond, in: The Guardian vom 26.10.1996, S. 10.

Hodgkinson, Tom: Bonding experiences, in: The Guardian vom 16.11.1995, S. A 10.

Keating, Matt: Licensed to make a killing, in: The Guardian vom 13.11.2006. http://www.the-guardian.com/media/2006/nov/13/mondaymediasection3, Zugriff: 06.04.2015.

Lodge, Guy: The Skyfall's the limit on James Bond marketing, in: The Guardian vom 13.10.2012. http://www.theguardian.com/film/filmblog/2012/oct/23/skyfall-marketing-james-bond, Zugriff: 06.04.2015.

Leedham, Robert: In the dock: James Bond, in: The Guardian vom 13.06.1994, S. A 8.

Malcolm, Derek: The Bond wagon rolls on, in: The Guardian vom 25.06.1981, S. 9.

Malcolm, Derek: True to his Bond, in: The Guardian vom 15.12.1983, S. 16.

Malcolm, Derek: The critic: Why I hate 007, in: The Guardian vom 16.11.1995, S. A 11.

Meek, James: Moscow Scetch: Spy who went into the cold, in: The Guardian vom 05.02.1996. S. 2.

Mills, Bart: Liberation for a Bondmaiden, in: The Guardian vom 04.07.1973, S. 9.

N.N.: The exclusive Bond, in: Manchester Guardian vom 31.03.1958, S. 6.

N.N.: New films in London. By our Film Critic, in: The Guardian vom 06.10.1962, S. 5

N.N.: James Bond v. Dr. No. Ian Fleming thriller, in: The Guardian vom 08.10.1962, S. 17

N.N.: Bond and Drummond seen as symbols of morality change, in: The Guardian vom 16.08.1966, S. 3

N.N.: At the cinemas: The most exciting Bond: two hours of unmissable fantasy, in: The Guardian vom 05.10.1964, S. 5.

N.N.: James Bond is public enemy number one for Koreans, in: The Guardian vom 03.01.2003. www.theguardian.com/film/2003/jan/03/news.jamesbond. Zugriff: 05.04.2015.

N.N.: In praise of … Elizabeth, the Bond girl, in: The Guardian vom 29.07.2012. http://www.theguardian.com/commentisfree/2012/jul/29/in-praise-of-elizabeth-the-bond-girl, Zugriff: 06.04.2015.

Oakes, Pippa: Licensed to sell, in: The Guardian vom 19.12.1997, S. A13.

Pulver Andrew: The Spy Who Wasn't Loved, in: The Guardian vom 10.03.2006. http://www.theguardian.com/film/mar/10/jamesbond.features, Zugriff: 06.04.2015.

Radford, Tim: Couth, kith and kin, in: The Guardian vom 28.06.1979, S. 10.

Road, Alan: Bond Minicar, in: The Guardian vom 15.12.1965, S. 7.

Round, Richard: New Films, in: The Guardian vom 11.10.1963, S. 11.

Round, Richard: Thunderball in London, in: The Guardian vom 29.12.1965, S. 5.

Sigal, Clancy: Spy with a saving grace, in: The Guardian vom 25.06.1979, S. 8.

Wilson, Mike: Really, Mr Bond, this sort of thing isn't very British, in: The Guardian vom 23.01.1995, S. 22.

Time Magazine (USA, alle aus Online-Archiv bezogen, daher ohne Seitenzahl)

Chu, Jeff: Movies: The Man With The Golden Run, in: Time Magazine vom 18.11.2002. http://content.time.com/time/magazine/article/0,9171,1003690,00.html, Zugriff: 09.09.2014.

Chu, Jeff: Movies: For Your Wallet Only, in: Time Magazine vom 18.11.2002. http://content.time.com/time/magazine/article/0,9171,1003716,00.html, Zugriff: 10.09.2014.

Cocks, Jay: Cinema: Looney Tune, in Time Magazine vom 10.01.1972. http://content.time.com/time/magazine/article/0,9171,877586,00.html, Zugriff: 06.09.2014.

Cocks, Jay: Cinema: Water Pistols, in: Time Magazine vom 13.01.1975. http://content.time.com/time/magazine/article/0,9171,917047,00.html, Zugriff: 06.09.2014.

Corliss: Richard: Show Business: James Bond Meets His Match, in: Time Magazine vom 01.11.1982. http://content.time.com/time/magazine/article/0,9171,923067,00.html, Zugriff: 06.09.2014.

Corliss, Richard: Cinema: Bond Keeps Up His Silver Streak, in: Time Magazine vom 10.08.1987. http://content.time.com/time/magazine/article/0,9171,965173,00.html, Zugriff: 06.09.2014.

Corliss, Richard: Cinema: Everybody say Yeoh!, in: Time Magazine vom 05.05.1997. http://content.time.com/time/magazine/article/0,9171,986293,00.html, Zugriff: 09.09.2014.

Corliss, Richard: Movies: Um, Is That You, Bond?, in: Time Magazine vom 12.11.2006. http://content.time.com/time/magazine/article/0,9171,1558307,00.html, Zugriff: 09.09.2014.

Corliss, Richard: Quantum of Solace: Bourne-Again Bond, in: Time Magazine vom 13.11.2008. http://content.time.com/time/magazine/article/0,9171,1858881,00.html, Zugriff: 09.09.2014.

Gibson, Megan: Daniel Craig Dresses in Drag for Women's Rights, in: Time.com vom 07.03.2011. http://newsfeed.time.com/2011/03/07/daniel-craig-dresses-in-drag-for-womens-rights/, Zugriff: 09.09.2014.

Karon, Tony: Why the U.S. Changed its North Korea Stance, in: Time Magazine vom 07.01.2003. http://content.time.com/time/world/article/0,8599,405876,00.html. Zugriff: 09.09.2014.

N.N.: Books: The upper-Crust Low Life, in: Time Magazine vom 05.05.1958. http://content.time.com/time/subscriber/article/0,33009,863374,00.html, Zugriff: 26.08.2014.

N.N.: Movies Abroad: No, No, A Thousand Times No, in: Time Magazine vom 19.10.1962. http://content.time.com/time/magazine/article/0,9171,827883,00.html. Zugriff: 08.08.2014.

N.N.: Cinema: Hairy Marshmallow, in: Time Magazine vom 31.05.1963. http://content.time.com/time/magazine/article/0,9171,896851,00.html. Zugriff: 06.09.2014.

N.N.: Cinema: Knocking Off Fort Knox, in: Time Magazine vom 18.12.1964. http://content.time.com/time/magazine/article/0,9171,876515,00.html, Zugriff: 06.09.2014.

N.N.: Merchandising: The Bond Market, in: Time Magazine vom 26.02.1965. http://content.time.com/time/magazine/article/0,9171,833529,00.html. Zugriff: 09.09.2014.

N.N.: Cinema: Subaques Spy, in: Time Magazine vom 24.12.1965. http://content.time.com/time/magazine/article/0,9171,834870,00.html, Zugriff: 06.09.2014.

N.N.: Cinema: 006–3/4, in: Time Magazine vom 30.06.1967. http://content.time.com/time/magazine/article/0,9171,837071,00.html, Zugriff: 06.09.2014

N.N.: People, in: Time Magazine vom 20.09.1976. http://content.time.com/time/magazine/article/0,9171,946616,00.html, Zugriff: 22.09.2014.

N.N.: Cinema: Rushes a View to a Kill, in: Time Magazine vom 10.06.1985. http://content.time.com/time/magazine/article/0,9171,958516,00.html, Zugriff: 09.09.2014.

Schickel, Richard: Cinema: Dirty Trick, in: Time Magazine vom 09.07.1973. http://content.time.com/time/magazine/article/0,9171,907516,00.html, Zugriff: 06.09.2014.

Schickel, Richard: Cinema: Ranking Up the Autumn Leavings, in: Time Magazine vom 17.10.1983. http://content.time.com/time/magazine/article/0,9171,952223,00.html, Zugriff: 10.09.2014.

Schickel, Richard: Cinema: Shaky, not stirring, in: Time Magazine vom 27.11.1995. http://content.time.com/time/magazine/article/0,9171,983763,00.html, Zugriff: 09.09.2014.

Playboy (USA und Deutschland)

Dahl, Roald: 007's Oriental Eyefuls, in: Playboy, Vol. 14, Nr. 06 vom Juni 1967, S. 86–91.
Maibaum, Richard: James Bond's Girls, in: Playboy, Vol. 12, Nr. 11 vom November 1965, S. 132–141, S. 144 und S. 205–206.
N.N.: Books, in: Playboy, Vol. 06, Nr. 10 vom Oktober 1959, S. 32–36.
N.N.: Movies, in: Playboy, Vol. 10, Nr. 05 vom Mai 1963, S. 44–47.
N.N.: Sean Connery. A candid conversation with James Bond's acerbic alter ego, in: Playboy, Vol. 12, Nr. 11 vom November 1965, S. 75–84.
N.N.: Movies, in: Playboy, Vol. 13, Nr. 03 vom März 1966, S. 22–24.
N.N.: Movies, in: Playboy, Vol. 17, Nr. 03 vom März 1970, S. 32–42.
N.N.: Movies, in: Playboy, Vol. 19, Nr. 03 vom März 1972, S. 28–36
N.N.: Bunnies of 1972, in: Playboy, Vol. 19, Nr. 10 vom Oktober 1972, S. 136–146 und S. 200–202.
N.N.: Movies, in: Playboy, Vol. 20, Nr. 10 vom Oktober 1973, S. 33–42.
N.N.: Movies, in: Playboy, Vol. 22, Nr. 03 vom März 1975, S. 26–34.
N.N.: „Moonraker". New Perils for 007, in: Playboy, Vol. 26, Nr. 07 vom Juli 1979, S. 140–151.
N.N.: Playboy (DE) Nr. 8 vom August 1979, Titelblatt.
N.N.: Nachschub für James Bond, in: Playboy (DE), Nr. 8 vom August 1979, S. 55–63.
N.N.: The spy they love to love, in: Playboy, Vol. 30, Nr. 07 vom Juli 1983, S. 86–95.
N.N.: Licence to thrill. Playmate Diana Lee takes the titles in the latest James Bond film, in: Playboy, Vol. 36, Nr. 08 vom August 1989, S. 126–133.
N.N.: Playboy (DE), Nr. 12 vom Dezember 1995, Titelblatt.
N.N.: The Bond files, in: Playboy, Vol. 47, Nr. 06 vom Juni 2000, S. 84–89 und S. 168.
Pfeiffer, Lee: Bond's little black book, in: Playboy, Vol. 45, Nr. 02 vom Februar 1998 S. 105–107.
Seitz, Sabrina: Die Top Ten der Bond-Girls, in: Playboy (DE), Nr. 11 vom November 2012, S. 70–75.
Sheff, David: Playboy Interview: Daniel Craig, in: Playboy, Vol. 55, Nr. 11 vom November 2008, S. 57–64.
Wayne, Hollis: Bonding your wardrobe. „GoldenEye" shows off the new playboy look as suits trim down and power up for 1996, in: Playboy, Vol. 42, Nr. 12 vom Dezember 1995, S. 130–133.
Williamson, Bruce: Bonded Barbara, in: Playboy, Vol. 24, Nr. 06 vom Juni 1977, S. 106–109 und S. 218.
Williamson, Bruce: Movies, in: Playboy, Vol. 31, Nr. 01 vom Januar 1984, S. 50 und S. 54.
Williamson, Bruce: D'Abo, in: Playboy, Vol. 34, Nr. 09 vom September 1987, S. 132–139 u. S. 166.

Der Spiegel und Spiegel Online (Deutschland)

Beier, Lars-Olav: Kino: Ein Mann wie eine Black Box, in: Der Spiegel, Nr. 40/2012 vom 01.10.2012, S. 124–132.
Beier, Lars-Olav: Legendärer Szenenbildner Ken Adam: „James Bond war unser Junge", in: Spiegel Online vom 05.11.2012, http://www.spiegel.de/kultur/kino/interview-mit-production-designer-sir-ken-adam-ueber-james-bond-a-864485.html, Zugriff: 20.11.2014.
Dulles, Allan: Von Mrs. Kennedy empfohlen, in: Der Spiegel, Nr. 39 vom 23.09.1964, S. 28.

Gunkel, Christoph: Deutschlands erstes Mal. 40 Jahre Playboy, in: Spiegel Online vom 01.08.2012. http://www.spiegel.de/einestages/playboy-in-deutschland-hilde-kulbach-a-947667.html, Zugriff: 22.04.2015.

Hülsen, Isabell/Tuma, Thomas: Spiegel Gespräch: „Wir sind ein Alptraum", in: Der Spiegel, Nr. 43/2008 vom 20.10.2008, S. 172–174.

Iken, Katja: 20 Jahre Kurznachricht. HB2U liebe SMS, in: Spiegel-Online vom 30.11.2012. http://www.spiegel.de/einestages/was-stand-in-der-ersten-sms-der-welt-a-947827.html, Zugriff: 01.04.2015.

Karasek, Helmuth: Pfötchengeber 007, in: Der Spiegel, Nr. 36/1977 vom 29.08.1977. S. 156.

Karasek, Hellmuth: Film: Der einzig Wahre, in: Der Spiegel, Nr. 3/1984 vom 16.01.1984, S. 157.

Karasek, Hellmuth: Nummer 14, in: Der Spiegel, Nr. 32/1985 vom 05.08.1985. S. 135–135.

Karasek, Hellmuth: Geschüttelt oder gerührt? Spiegel-Redakteur Hellmuth Karasek über den neuen James Bond, in: Der Spiegel, Nr. 33/1987 vom 10.08.1987, S. 151–152.

Karasek, Hellmuth: Kino: 007 im freien Flug, in: Der Spiegel, Nr. 51/1995, S. 174–179.

Limmer, Wolfgang: Film: James Bond – ab ins All, in: Der Spiegel, Nr. 35/1979 vom 27.08.1979, S. 178–179.

Marek, Leo: Geschichte der Digitaluhr: Space Age und Resterampe, in: Spiegel-Online vom 30.11.2013. http://www.spiegel.de/netzwelt/gadgets/digitaluhren-bilderstrecke-von-1973-bis-heute-von-pulsar-bis-pebble-a-935584.html. Zugriff: 01.04.2015.

N.N.: „Laster: Trinkt, aber nicht exzessiv, und Frauen". Spiegel-Report über James Bond, Bonditis und Bondomanie, in: Der Spiegel, Nr. 42/1965 vom 13.10.1965, S. 124–138.

N.N.: Bond: Neuer Staatsfeind, in: Der Spiegel, Nr. 31/1966 vom 25.07.1966, S. 63.

N.N.: Bond: Am Himmelshaken, in: Der Spiegel, Nr. 53/1965 vom 29.12.1965, S. 80.

N.N.: Film: Kraxeln zum Krater, in: Der Spiegel, Nr. 41/1967 vom 02.10.1967, S. 193.

N.N.: Film: Kommt wieder, in: Der Spiegel, Nr. 53/1969 vom 29.12.1969, S. 83.

N.N.: Zünder im Törtchen, in: Der Spiegel, Nr. 53/1971 vom 27.12.1971, S. 98.

N.N.: Kleinwagen mit Image, in: Der Spiegel, Nr. 41/1973 vom 08.10.1973, S. 116.

N.N.: Böse Schwarze, in: Der Spiegel, Nr. 40/1973 vom 01.10.1973, S. 197 f.

N.N.: Die doppelte Rückkehr der 007, in: Der Spiegel, Nr. 32/1983 vom 08.08.1983. S. 132–140.

N.N.: Motzende Miezen, in: Spiegel Extra. Das Kulturmagazin, Nr. 12/1995 vom 27.11.1995, S. 27.

N.N.: Personalien, in: Der Spiegel, Nr. 46/2008 vom 10.11.2008, S. 200.

N.N.: Bonds Mädchen. Der Globale Gespielinnen Reigen, in: Spiegel Online vom 05.10.2012. http://www.spiegel.de/fotostrecke/50-jahre-james-bond-die-besten-bond-girls-fotostre-cke-88167.html, Zugriff: 23.02.2015.

N.N.: TV-Monde: IS-Hacker legen französischen Fernsehsender lahm, in: Spiegel Online vom 09.04.2015. http://www.spiegel.de/netzwelt/web/islamischer-staat-is-hacker-legen-fernsehsender-tv5monde-lahm-a-1027631.html, Zugriff: 10.04.2015.

Patalon, Frank: 30 Jahre IBM-PC: Siegeszug der Wenigkönner, in: Spiegel Online, http://www.spiegel.de/netzwelt/gadgets/30-jahre-ibm-pc-siegeszug-der-wenigkoenner-a-779282.html, Zugriff: 28.04.2015.

Wellershoff, Marianne: Film: Im Reich des Bösen, in: Der Spiegel, Nr. 50/1997 vom 08.12.1997, S. 226–228.

Wolf, Martin/Beier, Lars-Olav: Film: Wiedergeburt der Doppel-Null, in: Der Spiegel, Nr. 46/2006 vom 13.11.2006, S. 190–192.

Die Zeit und Zeit Online (Deutschland)

Blumenberg, Hans C.: Der weiße Riese geht um, in: Die Zeit, Nr. 39 vom 21.09.1973, S. 19.

Dworschak, Manfred: STRG drücken – und Lara Croft geht die Wand hoch. Schon wird sie als „Sexgöttin" verehrt. Was hat sie, das wir nicht haben?, in: Die Zeit, Nr. 51/1997 vom 17.12.1997. http://www.zeit.de/1997/51/laracr.txt.19971212.xml, Zugriff: 18.03.15.

Grob, Norbert: Im Kino: Sean Connery als 007. Keine Angst vor Haien, in: Die Zeit, Nr. 04 vom 20.01.1984, S. 38.

Kilb, Andreas: Lizenz abgelaufen. Ein Nachruf auf James Bond, in: Die Zeit, Nr. 33 vom 11. 08.1989, S. 36.

Nicodemus, Katja: Bonds Chefin. Barbara Broccoli, in: Zeit Online vom 25.10.2012, http://www.zeit.de/2012/44/James-Bond-Produzentin-Barbara-Broccoli, Zugriff: 15.04.2015.

Nicodemus, Katja: James Bond: Brutal und verschwitzt, in: Die Zeit, Nr. 47 vom 16.11.2006. http://www.zeit.de/2006/47/Casino-Royale, Zugriff: 06.04.2015.

Nettelbeck, Uwe: Das feine Leben und der flinke Totschlag. James Bonds bunte Badeabenteuer – Zur Feuerball-Premiere, in: Die Zeit, Nr. 52 vom 24.12.1965, S. 16.

N.N.: Zeitmosaik, in: Die Zeit, Nr. 35 vom 21.08.1988, S. 30.

N.N.: Bolivien lehnt neuen US-Botschafter ab, in: Zeit Online vom 14.07.2013, http://www.zeit.de/politik/ausland/2013–07/bolivien-usa-botschafter, Zugriff 11.02.1015.

Pfannenschmidt, Christian: Bond im Anzug, in: Die Zeit, Nr. 51 vom 12.12.1997. o. S. http://www.zeit.de/1997/51/Bond_im_Anzug, Zugriff: 05.04.2015.

Seidl, Claudius: Altersgeschwächt, in: Die Zeit, Nr. 33 vom 09.08.1985, S. 39.

Seidl, Claudius: Geschüttelt, nicht gerührt. James Bond kehrt zurück: „Der Hauch des Todes" von John Glenn, in: Die Zeit, Nr. 34 vom 14.08.1988, S. 38.

Schröder, Peter H.: Film in der Nähe des Faschismus. James Bond oder Sex und Sadismus, in: Die Zeit, Nr. 12 vom 20.03.1964, S. 16.

Sonstige (international; print und online)

Benda, Andrea: Der Welt ist's nie genug, in Brigitte, Nr. 22/2012 vom 02.10.2012, S. 76.

Doll, Nikolaus: Insider bricht sein Schweigen über Blockbuster Deals, in: Welt.de vom 18.11.2012. http://www.welt.de/wirtschaft/article111248436/Insider-bricht-sein-Schweigen-ueber-Blockbuster-Deals.html. Zugriff: 02.04.2015.

Groß, Sabine: Gefährlich ist nur sein Lächeln, in: Brigitte, Nr. 16/89 vom 26.07.1989, S. 98–102.

Harms, Karin: Der Bond Macher. Star Designer Ken Adam, in: Focus Online vom 05.10.2012. http://www.focus.de/kultur/kino_tv/tid-27211/star-designer-ken-adam-der-bond-macher_aid_814631.html, Zugriff: 20.11.2014.

N.N.: Brigittes große Faschingsstory mit vielen Kostümen zum Nachmachen: James Blond jagt die schöne Maske, in: Brigitte, Nr. 01/1966 vom 04.01.1966, S. 4–15.

N.N.: Honors Judo defense of Honor, in: LIFE, Vol. 60, Nr. 20 vom 20. Mai 1966, S. 127–128.

N.N.: Sanfte Gewalt. Wie schwache Mädchen starke Männer aufs Kreuz legen können, in: BRAVO, Nr. 33 vom 7. August 1967, S. 12–15.

N.N.: Er wurde seekrank, verlor zwei Zähne, hat jetzt auch noch Sonnenbrand. James Blond – warum geht so viel schief?, in: Bild.de vom 01.03.2006. http://www.bild.de/leute/2006/james-bond-daniel-craig-pannen-157982.bild.html, Zugriff: 16.04.2015.

N.N.: Bild traf den neuen James Bond. Er ist besser und härter als alle alten Bonds zusammen, in: Bild.de vom 14.06.2006. http://www.bild.de/leute/2006/bond-blieswood-1022548. bild.html, Zugriff: 16.04.2015.

N.N.: New Bond film ‚a giant advert', in: BBC-News vom 18.11.2002. http://news.bbc.co.uk/2/ hi/business/2488151.stm, Zugriff: 01.04.2015.

N.N.: Denise Richards beichtet Brust-OP, in: GoFeminin.de vom 05.06.2009. http://www.go-feminin.de/news-stars/denise-richards-beichtet-brust-op-s809565.html, Zugriff 18.03.2015.

N.N.: James Bond, die Queen und der Fallschirm, in: Stern.de vom 28.07.2012, http://www. stern.de/sport/olympia/olympia-2012/eroeffnungsfeier-in-london-james-bond-die-queen-und-der-fallschirm-1866664.html, Zugriff: 30.03.2012.

N.N.: James Bond and male grooming. Getting stroppy, in: The Economist.de vom 08.12.2012. http://www.economist.com/blogs/blighty/2012/11/james-bond-and-male-grooming, Zugriff: 25.03.2015.

N.N.: Erstes Batmobil für 4,6 Millionen Dollar versteigert, in: SZ-Online vom 21.01.2013. http://sz.de/1.1578408, Zugriff: 01.04.2015.

N.N.: Ist dieser James-Bond-Trip 240.000 Euro wert? In: Travelbook.de vom 23.04.2014. http:// www.travelbook.de/welt/Auf-den-Spuren-von-James-Bond-durch-Europa-277334.html, Zugriff: 30.03.2015.

Mortsiefer, Henrik: Von James Bond zu James' Bier, in: Tagesspiegel.de vom 28.10.2012. http://www.tagesspiegel.de/wirtschaft/werbung-und-film-von-james-bond-zu-james-bier/7311844.html, Zugriff: 01.04.2015.

Rueter, Gero: Mehrheit weltweit gegen Atomkraft. Deutsche Welle Online vom 16.02.2012, http://www.dw.de/mehrheit-weltweit-gegen-atomkraft/a-15346351, Zugriff 13.2.2015.

Schneeberger, Ruth: Und es kam eine große Dürre, in: Süddeutsche.de vom 17. Mai 2010, http://www.sueddeutsche.de/leben/die-unverwechselbaren-twiggy-und-es-kam-eine-grosse-duerre-1.584058, Zugriff: 05.03.15.

Schöneck, Angela: Lizenz zum Verführen, in: Brigitte, Nr. 22/2012 vom 02.10.2012, S. 68–72.

Wain, John: Offerings From All Over, in: The Observer vom 04.05.1958, S. 18.

Walbersdorf, Max Ernst: Digitaluhr. Die Vergangenheit der Zukunft, in: GQ.de vom 12.05.2009. http://www.gq-magazin.de/mode-stil/uhren/digitaluhr-die-vergangenheit-der-zukunft, Zugriff: 01.04.2015.

Zinsser, William K.: The big Bond Bonanza, in: Saturday Evening Post vom 17.07. 1965, S. 77–81.

Internetressourcen

Bundeszentrale für politische Bildung

Görtemaker, Manfred: Entspannung und Neue Ostpolitik 1969–1975, veröffentlicht am 09.07.2004, in: Bundeszentrale für politische Bildung, http://www.bpb.de/izpb/10344/ entspannung-und-neue-ostpolitik-1969–1975?p=all, Zugriff: 18.01.2015.

N.N.: 1989: Sowjetischer Abzug aus Afghanistan, veröffentlicht am 13.02.2013, in: Bundeszentrale für politische Bildung, http://www.bpb.de/politik/hintergrund-aktuell/178868/1989-sowjetischer-abzug-aus-afghanistan, Zugriff: 27.01.15.

Schäuble, Martin/Flug, Noah: Vom Jom-Kippur-Krieg bis zum Libanon-Krieg, veröffentlicht am 17.03.2008, in: Bundeszentrale für politische Bildung, http://www.bpb.de/internationales/asien/israel/45062/jom-kippur-bis-libanon-krieg, Zugriff: 20.01.2015.

Schröder, Hans-Henning: Vom Kiewer Reich bis zum Zerfall der UdSSR, veröffentlicht am 03.02.2004, in: Bundeszentrale für politische Bildung, http://www.bpb.de/izpb/9417/vom-kiewer-reich-bis-zum-zerfall-der-udssr?p=4, Zugriff: 29.01.15.

Schröder, Hans-Henning: Russland in der Ära Jelzin, veröffentlicht am 04.05.2011, in: Bundeszentrale für politische Bildung, http://www.bpb.de/internationales/europa/russland/47924/russland-in-der-aera-jelzin-1992–1999?p=1, Zugriff: 04.02.2015.

Steininger, Rolf: Der Vietnamkrieg, veröffentlicht am 10.10.2008, in: Bundeszentrale für politische Bildung, http://www.bpb.de/internationales/amerika/usa/10620/vietnamkrieg?p=all, Zugriff: 10.01.2015.

Sturm, Roland: Grundlagen britischer Außenpolitik, veröffentlicht am 27.02.2009, in: Bundeszentrale für politische Bildung, http://www.bpb.de/izpb/10548/grundlinien-britischer-aussenpolitik?p=all, Zugriff: 10.03.2015.

Offizielle Webseite der Ian Fleming Publications Ltd.

http://www.ianfleming.com/ian-fleming/ian-fleming-inside/world-war-ii-1939–1945/, Zugriff: 26.06.2014.

http://www.ianfleming.com/ian-fleming/ian-fleming-inside/jamaica-1946–1964/, Zugriff: 24.06.2014.

http://www.ianfleming.com/ian-fleming/ian-fleming-inside/family/, Zugriff: 24.06.2014.

http://www.ianfleming.com/ian-fleming/ian-fleming-inside/interests/, Zugriff: 26.06.2014.

MI6 – The Home of James Bond 007, inoffizielle James-Bond-Fan-Webseite

http://www.mi6-hq.com/sections/articles/interview_john_pearson.php3, Zugriff: 28.12.2014.

http://www.mi6-hq.com/sections/bonds/dalton.php3?s=bonds&id=01842, Zugriff: 28.12.2014.

http://www.mi6-hq.com/sections/bonds/lazenby.php3, Zugriff: 10.12.2015.

http://www.mi6-hq.com/sections/bonds/moore.php3, Zugriff: 12.12.2014.

http://www.mi6-hq.com/sections/bonds/brosnan.php3?s=bonds&id=01900, Zugriff: 19.12.2014.

http://www.mi6-hq.com/sections/bonds/craig, Zugriff: 21.12.2014.

Jamesbondlifestyle.com, inoffizielle James-Bond-Fan-Webseite

http://www.jamesbondlifestyle.com/product/heineken, Zugriff: 01.04.2015.

http://www.jamesbondlifestyle.com/gadgets, Zugriff: 02.04.2015.

http://www.jamesbondlifestyle.com/gadgets, Zugriff: 02.04.2015.

Sonstige

Britmovietours.com, http://britmovietours.com/bookings/spy-movie-london-tour/, Zugriff: 30.03.2015.

Ford, Gerald R.: President Gerald R. Ford's Address in Helsinki Before the Conference on Security and Cooperation in Europe, in: Gerald R. Ford Presidential Library & Museum, http://www.ford.utexas.edu/library/speeches/750459.asp, Zugriff: 25.10.2014.

Gilruth, Robert R.: „I Belive We Should Go to the Moon", Offizielle NASA-Website, http://history.nasa.gov/SP-350/ch-2–1.html, Zugriff: 10.01.15

Nixon, Richard: „Special Message to the Congress on Drug Abuse Prevention and Control.", Rede vom 17.06.1971, in: The American Presidency Project, http://www.presidency.ucsb.edu/ws/?pid=3048, Zugriff: 20.01.2015.

N.N.: 1967: Foot-and-mouth slaughter rate soars, in: BBC-Archiv, http://news.bbc.co.uk/onthisday/hi/dates/stories/november/21/newsid_3194000/3194490.stm, Zugriff: 05.03.2015.

N.N.: Kampf gegen globale Wasserkrise, veröffentlicht am 11.03.2012, in: WWF.de, http://www.wwf.de/2012/maerz/kampf-gegen-globale-wasserkrise/, Zugriff: 11.02.2015.

Oswald Kolle, offizielle Webseite, http://www.oswaltkolle.de/mein-leben.php, Zugriff: 03.03.2015.

„Right to water", offizielle Seite, http://www.right2water.eu/de/node/5, Zugriff: 20.02.2015.

Statista.com, http://de.statista.com/statistik/faktenbuch/369/a/branche-industrie-markt/energiewirtschaft/erneuerbare-energien-in-deutschland/, Zugriff: 13.2.2015.

„Straße der Megalithkultur" (Startseite), http://www.strassedermegalithkultur.de/de/, Zugriff: 12.3.2015.

Tagesschau.de: Aus für EU-Prestigeprojekt Nabucco. Konkurrenzprojekt gewinnt Gaspoker, veröffentlicht am 28.06.2013, http://www.tagesschau.de/wirtschaft/nabucco-aus100.html, Zugriff: 07.02.1014.

„The 007dossier", inoffizielle Fan-Seite, http://www.the007dossier.com/007dossier/post/2014/12/15/Goldfinger-Life-Magazine, Zugriff: 01.03.2015.

UNODC: World Drug Report 2014, Tabelle: „Coca cultivation, production and eradication", http://www.unodc.org/wdr2014/en/maps-and-graphs.html, Zugriff: 05.04.2015.

UN.org: Secretary-General's Annual Report on Children and Armed Conflict Documents Continued Child Suffering in 23 Conflict Situations, veröffentlicht am 01.07.2014, https://childrenandarmedconflict.un.org/press-release/secretary-generals-annual-report-on-children-and-armed-conflict-documents-continued-child-suffering-in-23-conflict-situations/, Zugriff 10.02.2015.

Vampyvarnish.com: http://www.vampyvarnish.com/2012/10/opi-skyfall-collection-swatches-photos-review/, Zugriff: 02.04.2015.

Videos

Aufzeichnung des Videostreams zur Titelbekanntgabe von „Spectre", http://www.filmstarts.de/kritiken/206892/trailer/19543336.html, Zugriff: 28.3.2015.

Daniel Craig 2011 in Videoclip für Frauenrechte, https://www.youtube.com/watch?v=aC8Ls-5nRxM, Zugriff: 23.04.2015.

Featurette zu „Spectre", https://www.youtube.com/watch?v=_YT7ZrjvNeE, Zugriff: 20.04.2015.

Filme

Dr. No (James Bond jagt Dr. No), GB 1962, Regie: Terence Young, 105 Min.

From Russia With Love (Liebesgrüße aus Moskau), GB 1963, Regie: Terence Young, 110 Min.

Goldfinger (Goldfinger), GB 1964, Regie: Guy Hamilton, 105 Min.

Thunderball (Feuerball), GB 1965, Regie: Terence Young, 125 Min.

You Only Live Twice (Man lebt nur zweimal), GB 1967, Regie: Lewis Gilbert, 112 Min.

On Her Majesty's Secret Sevice (Im Geheimdienst Ihrer Majestät, GB 1969, Regie: Peter Hunt, 136 Min.

Diamonds Are Forever (Diamantenfieber), GB 1971, Regie: Guy Hamilton, 115 Min.

Live And Let Die (Leben und sterben lassen), GB 1973, Regie: Guy Hamilton, 121 Min.

The Man With The Golden Gun (Der Mann mit dem goldenen Colt), GB 1974, Regie: Guy Hamilton, 120 Min.

The Spy Who Loved Me (Der Spion, der mich liebte), GB 1977, Regie: Lewis Gilbert, 120 Min.

Moonraker (Moonraker – Streng geheim), GB/FR 1979, Regie: Lewis Gilbert, 122 Min.

For Your Eyes Only (In tödlicher Mission), GB 1981, Regie: John Glen, 122 Min.

Octopussy (Octopussy), GB 1983, Regie: John Glen, 125 Min.

A View To A Kill (Im Angesicht des Todes), GB 1985, Regie: John Glen, 126 Min.

The Living Daylights (Der Hauch des Todes), GB 1987, Regie: John Glen, 125 Min.

Licence To Kill (Lizenz zum Töten), GB 1989, Regie: John Glen, 133 Min.

GoldenEye (GoldenEye), GB 1995, Regie: Martin Campbell, 129 Min.

Tomorrow Never Dies (Der Morgen stirbt nie), GB 1997, Regie: Roger Spottiswoode, 114 Min.

The World Is Not Enough (Die Welt ist nicht genug), GB 1999, Regie: Michael Apted, 123 Min.

Die Another Day (Stirb' an einem anderen Tag), GB 2002, Regie: Lee Tamahory, 127 Min.

Casino Royale (Casino Royale), GB/CZ/D/USA 2006, Regie: Martin Campbell, 139 Min.

Quantum of Solace (Ein Quantum Trost), GB/USA 2008, Regie: Marc Forster, 102 Min.

Skyfall (Skyfall), GB/USA 2012, Regie: Sam Mendes, 137 Min.

DVD-Bonusmaterial

Bonusmaterial zur DVD Ultimate Edition von „Im Geheimdienst Ihrer Majestät": George Lazenby: In his own words (Dt.: George Lazenby in eigenen Worten), Interview vom 4.2.1970.

Bonusmaterial zur DVD Ultimate Edition von „Leben und sterben lassen". (Dt.: „Roger Moore als James Bond"), zirka 1964, ca. 8 min.

Bonusmaterial zur DVD Ultimate Edition von „Leben und sterben lassen": Inside Live And Let Die (Dt.: Hinter den Kulissen von „Leben und sterben lassen").

Bonusmaterial zur DVD Ultimate Edition von „Moonraker": Bond '79 (Dt.: Bond 79).

Bonusmaterial zur DVD Ultimate Edition von „In tödlicher Mission": Inside For your Eyes Only (Dt.: Hinter den Kulissen von „In tödlicher Mission").

Bonusmaterial zur DVD Ultimate Edition von „Der Hauch des Todes": Inside – The Living Daylights (Dt.: Hinter den Kulissen von „Der Hauch des Todes").

Bonusmaterial zur DVD Ultimate Edition von „GoldenEye": GoldenEye – Building A Better Bond (Dt.: Wie macht man einen besseren Bond: Vorproduktions-Featurette).

Bonusmaterial zur 2-Disc Collector's Edition von „Casino Royale": Becoming Bond (Dt.: Daniel Craig wird James Bond).

Danksagung

Dass diese Doktorarbeit fertig gestellt werden konnte, verdanke ich nicht nur dem beruhigenden Einfluss unseres Hundes Paul und der fehlerfreien Funktion meines Computers, sondern vor allem diversen Menschen, die mich im Laufe dieses Prozesses begleitet und unterstützt haben.

Danken möchte ich daher zuerst Frau Prof. Dr. Gunilla Budde für die gute und unkomplizierte Betreuung der Arbeit. Bei Fragen und Problemen stand sie mir stets hilfreich zur Seite und gab mir darüber hinaus in unseren Gesprächen das beruhigende Gefühl, auf dem richtigen Weg zu sein. Ebenfalls großer Dank gebührt meinem Zweitprüfer Herrn Prof. Dr. Malte Thießen, der sich nach meiner Anfrage sofort bereit erklärte, die Betreuung zu übernehmen. Seine Anregungen und Tipps waren mir stets eine große Hilfe und unsere Gespräche habe ich als überaus produktiv empfunden.

Auch meiner Sachbearbeiterin in der Geschäftsstelle der Fakultät IV, Frau Marlies Heepen, gebührt mein Dank für ihre stets freundliche Unterstützung bei Nachfragen und ihre generell zuvorkommende Art.

Frau Mareen Anders vom Waxmann Verlag möchte ich danken für ihren Einsatz und die freundliche Aufnahme in das Verlagsprogramm.

Dirk Boll vom „Beverland Gruppen-Resort" danke ich für die nette Beantwortung meiner Fragen zum James-Bond-Themenzimmer in seinem Hotel.

Dankbar erwähnen möchte ich an dieser Stelle auch meine ehemaligen Lehrer Wolfgang Weiß und Dirk Lucius, die schon früh den Grundstein für mein Interesse am Fach Geschichte bzw. der britischen Kultur gelegt haben. Bessere Lehrer hätte ich vermutlich nicht treffen können.

Auch meinen Freunden, die auf unterschiedliche Weise ihren Teil dazu beigetragen haben, dass die Dinge ihren positiven Verlauf genommen haben, danke ich aufrichtig: Sei es durch aufmunternde Gespräche in den vergangenen Jahren, positiv vorgebrachte Motivation oder den in mich gesetzten Glauben. Nicht zuletzt muss ich die großartige Überraschungsfeier nach bestandener Disputation erwähnen. Es war ein toller Abend! Ich danke Florian und Sebastian, Julia, Eva, Christina und Thorsten, Imke und Ahmad, Rike, Pascal, Helge und Nina, Britta und Harry, Gesche, Thorsten, Ann-Kristin und Martin, Frauke und Timo, Hilke und Hans-Gert, Maike, Eliane, Charlotte, Matthias, Ludmila, Patricia, Bernie und Conny, meinen Tanten Karin und Ulrike, meiner Cousine Heike und allen anderen, die in verschiedener Weise am Entstehungsprozess der Arbeit Anteil genommen haben.

Auch meinen Schwiegereltern Gunda und Georg Wilke sowie meinen Schwiegergroßeltern Gretchen und Gerhard Wilke gebührt in ganz besonderem Maße Dank für ihre unermüdliche Unterstützung in allen Lebenslagen und ihren optimistischen Zuspruch. Ich bin sehr froh, Teil eurer Familie zu sein!

Die Arbeit hätte jedoch niemals ohne die uneingeschränkte Unterstützung und das Vertrauen meiner Eltern Inge und Klaus Kulbarsch verwirklicht werden können.

Sie erst ermöglichten den von mir eingeschlagenen Weg und gaben mir alle nötigen Voraussetzungen, diesen zu bewältigen. Mein Dank an euch lässt sich unmöglich in Worte fassen. Ähnliches gilt für meinen Bruder Henning Kulbarsch, der mir nicht nur als Bond-Fan bei Fragen zur Verfügung stand, sondern darüber hinaus auch seinen wissenschaftlichen Sachverstand eingebracht und die Arbeit gewissenhaft korrekturgelesen hat.

Mein letzter Dank gilt meinem Mann Gerd Wilke, der mich in allen nur erdenklichen Bereichen unterstützt und mir auch in der letzten, hektischen Abschlussphase komplett den Rücken freigehalten hat. Von der Hilfe beim Korrekturlesen und der Archivrecherche über die aufmerksame Versorgung mit Nahrung, wenn ich selber mal wieder die Zeit vergessen hatte, bis hin zu den aufmunternden Worten, als der Abgabetermin nahte – immer hast du an meiner Seite gestanden und alle Phasen der Arbeit begleitet. Ich kann nicht in Worte fassen, wie viel du und dein Zuspruch mir bedeuten. Danke.

Julia Kulbarsch-Wilke
Oldenburg, im Juni 2016